한국의 옛노래

한국의 옛노래

김기종

전북대학교출판문화원

책머리에

'한국의 옛노래'는 고조선 시대부터 갑오개혁(1894)까지 우리 민족이 창작·향유한 노래 중, 문헌에 기록된 작품을 가리킨다. 이 책은 '제1부 현대어역'과, '제2부 원문과 주석'으로 구성되는데, 제1부는 일반 대중들을 위한 교양서, 제2부는 한국 고전시가 전공 교재의 성격을 띤다.

'원문'은 학계에서 공인되고 있는 한국 고전시가의 일곱 갈래를 수용하고, 각 갈래의 장르적 성격과 특징을 잘 보여 주고 있으며, 작품 창작 당시와 현재 모두 문학성 및 시대성을 인정받고 있는 노래들을 선별하였다. 선별된 작품들은 각 작품의 선본을 선정하여 이 선본을 입력한 뒤, 다른 이본들과 대교·교감하였다. 그리고 작가의 생몰연대 순서로 작품을 배열하고, 각 작품의 끝에는 출전을 명시하였다. 작가를 알 수 없는 작품은 수록 문헌의 간행연대 순서로 배열하였는데, 사설시조는 첫 행에 나오는 노랫말의 가나다 순서로 수록하였다.

'한국의 옛노래'는 띄어쓰기가 되어 있지 않고, 작품에 따라 표기 형태가 다르다. 순한글로 표기된 것이 있고, 국한문 혼용 표기의 작품도 있다. 국한문 혼용 표기는 한자음이 없는 것과 당시의 한자음이 표기된 것으로 나뉜다. 제2부의 원문은 모든 작품에 띄어쓰기를 했고, 한자음이 없는 경우에는 그 한자 뒤에 괄호를 한 뒤 한자음을 달았다. 당시의 한자음이 표기된 작품은 원전 그대로 수록하였다.

'주석'은 제1부와 제2부에 모두 있는데, 제1부 현대어역의 주석은 작품의 감상 및 이해에 꼭 필요한 인명·지명과 전고(典故)가 있는 노랫말에 국한하였다. 제2부의 해당 주석을 찾아 읽는 번거로움을 피하고 현대어역만으로도 작품을 이해하기 위한 것이다. 원문에 대한 주석은 원문의 교감 내용, 한자어·고사성어·중세국어에 대한 풀이, 중요 노랫말의 의미에 대한 설명 등으로 구성된다.

특히 한자어와 중세국어를 상세하게 풀이하여, 독자가 현대어역을 보지 않더라도 스스로 작품을 독해할 수 있도록 하였다. 한자어·고사성어와 현대국어의 풀이는 국립국어원의 『표준국어대사전』과 고려대학교 민족문화연구원의 『(고려대) 한국어대사전』을, 중세국어는 한글학회의 『우리말 큰사전』과 이희승의 『고어사전』 등을 활용하였다.

'제2장 향가'와 '제3장 속요'의 경우는 다른 장르와 달리, 노랫말의 해독 및 어석에 대한 많은 이견이 존재한다. 이 두 장의 주석에는 노랫말의 어석에 대한 주요 이견과 그 견해를 주장한 연구자의 이름을 논저의 간행연도 순서로 제시하였고, 해당 견해의 출처 및 서지 정보는 이 책 말미의 '참고문헌'에 수록하였다. 이러한 이견 가운데 학계에서 인정받고 있거나 가장 합리적인 견해를 선택하여 제1부의 현대어역에 반영하였는데, 이견이 있는 노랫말의 해당 주석에서 맨 처음에 제시한 어석이 현대어역에 반영된 것이다.

'현대어역'은 가급적 원 노랫말 그대로의 어휘와 조사·어미를 살려서 번역하였다. 그러나 노랫말의 맥락을 파악하기 어려운 경우에는 괄호를 사용하여 새로운 어휘를 삽입하기도 하였고, 조사와 어미 또한 어법에 맞게 고쳤다. 속요와 잡가의 몇몇 작품은 독자들의 가독성과 문학작품으로서의 감상을 위해, 악률(樂律)을 맞추기 위한 의미 없는 말인 여음구(餘音句)와 노랫말 사이에 삽입된 감탄사는 삭제하였다.

그리고 노랫말의 한자어는 율격을 고려하면 그대로 놓아두는 것이 옳겠지만, 독자들의 이해를 돕기 위해 가능한 범위에서 그 뜻을 풀어 놓았다. 몇몇 시어에 있어서는 해당 노랫말의 맥락과 상황에 맞게 의역하기도 하였다. 또한 한자어에 한자를 병기하지 않고 모두 한글로만 표기하였고, 주석에만 한자를 병기하였다. 각 작품의 끝에는 제2부의 '원문'과 마찬가지로 작품의 출전을 제시하였다.

한편, 고대한역가요와 향가는 관련 기록이 노래와 함께 전하고 있는데, '제1부 현대어역'에서 관련 기록의 번역문을 수록하였고, 어려운 어휘에는 주석을 달았다. '제2부 원문과 주석'에는 관련 기록의 한문 원문을 실지 않았다. 속요의 경우도 관련 기록이 있는 경우, 해당 작품의 현대어역 아래에 번역문과 주석만을 제시하였다.

이 책은 2021년도 전북대학교 저술장려 지원에 의해 집필·출판하는 것이다. 관계자 여러분께 깊은 감사의 말씀을 올린다. 그리고 보기만 해도 어지럽고 답답했던 원고를 보기 좋고 깔끔하게 정리해준 전북대학교 출판문화원 편집부의 여러분들께도 감사드린다.

2022년 8월

김기종

한국의 옛노래

목차

제2부 원문과 주석

제1부

현대어역

제1장 고대한역가요

공무도하가

백수광부의 아내

임은 그 강을 건너지 마오.
임이 끝내 강을 건너다가
강물에 빠져 죽으니
이 임을 어떡하나.

<『해동역사』 권47, 예문지 제6, 본국시>

어느 날 조선(朝鮮)의 뱃사공인 곽리자고(霍里子高)가 새벽에 일어나 배를 젓고 있었다. 그 때 백발(白髮)의 미친 남자가 머리털을 풀어헤치고 [01]술병을 낀 채 강을 가로질러 건너고 있었다. 그의 아내가 좇아가며 멈추라고 외쳤으나, 결국 그는 강물에 빠져 죽었다. 그러자 아내는 [02]공후를 잡고 연주하면서 <공무도하곡(公無渡河曲)>을 만들어 불렀는데,

---

01 술병 : 원문은 '호(壺)'. '호'는 술병이라는 뜻 외에, '부구(浮具: 물을 건널 때 쓰는 도구)'의 뜻도 있음.

02 공후(箜篌) : 하프와 비슷한 동양의 옛 현악기. 활 모양의 틀에 21개의 줄을 매어 세워놓고 연주하는 수공후(豎箜篌), 타원형의 공명통(共鳴筒)에 13개의 줄을 매어 눕혀놓고 연주하는 와공후(臥箜篌), 공명통에 나무대를 가로로 꽂아 거기에 13개의 줄을 매어놓은 소공후(小箜篌) 등이 있음.

그 소리가 매우 처량하고 슬펐다. 노래를 마친 아내는 스스로 강물에 뛰어들어 죽었다.

곽리자고는 집에 돌아와 아내인 여옥(麗玉)에게 자신이 목격한 장면과 <공무도하곡>에 대해 말하였다. 여옥이 마음 아파하면서 공후를 연주하여 <공무도하곡>을 옮겼는데, 듣는 사람 중에 눈물을 흘리지 않는 이가 없었다. 그녀는 그 곡을 이웃에 사는 여용(麗容)에게 전하니, 이름을 공후인(箜篌引)이라 하였다.

<『고금주』 권중, 음악 제3>

황조가

유리왕(?~A.D.18)

오고 가는 저 꾀꼬리는
[01]암수가 서로 따르는데
외로운 이내 몸은
누구와 함께 돌아갈까.

유리왕(琉璃王, 재위 B.C.19~A.D.18) 3년(B.C.17) 7월에 골천(鶻川)에 이궁(離宮: 왕이 궁중 밖으로 나들이할 때 머무는 곳)을 지었다. 10월에 왕비 송씨(宋氏)가 죽자, 왕은 두 여인을 계실(繼室: 남의 후처(後妻)를 높여 이르는 말)로 얻었는데, 한 여인은 골천 사람의 딸인 화희(禾姬)였고, 다른 여인은 한(漢)나라 사람의 딸인 치희(雉姬)였다. 두 사람이 사랑다툼으로 서로 화목하지 못하므로, 왕은 양곡(涼谷)에 동궁(東宮)과 서궁(西宮)을 지어 따로 살게 하였다.

그 후 왕이 기산(箕山)에 사냥을 가서 7일 동안 돌아오지 않았는데, 두 여자가 다투다가 화희가 치희를 꾸짖기를, "너는 한(漢)나라의 비첩(婢妾: 종의 신분이면서 첩이 된 여자)으로, 무례함이 어찌 그리 심한가?"라고 하였다. 치희는 부끄럽고 분하여 궁전을 떠났다. 왕이 듣고 말을 채찍질하여 쫓아갔으나 치희는 화를 내며 돌아오지 않았다.

---

01 암수 : 암컷과 수컷.

왕이 어느 날 나무 밑에서 쉬다가 꾀꼬리들이 모여드는 것을 보고 느끼는 바가 있어 이 노래를 불렀다.

<『삼국사기』 권13, 「고구려본기」 제1>

구지가

작자미상

거북이여, 거북이여.
머리를 내놓으시오.
만약 내놓지 않으면
구워서 먹으리라.

후한(後漢)의 세조 광무제(光武帝) 건무(建武) 18년(A.D.42) 임인년(壬寅年) 3월 [01]계욕일에, [02]구지봉에서 누군가를 부르는 소리가 들려왔다. 2·3백 명의 사람들이 모여들었는데, 모습은 보이지 않고 "여기에 사람이 있느냐?"라는 말소리만 들렸다. [03]구간 등이 말하기를, "우리들이 있습니다."라고 하자, "내가 있는 곳이 어디냐?"라고 하니, 구간 등이 "구지입니다."라고 대답하였다. 또 말하기를, "하늘이 나에게 이곳에 나라를 세우고 임금이 되라고 명령하시므로 여기에 왔다. 너희들은 봉우리의 흙을 파서 모으면서 이 노래를 불러라. 그리고 노래를 부르면서 춤

---

01 계욕일(禊浴日) : 음력 3월 3일. 이 날에는 액운(厄運: 모질고 사나운 운수)을 없앤다는 의미에서 깨끗한 물로 목욕한 뒤, 술을 마시며 놀았음.

02 구지봉(龜旨峯) : 경상남도 김해시(金海市) 구산동(龜山洞)에 있는 산. 여러 마리의 거북이 엎드린 모양 같아서 이렇게 불렀다고 함.

03 구간(九干) : 가야국(伽倻國) 형성기의 아홉 추장(酋長). 아도간(我刀干)·여도간(汝刀干)·피도간(彼刀干)·오도간(五刀干)·유수간(留水干)·유천간(留天干)·신천간(神天干)·오천간(五天干)·신귀간(神鬼干) 등을 가리킴. '추장'은 원시사회에서 생활 공동체를 통솔하고 대표하던 우두머리.

을 춰라. 그러면 대왕을 맞이하게 되어 기뻐서 팔짝팔짝 뛸 것이다."라고 하였다.

구간 등이 모두 그 말대로 노래하고 춤을 췄다. 얼마 후 우러러 바라보니 하늘에서 자주색 줄이 내려와 땅까지 닿았다. 줄 끝을 찾아서 가보니 붉은 보자기에 싸여있는 [04]금합이 있었다. 금합을 열어보니 황금알 6개가 있었는데, 둥글기가 해와 같았다. 여러 사람들이 모두 놀라고 기뻐하여 백 번 절한 뒤, 다시 보자기에 싸서 아도간(我刀干)의 집으로 가져갔다. 평상 위에 놓아두고 각기 흩어졌다가, 12일이 지난 그 이튿날 아침에 사람들이 다시 모여 금합이 있던 곳에 갔다. 여섯 알이 변하여 여섯 동자(童子)가 되어 있었는데, 모두 용모가 매우 훌륭하였다. 여섯 동자가 평상에 앉으니, 사람들이 공손히 하례(賀禮: 축하하여 예를 차리는 일)하고 공경을 다해 모셨다.

<『삼국유사』 권2, 기이 제2, 「가락국기」>

---

04 금합(金盒) : 황금으로 만든 합. '합'은 음식을 담는 그릇의 하나. 그리 높지 않고 둥글넓적하며 뚜껑이 있음.

제2장 향가

혜성가

융천사(진평왕대[579~632])

옛날 동쪽 물가
[01]건달바가 놀던 성을 바라보고
"왜군이 왔다."
[02]봉화 올린 변방의 숲이여.
세 [03]화랑이 산 보신다는 말씀 듣고
달도 밝게 비추려 할 때
길을 쓸고 있는 별 바라보고
"[04]혜성이여." 알린 사람이 있다.
아, 산 밑으로 떠나갔더라.

---

01 건달바(乾達婆) : 부처의 가르침을 수호하는 팔부중(八部衆)의 하나. 음악의 신(神)으로, 향(香)만 먹으며 공중으로 날아다닌다고 함.

02 봉화(烽火) : 나라에 병란(兵亂)이나 사변(事變)이 있을 때 신호로 올리던 불. 전국의 주요 산 정상에 봉화대를 설치하였는데, 상황에 따라 올리는 횟수가 달랐음.

03 화랑(花郎) : 신라 진흥왕(眞興王) 때에 인재 등용을 위해 만든 청소년 수련 조직인 화랑도(花郎徒)의 우두머리. 15~18세의 청소년 중, 문벌과 학식이 있고 외모가 단정한 사람으로 선발하였음.

04 혜성(彗星) : 가스 상태의 빛나는 긴 꼬리를 끌고 태양을 초점으로 긴 타원이나 포물선에 가까운 궤도를 그리며 운행하는 천체. 핵·코마·꼬리 부분으로 이루어져 있음.

이에 어울릴 무슨 혜성이 있을까.

제5 거열랑(居烈郞), 제6 실처랑(實處郞), 제7 보동랑(寶同郞) 등 세 화랑의 무리가 금강산에 놀러 가려고 하는데, 혜성이 [05]심대성 가까이 다가오고 있었다. 화랑의 무리들은 이를 의아하게 여겨 금강산에 가지 않으려 하였다. 그때 융천(融天) 스님이 노래를 지어 부르자, 괴변(怪變: 예상하지 못한 재난·사고)이 사라지고, 일본 군대가 제 나라로 돌아가 도리어 복된 경사(慶事)가 되었다. 진평왕(眞平王, 재위 579~632)은 기뻐하여 화랑의 무리들을 금강산에 보내어 놀게 하였다.

<『삼국유사』 권5, 감통 제7, 「융천사 혜성가 진평왕대」>

---

05 심대성(心大星) : 동양의 별자리인 28수(宿) 중, 5번째인 심성(心星)의 가운데에 있는 별. 심성은 가운데에 심대성이 있고, 그 좌우에 약간 어두운 별들을 하나씩 거느리고 있음. 중국 송(宋)나라의 정초(鄭樵)가 편찬한 『통지(通志)』「천문략(天文略)」에, "심성의 가운데 별이 밝으면 교화가 이루어지고 도덕이 창성(昌盛)한다. 객성(客星: 일정한 곳에 늘 있지 않고 일시적으로 나타나는 별)이나 패성(孛星: 혜성)이 심성을 범(犯)하면 천하가 병란(兵亂)으로 황폐해진다."라고 되어 있음. 여기에서 '범한다'는 것은 가까이 다가가는 것을 의미함.

원왕생가

광덕(문무왕대[661~681])

달님이시여, 저 아래
서방을 지나서 가십니까.
[01]무량수불 앞에서
보고의 말씀 빠짐없이 올리소서.
다짐 깊으신 분을 우러러
두 손 모아 곧게 세우고
"[02]왕생을 원합니다, 왕생을 원합니다."
간절히 생각하는 사람 있다고 알리소서.
아, 이 몸 남겨두고
[03]48대원 이루실까.

문무왕(文武王, 재위 661~681) 때, 광덕(廣德)과 엄장(嚴莊)이라는 [04]사문이 있었다. 두 사람은 우애가 좋았는데, 아침저녁으로 약속하기를 "먼

---

01 무량수불(無量壽佛) : 아미타불(阿彌陀佛)의 다른 이름. 수명이 끝이 없다고 하여 이렇게 일컬음. 서방(西方)의 극락세계(極樂世界)에 있으면서 극락의 중생들에게 설법하고 있음. 부처가 되기 전, 48대원(大願)을 세워 성불(成佛)할 것을 다짐하고, 오랜 수행을 거쳐 성불함.

02 왕생(往生) : 목숨이 다하여 다른 세계에 가서 태어남. 여기서는 극락세계에 태어나는 것을 뜻함.

03 48대원(大願) : 아미타불이 전생에 법장비구(法藏比丘)였을 때, 당시의 부처인 세자재왕여래(世自在王如來) 앞에서 맹세한 48가지의 서원(誓願). '서원'은 원(願)을 세우고, 그것을 이루고자 다짐하는 일.

04 사문(沙門) : 불문(佛門)에 들어가서 도(道)를 닦는 사람. 출가자인 비구(比丘)와 같은 뜻으로 쓰임.

저 [05]극락세계로 가는 사람은 반드시 이를 알리기로 하자."라고 하였다. 광덕은 [06]분황사 서쪽 마을에 숨어 지내면서 신발 만드는 일을 생업(生業: 살아가기 위해 하는 일)으로 삼아 아내와 자식을 데리고 살았다. 엄장은 남악(南岳)에 암자(庵子: 불도(佛道)를 닦기 위해 만든 자그마한 집)를 짓고 농사일에 힘쓰면서 지냈다.

어느 날 석양이 붉게 물들고 소나무 그늘에 어둠이 짙을 무렵, 엄장 집의 창 밖에서 "나는 극락세계로 가니, 그대는 잘 지내다가 빨리 나를 따라오게."라는 소리가 들렸다. 엄장이 문을 열고 나가서 둘러보니 구름 밖에서 천악(天樂) 소리가 울리고, 밝고 환한 빛이 땅을 비추었다. 다음날 엄장이 광덕의 집을 찾아가니, 광덕은 과연 죽어 있었다. 이에 광덕의 아내와 함께 유해(遺骸)를 거둬 장사(葬事)를 지냈다.

장사를 마치고 엄장이 광덕의 아내에게 말하였다. "남편이 죽었으니 나와 같이 사는 것이 어떻겠습니까?" 광덕의 아내가 대답하였다. "좋습니다." 그날 밤 엄장이 광덕의 집에서 정(情)을 통하려고 하자, 광덕의 아내가 응하지 않고 다음과 같이 말하였다. "스님이 [07]정토를 구하는 것은 물고기를 잡으러 나무에 올라가는 것과 같습니다." 엄장이 놀라면서 물었다. "광덕이 이미 그렇게 했는데, 내게도 어찌 그것이 방해가 되겠소?" 그녀가 대답하였다. "남편은 나와 10여 년을 동거하면서 하루저녁도 한자리에 누운 적이 없습니다. 하물며 몸을 더럽혔겠습니까? 다만

---

05 극락세계(極樂世界) : 아미타불이 살고 있는 세계로, 즐거움만 있고 괴로움이 없는 곳. 이 세상에서 서쪽으로 10만억 불토(佛土)를 지난 곳에 있다고 함.

06 분황사(芬皇寺) : 경북 경주시 구황동에 있는 절. 634년(선덕왕 3)에 창건하였으며, 현재 3층만 남아있는 모전탑(摸塼塔)은 신라 탑으로는 가장 오래된 것임.

07 정토(淨土) : 부처나 보살이 사는, 번뇌(煩惱)의 굴레를 벗어난 아주 깨끗한 세상. 여기서는 극락세계를 가리킴

밤마다 몸을 단정히 하고 반듯이 앉아서 아미타불의 이름만을 불렀습니다. 혹은 [08]16관법으로 수행할 때 밝은 달빛이 문으로 들어오면 그 위에 올라 [09]가부좌를 하였습니다. 정성 다하기를 이와 같이 하였으니 서방정토(西方淨土: 극락세계)로 안 가고 어디로 가겠습니까? 무릇 천 리(里)를 가는 사람은 그 첫걸음으로 알 수 있는데, 지금 스님의 수행(修行)으로는 동방으로 갈 수 있을지는 모르나 서방으로 갈 수는 없을 것 같습니다."

엄장은 이 말을 듣고 부끄러워하면서 집을 나왔다. 그는 곧 원효(元曉, 617~686) 법사(法師)의 거처로 찾아가 왕생(往生)의 방법을 간절히 구하였는데, 원효는 [10]쟁관법으로 그를 이끌어주었다. 이에 엄장은 몸을 깨끗이 하여 자신의 죄를 참회하고 오로지 관법 수행에 힘쓰니, 그 역시 서방정토로 올라갈 수 있었다.

쟁관법은 원효 법사의 전기(傳記)와 『해동고승전(海東古僧傳)』에 나온다. 광덕의 아내는 분황사(芬皇寺)의 종이었는데, 바로 [11]관세음보살의 [12]19응신 중의 하나이다. 일찍이 광덕은 이 노래를 부른 적이 있다.

<『삼국유사』 권5, 감통 제7, 「광덕 엄장」>

---

08 16관법(觀法) : 아미타불의 몸이나 극락세계의 모습을 마음에 떠올림으로써 극락세계에 태어날 수 있다고 하는 16종의 관법. '관법'은 불교의 진리를 직관하는 수행법을 총칭하는 용어.

09 가부좌(跏趺坐) : 결가부좌(結跏趺坐)의 준말. 부처의 좌법(坐法)으로, 좌선(坐禪)할 때 앉는 방법의 하나. 왼쪽 발을 오른쪽 넓적다리 위에 놓고 오른쪽 발을 왼쪽 넓적다리 위에 놓고 앉는 것을 길상좌(吉祥坐)라고 하고, 그 반대를 항마좌(降魔座)라고 함. 손은 왼쪽 손바닥을 오른쪽 손바닥 위에 겹쳐 배꼽 밑에 편안히 놓음.

10 쟁관법(錚觀法) : 현재 전하는 원효의 저술과 전기에는 이 관법을 찾을 수 없음. 그러므로 '정관법(淨觀法)'의 오기(誤記)로 볼 수도 있음. '정관법'은 생각의 물듦을 없애고, 깨끗한 몸으로 번뇌의 유혹을 끊는 관법.

11 관세음보살(觀世音菩薩) : 대자대비(大慈大悲)를 근본 서원(誓願)으로 하는 보살로, 아미타불의 왼쪽에 위치함. 세상 사람들의 음성을 듣고 그들의 괴로움을 없애준다고 함.

12 19응신(應身) : 열아홉 가지의 응신. '응신'은 중생을 교화하기 위해 여러 가지 형상으로 변화하는 부처와 보살의 몸.

모죽지랑가

득오곡(효소왕대[692~702])

지난 봄을 생각함에
(함께) 있지 못하여 우는 이 시름.
아름답고 좋으시던
모습이 세월 갈수록 없어져 가는구나.
눈길 돌릴 사이에
어찌 만날 수 있으리.
죽지랑이여, (당신을) 그리워하는 마음의 가는 길
[01]다북쑥 우거진 [02]구렁에서도 잘 밤이 있으리라.

제32대 효소왕(孝昭王, 재위 692~702) 때, 죽만랑(竹曼郞: 죽지랑의 다른 이름)의 낭도(郎徒: 화랑의 무리) 중에 득오(得烏) [03]급간이 있었다. 그는 [04]화랑도의 명부에 이름을 올려놓고 날마다 출근하였는데, 10일 동안 보이지 않자, 죽만랑이 득오의 어머니를 불러 아들이 있는 곳을 물었다. 득

01 다북쑥 : 국화과의 여러해살이풀. 7~10월에 분홍빛이 도는 흰색 꽃이 핌. 어린잎은 식용하고 줄기와 잎자루는 약으로 씀.

02 구렁 : 움쑥하게 파인 땅.

03 급간(級干) : 신라 때에 둔, 17관등(官等: 관리나 벼슬의 등급) 가운데 아홉째 등급. 육두품(六頭品) 이상이 오를 수 있었음. 급찬(級湌) 또는 급벌찬(級伐湌)이라고도 함.

04 화랑도(花郎徒) : 신라 진흥왕(眞興王) 때에 인재 등용을 위해 만든 청소년 수련 조직. 화랑도의 구성원들은 명산대천(名山大川)을 찾아다니면서 국토애를 기르는 한편, 도의(道義: 사람이 마땅히 지키고 행해야 할 도덕적 의리)를 갈고 닦으며, 가악(歌樂)을 즐겼다고 함.

오의 어머니가 대답하였다. "당전(幢典: 부대장(部隊長) 또는 지방관)인 모량부(牟梁部)의 익선(益宣) [05]아간이 아들을 부산성(富山城: 경북 월성군에 있는 산성)의 창고지기로 뽑아갔는데, 빨리 가느라고 미처 말씀드리지 못했습니다." 죽만랑이 말하였다. "당신 아들이 사사로운 일로 그곳에 갔다면 찾아볼 필요가 없지만, 이제 공적인 일로 갔으므로 마땅히 찾아가서 대접해야겠소." 죽만랑은 떡 한 합(盒: 둥글고 넓적하며 뚜껑이 있는 놋그릇)과 술 한 동이(키가 작고 몸이 둥글며 양옆에 손잡이가 달린 질그릇)를 종들에게 들게 하고 득오를 만나러 길을 떠났는데, 낭도 137명도 모두 그를 따라갔다.

부산성에 이르러 죽만랑이 문지기에게 득오가 어디에 있느냐고 물었다. 문지기가 대답하기를, "지금 익선의 밭에서 관례대로 [06]부역하고 있습니다."라고 하였다. 죽만랑은 밭으로 가서 가져간 술과 떡으로 득오를 대접하였다. 익선에게 휴가를 청하여 함께 돌아가려고 했으나, 익선은 굳이 거부하고 허락하지 않았다. 그때 사리(使吏: 수송의 임무를 맡은 관리) 간진(侃珍)이 추화군(推火郡: 지금의 경남 밀양군)에서 조세(租稅) 30석을 거둬 도성(都城: 신라의 서울인 경주)으로 가지고 가는 길이었다. 간진은 죽만랑이 선비를 소중히 여기는 모습을 아름답게 여기고 융통성이 없는 익선을 야비하게 생각하여, 가지고 가던 벼 30석을 익선에게 주며 청했지만 허락하지 않았다. 다시 진절(珍節) [07]사지가 타던 말과 안장(鞍

---

05 아간(阿干) : 신라 17관등 가운데 여섯째 등급. 육두품이 오를 수 있었던 가장 높은 관등. 아찬(阿湌) 또는 아척간(阿尺干)이라고도 함.

06 부역(赴役) : 병역(兵役)이나 부역(賦役)을 치르러 나감. '부역(賦役)'은 국가가 특정한 공익사업을 위해 보수 없이 국민에게 의무적으로 책임을 지우는 노동.

07 사지(舍知) : 신라 17관등 가운데 열셋째 등급. 사두품(四頭品) 이상이 오를 수 있었음. 소사(小舍)라고도 함.

裝: 말의 등에 얹어서 사람이 타기에 편리하도록 만든 도구)을 주니 그제야 허락하였다.

조정(朝廷: 임금과 신하들이 모여 나라의 정치를 의논하고 집행하는 곳)의 화주(花主: 화랑 단체를 관장하던 관리)가 이 소식을 듣고 사자(使者)를 보내 익선을 잡아다가 그 더러움을 씻기려 하였다. 그런데 익선이 도망가서 숨었으므로 대신 그 맏아들을 잡아갔다. 중동(仲冬: 음력 11월)의 몹시 추운 날에 그를 성 안의 못에다 목욕시켰는데, 이내 얼어 죽었다. 효소왕이 명령을 내려, 모량리(牟梁里) 사람으로 벼슬하는 자들을 모두 쫓아버려 다시는 관공서에 발을 붙이지 못하게 하고, 승복(僧服)도 입지 못하게 하였다. 이미 승려가 된 사람은 큰 절에는 들어가지 못하게 하였다. 한편으로, 간진의 자손을 평정호손(枰定戶孫)에 임명하여 간진의 선행을 세상에 널리 알렸다. 원측(圓測, 613~696) 법사(法師)는 신라의 고승(高僧)이지만 모량리 사람이므로 승직(僧職)을 주지 않았다.

이전에 죽지랑의 아버지 술종공(述宗公)이 삭주(朔州: 지금의 춘천) 도독사(都督使: 주(州)를 통치하는 지방관)가 되어 임지(任地)로 부임하게 되었는데, 이때 나라에 병란(兵亂)이 있었으므로 기병(騎兵) 3천 명이 그를 호송하였다. 일행이 [08]죽지령에 이르렀을 때, 한 거사(居士: 출가하지 않고 불도(佛道)를 닦는 남자)가 그 고갯길을 닦고 있었다. 술종공은 이를 보고 찬탄하였고, 거사 또한 술종공의 위엄 있는 모습을 좋게 여겨 서로 마음이 통하였다. 술종공이 부임지에 간 지 한 달이 되던 때, 꿈에서 거사가 자신의 방으로 들어오는 것을 보았다. 부인도 같은 꿈을 꾸었으므로 더욱 놀랍고 이상히 여겨 이튿날 사람을 보내 그 거사의 안부를 물었다. 사

08 죽지령(竹旨嶺) : 경북 영풍군 풍기읍과 충북 단양군 대강면의 경계에 있는 고개.

람들이 말하기를, "거사가 죽은 지 며칠이 되었습니다."라고 하였다. 사자(使者)가 돌아와서 그 사실을 알렸는데, 그가 죽은 날이 꿈을 꾼 바로 그날이었다. 술종공이 말하기를, "거사가 우리 집에 태어날 것이다."라고 하였다. 군사들을 보내 고개 위 북쪽 봉우리에 장사지내고, 그 무덤 앞에 [09]돌미륵 하나를 만들어 세웠다.

술종공의 아내는 꿈을 꾼 날로부터 태기(胎氣: 아이를 밴 낌새)가 있었는데, 아들을 낳자 이름을 죽지(竹旨)라고 하였다. 죽지는 자라서 벼슬길에 나아가 부원수(副元帥)가 되어 유신공(庾信公: 김유신)과 함께 삼한(三韓)을 통일하였고, 진덕왕(眞德王, 재위 647~654)·태종무열왕(太宗武烈王, 재위 654~661)·문무왕(文武王, 재위 661~681)·신문왕(神文王, 재위 681~692)의 4대에 걸쳐 재상(宰相)이 되어 나라를 안정시켰다. 득오곡(得烏谷)이 죽지랑을 사모하여 지은 노래가 있다.

〈『삼국유사』 권2, 기이 제2, 「효소왕대 죽지랑」〉

---

09 돌미륵(彌勒) : 돌로 만든 미륵. '미륵'은 석가모니로부터 미래에 부처가 될 것이라는 예언을 들은 보살. 현재 도솔천(兜率天)에서 천인(天人)들을 교화하고 있는데, 석가모니가 돌아가신 지 56억 7천만 년 뒤에 이 세계로 내려와 3회의 설법으로 모든 중생을 열반(涅槃: 모든 번뇌에서 벗어나 진리를 깨달은 경지)에 이르게 한다고 함.

원가

신충(효성왕대[732~742])

"빛깔 좋은 잣나무 (잎이)
가을에도 시들어 떨어지지 않는 것처럼
너와 함께 가고 싶구나." (말씀) 하신
우러르던 얼굴이 변하신 겨울이여.
(나는) 달빛 비치는 오래된 연못 속
일렁이는 물결 아래의 모래로다.
(달의) 모습이야 바라보나
세상 모두에 잊혀진 (나의) [01]등제여.
[02][후구(後句)는 없어짐]

효성왕(孝成王, 재위 732~742)이 아직 왕위에 오르기 전, 어진 선비 신충(信忠)과 궁중 뜰의 잣나무 밑에서 바둑을 두다가 말하였다. "훗날에 내가 만약 그대를 잊는다면 저 잣나무와 같을 것이다." 이 말을 듣자마자 신충이 일어나 절하였다. 몇 달이 지나서 효성왕이 즉위하여 공신(功臣)들에게 상을 주면서 신충을 잊고 차례에 넣지 않았다. 신충은 이를 원망하여 노래를 지은 뒤, 그 노랫말을 적은 종이를 잣나무에 붙였다. 그

01 등제(等第) : 공신(功臣)의 차례에 넣어 보상함.

02 후구(後句)는 없어짐 : 감탄사를 포함한 제9~10행이 『삼국유사』에 기록되기 이전에 이미 없었다는 뜻.

러자, 잣나무가 갑자기 누렇게 시들어버렸다.

왕은 궁중 뜰의 잣나무가 갑자기 시들었다는 소식을 듣고 이상하게 여겨 사람을 시켜 잣나무를 살펴보게 하였다. 사자(使者)가 나무에서 노랫말을 적은 종이를 찾아내 왕에게 바쳤다. 왕이 크게 놀라 말하기를, "국사(國事)에 골몰하여 공신을 잊었구나."라고 하였다. 신충을 불러 벼슬을 주니 잣나무가 다시 살아났다.

〈『삼국유사』 권5, 피은 제8, 「신충괘관」〉

도솔가

월명사(경덕왕대[742~765])

오늘 여기서 [01]산화노래 부르며
뿌리는 꽃아, 너는
곧은 마음의 명을 받들어
[02]미륵 [03]좌주를 모셔라.

경덕왕(景德王, 재위 742~765) 19년(760) 경자(庚子) 4월 1일에 두 해가 나란히 나타나 10일 동안 사라지지 않았다. 일관(日官: 천문관측과 점성(占星)을 담당하는 관리)이 말하기를, "인연(因緣) 있는 승려를 청하여 산화공덕을 드리면 재앙을 물리칠 수 있을 것입니다."라고 하였다. 이에 왕은 조원전(朝元殿: 왕이 신년하례를 받던 곳)에 깨끗한 [04]단을 만들게 하고, 청양루(靑陽樓)에 행차하여 인연 있는 승려를 기다렸다.

그때 월명(月明) 스님이 밭둑을 걷다가 마침 남쪽 길을 가고 있었다.

---

01 산화(散花)노래 : 산화공덕(散花功德)의 의식에서 부르는 노래. '산화공덕'은 불·보살에게 꽃을 뿌리며 불·보살의 공덕을 기리는 일.

02 미륵(彌勒) : 석가모니로부터 미래에 부처가 될 것이라는 예언을 들은 보살. 현재 도솔천(兜率天)에서 천인(天人)들을 교화하고 있는데, 석가모니가 돌아가신 지 56억 7천만 년 뒤에 이 세계로 내려와 3회의 설법으로 모든 중생을 열반(涅槃: 모든 번뇌에서 벗어나 진리를 깨달은 경지)에 이르게 한다고 함.

03 좌주(座主) : 부처의 자리를 의미하는 사자좌(師子座) 또는 금강좌(金剛座)의 주인. 지금 이 '자리'에 미륵이 있음을 강조하기 위한 말.

04 단(壇) : 만다라(曼茶羅)라고도 함. 불상을 그리거나 안치하고, 공물(供物)을 놓기도 함.

왕은 사람을 시켜 그를 불러와 단을 열고 계청(啓請: 불·보살에게 일이 이루어지도록 청하는 글)을 짓게 하였다. 월명이 왕에게 말하기를, "저는 [05]국선의 무리에 속해 있어서 향가(鄕歌)만 알고 [06]성범에는 익숙하지 못합니다."라고 하였다. 왕이 말하기를, "이미 인연 있는 스님으로 정하였으니 향가를 사용해도 좋소."라고 하였다. 월명은 이에 〈도솔가(兜率歌)〉를 지어 불렀다. 이 노래를 한시(漢詩)로 풀이하면 아래와 같다.

[07]용루에서 오늘 산화가를 불러	龍樓此日散花歌
푸른 구름에 한 송이 꽃 올려 보내네.	挑送青雲一片花
은근하고 정중한 곧은 마음이 시킴이니	殷重直心之所使
멀리 [08]도솔천의 부처님을 맞이하네.	遠邀兜率大僊家

지금 세속에서는 이것을 〈산화가(散花歌)〉라고 하지만, 잘못이다. 마땅히 〈도솔가〉라고 해야 한다. 〈산화가〉는 따로 있지만, 노랫말이

---

05 국선(國仙) : 화랑(花郎)을 가리킴. '화랑'은 신라 진흥왕(眞興王) 때에 인재 등용을 위해 만든 청소년 수련 조직인 화랑도(花郎徒)의 우두머리. 15~18세의 청소년 중, 문벌과 학식이 있고 외모가 단정한 사람으로 선발하였음. 화랑도의 구성원들은 명산대천(名山大川)을 찾아다니면서 국토애를 기르는 한편, 도의(道義: 사람이 마땅히 지키고 행해야 할 도덕적 의리)를 갈고 닦으며, 가악(歌樂)을 즐겼다고함.

06 성범(聲梵) : 범성(梵聲). 불(佛)·보살(菩薩)의 음성이나 경(經) 읽는 소리를 말함. 여기서는 불교의식 음악인 범패(梵唄)를 가리킴. '범패'는 사찰에서 재(齋)를 올릴 때 부르는 노래로, 가곡·판소리와 더불어 한국의 3대 성악곡(聲樂曲) 중의 하나. 노랫말이 한문으로 되어 있고, 오랜 수련을 거친 전문적인 범패승(梵唄僧)만이 부를 수 있음.

07 용루(龍樓) : 중국 한(漢)나라 때 태자궁(太子宮)의 문(門) 이름으로, 한나라 이후 태자의 궁전을 뜻함. 여기서는 조원전(朝元殿)을 가리키는 듯

08 도솔천(兜率天) : 욕계(欲界) 6천(天) 중의 제4천. 수미산(須彌山) 꼭대기에서 12만 유순(由旬 : 1유순은 16㎞에 해당함)이 되는 곳에 있는 하늘로, 칠보(七寶)로 된 궁전이 있고, 헤아릴 수 없이 많은 하늘 사람들이 살고 있다고 함. 이 하늘에는 내원(內院)과 외원(外院)이 있는데, 외원에는 하늘 사람들이 살고 있고, 내원에는 앞으로 부처가 될 사람이 머물고 있다고 함.

매우 길어서 싣지 않는다.

<도솔가>를 지어 부른 뒤, 곧 두 해의 괴변(怪變: 예상하지 못한 재난·사고)이 사라졌다. 왕은 월명을 가상히 여겨 상품(上品)의 차(茶) 한 봉과 수정(水晶)으로 만든 [09]108염주를 주었다.

이때 모습이 곱고 깨끗한 한 동자(童子)가 나타나, 차와 염주를 공손히 받아들고 궁전 서쪽의 작은 문으로 나갔다. 월명은 이 동자를 궁중의 심부름 하는 아이로 여겼고, 왕은 월명의 시중을 드는 아이로 여겼으나, 서로 알아보니 모두 그렇지 않았다. 왕은 매우 이상하게 여겨 사람을 시켜 동자를 쫓아가게 하였는데, 동자는 내원(內院: 궁중 안에 있는 절)의 탑 속에 숨고 차와 염주는 내원의 남쪽 벽에 그려진 미륵보살상(彌勒菩薩像) 앞에 놓여 있었다. 월명의 지극한 덕과 정성이 미륵보살을 감동시킨 것이다.

이 일은 조정(朝廷: 임금과 신하들이 모여 나라의 정치를 의논하고 집행하는 곳)과 민간에서 모르는 이가 없었다. 왕은 월명을 더욱 공경하여 다시 명주(明紬: 누에고치에서 뽑은 가늘고 고운 실로 무늬 없이 짠 천) 1백 필을 주면서 그의 큰 정성을 세상에 널리 알렸다.

<『삼국유사』 권5, 감통 제7, 「월명사 도솔가」>

---

09 108염주(念珠) : 작은 구슬 108개를 실에 꿰어 만든 염주. 108가지의 번뇌(煩惱)를 상징함. '염주'는 보리수(菩提樹) 등의 열매를 줄에 꿰어서 만든 것으로, 염불할 때에 손으로 돌려 개수를 세거나, 손목 또는 목에 거는 법구(法具).

제망매가

월명사(경덕왕대[742~765])

태어남과 죽음의 길은
여기 있음에 (너와 나를) 갈라서게 만들고
"나는 간다."는 말도
다 하지 못하고 갑니까.
어느 가을 이른 바람에
여기 저기 떨어지는 나뭇잎처럼
같은 가지에서 나고도
가는 곳을 모르는구나.
아, [01]미타찰에서 만날 나는
도를 닦으며 기다리리라.

월명은 일찍이 죽은 여동생을 위해 [02]재를 올릴 때, 향가(鄕歌)를 지어 제사를 지낸 적이 있었다. 그 당시에 갑자기 회오리바람이 일어나 [03]지

01 미타찰(彌陀刹) : 아미타불(阿彌陀佛)이 있는 극락세계(極樂世界). '극락세계'는 즐거움만 있고 괴로움이 없는 곳. 이 세상에서 서쪽으로 10만억 불토(佛土)를 지난 곳에 있다고 함. '미타'는 아미타불의 줄임말로, 서방(西方)의 극락세계에 있으면서 극락의 중생들에게 설법하고 있는 부처. '찰'은 국토(國土)·세계의 뜻.

02 재(齋) : 불·보살에게 공양(供養)을 올리면서 행하는 불교의식. 또는 죽은 사람의 명복(冥福)을 비는 불교의식. '공양'은 불(佛)·법(法)·승(僧)의 삼보(三寶)나 죽은 이의 영혼에게 음식·꽃 등을 바치는 일. 또는 그 음식·꽃.

03 지전(紙錢) : 돈 모양으로 오린 종이. 죽은 사람이 저승 가는 길에 노자(路資: 여행에 드는 비

전이 날려 서쪽 방향으로 사라져버렸다.

월명은 [04]사천왕사에서 살았는데, 피리를 잘 불었다. 어느 날 그가 달 밝은 밤에 피리를 불면서 사천왕사 문 앞의 큰 길을 지나가니, 달이 피리 소리에 움직임을 멈췄다. 이로 인해 그 길을 월명리(月明里)라 했으며, 스님도 이 때문에 유명해졌다. 스님은 능준대사(能俊大師)의 문인(門人: 가르침을 받은 제자)이다.

신라 사람들이 향가를 숭상한 지는 오래되었는데, 대개 시송(詩頌)과 같은 것이었다. 그러므로 가끔 천지(天地)와 귀신(鬼神)을 감동시킨 것이 한둘이 아니었다.

〈『삼국유사』 권5, 감통 제7, 「월명사 도솔가」〉

용)로 쓰라는 뜻으로 관 속에 넣음.

04 사천왕사(四天王寺) : 경상북도 경주시 배반동 낭산(狼山)에 있었던 절. 679년(문무왕 19)에 창건하였으며, 신문왕릉(神文王陵) 옆에 있었음. 지금은 터만 남아 있음.

찬기파랑가

충담사(경덕왕대[742~765])

목메어 울다가 그침에
나타난 밝은 달이
흰 구름 따라 떠나간 언저리
새파란 물가에
기파랑의 모습이 있어라.
[01]일오 냇가 조약돌에서
기파랑이 지니시던
마음의 끝을 따르고자.
아, 잣나무 가지가 높아
서리를 모르는 [02]고깔이여.

<『삼국유사』 권2, 기이 제2, 「경덕왕 충담사 표훈대덕」>

---

01 일오(逸烏) : 지명(地名) 또는 내[川]의 이름인 듯.

02 고깔 : 끝이 뾰족하고 세모지게 만든 모자. 여기서는 고깔 모양으로 되어 있는 잣나무의 꽃을 가리키는 듯. 그리고 잣나무 꽃은 기파랑을 뜻함.

도천수관음가

희명(경덕왕대[742~765])

무릎을 꿇고
두 손을 모아
[01]천수관음 앞에서
간절히 비는 말씀을 올립니다.
천 개의 손에 있는 천 개의 눈에서
(천 손의) 하나를 내놓아 (천 눈의) 하나를 덜면
둘 없는 나이니
하나는 넌지시 고칠 것이라.
아, 나에게 (눈을) 주신다면
(하나만) 내놓아도 (천수관음의) 자비가 (얼마나) 큰가.

경덕왕(景德王, 재위 742~765) 때, 한기리(漢岐里: 지금의 경북 경주시 현곡면)에 사는 희명(希明)의 아이가 태어난 지 5년 만에 갑자기 눈이 멀었다. 하루는 희명이 아이를 안고 분황사(芬皇寺)를 찾아갔다. 그녀는 분황사의 왼쪽 법당(法堂) 북쪽 벽에 그려진 천수관음상 앞에서 아이를 시켜 노래를 지어 빌게 했다. 그러자, 아이의 두 눈이 밝아졌다.

<『삼국유사』 권3, 탑상 제4, 「분황사 천수대비 맹아득안」>

01 천수관음(千手觀音) : 천수천안관세음보살(千手千眼觀世音菩薩)의 줄임말. 이 보살의 눈은 얼굴에 셋, 천 손바닥에 각각 하나씩 있다고 함.

처용가

처용(헌강왕대[875~886])

[01]동경의 밝은 달 아래
밤늦도록 놀러 다니다가
들어와서 잠자리를 보니
다리가 넷이어라.
둘은 내 것이고
둘은 누구 것인가.
본래 내 것이지만
빼앗은 것을 어찌할까.

제49대 헌강대왕(憲康大王, 재위 875~886) 때, 신라는 서울인 경주로부터 동해안의 마을에 이르기까지 집과 담장이 서로 이어져 맞닿아 있었고, 초가집이 하나도 없었다. 거리에는 악기 소리와 노래 소리가 끊이지 않았고, 계절에 따라 알맞게 바람이 불고 비가 내렸다.

어느 날 왕이 개운포(開雲浦: 지금의 경남 울산시 상개동)에 놀러 갔다가 돌아오는 길에 물가에서 쉬고 있었다. 갑자기 구름과 안개가 깜깜하게 끼어 길을 분간할 수 없었다. 왕이 이를 이상히 여겨 좌우의 신하들에게 물으니, 일관(日官: 천문관측과 점성(占星)을 담당하는 관리)이 대답하였

01 동경(東京) : 신라의 수도였던 경상북도 경주시(慶州市). 고려시대에는 '경주'를 '동경'이라고 했음.

다. "이것은 동해의 용(龍)이 한 짓입니다. 좋은 일을 해서 풀어야 합니다." 이에 왕이 신하들에게 명령을 내려 용을 위해 이 근처에 절을 짓게 하였다. 왕의 명령이 내려지자마자 구름이 사라지고 안개가 흩어졌다. 이로 인해 그 곳의 이름을 개운포라고 하였다.

동해의 용은 기뻐하여 일곱 아들을 거느리고 왕 앞에 나타나, 왕의 덕을 찬양하여 음악을 연주하고 춤을 추었다. 동해용의 일곱 아들 중 한 아들이 왕의 수레를 따라 경주에 들어가서 왕의 정치를 도왔는데, 이름을 처용(處容)이라고 하였다. 왕은 처용을 계속 자신의 곁에 두기 위해 아름다운 여인을 아내로 맞이하게 하였고, 또 [02]급간의 벼슬을 주었다.

처용의 아내는 매우 아름다워 [03]역신이 그녀를 흠모(欽慕: 기쁜 마음으로 공경하며 사모함)하였다. 역신이 사람으로 변하여 밤에 처용의 집에 가서 몰래 처용의 아내와 잤다. 처용이 밖에서 돌아와 침실에 두 사람이 있는 것을 보고, 곧 노래를 부르고 춤을 추면서 물러났다.

이때 역신이 본래의 모습으로 나타나서 처용 앞에 무릎을 꿇으며 다음과 같이 말하였다. "내가 공(公: 남자를 높여 말하는 2인칭 대명사)의 아내를 흠모하여 지금 그녀의 정조(貞操: 여자의 곧은 절개)를 빼앗았습니다. 공이 이를 보고도 분노하지 않으니 그 미덕에 감복했습니다. 맹세코 지금 이후로는 공의 모습을 그린 것만 봐도 그 문(門)에는 들어가지 않겠습니다." 이로 인해 나라 사람들이 처용의 모습을 그려 문에 붙여서 나쁜 귀신을 쫓고 경사스러운 일을 맞이하였다.

<『삼국유사』 권2, 기이 제2, 「처용랑 망해사」>

02 급간(級干) : 신라 때에 둔, 17관등(官等: 관리나 벼슬의 등급) 가운데 아홉째 등급. 육두품(六頭品) 이상이 오를 수 있었음. 급찬(級湌) 또는 급벌찬(級伐湌)이라고도 함.

03 역신(疫神) : 천연두(天然痘)를 옮기는 신. '천연두'는 급성의 전염병으로, 열이 몹시 나고 온몸에 발진(發疹)이 생김. 감염력이 매우 강하고 사망률이 높음.

도이장가

예종(1079~1122)

임을 온전하게 한
마음은 하늘 끝에 미치니
넋이야 가셨지만
[01]삼으신 벼슬만큼 [02]또 하는구나.
바라보면 알리라
그 때의 두 공신이여.
오래 되었으나 곧은
자취는 나타나셨구나.

경자년(庚子年, 예종 15년·1120) 가을, 서경(西京: 지금의 평안남도 평양시)에서 [03]팔관회를 열었다. [04]가상 둘이 말을 타고 힘차게 뜰을 뛰어다녔는데, 머리에 비녀를 꽂고 자주색 옷을 입었으며 [05]홀을 잡고 황금을 몸에

---

01 삼으신 벼슬 : 고려 태조가 자신을 대신해 죽은 신숭겸과 김락에게 벼슬을 준 사실을 가리킴.

02 또 하는구나 : 신숭겸·김락이 태조를 위해 죽은 사건이, 팔관회에서 두 장군의 역할을 맡은 배우들에 의해 재현되고 있음을 뜻함.

03 팔관회(八關會) : 통일 신라·고려시대에, 해마다 음력 10월 15일은 서경에서, 11월 15일은 개경(開京: 지금의 경기도 개성시)에서 토속신에게 제사를 지내던 의식. 술·다과·놀이로써 즐기고 나라와 왕실의 안녕을 빌었음.

04 가상(假像) : 실물처럼 보이는 거짓 형상. 또는 나무·돌·쇠붙이·흙 등으로 만든 사람의 형상. 여기서는 신숭겸과 김락의 가면과 복장을 한 배우를 가리킴.

05 홀(笏) : 벼슬아치가 임금을 만날 때에 손에 쥐던 물건. 조복(朝服)·제복(祭服)·공복(公服) 등에 사용하였으며, 1품부터 4품까지는 상아홀(象牙笏), 5품 이하는 목홀(木笏)을 썼음.

두르고 있었다. 왕이 이상하게 여겨 좌우의 신하들에게 물으니, 신하들이 대답하였다. "이들은 신성대왕(神聖大王: 고려 태조)께서 삼한(三韓)을 통일하실 때 죽은 공신(功臣)인 대장군 신숭겸(申崇謙, ?~927)과 김락(金樂, ?~927)입니다." 신하들이 계속하여 본말(本末: 일의 처음과 끝)을 말하니, 왕이 슬퍼하면서도 감격하여 두 장군의 후손을 물었다. 한 신하가 말하기를, "이 곳에 김락의 후손이 있습니다."라고 하니, 즉시 그에게 관직과 상을 주었다.

왕이 송도(松都: 지금의 경기도 개성시)로 돌아와서 신숭겸의 4대손인 경(勁)을 [06]보문각으로 오게 하였다. 왕이 친히 그에게 조상의 처음과 자손의 수를 물은 뒤, 주과(酒果)를 베풀고 비단을 주었다. 이어서 시와 노래를 각각 지어서 주었는데, 왕이 지은 시는 다음과 같다.

두 공신의 가상(假像)을 보니	見二功臣像
생각나는 것이 있어 눈물이 흐르네.	汍瀾有所思
팔공산의 옛 자취는 적막한데	公山蹤寂寞
평양에는 옛 일이 남아 전하니	平壤事留遺
[07]충의는 [08]천고에 밝은 것이고	忠義明千古
삶과 죽음은 한 때의 일이구나.	死生唯一時
임금 위해 시퍼런 칼날에 떨어지니	爲君躋白刃
이로써 [09]왕업의 기틀을 보전하였네.	從此保王基

<『평산신씨계보』, 「시조장절공행적」>

06 보문각(寶文閣) : 고려시대에 경연(經筵)과 장서(藏書)를 맡아보던 기관. 예종 11년(1116)에 처음 설치되었음.

07 충의(忠義) : 충성과 절의(節義). '절의'는 절개(節槪)와 의리.

08 천고(千古) : 아주 오랜 세월 동안.

09 왕업(王業) : 임금이 나라를 다스리는 대업(大業). 또는 그런 업적.

제3장 속요

정읍사

행상인의 아내(백제[B.C. 18~660])

달님이시여, 높이높이 솟으시어
멀리멀리 비춰 주소서.
(당신은) 모든 시장에 다니시나요.
진흙탕을 디딜까 두려워라.
어느 곳에나 다 (달빛을) 놓아 주소서.
내가 가는 곳이 어두울까 두려워라.

〈『악학궤범』 권5, 시용향악정재도의, 「무고」〉

정읍은 전주(全州)에 속한 마을이다. 그 마을의 한 남자가 행상(行商: 이리저리 돌아다니며 물건을 파는 일)하러 나간 지가 오래되어도 돌아오지 않았다. 이에 그의 아내가 산 위의 돌에 올라가 바라보면서, 남편이 밤에 다니다 피해를 당하지 않을까 하는 두려운 마음을 흙탕물의 더러움에 가탁(假托: 어떤 사물을 빌려 감정을 표현하는 일)하여 노래하였다. 세상에 전하기를, 아내가 올라가서 남편이 오는지를 바라본 돌이 지금도 있다고 한다.

〈『고려사』 권71, 악지 제2, 「삼국속악」〉

정과정

정서(의종대[1146~1170])

나의 임을 그리워하여 울며 지내니
산속의 [01]접동새와 난 비슷합니다.
(임의 말씀이) 옳지 않으며 거짓인 것을
지는 달과 샛별이 알 것입니다.
"넋이라도 임과 함께 가고 싶어라."
다짐하시던 사람이 누구셨습니까.
(저는) 과실도 허물도 전혀 없습니다.
허황된 말씀이셨네.
애가 타고 슬프구나.
임이 벌써 나를 잊으셨습니까.
[02]아서라, 임이시여. (마음을) 돌려 (내 말을) 들으시고 (나를) 사랑해 주소서.

<『악학궤범』 권5, 시용향악정재도의, 「학연화대처용무합설」>

<정과정>은 내시낭중(內侍郎中: 고려시대의 관직 이름) 정서(鄭敍)가 지

01 접동새 : 두견(杜鵑). 두견새. 국내에서 흔한 여름철새로, 5월 중순에 도래해 번식하고, 9월 중순까지 관찰됨. 나뭇가지 사이에 앉는 습성이 있어 눈에 잘 띄지 않음. 이 새의 울음소리는 '불여귀(不如歸: 돌아가고 싶다)'의 중국어음처럼 들린다고 하는데, 두견새를 불여귀라고도 함.

02 아서라 : 감탄사. 그렇게 하지 말라고 금지할 때 하는 말.

은 것이다. '과정'은 정서의 자호(自號)이다. 그는 왕실의 [03]외척과 혼인하여 인종(仁宗, 재위 1122~1146)의 총애를 받았다. 그 후 의종(毅宗, 재위 1146~1170)이 즉위하자, 의종은 정서를 고향인 동래(東萊)로 유배(流配: 죄인을 먼 곳으로 보내 그곳에 거주하게 하는 형벌) 보내면서, "오늘 일은 조정(朝廷: 임금과 신하들이 모여 나라의 정치를 의논하고 집행하는 곳)의 공론에 못 이겨 하는 것이니, 오래지 않아 다시 부를 것이다."라고 말하였다. 정서가 동래에 있은 지 오래되었으나 그를 부르는 왕의 명령은 없었다. 이에 정서는 거문고를 타며 이 노래를 불렀는데, 노랫말이 매우 슬펐다.

이제현(李齊賢, 1287~1367)이 시를 지어 다음과 같이 풀이하였다.

임 생각에 옷이 젖지 않는 날이 없으니	憶君無日不霑衣
바로 봄 산의 두견새 같구나.	政似春山蜀子規
옳고 그름을 사람들에게 묻지 마라.	爲是爲非人莫問
지는 달과 샛별이 알고 있으니.	只應殘月曉星知

<『고려사』 권71, 악지 제2, 「속악」>

03 외척(外戚)과 혼인 : 정서가 인종의 아내인 공예태후(恭睿太后)의 동생과 결혼한 사실을 가리킴. 정서는 인종과 동서(同壻) 사이가 되고, 의종에게는 이모부가 됨. '외척'은 어머니 쪽의 친척. 또는 같은 본을 가진 사람 이외의 친척.

동동

작자미상

1
덕은 신령님께 바치고
복은 임금님께 바치고
덕과 복이란 것을
드리러 왔습니다.

2
정월의 냇물은
얼다 녹다 하는데
세상 가운데 태어나서
이 몸은 홀로 지내는구나.

3
[01]2월 보름에
높이 켠
등불 같아라.
모든 사람을 비추실 모습이로다.

---

01 2월 보름 : 음력 2월 15일. 이 날에 고려의 국가행사였던 연등회(燃燈會)가 있었음. '연등회'는 등불을 켜고 부처에게 복을 비는 불교행사.

4

3월 지나서 핀
늦봄의 진달래꽃이여.
남들이 부러워할 모습을
지니고 태어나셨구나.

5

4월을 잊지 않고
오는구나, 꾀꼬리새여.
무슨 일로 [02]녹사님은
예전의 나를 잊고 계신가.

6

5월 5일의
[03]단옷날 아침에 먹는 약은
천년을 오래 사시게 할
약이라서 바칩니다.

7

[04]6월 보름에

---

02 녹사(錄事) : 고려·조선시대에, 중앙의 여러 관청에 설치되어 있던 관직 이름. 기록에 관련된 일을 맡아보던 하급 실무직 벼슬.

03 단옷날 : 음력 5월 5일에 지내는 명절. 이날 백성들은 익모초(益母草)와 쑥을 먹는데, 익모초 즙은 식욕을 왕성하게 하고 몸을 보호하는 효과가 있다고 함. 궁중에서는 임금이 신하들에게 구급약인 옥추단(玉樞丹)과 청량제인 제호탕(醍醐湯)을 나누어 주었음.

물가에 버린 빗 같아라.

돌아보실 임을

조금씩 조금씩 좇아갑니다.

8

[05]7월 보름에

온갖 과일 차려 두고

임과 함께 지내고자

소원을 빕니다.

9

8월 보름은

추석날이지만

임을 모시고 지내야만

오늘이 추석이로다.

10

[06]9월 9일에

약이라고 먹는

---

04 6월 보름 : 음력 6월 15일. 명절의 하나인 유두(流頭). 신라 때부터 유래한 것으로, 나쁜 일을 떨어버리기 위해 동쪽으로 흐르는 물에 머리를 감는 풍속이 있었음.

05 7월 보름 : 음력 7월 15일. 명절의 하나인 백중(百中). 백종(百種)이라고도 함. 이 무렵에 과일과 채소가 많이 나와, 백 가지 곡식의 씨앗[種子]을 갖추어 놓았다는 의미에서 유래된 명칭.

06 9월 9일 : 명절의 하나인 중양(重陽). 중구(重九)라고도 함. 이날 각 가정에서는 국화주(菊花酒)나 국화떡을 만들어 먹었음.

국화가 술통 안에 들어가니
(술 향기가) 새어 나와 은은하구나.

11
10월에
얇게 썬 [07]보리수 같아라.
꺾어 버리신 뒤에
지니실 한 분이 없구나.

12
11월에 방 사이의 흙바닥에서
속옷 덮고 누워
슬프게도 살아가네.
고운 임과 떨어져 (나 홀로) 지내는구나.

13
12월에 [08]분디나무로 깎은
차려 올리는 상 위의 젓가락 같구나.
임의 앞에 들어다 가지런히 놓으니
손님이 가져다 입에 뭅니다.

<『악학궤범』 권5, 시용향악정재도의, 「아박」>

---

07 보리수 : 어린 가지는 은백색을 띠고 가시가 달려 있음. 10월에 붉은색의 열매가 익는데, 날것으로 먹음. 불교에서 말하는 '보리수(菩提樹)'와 다른 것임.

08 분디나무 : 줄기와 가지에 가시가 있으며, 8~9월에 흰 꽃이 핌. 산초(山椒)나무·분지나무라고도 함.

처용가

작자미상

신라의 [01]태평성대, 밝고 밝은 태평성대.
나라의 태평은 신라왕 덕분.
처용아비여!
사람으로 살면서 말씀을 안 하셨기에
사람으로 살면서 말씀을 안 하셨기에
[02]삼재와 [03]팔난이 한꺼번에 사라졌도다.
아비의 모습이여, 처용아비의 모습이여.
머리 위 가득한 꽃이 무거워 기울어진 머리
오래 살기를 바라시어 넓은 이마
산의 모습과 비슷하게 무성한 눈썹
사랑하는 사람을 바라보시어 크고 긴 눈매
뜰 안 가득 바람이 불어 휘어진 귀
복숭아꽃같이 붉은 얼굴
모든 향기 맡으시어 [04]우묵한 코

---

01 태평성대(太平盛代) : '태평'은 나라가 안정되어 아무 걱정 없고 평안함. '성대'는 국운(國運)이 번창하고 태평한 시대.

02 삼재(三災) : 사람에게 닥치는 세 가지 재해. 도병(刀兵)·기근(饑饉)·질역(疾疫). 또는 화재(火災)·수재(水災)·풍재(風災)의 세 가지 재앙.

03 팔난(八難) : 여덟 가지의 괴로움이나 어려움. 배고픔·목마름·추위·더위·물·불·칼·전쟁. 또는 부처를 보지 못하고 불법(佛法)을 듣지 못하는 여덟 가지의 장애와 어려움.

많은 돈 머금으시어 넓은 입
백옥과 유리같이 하얀 이빨
복이 많다고 칭찬 받으시어 내밀은 턱
[05]칠보가 무거워 숙인 어깨
[06]길경이 무거워 늘어진 소매
슬기가 모여 덕이 있는 가슴
복과 지혜 모두 넉넉하시어 불룩한 배
붉은 혁대 무거워 굽은 허리
태평성대를 같이 즐기시어 긴 다리
[07]계면조에 맞춰 도시어 넓은 발
누가 만들어 세웠나, 누가 만들어 세웠나.
바늘도 실도 없이, 바늘도 실도 없이
처용아비를 누가 만들어 세웠나.
많이도 많이도 세워 놓았구나.
열두 나라가 모여 만들어 세운
처용아비를 많이도 세워 놓았구나.
"흉하구나, 잘못되었구나, [08]녹리야.
빨리 나와 내 신발끈을 매어라.
아니 맨다면 나올 것이다, 험한 말."

---

04 우묵한 : 가운데가 둥그스름하게 푹 들어가 있는 상태.

05 칠보(七寶) : 일곱 가지의 보배.

06 길경(吉慶) : 처용무(處容舞)를 출 때 소매 끝에 매다는 소품. 『악학궤범』 권9 관복도설(冠服圖說)에 길경의 그림이 있음.

07 계면조(界面調) : 한국 전통음악의 하나로, 슬프고 처절한 느낌의 곡조.

08 녹리(綠李) : 푸른 옷을 입은 벼슬아치 또는 심부름꾼.

[09]동경의 밝은 달 아래 밤새도록 놀러 다니다가
들어와서 내 잠자리를 보니 다리가 넷이로구나.
둘은 내 것이나 둘은 누구 것인가.
이럴 적에 처용아비가 보시면
[10]열병신이야 횟감이로다.
많은 돈을 주겠는가, 처용아비여.
칠보를 주겠는가, 처용아비여.
많은 돈과 칠보는 말고
열병신을 잡아 나를 주소서.
"산이든 들이든 천 리 밖으로
처용아비를 피해 달아나고 싶구나."
열병대신(大神)의 소원이로다.

<『악학궤범』 권5, 시용향악정재도의, 「학연화대처용무합설」>

---

09 동경(東京) : 신라의 수도였던 경상북도 경주시(慶州市). 고려시대에는 '경주'를 '동경'이라고 했음.

10 열병신(熱病神) : 천연두(天然痘)를 옮기는 신. '천연두'는 감염력이 매우 강하고 사망률이 높은 전염병. 열이 몹시 나고 온몸에 발진(發疹)이 생겨 딱지가 저절로 떨어지기 전에 긁으면 얽게 됨.

정석가

작자미상

1

[01]편종과 [02]편경이 지금 있습니다.
편종과 편경이 지금 있습니다.
어진 임금이 다스리는 시대에서 노닐고 싶습니다.

2

보드라운 [03]세모래 있는 물가에서
보드라운 세모래 있는 물가에서
구운 밤 다섯 [04]되를 심습니다.
그 밤에서 [05]움이 돋아 싹이 나야
그 밤에서 움이 돋아 싹이 나야
덕 있는 임과 이별하고 싶습니다.

---

01 편종(編鐘) : 두 층의 걸이가 있는 틀에 12율(律)의 순서로 조율된 종을 한 단에 여덟 개씩 달아 망치로 치는 타악기.

02 편경(編磬) : 두 층의 걸이가 있는 틀에 한 층마다 두께에 따라 서로 다른 여덟 개씩의 돌을 매어 달고 치는 타악기. 편경은 편종과 함께 모든 악기의 조율 기준이 되던 것으로, 이 두 악기가 '지금 있다'는 노랫말은 아악(雅樂: 제향·조회·책봉의 궁중의식에 쓰이는 음악)이 현재 구비 내지 정비되어 있음을 뜻함.

03 세(細)모래 : 가늘고 고운 모래.

04 되 : 부피의 단위. 곡식·가루·액체 등의 부피를 잴 때 쓰임. 한 되는 약 1.8L에 해당함.

05 움 : 풀이나 나무에 새로 돋아 나오는 싹.

3

옥으로 연꽃을 만듭니다.

옥으로 연꽃을 만듭니다.

바위 위에 (옥으로 만든 연꽃을) [06]접붙이기 합니다.

그 꽃이 세 송이가 피어야

그 꽃이 세 송이가 피어야

덕 있는 임과 이별하고 싶습니다.

4

무쇠로 [07]철릭을 재단하여

무쇠로 철릭을 재단하여

철사로 주름을 박습니다.

그 옷이 다 낡아야

그 옷이 다 낡아야

덕 있는 임과 이별하고 싶습니다.

5

무쇠로 큰 소를 만들어서

무쇠로 큰 소를 만들어서

쇠나무 산에 놓아둡니다.

---

06 접붙이기 : 나무의 품종 개량 또는 번식을 위해 한 나무에 다른 나무의 가지나 눈을 따다 붙이는 일.

07 철릭 : 무관(武官)이 입던 공복(公服). 깃이 곧고 허리가 넓으며, 허리에 주름이 잡히고 큰 소매가 달렸음.

그 소가 쇠풀을 먹어야
그 소가 쇠풀을 먹어야
덕 있는 임과 이별하고 싶습니다.

6
구슬이 바위에 떨어져도
구슬이 바위에 떨어져도
끈이야 끊어지겠습니까.
천년을 나 홀로 살아가도
천년을 나 홀로 살아가도
믿음이야 끊어지겠습니까.

〈『악장가사』, 가사 상〉

청산별곡

작자미상

1

살리라, 살고 싶다.
[01]청산에서 살고 싶다.
[02]머루랑 [03]다래랑 먹고
청산에서 살고 싶다.

2

울어라 울어라, 새여.
자고 일어나 울어라, 새여.
너보다 시름 많은 나도
자고 일어나 울고 있노라.

3

날아가던 새, 날아가던 새 보았느냐.

---

01 청산(青山) : 풀과 나무가 무성한 푸른 산. 여기서는 6연의 '바다'와 함께 '속세를 벗어난 공간'을 의미함.

02 머루 : 작고 동그란 모양의 산과일. 과육과 액즙이 많고 씨가 있는데, 9~10월에 검은색으로 익음. 산포도(山葡萄)라고도 함.

03 다래 : 작고 계란 모양의 산과일. 과육과 액즙이 있고 속에 씨가 들어 있는데, 10월에 황록색으로 익음. 미후도(獼猴桃)라고도 함.

물 아래로 날아가던 새 보았느냐.
이끼 묻은 쟁기 (손에) 들고
물 아래로 날아가던 새 보았느냐.

4
이럭저럭하여
낮은 지내왔지만
올 사람도, 갈 사람도 없는
밤은 또 어찌하리오.

5
어디에 던지려던 돌인가.
누구를 맞히려던 돌인가.
미워할 사람도, 사랑할 사람도 없이
맞아서 울고 있노라.

6
살리라, 살고 싶다.
바다에서 살고 싶다.
[04]나문재기, 굴과 조개랑 먹고
바다에서 살고 싶다.

---

04 나문재기 : 바닷가 모래땅에서 자라는 명아줏과의 한해살이풀. 7~8월에 누런 풀색의 꽃이 피고, 어린잎은 식용함. 나문재라고도 함.

7

가다가 가다가 듣노라.

예정된 곳으로 가다가 듣노라.

사슴이 [05]짐대에 올라가서

[06]해금 켜는 것을 듣노라.

8

가다가 보니 배부른 [07]독에

진하고 독한 술을 담그는구나.

[08]조롱박꽃같이 하얀 [09]누룩이 매워서

(나를) 붙잡으니 내가 어찌하리오.

〈『악장가사』, 가사 상〉

---

05 짐대 : 기를 달아 세우는 대. 당간(幢竿).

06 해금(奚琴) : 두 줄로 된 현악기. 속이 빈 둥근 나무의 한쪽에 오동나무 복판을 붙이고 긴 나무를 꽂아 줄을 활 모양으로 건 악기.

07 독 : 간장·술·김치 등을 담가 두는 데에 쓰는 큰 질그릇.

08 조롱박 : 줄기는 덩굴지고, 잎에는 털이 있으며, 7월에 깔때기 모양의 흰 꽃이 핌. 열매는 길쭉하고 가운데가 잘록한 모양으로, 껍질이 단단하여 말려서 그릇으로 씀.

09 누룩 : 술을 담그는 데 쓰는 발효제. 밀이나 찐 콩 등을 굵게 갈아 반죽하여 덩이를 만들어 띄워서 누룩곰팡이를 번식시켜 만듦.

서경별곡

작자미상

1

[01]서경이, 서경이 [02]서울이지만
새로 닦은, 새로 닦은 작은 서울을 사랑하지만
이별보다는, 이별보다는 [03]길쌈하던 [04]베를 버리고
사랑하신다면, 사랑하신다면 울며불며 따르겠습니다.

2

구슬이, 구슬이 바위에 떨어져도
끈이야, 끈이야 끊어지겠습니까.
천년을, 천년을 나 홀로 살아가도
믿음이야, 믿음이야 끊어지겠습니까.

3

[05]대동강, 대동강 넓은 줄 몰라서

---

01 서경(西京) : 고려시대의 사경(四京) 가운데 지금의 평안남도 평양시(平壤市)에 해당하는 행정구역.

02 서울 : 서경이 나라의 중심지로서 중요시하던 '사경(四京)'의 하나임을 강조한 말.

03 길쌈 : 실을 내어 베·모시 등의 옷감을 만들기까지 손으로 하는 모든 과정의 일.

04 베 : 삼실·무명실·명주실 등으로 짠 천.

05 대동강(大同江) : 평안남도 평양시에 있는 강. 유역에 평야가 넓고 해상 운송로로 많이 이용됨.

배를 내어, 배를 내어 놓았느냐, [06]사공아.
네 아내가, 네 아내가 음란한 줄 몰라서
가는 배에, 가는 배에 (내 임을) 태웠느냐, 사공아.
대동강, 대동강 건너편 꽃을
(내 임이) 배 타고 들어가면, 배 타고 들어가면 꺾을 것입니다.

〈『악장가사』, 가사 상〉

---

06 사공(沙工) : 노를 저어 나가는 배를 부리는 일이 직업인 사람. 뱃사공.

쌍화점

작자미상

1

만두집에 만두를 사러 가니
[01]회회아비가 내 손목을 쥡니다.
이 말씀이 이 가게 밖으로 나고 들면
조그마한 어린 광대, 네 말이라 하리라.
"그 자리에 나도 자러 가리라.
그 잠자리처럼 거친 것이 없다."

2

[02]삼장사에 불을 켜러 가니
그 절 주지가 내 손목을 쥡니다.
이 말씀이 이 절 밖으로 나고 들면
조그마한 어린 [03]상좌, 네 말이라 하리라.
"그 자리에 나도 자러 가리라.
그 잠자리처럼 거친 것이 없다."

---

01 회회(回回)아비 : '회회'는 당시 개성에 왕래하던 색목인(色目人). '색목인'은 중국 원(元)나라 때에, 유럽이나 서아시아·중부 아시아 등지에서 온 외국인을 통틀어 이르던 말.

02 삼장사(三藏寺) : 삼장을 갖춘 절. '삼장'은 부처의 설법을 모은 경장(經藏), 교단이 지켜야 할 계율을 모은 율장(律藏), 교리에 관한 연구서를 모은 논장(論藏)의 세 가지를 가리킴.

03 상좌(上座) : 출가한지 얼마 되지 않은, 수습 기간 중의 예비 승려. 행자(行者).

3

[04]두레우물에 물 길으러 가니
우물 용이 내 손목을 쥡니다.
이 말씀이 이 우물 밖으로 나고 들면
조그마한 [05]두레박아, 네 말이라 하리라.
"그 자리에 나도 자러 가리라.
그 잠자리처럼 거친 것이 없다."

4

술파는 집에 술을 사러 가니
그 집 아비가 내 손목을 쥡니다.
이 말씀이 이 집 밖으로 나고 들면
조그마한 술 바가지야, 네 말이라 하리라.
"그 자리에 나도 자러 가리라.
그 잠자리처럼 거친 것이 없다."

<『악장가사』, 가사 상>

삼장三藏

삼장사에 등불을 켜러 갔는데	三藏寺裏點燈去
주지가 내 손을 잡았네.	有社主兮執吾手
이 말이 절 밖으로 나간다면	倘此言兮寺出外

04 두레우물 : 두레박으로 물을 긷는 깊은 우물.

05 두레박 : 줄을 길게 달아 우물물을 퍼 올리는 데 쓰는 도구. 바가지나 판자 등으로 만듦.

상좌에게 네가 한 말이라고 하리라. 謂上座兮是汝言

사룡蛇龍

밤이 용의 꼬리 물고 有蛇含龍尾
태산 봉우리 지나갔다는 말 들었네. 聞過太山岑
만 명의 사람들이 한 마디씩 말해도 萬人各一語
두 사람만 알고 있을 뿐. 斟酌在兩心

위의 두 노래는 충렬왕(忠烈王, 재위 1274~1308) 때에 지어진 것이다. 왕은 소인배(小人輩: 마음 씀씀이가 좁고 간사한 사람들)를 가까이 하고 잔치를 좋아했다. 행신(幸臣: 임금의 총애를 받는 신하) 오기(吳祈)·김원상(金元祥)과 내시(內侍)인 석천보(石天補)·석천경(石天卿) 등이 음악과 여자로 왕을 기쁘게 하는 데 힘썼다.

관현방(管絃房: 고려시대의 음악기관)과 태악(太樂: 고려시대의 음악기관)의 재인(才人)이 부족하여 여러 도(道)에 행신을 보내서 관기(官妓: 관청에 소속된 기생) 중에 얼굴이 아름답고 기예(伎藝)가 있는 자를 고르고, 또 도성(都城: 수도. 곧 개성) 안의 관비(官婢: 관청에 소속된 여자종)와 무당 중에 가무(歌舞)를 잘하는 자를 골라서 궁중의 명부에 등록시켰다. 이들에게 비단옷을 입히고 말총갓을 씌워 따로 한 무리를 만들고 남장(男粧)이라 불렀다. 이 노래들을 가르쳐 소인배들과 밤낮으로 노래하고 춤추면서 경박하고 멋대로 굴어 군신(君臣) 사이의 예의를 찾아볼 수 없었다. 여기에 드는 경비와 상 주는 비용이 기록할 수 없을 정도로 많았다.

<『고려사』 권71, 악지 제2, 「속악」>

만전춘별사

작자미상

1

얼음 위에 댓잎으로 잠자리 만들어 임과 내가 얼어 죽더라도
얼음 위에 댓잎으로 잠자리 만들어 임과 내가 얼어 죽더라도
정 나눈 오늘밤 천천히 밝으소서, 천천히 밝으소서.

2

뒤척뒤척 외로운 베갯머리에 무슨 잠이 오겠나.
서쪽 창문 열어보니 복숭아꽃이 피었구나.
복숭아꽃은 걱정이 없어 봄바람에 웃는다, 봄바람에 웃는다.

3

넋이라도 임과 함께 지내는 모습 생각했는데
넋이라도 임과 함께 지내는 모습 생각했는데
다짐하시던 사람이 누구셨습니까, 누구셨습니까.

4

오리야 오리야, 얼룩얼룩한 [01]비오리야.

01 비오리 : 오릿과의 물새. 수컷의 머리는 녹색을 띠는 검은색이고, 아랫목·가슴·옆구리는 흰색임. 암컷의 머리는 갈색이고 다른 부위는 회갈색이며, 턱밑은 흰색임. 항만(港灣)과 연못에

[02]여울은 어디 두고 연못에 자러 왔느냐.
연못이 얼면 여울도 좋으니, 여울도 좋으니.

5
남산에 잠자리 만들어 옥산을 베고 누워
금수산 이불 안에 [03]사향 내음 나는 여인을 안고 누워
남산에 잠자리 만들어 옥산을 베고 누워
금수산 이불 안에 사향 내음 나는 여인을 안고 누워
향내 나는 가슴을 맞춥시다, 맞춥시다.

6
아소서, 임이시여. 평생에 영원토록 이별을 모르고 지냅시다.

〈『악장가사』, 가사 상〉

사는데, 기후에 크게 좌우되어 불규칙적으로 이동함.

02 여울 : 강이나 바다 등의 바닥이 얕거나 폭이 좁아 물살이 세게 흐르는 곳.

03 사향(麝香) : 사향노루의 사향샘을 건조하여 얻는 향료. 어두운 갈색 가루로, 향기가 매우 강함. 강심제·각성제 등에 쓰임.

제4장 경기체가

한림별곡

[01]한림원의 여러 유자(고종대[1213~1259])

1

유원순의 문장, 이인로의 시, 이공로의 [02]사륙변려문.

이규보와 진화의 서로 다른 운(韻)으로 빨리 짓는 시.

유충기의 [03]대책문, 민광균의 경서 풀이, 김양경의 시와 [04]부.

아! 과거 시험장의 모습, 그것이 어떠합니까.

[05]금학사의 [06]옥순 같은 [07]문생, 금학사의 옥순 같은 문생

---

01 한림원(翰林院)의 여러 유자(儒者) : '한림원'은 국왕의 조칙(詔勅: 왕이 신하에게 내리는 글)과 외교문서의 작성, 역사의 편찬 등을 맡아보던 기관. '유자'는 유학(儒學)을 공부하는 선비. 여기서는 한림원에 소속된 젊은 관리들을 가리킴.

02 사륙변려문(四六騈儷文) : 중국의 육조(六朝)와 당(唐)나라 때 성행한 한문 문체. 문장 전편이 대구(對句)로 구성되어 읽는 이에게 아름다운 느낌을 주며, 4자로 된 구와 6자로 된 구를 배열하기 때문에 사륙문(四六文)이라고도 함.

03 대책문(對策文) : 시정(時政)의 문제에 대해 그 대책을 논술하는 글.

04 부(賦) : 한문학의 한 장르. 긴 행, 중간 휴지, 균형 잡힌 대구(對句) 등의 특징이 있음. 운(韻)의 사용은 부를 산문 영역에서 제외시키고 시와 산문의 중간에 놓는 요소임.

05 금학사(琴學士) : 금의(琴儀, 1153~1230)를 가리킴. '학사'는 고려시대에 과거(科擧)를 관장하던 시험관. 지공거(知貢擧)·좌주(座主)라고도 함. 금의는 여러 차례 과거 시험을 주관하여 많은 명사(名士)를 선발하였음.

06 옥순(玉筍) : 옥같이 아름다운 죽순(竹筍). '죽순'은 대나무의 땅속줄기에서 돋아나는 어린 싹으로, 성장속도가 매우 빠름.

아! 나까지 몇 분입니까.

2

『당서』와 『한서』, 『장자』와 『노자』, 한유와 유종원의 문집.

이백과 두보의 시집, [08]난대영사의 시문집, 백거이의 문집.

『시경』과 『서경』, 『주역』과 『춘추』, 『대대례기』와 『소대례기』.

아! 주까지 내리 외우는 모습, 그것이 어떠합니까.

『태평광기』 4백여 권, 『태평광기』 4백여 권

아! 두루 읽는 모습, 그것이 어떠합니까.

3

안진경의 서체, 비백서, 행서와 초서.

전서와 주서, 과두서, 우세남의 서체.

양털 붓과 쥐털 붓 비껴들어

아! 획을 찍는 모습, 그것이 어떠합니까.

[09]오생과 유생 두 선생의, 오생과 유생 두 선생의

아! 붓 놀리는 모습, 그것이 어떠합니까.

4

---

07 문생(門生) : 과거에 급제한 사람이 고시관(考試官)인 지공거 또는 좌주에 상대하여 자기를 이르던 말.

08 난대영사(蘭臺令使) : '난대'는 중국 한(漢)나라 때 궁궐 안에 두었던 전적(典籍)을 관리·보관하는 부서이고, '영사'는 난대에 소속된 관직의 이름.

09 오생(吳生)과 유생(劉生) : 당대의 이름난 명필(名筆)로 추정됨. '생'은 '젊은 사람'의 뜻을 더하는 접미사.

황금주, 백자주, 송주와 예주.
죽엽주, 이화주, 오가피주.
앵무잔과 호박잔에 가득 부어
아! 권하여 올리는 모습, 그것이 어떠합니까.
[10]유영과 [11]도잠 두 신선의, 유영과 도잠 두 신선의
아! 취한 모습, 그것이 어떠합니까.

5

붉은 모란꽃, 흰 모란꽃, 진홍색 모란꽃.
붉은 작약꽃, 흰 작약꽃, 진홍색 작약꽃.
궁궐 안 버들과 옥매화, 노란색·자주색 장미꽃, 지치꽃과 동백꽃.
아! 사이사이 피어 있는 모습, 그것이 어떠합니까.
대나무와 복숭아꽃의 고운 두 분, 대나무와 복숭아꽃의 고운 두 분
아! 서로 바라보는 모습, 그것이 어떠합니까.

6

아양의 거문고, 문탁의 피리, 종무의 중금.
대어향과 옥기향, 두 사람의 가야금.
금선의 비파, 종지의 해금, 설원의 장고.

---

10 유영(劉伶, ?~?) : 중국 서진(西晉) 때의 문인. 죽림칠현(竹林七賢)의 한 사람. <주덕송(酒德頌)>을 지어 당시 예법(禮法)에 얽매인 세태를 풍자하였음. 미친 체하면서 항상 술에 취해 있었다고 함.

11 도잠(陶潛, 365~427) : 중국 동진(東晉) 때의 시인. 자(字)는 연명(淵明). 그는 술을 열렬히 칭송했는데, 그가 남긴 약 130여 수(首)의 시 중 절반 정도가 술에 관한 내용임. 특히 <음주이십수(飮酒二十首)>란 시가 유명함.

아! 밤새워 노는 모습, 그것이 어떠합니까.

[12]일지홍의 비스듬히 들고 부는 피리, 일지홍의 비스듬히 들고 부는 피리

아! (그 소리를) 듣고서야 잠들고 싶어라.

7

봉래산, 방장산, 영주산의 [13]삼신산.

이 세 산 속 붉은 [14]누각의 아리따운 선녀.

윤기 나는 검은 머리의 미인이 비단 장막 안에서 [15]주렴을 반쯤 걷네.

아! 높은 곳에 올라 [16]오호를 바라보는 모습, 그것이 어떠합니까.

푸른 버들과 푸른 대나무 심은 정자 주변에서, 푸른 버들과 푸른 대나무 심은 정자 주변에서

아! 지저귀는 꾀꼬리, 반갑기도 하여라.

8

[17]당당당 [18]당추자와 쥐엄나무에

---

12 일지홍(一枝紅) : 당시 피리를 잘 부는 것으로 이름난 기생(妓生)인 듯.

13 삼신산(三神山) : 동해의 동쪽에 있는, 신선(神仙)이 산다는 봉래산(蓬萊山)·방장산(方丈山)·영주산(瀛洲山)을 함께 이르는 말. 중국의 진시황(秦始皇)과 한무제(漢武帝)가 불로불사약(不老不死藥)을 구하기 위해 이 세 산에 동남동녀(童男童女) 수천 명을 보냈다고 함.

14 누각(樓閣) : 사방을 바라볼 수 있도록 문과 벽이 없이 다락처럼 높이 지은 집.

15 주렴(珠簾) : 구슬을 꿰어 만든 발. '발'은 가늘고 긴 대를 줄로 엮거나, 줄을 여러 개 나란히 늘어뜨려 만든 물건. 주로 무엇을 가리는 데 씀.

16 오호(五湖) : 중국 오월(吳越) 지역에 있던 호수인 태호(太湖)를 가리킴. 월나라의 범려(范蠡)가 왕을 도와 오나라를 멸망시키고 돌아와서 숨은 곳. 태호는 5개의 길과 5개의 호수와 통하기 때문에 '오호'라고 일컬음.

17 당당당(唐唐唐) : 다음에 나오는 '당추자'의 '당'을 반복적으로 사용하여 박자를 맞추고자 한

붉은 실로 붉은 그네를 맵니다.

당기시라 미시라, 정소년이여.

아! 내가 가는 곳에 남이 갈까 두려워라.

옥을 깎은 듯 가냘프고 고운 두 손길로, 옥을 깎은 듯 가냘프고 고운 두 손길로

아! 손잡고 함께 노는 모습, 그것이 어떠합니까.

<『악장가사』, 가사 상>

조율음(調律音). 아무런 의미가 없음.

18 당추자(唐楸子) : 호두나무. 4~5월에 꽃이 피고 열매는 10월에 익음. 목재는 가구재로 쓰고 열매는 식용함. 또는 호두나무의 열매, 곧 호두를 가리키기도 함.

상대별곡

권근(1352~1409)

1

북한산의 남쪽, 한강의 북쪽, 천년을 누릴 좋은 땅.

광통교, 운종가 건너 들어가면

소나무 가지 축축 늘어지고, 오래된 잣나무 우뚝 솟은 곳에 [01]추상 같은 [02]사헌부가 있으니

아! 오랜 세월 (변함없이) 맑은 바람 부는 모습, 그것이 어떠합니까.

영웅호걸과 당대의 인재, 영웅호걸과 당대의 인재

아! 나까지 몇 분입니까.

2

닭이 이미 울고, 날이 밝아 오는 서울의 큰 길.

[03]대사헌, 늙은 [04]집의, [05]대장과 [06]어사.

---

01 추상(秋霜) : 가을의 찬 서리. '추상같다'는 위엄이 있고 권세나 기세가 대단하다.

02 사헌부(司憲府) : 조선시대 삼사(三司)의 하나. 당시의 정치에 관해 논의하고, 관리의 비행(非行)을 조사하여 책임을 가리며, 풍기(風紀: 풍속·도덕에 관한 규율)를 바로잡는 등의 일을 맡아봄.

03 대사헌(大司憲) : 사헌부의 으뜸벼슬로, 종(從)2품. 종2품은 조선시대 18품계 중 제4등급의 품계로, 현재의 차관(次官)에 해당함.

04 집의(執義) : 사헌부에 소속된 종3품 벼슬로, 정원은 1명.

05 대장(臺長) : 사헌부에 소속된 관리인 장령(掌令)과 지평(持平). 장령은 정(正)4품 벼슬, 지평은 5품 벼슬로, 정원은 각 2명.

학 타고 [07]난새를 몰면서, 앞에서는 꾸짖고 뒤에서는 옹위하고, 좌우의 사람들 물러나게 하며
아! 사헌부로 출근하는 모습, 그것이 어떠합니까.
씩씩하구나 사헌부의 관리들, 씩씩하구나 사헌부의 관리들
아! 무너진 기강을 일으켜 세우는 모습, 그것이 어떠합니까.

3

각 방에서 절하여 인사를 끝낸 뒤, 대청마루에 모여 앉아
법도를 바로잡고, 의리를 밝히며, 예전과 지금의 사례 참작하여
시정의 잘함과 잘못함, 민간의 이익과 손해, 폐단을 고친 조목들
아! 문서로 올리는 모습, 그것이 어떠합니까.
임금은 현명하고 신하는 충직한 태평성대, 임금은 현명하고 신하는 충직한 태평성대
아! 물 흐르듯 [08]간언을 따르는 모습, 그것이 어떠합니까.

4

원만한 논의 후 공무를 마친 [09]방주와 [10]유사.
웃옷과 갓을 벗고 선배라 부르며 섞어 앉아
삶은 용과 구운 봉황 차려놓고, 황금주와 예주로 화려한 술잔 가득

---

06 어사(御史) : 사헌부에 소속된 정6품의 벼슬인 감찰(監察).

07 난(鸞)새 : 중국 전설에 나오는 상상의 새. 모양은 닭과 비슷하나 깃털은 붉은빛에 다섯 가지 색채가 섞여 있다고 함. "학 타고 난새를 몰면서"는 사헌부 관리들의 화려한 행차를 가리킴.

08 간언(諫言) : 임금이나 윗사람에게 옳지 않은 일이나 잘못된 일을 고치도록 말함.

09 방주(房主) : 사헌부의 우두머리 감찰.

10 유사(有司) : 단체의 업무를 맡아보는 직무. 여기서는 사헌부에서 감찰을 맡아보는 관리를 가리킴.

채워

아! 권하여 올리는 모습, 그것이 어떠합니까.

즐거워라 선배 [11]감찰이여, 즐거워라 선배 감찰이여

아! 취한 모습, 그것이 어떠합니까.

5

[12]초나라 연못가에서 나만 홀로 깨어 있다고 읊조리는 것이 너는 좋으냐.

[13]녹문산에서 일생 동안 숨어 지내는 것이 너는 좋으냐.

현명한 임금과 어진 신하가 서로 만나는 태평성대에

[14]총마들이 모인 곳이 나는 좋습니다.

〈『악장가사』, 가사 상〉

---

11 감찰(監察) : 사헌부에 속한 정6품 벼슬로, 관리들의 비위 감시·회계 감사·의전(儀典) 감독 등의 일을 맡아봄.

12 초(楚)나라 연못가 : 중국 초(楚)나라의 굴원(屈原, B.C.343~278)이 〈이소(離騷)〉를 지어 왕에게 간언하였으나, 왕이 받아들이지 않으므로 멱라수(汨羅水)가에서 〈어부사(漁父辭)〉를 읊었던 일을 가리킴. 굴원은 결국 멱라수에 몸을 던져 죽었음.

13 녹문산(鹿門山) : 중국 호북성(湖北省) 양양현(襄陽縣)의 동남쪽에 있는 산. 한(漢)나라의 방덕공(龐德公)이 이 산에 들어가 나오지 않았으며, 당(唐)나라의 맹호연(孟浩然)도 이곳에서 은거하였음.

14 총마(驄馬)들이 모인 곳 : 사헌부를 가리킴. '총마'는 푸른 색깔에 흰 빛깔이 섞인 말로, 사헌부의 감찰이나 사헌부 소속 관리를 부르는 별칭.

화전별곡

김구(1488~1534)

1

하늘의 끝, 땅의 앞, [01]한 점 신선의 섬.

왼쪽엔 망운산, 오른쪽엔 금산, 봉내와 고내.

산천이 기묘하게 빼어나, [02]호걸과 [03]준사가 거듭 태어나고, 뛰어난 사람 많고 많네.

아! 하늘 남쪽 경치 좋은 곳의 모습, 그것이 어떠합니까.

풍류와 주색을 즐기는 당대의 인재, 풍류와 주색을 즐기는 당대의 인재

아! 나까지 몇 분이십니까.

2

[04]하별시위의 지초 무늬 새긴 [05]품대, 나이와 관직이 모두 높네.

[06]박교수의 손 짓는 취중 버릇.

---

01 한 점 신선(神仙)의 섬 : 작자인 김구가 이 노래를 지을 당시, 유배(流配) 가서 살고 있던 경상남도 남해군(南海郡).

02 호걸(豪傑) : 지혜와 용기가 뛰어나고, 기개와 풍모가 있는 사람.

03 준사(俊士) : 재주와 슬기가 매우 뛰어난 사람.

04 하별시위(河別侍衛) : 하씨(河氏) 성(姓)을 가진 별시위. '별시위'는 조선시대의 중앙 군사 조직인 오위(五衛) 중, 용양위(龍驤衛)에 속한 장교.

05 품대(品帶) : 관리가 공복(公服)에 갖추어 두르던 띠. 공복의 종류와 품계에 따라 달랐음.

06 박교수(朴敎授) : 박씨(朴氏) 성을 가진 교수. '교수'는 지방 유생(儒生)의 교육을 맡아보던

강륜의 잡담, 방훈의 코골이, 정기의 먹고 마시기.
아! [07]품관들이 모두 모인 모습, 그것이 어떠합니까.
하세연 씨의 재주껏 읊는 [08]풍월, 하세연 씨의 재주껏 읊는 풍월
아! 시를 지어 읊고 화답하는 모습, 그것이 어떠합니까.

3

서옥비, 고옥비는 (피부가) 검은색과 흰색으로 아주 다르고
큰 은덕이, 작은 은덕이는 늙은이와 젊은이라 서로 같지 않네.
강금의 노래와 춤, 녹금의 장고, 날씬한 학비와 서투른 옥지.
아! 꽃나무 숲의 아름다운 모습, 그것이 어떠합니까.
화전이라는 (남해의) 다른 이름, 이름과 실제가 서로 꼭 맞네. 화전이라는 (남해의) 다른 이름, 이름과 실제가 서로 꼭 맞네.
아! 쇠와 돌같이 굳은 간장이라도 안 끊어질 사람 없더라.

4

한원금은 글을 지어 노래하고, 정소는 풀피리를 부네.
어떤 사람 [09]발우 치고, 어떤 사람 밥상 두드리고, 간혹 술잔 받침도 치며

종(從)6품 벼슬. 향교(鄕校)를 지도하기 위해 부(府)와 목(牧)에 두었음.

07 품관(品官) : 품계(品階)를 가진 관리를 통틀어 이르던 말. '품계'는 관직을 매기던 등급. 제일 높은 정(正)1품에서 제일 낮은 종8품까지 18단계로 나뉘어 있음.

08 풍월(風月) : 맑은 바람과 밝은 달을 대상으로 시를 짓고 흥취를 자아내어 즐겁게 놂. 음풍농월(吟風弄月).

09 발우(鉢盂) : 절에서 쓰는 승려의 밥그릇. 나무나 놋쇠로 대접처럼 만들어 안팎에 칠을 함. 바리때.

머리를 흔들고, 누워서 뒹굴며, 갖가지로 취한 모습들.
아! 홍이 나는 모습, 그것이 어떠합니까.
강윤원 씨의 [10]'스르렝딩' 거문고 타는 소리, 강윤원 씨의 '스르렝딩' 거문고 타는 소리
아! 듣고서야 잠이 들리라.

5
녹파주, 소국주, 맥주와 탁주.
황금빛 닭, 흰 문어, 유자잔과 숟가락 받침에
아! 가득 부어 술잔 권하는 모습, 그것이 어떠합니까.
정희철 씨는 보리밭만 지나가도 취하네, 정희철 씨는 보리밭만 지나가도 취하네.
아! 어느 때에 슬플 적이 있을까.

6
서울의 번화함이 너는 부러우냐.
화려한 집과 술·고기가 너는 좋으냐.
돌밭 위의 초라한 집이나, 나라가 태평하고 풍년이니
시골 마을의 모임을 나는 좋아하노라.

〈『자암집』 권2〉

10 스르렝딩 : 거문고의 구음(口音). '구음'은 거문고·가야금·피리 등의 악기에서 울려 나오는 특징적인 음들을 입으로 흉내 내어 읽는 소리.

독락팔곡

권호문(1532~1587)

1

태평성대에 [01]시골에서 숨어사는 백성, 태평성대에 시골에서 숨어사는 백성.

구름 덮인 산기슭에서 밭을 갈고, 안개 낀 강가에서 낚시하니, 이밖에 일이 없다.

가난과 부귀는 하늘에 있으니, 가난하고 천함을 걱정하랴.

높은 지위와 세상의 출세는 나의 소원이 아니로다.

자연이 내가 오래도록 살 곳이요, 초가집이 나의 과거 시험장이라.

[02]어사와! 어사면! 우주를 굽어보고 우러러보며, 만물을 훑어보면서

편안하고 넓은 마음으로 옷섶을 열어 놓고 나 홀로 술을 마시네.

두건을 비스듬히 쓰고 휘파람 길게 부는 모습, 그것이 어떠합니까.

2

다리를 겨우 뻗을 수 있는 좁은 집의, [03]지조와 행실이 높은 한가로운 한 사람. 다리를 겨우 뻗을 수 있는 좁은 집의, 지조와 행실이 높은

---

01 시골에서 숨어사는 백성 : 작자 자신을 가리킴.

02 어사와(於斯臥) 어사면(於斯眠) : 모두 '어여차'를 예스럽게 이르는 말. '어여차'는 여럿이 힘을 합할 때 일제히 내는 감탄사.

03 지조(志操)와 행실(行實)이 높은 한가로운 한 사람 : 작자 자신을 가리킴.

한가로운 한 사람.

거문고와 책을 벗 삼고, 소나무와 대나무로 울타리를 삼으니
정돈된 생활과 평온한 마음에 어디서 속세 생각이 날까.
때때로 지는 해의 붉은 빛이 맑아져 강가의 갈대꽃을 붉게 물들이고
사라져 가는 [04]이내가 바람에 실려 버들잎을 날리면
낚싯대 하나 비스듬히 들고 세상일 잊어 갈매기와 어울려 노는 모습, 그것이 어떠합니까.

3

선비는 무엇을 해야 하나, 뜻을 높게 가질 뿐이라. 선비는 무엇을 해야 하나, 뜻을 높게 가질 뿐이라.

과거 시험에 붙는 것은 (나의) 뜻을 손상시키고, 이익과 출세는 (나의) 덕을 해치네.

모름지기 책 속의 [05]성현을 모시고
언어와 정신을 밤낮으로 갈고 닦아
이 한 몸이 올바르면 어디로든 못 가리오.
넓고 크게 굽어보고 우러러보며, 예사롭고 평범하게 오고 가니
내 갈 길 내가 알아서 뜻을 세우지 않겠나.
만 [06]길이나 되는 높은 낭떠러지에도 흔들리지 않고 변함이 없으니
큰 뜻을 품고 책을 통해 옛 성현을 벗 삼는 모습, 그것이 어떠합니까.

---

04 이내 : 해질 무렵 멀리 보이는 푸르고 흐릿한 기운.

05 성현(聖賢) : 성인(聖人)과 현인(賢人). '성인'은 지혜와 덕이 매우 뛰어나 길이 우러러 본받을 만한 사람. '현인'은 어질고 총명하여 성인에 다음가는 사람.

06 길 : 길이의 단위. 1길은 약 2.4m 또는 3m에 해당함.

4

산에 들면 깊지 않을까 두렵고, 숲에 들면 울창하지 않을까 두려워

넓고 한적한 들판, 적막한 물가에 살 곳을 정하니

시골사람의 옷, 누런 모자의 나에게 물고기와 새 외에는 벗이 없다.

향기로운 들판에 비가 개이고, 온갖 나무의 꽃잎이 진 뒤에

[07]명아주 지팡이 짚고서 십리 길 시냇가를 한가로이 오가는 뜻은

[08]증점의 [09]기수에서 목욕하고 무우에서 바람 쐼과, [10]정명도의 [11]꽃을 스쳐 버들을 따라감과 같은가, 같지 않은가.

따뜻한 바람이 불고 따뜻한 햇빛이 밝아, 흥이 내 앞에 가득하니

여유 있는 마음으로 세상의 모든 것과 더불어 위아래로 함께 흘러가는 모습, 그것이 어떠합니까.

5

집은 [12]범래무의 쑥이요, 길은 [13]장원경의 꽃과 대나무로다.

---

07 명아주 : 명아줏과의 한해살이풀. 녹색 줄이 있고, 들이나 길가에서 저절로 나고 자람.

08 증점(曾點) : 중국 춘추시대 노(魯)나라 사람. 아들인 증자(曾子)와 함께 공자(孔子)를 스승으로 모시고 배운 인물.

09 기수(沂水)에서 목욕하고 무우(舞雩)에서 바람 쐼 : 공자가 제자들에게 각자의 뜻을 말해 보라고 하자, 증점이 기수에서 목욕하고, 무우대(舞雩臺)에서 바람을 쐬고 노래하며 돌아오겠다고 대답한 고사(故事)에서 나온 말. 명예와 이익을 버리고 자연 속에서 자유롭고 편안하게 살아가는 것을 뜻함.

10 정명도(程明道) : 중국 북송(北宋)의 유학자인 정호(程顥, 1032~1085). 명도는 그의 호(號). 그는 도덕설을 주장하여 우주의 본성과 사람의 성(性)이 본래 동일하다고 보았음.

11 꽃을 스쳐 버들을 따라감 : 정명도의 시인 〈춘일우성(春日偶成)〉에 "꽃을 스쳐 버들을 따라 시냇물을 건너네.(傍花隨柳過前川)"라는 구절이 있음.

12 범래무(范萊蕪) : 중국 후한(後漢) 때의 사람인 범염(范冉). 환제(桓帝) 때 내무현(萊蕪縣)의 장관으로 임명되었으므로 이렇게 부름. 그는 쑥으로 집의 지붕을 엮었고, 이따금 밥을 굶는 등 매우 가난하게 살았으나, 태연하였다고 함.

한평생 덧없는 인생이 이런들 어떠하리.

진실로 은거하여 뜻을 구하고, 먼 길을 떠나서 돌아오지 않으면

높은 벼슬이 진흙탕과 같고, 명예와 명성은 흙먼지와 같아라.

천 번을 갈아 날카로운 칼날인들 이 뜻을 끊을 수 있을까.

[14]한유가 [15]상서를 세 번 올린 일은 내 뜻에 구차하고

[16]두보가 [17]세 편의 부를 지은 일을 내가 따라 해야 할까.

두어라, 저들은 벼슬로써, 나는 의리로써 행하여 남들의 비단옷 원하지 않으니

세상 모든 일이 하늘에 달려 있는 모습, 그것이 어떠합니까.

6

임금은 깊은 궁궐에 계시어 백성들 사는 곳과 만 리나 떨어져 있으니

십년 동안의 생각을 어찌 임금께 알릴 수 있으랴.

몇 가지 기묘한 계책을 써둔 지 오래 되었어라.

---

13 장원경(蔣元卿) : 중국 전한(前漢) 때의 사람. 그는 관직을 사양하고 고향에 돌아와 뜰 안의 꽃과 대나무 아래에다 세 갈래 좁은 길을 내고, 친구인 중양(仲羊)·중종(仲從)과 더불어 노닐었음.

14 한유(韓愈) : 중국 당(唐)나라의 문인·정치가(768~824). 당시 문단의 주류였던 변려문(騈儷文)에 대해 수사주의(修辭主義)에 치중해 있다며 비판하고, 한대(漢代) 이전의 자유스러운 형식을 표본으로 하는 고문(古文)을 주장하였음.

15 상서(上書)를 세 번 올린 일 : 한유는 상서를 세 번 올렸는데, 그때마다 유배(流配)를 가게 되어 벼슬길이 막힘. '상서'는 신하가 임금에게 일정한 형식을 갖춰 올리는 글.

16 두보(杜甫) : 중국 당나라의 시인(712~770). 이백(李白)과 함께 중국 최고의 시인으로 평가받고 있음. 그의 시는 사회의 불합리한 실정을 여실히 그려냈으며, 빈부의 차가 현격한 세상에 대해 분노를 토로하기도 했음.

17 세 편의 부(賦)를 지은 일 : 두보는 관직을 얻기 위해 현종(玄宗)에게 부 작품 3편을 지어 바쳤는데, 이로 인해 현종의 인정을 받음. 그러나 관직을 얻지는 못했음. '부'는 한문학의 한 장르로, 긴 행·중간 휴지·균형 잡힌 대구(對句) 등의 특징이 있음.

임금께 충성하고 백성에게 혜택을 베풂은 나의 분수에 맞지 않는 것인가.

경전을 깊이 연구하여 도를 배움에 뜻을 두면서 이럴 수 있으랴.

차라리 골짜기와 언덕에 숨어 수양하고, 세상을 피해 숨어살아 고민이 없게 하여

나를 따르는 벗님들 모시고 책이 있는 방의 창가에서

성현이 남긴 경전을 함께 손에 들고 처음부터 끝까지 연구하는 모습, 그것이 어떠합니까.

7

병풍 하나와 평상 하나, 왼쪽에는 [18]잠언, 오른쪽에는 [19]명문. 병풍 하나와 평상 하나, 왼쪽에는 잠언, 오른쪽에는 명문.

귀신의 눈엔 번개와 같이 밝게 보이니, 깜깜한 방이라고 자기 마음을 속이며

하늘이 듣기엔 천둥소리처럼 들리니, 속삭임이라도 말실수를 할까.

경계하고 삼가며, 두려워하고 조심하기를 언제나 어디서도 잊지 마세.

[20]시동처럼 단정하게 앉고, 사려 깊게 행동하며, 하루 종일 쉼 없이 노력하고, 저녁에도 삼가며 조심하는 뜻은

마음을 높이 섬기고, 마음 밖의 얽매임을 물리쳐 없애며

온몸이 마음의 명령을 따라 [21]오상을 싫어하지 않게 하여

---

18 잠언(箴言) : 가르쳐서 훈계하는 말.

19 명문(銘文) : 마음에 새기어 교훈으로 삼고자 하는 문구를 적은 글.

20 시동(尸童) : 제사를 지낼 때 신위(神位) 대신으로 앉히던 어린아이.

세상을 다스려 평안하게 하는 일을 다 이루려 한 것인데
시절 탓인지 운명 탓인지, 끝내 이루지 못하고 세월도 나를 기다리지 않으니
하얗게 센 머리로 숨어사는 자연에서 할 일이 다시 없다.
우습다, 산의 남쪽과 물의 북쪽에서 자취를 감추고
백년을 한가하게 늙어가는 모습, 그것이 어떠합니까.

〈『송암집 속집』〉

21 오상(五常) : 사람이 지켜야 할 다섯 가지 도리. 부자유친(父子有親)·군신유의(君臣有義)·부부유별(夫婦有別)·장유유서(長幼有序)·붕우유신(朋友有信). 또는 인(仁)·의(義)·예(禮)·지(智)·신(信).

제5장 시조

고려후기 문인의 시조

우탁(1262~1342)

한 손에 [01]가시 들고 또 한 손에 막대 들고
늙는 길 가시로 막고 오는 백발 막대로 치려했더니
백발이 제가 먼저 알고 지름길로 오더라.

봄 산에 눈 녹이는 바람이 살짝 불고 간데없다.
잠시만 빌려다가 머리 위에 불게 하고자.
귀밑의 [02]해묵은 서리를 녹여 볼까 하노라.

이조년(1269~1343)

배꽃을 달이 밝게 비추는, 은하수 흐르는 한밤중에
나뭇가지에 깃든 봄 마음을 두견새는 모르겠지만

---

01 가시 : 가시가 있는 나뭇가지를 가리킴.

02 해묵은 서리 : 귀밑머리가 하얗게 센 것을 뜻함.

(나는) 정이 많음도 병인 듯하여 잠을 이루지 못하노라.

성여완(1309~1397)

일찍 심어 늦게 피니 [03]군자의 덕이로다.
바람과 서리에 아니 지니 [04]열사의 [05]절개로다.
세상에 [06]도연명이 없으니 누가 [07]너를 말하리오.

최영(1316~1388)

[08]녹이와 상제 살찌게 먹여 시냇물에 씻어 타고
[09]용천검과 설악검 잘 들게 갈아 다시 뽑아 둘러메고

---

03 군자(君子) : 성품이 어질고 학식이 높은 지성인. 유가(儒家)의 이상적인 인간형.

04 열사(烈士) : 나라를 위해 절개와 의리를 굳게 지키며 목숨을 바쳐 싸운 사람.

05 절개(節槪) : 신념(信念)·신의(信義) 등을 굽히지 않고 굳게 지키는 꿋꿋한 태도.

06 도연명(陶淵明) : 중국 동진(東晉) 때의 시인(365~427). 그는 현실에 실망할 때마다 술로 자신을 위로하고, 국화를 기르는 것을 낙으로 삼았음. 그의 후기 작품에는 국화를 읊은 시들이 많음.

07 너 : 국화(菊花)를 가리킴. 이 시조는 '국화'란 어휘를 전혀 사용하지 않으면서 국화를 노래하고 있음.

08 녹이(綠駬)와 상제(霜蹄) : '녹이'는 하루에 천 리(里)를 달린다는 귀가 푸른 말. '상제'는 굽에 흰털이 난 좋은 말.

[10]장부의 나라 위한 [11]충절을 적셔 볼까 하노라.

이색(1328~1396)

흰 눈이 사라지는 골짜기에 구름이 험하구나.
반가운 매화는 어느 곳에 피었는가.
해질녘 홀로 서서 갈 곳 몰라 하노라.

원천석(1330~?)

흥망은 정해진 것이니 [12]만월대도 가을풀이 되었어라.
고려 왕조 오백년이 목동의 피리 소리에 실려 가니
해질녘 지나가는 나그네가 눈물겨워 하더라.

---

09 용천검(龍泉劍)과 설악검(雪鍔劍) : '용천검'은 옛날 중국의 장수들이 쓰던 보검(寶劍). '설악검'은 번쩍이는 칼날을 가진 좋은 검.

10 장부(丈夫) : 건장하고 씩씩한 남자.

11 충절(忠節) : 충성스러운 절개.

12 만월대(滿月臺) : 경기도 개성시(開城市)의 송악산(松嶽山) 남쪽 기슭에 있는 고려의 왕궁터. 궁전은 고려 말기에 불타서 없어졌음.

이존오(1341~1371)

구름이 무심하단 말은 아마도 허황되다.
하늘 높이 떠 있어 마음대로 다니면서
구태여 밝은 햇빛을 따라가며 덮고 있으니.

길재(1353~1419)

오백년 [13]도읍지를 말을 타고 들어가니
산천은 그대론데 인재는 간데없다.
[14]어즈버, 태평세월이 꿈이런가 하노라.

이방원(1367~1422)

이런들 어떠하며 저런들 어떠하리.
[15]만수산 칡덩굴이 얽혀진들 어떠하리.

---

13 도읍지(都邑地) : 한 나라의 수도(首都). 고려 왕조의 수도였던 경기도 개성시를 가리킴.

14 어즈버 : 감탄사 '아!'의 옛말.

15 만수산(萬壽山) : 경기도 개성시의 서문(西門) 밖에 있는 산. 고려 왕실의 7능(陵)이 있는 곳.

우리도 이같이 얽혀져 백년까지 누리리라.

정몽주(1337~1392)

이 몸이 죽고 죽어 일백 번은 다시 죽어
흰 뼈가 흙먼지 되어 넋이 있거나 없거나
[16]임 향한 [17]일편단심이야 변할 리가 있으랴.

〈이상『청구영언』〉

---

16 임 : 당시의 임금이자, 고려의 마지막 왕인 공양왕(恭讓王, 재위 1389~1392)을 가리킴.

17 일편단심(一片丹心) : 한 조각의 붉은 마음. 오직 한 가지에 변함없는 마음.

강호사시가

맹사성(1360~1438)

1
[01]강호에 봄이 오니 미친 흥이 절로 난다.
막걸리 먹는 냇가에서 쏘가리가 안주로다.
이 몸이 한가한 것도 임금님의 은혜로다.

2
강호에 여름 오니 초가집에 일이 없다.
믿음직한 강 물결은 보내는 것이 바람이로다.
이 몸이 서늘한 것도 임금님의 은혜로다.

3
강호에 가을 오니 물고기마다 살쪄 있다.
작은 배에 그물 실어 흐르게 띄워 던져두고
이 몸이 [02]소일하는 것도 임금님의 은혜로다.

4

---

01 강호(江湖) : 강과 호수. 자연을 가리키는 말. 구체적으로는 속세를 떠나 풍류와 홍취를 즐기고 수양에 힘쓰던 자연공간을 말함.

02 소일(消日) : 어떤 일에 마음을 붙여 심심하지 않게 세월을 보냄.

강호에 겨울 오니 눈 깊이 한 [03]자가 넘는다.
삿갓을 비스듬히 쓰고 [04]도롱이로 옷을 삼아
이 몸이 춥지 않은 것도 임금님의 은혜로다.

〈『병와가곡집』〉

---

03 자 : 길이의 단위. 한 자는 약 30.3cm에 해당함.

04 도롱이 : 짚·띠 등으로 엮어 허리나 어깨에 걸쳐 두르는 비옷.

어부가

이현보(1467~1555)

1

이 생활에 걱정 없으니 어부의 생애로다.
작은 조각배 하나 넓은 바다에 띄워 두고
세상을 다 잊었으니 날이 가는 줄을 알까.

2

굽어보니 천 [01]길 맑은 물, 돌아보니 겹겹 푸른 산.
열 길 붉은 티끌이 얼마나 가렸는가.
강호에 달이 밝으면 더욱 무심하여라.

3

푸른 연잎으로 밥을 싸고, 버들가지에 물고기 꿰며
갈대와 [02]물억새 더미에 배 매어 두네.
[03]이러한 맑은 맛을 어떤 분이 아실까.

---

01 길 : 길이의 단위. 한 길은 약 2.4m 또는 3m에 해당함.

02 물억새 : 잎이 줄기를 감싸고 있으며 9월에 많은 꽃이 피는데, 처음에는 갈색이나 은백색으로 변함. 강가나 연못가의 습지에서 자람.

03 이러한 맑은 맛 : 자연이 주는 참된 의미를 뜻함. 중국 송(宋)나라의 시인인 소옹(邵雍, 1011~1077)의 〈청야음(淸夜吟)〉에 나오는 구절.

4

산꼭대기에 한가로운 구름 일어나고, 물속에는 흰 갈매기 날고 있다.

무심하고 다정한 것은 이 둘이로다.

일생의 걱정을 잊고 너희를 따라 놀리라.

5

서울을 돌아보니 경복궁이 천 리 밖이라.

낚싯배에 누웠어도 잊은 때가 있으랴.

두어라, 내 걱정 아니다. 세상 구할 인물이 없을까.

〈『농암집』 권3〉

도산십이곡

이황(1501~1570)

언지言志

1
이런들 어떠하며 저런들 어떠하랴.
[01]시골의 못난 사람이 이렇다고 어떠하랴.
하물며 자연에 집착하는 병을 고쳐서 무엇 하랴.

2
안개와 노을로 집을 삼고, 바람과 달로 벗을 삼아
살기 좋은 세상에서 병으로 늙어 가네.
이 가운데 바라는 일은 잘못이나 없었으면.

3
순박한 풍속이 죽었다고 하니 진실로 거짓말이로다.
인생이 어질다고 하니 진실로 옳은 말이로다.
천하의 수많은 영재를 속여 말씀할까.

---

01 시골의 못난 사람 : 작자인 이황 자신을 가리킴.

4

그윽한 난초가 골짜기에 있으니 [02]자연의 향기가 좋구나.

흰 구름이 산에 있으니 자연의 경치가 좋구나.

이 속에서 [03]저 아름다운 한 사람을 더욱 잊지 못하네.

5

산 앞에 [04]절벽이 있고 절벽 아래 물이로다.

갈매기 무리는 오락가락 하는데

어찌해 [05]흰 망아지는 먼 곳에 마음 두는가.

6

봄바람에 꽃이 산에 가득 피고, 가을밤에 달빛이 절벽에 가득하다.

사계절의 아름다운 흥취가 사람과 같아라.

하물며 [06]솔개가 날고 물고기 뛰노는 것, [07]구름의 그림자와 하늘빛이야 어찌 끝이 있으리.

---

02 자연(自然) : 이황이 지은 도산서당(陶山書堂) 주변의 경치를 가리킴. '도산서당'은 이황이 벼슬살이를 그만두고 고향인 경북 안동(安東)으로 내려와 후학 양성을 위해 1561년(명종 16)에 지은 서당.

03 저 아름다운 한 사람 : 당시의 왕인 명종(明宗, 재위 1545~1567)을 가리킴.

04 절벽 : 도산서당 양편 산기슭에 있는 절벽을 가리킴. 이황은 서쪽 절벽을 '천광운영대(天光雲影臺)', 동쪽 절벽을 '천연대(天淵臺)'라고 이름 지었음.

05 흰 망아지 : 왕의 곁을 떠난 현자(賢者) 또는 은자(隱者)의 상징. 이황 자신을 가리킴.

06 솔개가 날고 물고기 뛰노는 것 : 천지자연의 오묘한 이치를 말함. 『시경(詩經)』「대아(大雅)」 〈한록(旱麓)〉의 한 구절.

07 구름의 그림자와 하늘빛 : 만물이 천성(天性)을 얻어 조화를 이룬 상태를 말함. 주자(朱子)의 시 〈관서유감(觀書有感)〉의 한 구절.

언학言學

1

[08]천운대 돌아 들어가면 있는 [09]완락재가 깨끗한데
만 권의 책을 읽는 삶, 즐거움이 끝이 없어라.
이 속에서 (서당 주변을) 오고가는 즐거움을 말해 무엇 할까.

2

천둥이 산을 깨뜨려도 농아는 못 듣네.
밝은 해가 하늘 높이 떠도 맹인은 못 보네.
우리는 귀와 눈이 밝은 남자로 농아와 맹인 같지 않으리라.

3

옛 사람이 날 못 보고 나도 옛 사람 못 봤네.
옛 사람을 못 봐도 가던 길 앞에 있네.
가던 길 앞에 있으니 가지 않고 어쩔까.

4

당시에 가던 길을 몇 해를 버려두고
어디 가서 다니다가 이제야 돌아왔나.
이제야 돌아왔으니 딴 데 마음 두지 않으리.

---

08 천운대(天雲臺) : 도산서당 서쪽 산기슭에 있는 절벽인 천광운영대.

09 완락재(玩樂齋) : 도산서당 안에 있던 이황의 서재.

5

푸른 산은 어찌하여 영원히 푸르르며
흐르는 물은 어찌하여 밤낮으로 그치지 않는가.
우리도 그치지 않고 영원히 푸르리라.

6

못난 사람도 알고 하니 그 아니 쉬운가.
[10]성인도 못다 하시니 그 아니 어려운가.
쉽거나 어려운 가운데 늙는 줄을 몰라라.

〈『해동풍아』〉

10 성인(聖人) : 지혜와 덕이 매우 뛰어나 우러러 본받을 만한 사람.

고산구곡가

이이(1536~1584)

1

[01]고산의 [02]아홉 굽이 계곡을 사람들이 모르더니
띠풀 베어 살 곳 정하니 벗님들 다 오신다.
[03]어즈버, [04]무이산을 떠올리고 [05]주자를 배우리라.

2

제1 계곡 어디인가, 갓 바위에 해 비춘다.
잡초 무성한 들판에 [06]이내가 걷히니 멀리 보이는 산이 그림 같아라.
소나무 사이에 술통을 놓고 벗 오는 모습 보고 있노라.

3

제2 계곡 어디인가, 꽃 바위에 봄이 늦게 간다.

---

01 고산(高山) : 황해도 해주(海州)에 있는 산.

02 아홉 굽이 계곡 : '굽이'는 강물이나 길이 휘어서 굽은 곳. 〈고산구곡가〉는 성리학(性理學)의 시조인 주희(朱熹, 1130~1200)의 〈무이구곡가(武夷九曲歌)〉를 본받아, 이이가 자신이 머물던 황해도 고산의 구곡을 노래한 것임

03 어즈버 : 감탄사 '아!'의 옛말.

04 무이산(武夷山) : 중국 복건성(福建省)에 있는 산. 여기서 주희가 학문을 닦았음.

05 주자(朱子) : 주희를 가리킴. 그는 도학(道學)과 이학(理學)을 합친 성리학을 집대성함. 주자의 학문은 중국뿐만이 아니라 우리나라와 일본에까지 큰 영향을 미쳤음.

06 이내 : 해질 무렵 멀리 보이는 푸르고 흐릿한 기운.

푸른 물결에 꽃을 띄워 들판 밖으로 보내노라.
남들이 경치 좋은 곳을 모르니 알게 해도 어떠리.

4
제3 계곡 어디인가, 푸른 절벽이 나뭇잎으로 덮였다.
맑은 물가에서 산새가 위아래로 지저귀는 사이
키 작은 소나무 바람을 맞으니 여름 풍경이 없어라.

5
제4 계곡 어디인가, 솔 바위에 해가 진다.
깊은 못의 바위 그림자에 온갖 빛이 잠겼어라.
숲속 샘물은 깊을수록 좋으니 흥겨워 하노라.

6
제5 계곡 어디인가, 숨은 절벽이 보기 좋구나.
[07]물가의 정사는 맑고 깨끗함이 끝이 없다.
여기서 [08]강학도 하려니와, 밝은 달을 읊고 맑은 바람 즐기리라.

7
제6 계곡 어디인가, 낚시터에 물이 넓다.

---

07 물가의 정사(精舍) : 이이가 해주 고산의 석담(石潭)에서 은거할 때 후학 양성을 위해 지은 은병정사(隱屛精舍)를 가리킴. '정사'는 학문을 가르치기 위해 마련한 집. 서당.

08 강학(講學) : 학문을 닦고 연구함.

나와 물고기 중 누가 더욱 즐기는가.
해질 무렵 낚싯대 들고 달빛 받으며 돌아오노라.

8

제7 계곡 어디인가, 단풍 바위에 가을빛이 좋다.
맑은 서리 얇게 내리니 절벽이 수놓은 비단 같구나.
찬 바위에 혼자 앉아서 집을 잊고 있노라.

9

제8 계곡 어디인가, [09]금탄에 달이 밝다.
좋은 거문고로 두서너 곡 연주하니
옛 곡조 아는 사람 없어 혼자 즐기고 있노라.

10

제9 계곡 어디인가, [10]문산에 한 해가 저문다.
기괴한 바위와 돌이 눈 속에 묻혔어라.
노는 이들 오지 않고 볼 것 없다 하더라.

〈『청구영언』〉

---

09 금탄(琴灘) : 거문고나 가야금을 타듯이 물소리가 흥겹게 들리는 여울목. '여울목'은 강바닥이 얕거나 폭이 좁아 물살이 빠르게 흐르는 곳.

10 문산(文山) : 산 이름. 또는 '학문의 세계'를 가리키는 것일 수도 있음.

훈민가

정철(1536~1593)

1
아버님 날 낳으시고 어머님 날 기르시니
두 분이 아니면 이 몸이 살았으랴.
하늘 같은 은덕을 어디에다 갚으리.

2
형아 아우야, 네 살을 만져봐라.
누구에게서 태어났길래 얼굴까지 같은가.
한 젖 먹고 자라나서 딴마음을 먹지 마라.

3
임금과 백성 사이가 하늘과 땅 같은데
나의 서러운 일을 다 알려고 하시니
우린들 살찐 미나리를 어찌 혼자 먹으리.

4
어버이 살아계실 때 섬기는 일을 다 해라.
지나간 후에 애달파 해도 어찌하리.
평생에 다시 못할 일이 이뿐인가 하노라.

5

(하늘이) 한 몸 둘로 나눠 부부를 만드시어
있을 때 함께 늙고, 죽으면 한곳에 간다.
어디서 망령된 것이 [01]눈 흘기려 하느냐.

6

여자가 가는 길을 남자가 돌아가듯.
남자가 가는 길을 여자가 비켜서듯.
제 남편 제 아내 아니면 이름 묻지 말구려.

7

네 아들이 [02]『효경』을 읽더니 얼마나 배웠느냐.
내 아들은 [03]『소학』을 모레면 마칠 것이로다.
언제쯤 이 두 글 배워 어질게 된 것을 보려나.

8

마을 사람들아, 옳은 일 하자꾸나.
사람으로 태어나서 올바르지 못하면
말과 소에 갓·고깔을 씌워 밥 먹이기와 다를까.

---

01 눈 흘기려 : 다른 사람이 유혹하는 것을 가리킴.

02 『효경(孝經)』: 공자(孔子)가 증자(曾子)에게 효도에 대해 말씀한 것을 기록한 책.

03 『소학(小學)』: 중국 송(宋)나라의 유자징(劉子澄)이 주자(朱子)의 가르침을 받아 지은 책. 어려서부터 어른이 되기까지의 올바른 몸가짐에 관한 내용으로 되어 있음.

9

팔목을 쥐시면 두 손으로 받치리라.
나가실 데가 있으면 막대 들고 따르리라.
[04]향음주 다 끝난 뒤에 모셔 가려 하노라.

10

남으로 태어난 중에 벗같이 [05]신의가 있으랴.
나의 잘못을 다 말하려 하는구나.
이 몸이 벗님 아니면 사람 되기가 쉬울까.

11

어와! 저 조카야, 밥 없이 어찌할까.
어와! 저 [06]아저씨야, 옷 없이 어찌할까.
궂은일 다 말해라, 돌보고자 하노라.

12

네 집 장례는 어떻게 준비하나.
네 딸 남편은 언제야 맞이하나.
내게도 (재산이) 없지마는 돌보고자 하노라.

---

04 향음주(鄕飮酒) : 매년 음력 10월 길일(吉日)에 마을 사람들이 노인들을 모시고 술을 마시며 예(禮)를 행하는 의식(儀式).

05 신의(信義) : 믿음과 의리.

06 아저씨 : 숙부(叔父). 또는 친척 중 나보다 나이가 많은 남자.

13

오늘도 날이 밝았다, 호미 들고 가자꾸나.
내 논의 잡초 다 뽑으면 네 논도 뽑아 주마.
오는 길에 뽕잎 따다가 누에 먹여 보자꾸나.

14

비록 못 입어도 남의 옷을 빼앗지 마라.
비록 못 먹어도 남의 밥을 빌어먹지 마라.
한 번만 때가 묻어도 다시 씻기 어려우리.

15

[07]쌍륙·장기 하지 마라, 소송 글 올리지 마라.
집 망쳐 무엇 하며, 남의 원수 되면 어찌하리.
나라에 법이 있으니 죄 있는 것 모를까.

16

머리에 이고 등에 진 저 늙은이, 짐 풀어 나를 주오.
나는 젊었으니 돌이라고 무거울까.
늙는 것도 서럽다는데 짐까지 지실까.

〈『송강가사』〉

---

07 쌍륙(雙六) : 여러 사람이 편을 갈라 차례로 두 개의 주사위를 던져서 나오는 숫자대로 말을 써서 먼저 궁(宮)에 들여보내는 놀이.

장진주사

정철(1536~1593)

한 잔 먹세[01]그려, 또 한 잔 먹세그려.

꽃가지 꺾어 (술잔을) 세어 가며 끝없이 한없이 먹세그려.

이 몸 죽고 나면 [02]지게 위에 거적 덮고 (죽은 몸을) 거두어 메고 가거나

화려한 비단 [03]상여에 많은 이가 울며 따르거나

[04]억새, [05]속새, 떡갈나무, 백양나무 숲에 가기만 하면

누런 해, 흰 달, 가는 비, 굵은 눈, [06]소소리바람 불 때 누가 한 잔 먹자고 할까.

하물며 무덤 위에 원숭이 휘파람 불 때서야 뉘우친들 무엇 하리.

<『송강가사』>

---

01 그려 : 종결어미 뒤에 붙어, 듣는 사람에게 그 말의 뜻을 강조하면서 공감을 요청하는 뜻을 나타내는 보조사.

02 지게 : 짐을 얹어서 사람이 지고 다니게 만든 기구.

03 상여(喪輿) : 사람의 시체를 실어서 묘지까지 나르는 도구. 10여 명이 메며, 길이가 길고 꼭지 있는 가마와 비슷하게 생겼음.

04 억새 : 볏과의 여러해살이풀. 잎은 긴 선 모양이고, 7~9월에 누런 갈색 꽃이 핌. 잎을 베어 지붕을 만들거나 말·소의 먹이로 씀.

05 속새 : 양치식물 속샛과의 상록 여러해살이풀. 줄기의 가운데가 비었고, 가지는 없으나 마디가 뚜렷함. 그늘진 습지에서 자람.

06 소소리바람 : 이른 봄에 부는 차갑고 매서운 바람.

산중신곡

윤선도(1587~1671)

제 흥에 겨워서〔만흥漫興〕

1

산과 물 사이 바위 아래에 초가집을 짓는다고 하니
그 뜻을 모르는 남들은 비웃는다 하지마는
어리석은 시골사람 뜻에는 내 분수인가 여기노라.

2

보리밥 풋나물을 알맞게 먹은 뒤에
바위 끝 물가에서 마음껏 노는구나.
그 밖에 다른 일이야 부러워할 것이 있으랴.

3

술잔 들고 혼자 앉아 먼 산을 바라보니
그리던 임이 오더라도 반가움이 이러할까.
말씀도 웃음도 없어도 한없이 좋아하노라.

4

누구는 [01]삼공보다 낫다고 하더니 [02]만승의 [03]천자가 이보다 좋을까.

이제야 생각하니 [04]소부와 허유가 약았더라.
아마도 자연 속 한가한 흥취를 비교할 곳이 없어라.

5
내 천성이 게으르니 하늘이 아시어
세상의 모든 일을 하나도 안 맡기고
오로지 다툴 이 없는 강산을 지키라 하시도다.

6
강산이 좋다고 한들 내 힘으로 누웠느냐.
임금님 은혜를 이제야 더욱 알겠도다.
아무리 갚고자 하여도 해드릴 일이 없어라.

아침 안개〔조무요朝霧謠〕

[05]월출산이 높더라도 미운 것이 안개로다.

---

01 삼공(三公) : 조선시대 의정부(議政府)에서 국가의 주요 정책을 결정하는 일을 맡아보던 세 벼슬. 영의정·좌의정·우의정. 삼정승(三政丞).

02 만승(萬乘) : 만 대의 수레. 천자(天子)의 지위를 뜻함. 중국의 천자는 거동할 때 수레 만 대를 동원하였다고 함.

03 천자(天子) : 하늘을 대신하여 천하를 다스리는 사람이라는 뜻으로, 군주 국가의 최고 통치자를 이르는 말.

04 소부(巢父)와 허유(許由) : 고대 중국의 은자(隱者). 요(堯)임금이 소부에게 왕위를 맡기려 하자 그는 더러운 말을 들었다고 영천(潁川)에서 귀를 씻었고, 허유는 소에게 물을 먹이려다 그 사실을 알고 물이 더러워졌다고 하여 더 상류로 가서 먹였다고 함.

제일 높은 천왕봉을 한꺼번에 가렸도다.
두어라, 햇살 퍼진 뒤에 안개가 안 걷힐까.

여름비〔하우요夏雨謠〕

비 오는데 들에 가랴, [06]사립문 닫고 소 먹여라.
장마가 계속 되랴, 쟁기와 연장 손질해라.
쉬다가 개는 날 봐서 긴 [07]사래밭을 [08]갈아라.

심심은 하다마는 일 없기로는 장마로다.
답답은 하다마는 한가하기로는 밤이로다.
아이야, 일찍 잤다가 [09]동트면 일어나라.

해질 무렵〔일모요日暮謠〕

저녁 해 넘어간 뒤에 산기운 좋지마는

---

05 월출산(月出山) : 전라남도 영암군 영암읍과 강진군 성전면의 경계에 있는 산. 높이는 809m로, 국립공원의 하나.

06 사립문 : 잡목의 가지를 엮어서 만든 문짝을 단 문.

07 사래밭 : 묘지기나 마름이 수고의 대가로 부쳐 먹는 밭. '마름'은 지주를 대리하여 소작권을 관리하는 사람.

08 갈아라 : '갈다'는 농기구나 농기계로 땅을 파서 뒤집다. 또는 밭작물의 씨앗을 심어 가꾸다.

09 동(東)트면 : 동쪽 하늘이 훤하게 밝아 오면.

황혼이 가까우니 주위가 어둡구나.
아이야, 범 무서우니 나다니지 말아라.

깊은 밤에〔야심요夜深謠〕

바람 분다 [10]지게문 닫아라, 밤 되었다 불을 꺼라.
베개에 드러누워 마음껏 쉬어 보자.
아이야, 날 밝으면 와서 내 잠을 깨워라.

흉년을 탄식함〔기세탄饑歲歎〕

[11]환자 타 먹고 산다고 그것을 나쁘다 하니
[12]백이와 숙제가 훌륭한 것을 이런 일로 알겠구나.
[13]어즈버, 사람이야 잘못이 있으랴. 흉년 탓이로다.

---

10 지게문 : 마루와 방 사이의 문이나, 부엌의 바깥문.

11 환자(還子) : 흉년이나 춘궁기(春窮期)에 백성에게 곡식을 빌려주고 풍년이나 추수기(秋收期)에 갚게 하던 것. 환곡(還穀).

12 백이(伯夷)와 숙제(叔齊) : 중국 은(殷)나라의 현인(賢人)으로, 둘은 형제 사이임. 중국 주(周)나라 무왕(武王)이 은나라 주왕(紂王)을 치자, 신하의 도리가 아니라고 하여 수양산(首陽山)에 들어가 밥을 먹지 않고 고사리만 캐어 먹다가 굶어 죽음.

13 어즈버 : 감탄사 '아!'의 옛말.

다섯 가지 벗〔오우가五友歌〕

1

내 벗이 몇인가 하니, 물·돌과 소나무·대나무라.
동쪽 산에 달 떠오르니 그 모습 더욱 반갑구나.
두어라, 이 다섯 외에 또 더하여 무엇 하리.

2

구름 빛이 깨끗하다 하나, 검을 때가 자주 있다.
바람 소리 맑다 하나, 그칠 때가 많구나.
깨끗하고 그칠 때가 없는 것은 물뿐인가 하노라.

3

꽃은 무슨 일로 피었다가 쉽게 지고
풀은 어찌하여 푸른 듯하다가 누렇게 되는가.
아마도 변치 않을 것은 바위뿐인가 하노라.

4

더우면 꽃 피고, 추우면 꽃잎 지는데
솔아, 너는 어찌하여 눈과 서리를 모르는가.
땅속 깊이 뿌리가 곧은 것을 그것으로 알겠구나.

5

나무도 아닌 것이, 풀도 아닌 것이

곧으라고 누가 시켰으며, 속은 왜 비었는가.
저러고도 사철에 푸르니 그것을 좋아하노라.

6
작은 것이 높이 떠서 만물을 다 비추니
밤중에 밝은 빛이 [14]너 만한 것 또 있느냐.
보고도 말하지 않으니 내 벗인가 하노라.

<『고산유고』 권6>

14 너 : 달을 가리킴.

기녀의 시조

황진이(중종대[1506~1544])

1

푸른 산속 [01]벽계수야, 빨리 가는 것을 자랑 마라.
한 번 넓은 바다로 흘러가면 돌아오기 어려우니.
[02]명월이 텅 빈 산에 가득하니 쉬어 가도 어떠하리.

2

[03]동짓달 기나긴 밤을 한가운데를 잘라 내어
봄바람 이불 아래 [04]서리서리 넣었다가
정든 임 오신 날 밤이 되면 [05]굽이굽이 펴리라.

3

내가 언제 믿음이 없어 임을 언제 속였기에
달도 없는 깊은 밤에 올 뜻이 전혀 없네.
가을바람에 지는 잎 소리야 내가 어찌하리오.

---

01 벽계수(碧溪水) : 물빛이 맑아 푸르게 보이는 시냇물. 여기서는 왕족인 벽계(碧溪) 이종숙(李終叔)을 가리키기도 함.

02 명월(明月) : 밝은 달. 황진이의 기명(妓名)이기도 함.

03 동짓달 : 음력 11월로, 밤이 가장 긴 달.

04 서리서리 : 둥그렇게 포개어 차곡차곡 감아 놓은 모양.

05 굽이굽이 : 똑바르지 않고 여러 번 구부러지는 모양.

4

아아, 내가 한 일이여. 그리워할 줄 몰랐더냐.
있으라고 했다면 갔겠냐만 내가 구태여
보내고 그리는 마음은 나도 몰라 하노라.

〈이상『청구영언』〉

5

산은 옛 산이지만 물은 옛 물이 아니로다.
밤낮으로 흐르니 옛 물이 있겠느냐.
[06]인걸도 물과 같도다, 가서 오지 않는도다.

6

푸른 산은 내 뜻이요, 초록 물은 임의 정이니
초록 물이 흘러가도 푸른 산이야 변할까.
초록 물도 푸른 산을 못 잊어 울면서 가는가.

〈『병와가곡집』〉

홍랑(선조대[1567~1608])

산버들 골라 꺾어 보내노라 임에게.

06 인걸(人傑) : 매우 뛰어난 인재. 황진이가 송도(松都: 개성의 옛 이름)의 삼절(三絶) 중 하나로 꼽았던 유학자 서경덕(徐敬德, 1489~1546)을 가리키기도 함.

주무시는 창밖에 심어 두고 보소서.

밤비에 새잎이 나면 나인 줄 여기소서.

〈『병와가곡집』〉

문향(선조대[1567~1608])

그래, 말하진 않지만 (나를) 싫어하는데 그만두지 않으랴.

하늘 아래 너뿐이면 아마 내가 (계속) 하겠지만

하늘이 다 만들었으니 날 사랑할 이가 없으랴.

〈『병와가곡집』〉

소백주(광해군대[1608~1623])

[07]상공을 만난 뒤로 모든 일을 믿지마는

옹졸한 (내) 마음에 병이 들까 염려했는데

"이렇게 하마." "저렇게 하자." 그러시니 평생을 함께 살 것입니다.

〈『청구영언』〉

---

07 상공(相公) : 임금을 도와 모든 관원을 지휘하고 감독하는 일을 맡아보던 관리. 정승(政丞).

매화(?~?)

매화의 해묵은 [08]등걸에 봄철이 돌아오니
예전에 피던 가지에 꽃이 필 것도 같다마는
봄눈이 어지럽게 흩날리니 필듯 말듯 하여라.

〈『청구영언』〉

08 등걸 : 나무의 줄기를 베어내고 남은 밑동.

사설시조

작자미상

1

간밤에 크게 취하고 취한 잠에 꿈을 꾸니

[01]칠척검과 [02]천리마로 먼 바다를 날아 건너 [03]오랑캐의 항복 받고 경복궁에 돌아와서 성공을 알리며 임금님을 뵙네.

남자의 [04]강개한 마음에 가슴이 답답하여 꿈속에서 시험하는구나.

<『청구영언』>

2

갈까 보다 말까 보다, 임을 따라서 아니 갈 수 없네.

오늘 가고 내일 가고 모레 가고 글피 가고, 하루 이틀 사흘 나흘 곱절로 잡아 여드렛날에, 팔십 리를 다 못 갈지라도 임을 따라서 아니 갈 수 없네. 수많은 창과 칼이 에워싸고, 큰 도끼 작은 도끼가 눈앞에 닥칠지라도 임을 따라서 아니 갈 수 없네. 나무라도 은행나무는 음양으로 나뉘어 마주보고 서있고, 돌이라도 [05]망부석은 [06]암수를 따라 마

---

01 칠척검(七尺劍) : 7척이나 되는 긴 칼. 1척은 약 30㎝에 해당함.

02 천리마(千里馬) : 하루에 천 리를 달리는 말. 1리는 약 393m에 해당함.

03 오랑캐 : 두만강 일대의 만주지방에 살던 여진족을 멸시하여 이르던 말. 여기서는 여진족이 세운 청(淸)나라를 가리킴.

04 강개(慷慨) : 의롭지 못한 것을 보고 의기(義氣)가 북받쳐 원통하고 슬픔.

05 망부석(望夫石) : 멀리 떠난 남편을 기다린 아내가 죽어서 되었다는 돌. 또는 그 위에 서서 기

주보고 서 있는데, 이내 팔자는 왜 그리 풀리지 않아
간 곳마다 있어야 할 임이 없어서 나 못 살겠네.

〈『악부』〉

3

개를 열 마리 넘게 기르지만 이 개같이 얄미울까.
미운 임이 오면 꼬리를 [07]홰홰 치면서 뛰어올랐다 내리뛰었다 반가워 뛰어나가고, 고운 임이 오면 뒷발을 버둥대며 물러났다 나아갔다 캉캉 짖어서 도로 가게 한다.
쉰밥이 그릇그릇 생겨도 너 먹일 것이 있으랴.

4

귀뚜라미 저 귀뚜라미, 가엾다 저 귀뚜라미.
어찌된 귀뚜라미인지 지는 달 새는 밤에, 긴 소리 짧은 소리 마디마디 슬픈 소리, 제가 혼자 계속 울어 여인의 [08]선잠을 살뜰히도 깨우는구나.
두어라, 제가 비록 [09]미물이나 아무도 없는 빈방에 내 뜻 알아줄 것은 저뿐인가 하노라.

다렸다는 돌.

06 암수 : 암컷과 수컷.

07 홰홰 : 가볍게 자꾸 휘두르거나 휘젓는 모양.

08 선잠 : 깊이 들지 못하거나 흡족하게 이루지 못한 잠.

09 미물(微物) : 인간에 비하여 보잘 것 없는 것이라는 뜻으로, '동물'을 이르는 말. 또는 작고 보잘 것 없는 물건.

5

나무도 바윗돌도 없는 산에서 매에 쫓기는 [10]까투리의 마음과,

넓고 큰 바다 한가운데 일천 [11]석 실은 배에, 노도 잃고 닻도 잃고 [12]용총도 끊기고 돛대도 꺾이고 [13]키도 빠지고, 바람 불어 물결치고 안개 뒤섞여 자욱한 날에, 갈 길은 천 리 만 리 남았는데 사면이 검고 어둡게 저물어, 천지가 적막하고 [14]까치노을 떴는데 해적 만난 [15]도사공의 마음 중에서,

엊그제 임과 이별한 내 마음을 어디에 비교하리오.

6

눈썹은 [16]수나비가 앉은 듯, 치열은 [17]박씨를 까서 세운 듯.

날 보고 방긋 웃는 얼굴은 아직 피지 않은 [18]삼색 복숭아꽃이 하룻밤 빗기운에 반만 저절로 핀 모습이로다.

네 부모 너 낳을 때에 나만 사랑하라고 만들었도다.

7

---

10 까투리 : 꿩의 암컷.

11 석(石) : 부피의 단위. 1석은 약 180L에 해당함

12 용총 : 돛을 올리거나 내리려고 돛대에 매어놓은 줄.

13 키 : 타(舵). 배의 뒷부분에 설치하여 방향을 잡는 장치.

14 까치노을 : 석양(夕陽)을 받은 먼 바다의 수평선에서 번득거리는 노을.

15 도사공(都沙工) : 사공의 우두머리. '사공'은 노를 저어 나아가는 배를 부리는 일이 직업인 사람.

16 수나비 : 나비의 수컷.

17 박씨 : 박의 씨앗. '박'은 둥근 호박이나 배 모양의 커다란 액과(液果)로, 긴 타원형의 씨가 있음.

18 삼색(三色) 복숭아꽃 : 한 나무에 핀 흰색·연분홍색·붉은색 복숭아꽃.

두꺼비 파리를 물고 [19]두엄 위로 달려가 앉아
건넛산 바라보니 [20]백송골이 떠 있어서 가슴이 놀라 [21]풀떡 뛰어 내려오다 두엄 아래 자빠졌구나.
마침 날랜 나니까 망정이지 피멍들 뻔하였다.

8

[22]사립문에서 개가 짖어 임이 온 줄 알고 나가보니
임은 오지 않고 밝은 달빛이 뜰에 가득한데, 가을바람에 낙엽 지는 소리로다.
저 개가 낙엽 보고 헛되이 짖어서 날 속일 줄 어찌 알았으리.

9

시어머님, 며느리가 싫다고 부엌 바닥을 구르지 마오.
빚 대신 받은 며느린가, 물건 값 대신 데려온 며느린가. 밤나무 썩은 등걸에서 나온 회초리같이 바짝 마른 시아버님, 햇볕을 쬔 쇠똥같이 말라빠진 시어머님, 삼년 엮은 [23]망태기 속 새로 만든 송곳같이 뾰족하신 시누이님, [24]당피 심은 밭에 [25]돌피난 것처럼 샛노란 오이꽃 같

19 두엄 : 구덩이를 파서 풀이나 짚·낙엽·쓰레기와 동물의 배설물 등을 모아 썩혀 만든 거름.

20 백송골(白松骨) : 맷과의 하나로, 몸은 흰색이고 등허리의 깃에 'V'자 모양의 얼룩무늬가 있음. 매 종류 가운데 가장 몸이 크고 빠름.

21 풀떡 : 힘을 모아 가볍게 한 번 뛰는 모양.

22 사립문 : 잡목의 가지를 엮어서 만든 문짝을 단 문.

23 망태기 : 물건을 담아 들거나 어깨에 메고 다닐 수 있도록 만든 그릇. 새끼·갈대로 엮거나 그물처럼 떠서 성기게 만듦.

24 당피 : 피의 하나. '피'는 볏과에 속한 한해살이풀. 여기서는 질 좋은 곡식을 뜻함.

25 돌피 : 피의 하나. 앞의 '당피'와 대비하여 질 나쁜 곡식을 뜻함.

은 피똥 누는 아들 하나 두고
기름진 밭의 [26]메꽃 같은 며느리를 어디가 싫다고 하시는가.

10

어찌 못 왔나, 무슨 일로 못 왔나.

너 오는 길 위에 무쇠로 성을 쌓고 성 안에 담 쌓고 담 안에는 집을 짓고, 집 안에는 [27]뒤주 놓고 뒤주 안에 [28]궤를 놓고 궤 안에 너를 묶어 넣고, [29]쌍배목과 [30]외걸쇠에 용자물쇠와 거북자물쇠로 꼭꼭 잠갔더냐. 네 어찌 그리 오지 않았나.

한 달이 서른 날이니 날 보러 올 하루가 없을까.

11

오늘도 해가 저물 것이라, 해가 저물면 날이 샐 것이라, 날이 새면 이 임이 갈 것이로다.

가면 못 볼 것이니, 못 보면 그리워할 것이니, 그리워하면 병이 들 것이니, 병이 들면 못 살 것이로다.

병들어 못 살 줄 안다면 자고 가도 어떠리.

---

26 메꽃 : 메꽃과에 속한 덩굴풀. 줄기는 가늘고 길며 다른 것에 감겨 올라가는데, 6~8월에 연한 홍색의 꽃이 피고, 뿌리·잎·줄기 등을 약재로 씀.

27 뒤주 : 쌀·보리와 같은 곡식을 담아 두기 위해 나무로 만든 궤짝.

28 궤(櫃) : 물건을 넣어두는 장방형의 상자 중 큰 것. 작은 것은 갑(匣)이라고 함.

29 쌍(雙)배목 : 쌍으로 된 배목. '배목'은 문고리를 걸거나 자물쇠를 채우기 위해 둥글게 구부려 만든 고리 걸쇠.

30 외걸쇠 : 하나로 된 걸쇠. '걸쇠'는 대문이나 방의 여닫이문을 잠그기 위해 빗장으로 쓰는 'ㄱ' 자 모양의 쇠.

12

임이 온다고 하여 저녁밥을 일찍 지어 먹고

중문을 나와서 대문으로 나가, 문지방 위에 달려가 앉아 이마에 손을 얹고 오는가 가는가 건넛산을 바라보니, 검고 흰 것이 서 있어서 저기에 임이 있다 (여겨) 버선 벗어 품에 품고 신 벗어 손에 쥐고, [31]곰비임비 임비곰비 [32]천방지방 지방천방 진 곳 마른 곳 가리지 않고 [33]워렁충창 건너가서, 다정하게 말하려고 곁눈으로 힐끗 보니, 작년 칠월 열 사흗날 껍질 벗겨 세워둔 [34]삼 줄기가 살뜰히도 날 속였다.

마침 밤이기에 망정이지 행여나 낮이었다면 남 웃길 뻔하였다.

<이상 『청구영언』>

---

31 곰비임비 : 물건이 거듭 쌓이거나 일이 계속 일어남을 나타내는 말.

32 천방지방(天方地方) : 너무 급하여 허둥지둥 함부로 날뛰는 모양. 천방지축.

33 워렁충창 : 잘 울리는 바닥에 무엇이 몹시 요란스럽게 떨어지거나 부딪치는 모양.

34 삼 : 줄기는 곧고 길며, 열매는 민들레와 비슷하여 동그랗게 생겼음. 식용 및 약재로 쓰임.

제6장 가사

서왕가

나옹 혜근(1320~1376)

나도 이럴망정 세상의 사람으로
[01]무상을 생각하니 다 거짓된 것이라.
부모가 주신 얼굴 죽은 후에 소용없다.
잠깐 동안 생각하여 세상일을 팽개치고 부모님께 하직한 뒤
표주박 하나 승려옷 한 벌에 [02]명아주 지팡이 비스듬히 들고
이름난 산 찾아들어 [03]선지식을 친히 뵙고
마음을 밝히려고 [04]천경과 만론을 낱낱이 찾아보며
[05]여섯 도적 잡으러 [06]허공의 말 비스듬히 타고

---

01 무상(無常) : 이 세상의 모든 것은 다 생멸(生滅)하여 변하지 않는 것이 없다는 말.

02 명아주 : 명아줏과의 한해살이풀. 녹색 줄이 있고, 들이나 길가에서 저절로 나고 자람.

03 선지식(善知識) : 부처의 가르침으로 인도하는 덕이 높은 스승.

04 천경(千經)과 만론(萬論) : 불·보살이 말씀한 내용을 담은 수많은 경과 논. '경'은 부처의 말씀을 기록한 것, '논'은 부처의 가르침을 해석하고 논술한 것.

05 여섯 도적(盜賊) : 색(色)·성(聲)·향(香)·미(味)·촉(觸)·법(法)의 여섯 가지로 인해, 깨끗한 마음이 더러워지는 것을 도적에 비유한 말.

06 허공(虛空)의 말 : 허공을 말에 비유한 것. 사람의 마음을 가리킴.

[07]막야검을 손에 들고 [08]오온산 들어가니
겹겹의 여러 산들 중에 [09]사상산이 더욱 높다.
[10]육근문 앞에 자취 없는 도적이 나고 들고 하는 중에
번뇌 마음 베어 놓고 지혜로 배 만들어
[11]삼계바다 건네주려 염불중생 실어두고
[12]삼승 돛대에 [13]일승 돛을 달아두니
봄바람이 뱃길 따라 불고, 흰 구름은 섞여 움직이는데
이 세상을 생각하니 슬프고 서럽구나.
염불 않는 중생들아, 몇 년을 살려고
세상일에 집착하여 애욕에 빠졌는가.
하루도 열두 때요, 한 달도 서른 날에 어느 날에 한가할까.
깨끗한 [14]불성을 사람마다 가졌어도 어느 날에 생각하며
한없는 공덕을 본래부터 갖췄어도 어느 때에 내어 쓸까.

---

07 막야검(鏌鎁劍) : 중국 오(吳)나라의 명장(名匠)인 간장(干將)이 자신의 아내 이름을 따서 만든 보검(寶劍). 여기서는 선법(禪法)을 가리킴. 여섯 도적을 잡기 위해 막야검을 손에 들고 오온산으로 들어간다는 노랫말은 화자의 참선(參禪) 수행을 의미함.

08 오온산(五蘊山) : 오온을 산에 비유한 말. '오온'은 세계를 구성하는 다섯 가지 요소로, 색(色: 육체)·수(受: 감각)·상(想: 상상)·행(行: 마음의 작용)·식(識: 지식).

09 사상산(四相山) : 사상을 산에 비유한 말. '사상'은 중생이 그 심신(心身)의 개체에 대해 잘못 인식하고 집착하는 것. 아상(我相)·인상(人相)·중생상(衆生相)·수자상(壽者相)의 네 가지.

10 육근문(六根門) : 육근을 문에 비유한 것. '육근'은 인간이 이 세상을 인식하는 데 필요한 감각의 근원인 안(眼)·이(耳)·비(鼻)·설(舌)·신(身)·의(意)의 여섯 가지.

11 삼계(三界)바다 : 삼계를 바다에 비유한 말. '삼계'는 중생이 윤회(輪迴)하는 미혹(迷惑)의 세계로, 욕계(欲界)·색계(色界)·무색계(無色界).

12 삼승(三乘) : 성문(聲聞)·연각(緣覺)·보살(菩薩)에 관한 세 가지 가르침.

13 일승(一乘) : 일불승(一佛乘). 모든 중생은 다 부처가 될 수 있다는 가르침.

14 불성(佛性) : 진리를 깨달은 부처의 본성. 또는 중생이 본래 가지고 있는 부처가 될 성질.

[15]극락왕생은 멀어지고 지옥은 가깝구나.
이보시오 어르신네, 권하노니 여러 가지 선행하소.
이 생애에 행한 공덕 다음 생에 받으니
백년 동안 탐한 재물, 하루아침의 티끌이요
삼일 동안 행한 염불, 백천만 [16]겁의 보배라.
어와, 이 보배는 천 겁이 지나도 낡지 않고 만년이 되어도 새로워라.
하늘과 땅이 넓다 해도 [17]이 마음에 미칠까.
해와 달이 밝다 해도 이 마음에 미칠까.
[18]삼세의 모든 부처 이 마음을 아시고
[19]육도의 중생은 이 마음을 저버리니
삼계의 [20]윤회를 어느 날에 그칠까.
잠깐 동안 생각하여 마음을 깨쳐 알고 [21]태허를 생각하니
산은 첩첩, 물은 졸졸, 바람은 솔솔, 꽃은 활짝, 나뭇가지 축축 늘어졌는데
배를 저어 이 세상 건너 극락세계 들어가니
칠보 연못에 칠보 그물 둘러있어 구경하기 더욱 좋네.

---

15 극락왕생(極樂往生) : 극락세계에 태어남. '극락세계'는 아미타불이 살고 있는 세계로, 즐거움만 있고 괴로움이 없는 곳. 이 세상에서 서쪽으로 10만억 불토(佛土)를 지난 곳에 있다고 함.

16 겁(劫) : 산스크리트어 kalpa의 음역. 어떤 시간의 단위로도 계산할 수 없는 긴 시간.

17 이 마음 : 염불하는 마음을 가리킴.

18 삼세(三世) : 과거·현재·미래.

19 육도(六道) : 중생이 자신이 지은 업(業)에 따라 윤회하는 6종의 세계. 지옥·아귀(餓鬼)·축생(畜生)·아수라(阿修羅)·인간·하늘.

20 윤회(輪廻) : 수레바퀴의 회전이 끝이 없는 것처럼 중생이 삼계와 육도의 세계에서 생사(生死)를 되풀이하는 일.

21 태허(太虛) : 깨달은 경지. 깨달음의 세계.

[22]구품 연화대에 염불소리 퍼져 있고

청학·백학과 앵무·공작과 금색·청색 봉황은 하는 것이 염불이네.

맑은 바람 살짝 부니 염불소리 아득하네.

어와, 슬프다. 우리도 이 세상에 나왔다가 염불 않고 어찌할까.

[23]나무아미타불.

<『염불보권문』>

---

22 구품 연화대(九品蓮花臺) : 극락세계에 태어나는 사람들이 앉는 9종의 연화대. '연화대'는 극락세계에 있는, 연꽃으로 만든 자리.

23 나무아미타불(南無阿彌陀佛) : 아미타불에게 귀의함. '나무'는 귀의(歸依)·귀명(歸命)의 뜻. '아미타불'은 극락세계에 있으면서 극락의 중생들에게 설법하고 있는 부처.

상춘곡

정극인(1401~1481)

티끌 속에 묻힌 분들, 나의 생애 어떠한가.
옛사람의 [01]풍류에 미칠까, 못 미칠까.
이 세상 남자로 나 같은 이 많지마는
산림에 묻혀 있어도 지극한 즐거움을 모를까.
아주 작은 초가집을 푸른 냇물 앞에 두고
소나무와 대나무 우거진 곳에서 자연의 주인이 되었어라.
엊그제 겨울 지나 새봄이 돌아오니
복숭아꽃 살구꽃은 석양 속에 피어 있고
푸른 버들 향기로운 풀은 가랑비에 푸르도다.
칼로 재단했나, 붓으로 그려냈나.
[02]조물주의 신묘한 솜씨에 사물마다 야단스럽다.
숲에서 우는 새는 봄기운을 못 이겨 소리마다 교태로다.
자연과 사람이 하나이니 흥이야 다를쏘냐.
[03]사립문 주위를 걸어 보고 정자에도 앉아 보고
산보하며 읊조리니 산속의 하루가 심심한데
한가함 속 참된 맛을 알아줄 이 없이 혼자로다.

---

01 풍류(風流) : 멋스럽고 풍치가 있는 일. 또는 그렇게 노는 일.

02 조물주(造物主) : 우주의 만물을 만들고 다스리는 신. 자연을 가리킴.

03 사립문 : 잡목의 가지를 엮어서 만든 문짝을 단 문.

이봐, 이웃들아. 산수 구경 가자꾸나.
파란 풀은 오늘 밟고 목욕은 내일 하세.
아침에 나물 캐고 저녁에 낚시하세.
지금 막 익은 술을 [04]갈건으로 걸러 놓고
꽃나무 가지 꺾어 잔 수 세며 먹으리라.
따뜻한 바람이 살짝 불어 깊은 냇물 건너오니
맑은 향기 잔에 지고 붉은 꽃잎 옷에 진다.
술통이 비었다면 나에게 알리어라.
작은 아이 시켜 술집에서 술을 받아
어른은 막대 짚고 아이는 술통 메고
천천히 걸어서 시냇가에 혼자 앉아
고운 모래 깨끗한 물에 잔 씻어 술을 부어 들고
맑은 냇물 굽어보니 떠오는 것이 복숭아꽃이로다.
[05]무릉도원 가깝도다, 저 들이 그곳인가.
소나무 사이 좁은 길로 진달래꽃 가볍게 들고
산꼭대기 급히 올라 구름 속에 앉아 보니
수많은 집들이 곳곳에 펼쳐 있네.
[06]이내와 햇살은 비단을 펼쳐 놓은 듯.
엊그제 검던 들에 봄빛이 넘쳐 나네.
[07]공명도 날 피하고 [08]부귀도 날 피하니

---

04 갈건(葛巾) : 갈포(葛布)로 만든 두건. '갈포'는 칡의 껍질로 만든 직물.

05 무릉도원(武陵桃源) : 중국 동진(東晉) 때의 문인인 도연명(陶淵明, 365~427)의 <도화원기(桃花源記)>에 나오는 말. 진(晋)나라 때의 한 어부가 계곡 물에 떠내려오는 복숭아꽃잎을 따라 올라갔다가 발견했다는 선경(仙境). 낙원 또는 이상향의 뜻으로 쓰임.

06 이내 : 해질 무렵 멀리 보이는 푸르고 흐릿한 기운.

맑은 바람 밝은 달 외에 어떤 벗이 있을까.
가난한 삶에 만족하며 헛된 생각 하지 않네.
아무튼, 한평생 즐거움이 이만하면 어떠하리.

<『불우헌집』 권2>

07 공명(功名) : 공을 세워 자기의 이름을 널리 드러냄. 또는 그 이름.

08 부귀(富貴) : 재산이 많고 지위가 높음.

면앙정가

송순(1493~1582)

[01]무등산 한 줄기가 동쪽으로 뻗어서
멀리 떨어져 나와 제월봉이 되었으니
넓고 넓은 들판에서 무슨 생각 하느라고
일곱 굽이 한데 움츠려 무더기무더기 모여 있는 듯.
가운데 굽이는 구멍에 든 늙은 용이
[02]선잠에서 깨어나 머리를 얹은 것 같은데
넓은 바위 위에 소나무 대나무를 헤치고 [03]정자를 앉혔으니
구름 탄 푸른 학이 천 리를 가려고 두 날개 벌리는 듯.
옥천산과 용천산에서 흘러내린 물이
정자 앞 넓은 들에 실 가닥이 퍼진 것처럼
넓으면 길지나 말거나, 푸르면 희지나 말거나
쌍룡이 몸을 뒤트는 듯, 긴 비단을 펼친 듯
어디로 가느라 무슨 일이 바빠서
내닫는 듯 따르는 듯, 밤낮으로 흐르는 듯.
물가의 모래밭은 흰 눈처럼 펼쳐져 있는데

---

01 무등산(无等山) : 광주광역시와 전라남도 화순군·담양군에 있는 산. 호남정맥(湖南正脈)의 중심 산줄기로 일컬어짐.

02 선잠 : 깊이 들지 못하거나 흡족하게 이루지 못한 잠.

03 정자(亭子) : 면앙정(俛仰亭)을 가리킴. 작자인 송순이 1533년(중종 28)에 전라남도 담양군 봉산면에 지은 정자. '면앙정'은 송순의 호(號)이기도 함.

어지러이 나는 기러기는 무엇을 달래느라
앉았다가 날았다가 모였다가 흩어졌다
갈대꽃을 사이에 두고 울면서 따르는가.
넓은 길 바깥, 긴 하늘 아래 두르고 꽂은 것은
산인가 병풍인가, 그림인가 그림이 아닌가.
높은 듯 낮은 듯, 끊어진 듯 이어진 듯
숨거니 보이거니, 가거니 머물거니
어지러운 가운데 뽐내는 모습으로
하늘도 두려워 않고 우뚝 서 있는 것은
추월산을 선두로 용귀산 몽선산 불대산 어등산
용진산 금성산이 허공에 늘어서 있으니
멀거나 가깝거나 머물러 있는 산들이 많기도 많구나.
흰 구름과 뿌연 [04]이내, 푸른 것은 산 [05]아지랑이라.
수많은 바위와 골짜기를 제 집으로 삼아 두고
나면서 들면서 아양도 떠는구나.
올라가거나 내려오거나, 하늘로 떠나거나 광야를 건너거나
푸르다가 붉다가 옅었다가 짙었다가
지는 해와 섞이어서 가랑비까지 뿌리는가.
[06]남여를 급히 타고 솔 아래 굽은 길로 오며 가며 하는 때에
푸른 버들 위에서 우는 꾀꼬리 교태 겨워 하는구나.
나무와 [07]새 우거져서 그늘이 짙어진 때

04 이내 : 해질 무렵 멀리 보이는 푸르고 흐릿한 기운.
05 아지랑이 : 봄날 햇빛이 강하게 쬘 때 공기가 공중에서 아른아른 움직이는 현상.
06 남여(藍輿) : 의자와 비슷하고 뚜껑이 없는 작은 가마.

기다란 난간에서 한참을 조는데

물 위의 서늘한 바람은 그칠 줄을 모르는가.

[08]된서리 내린 후에 산 빛이 수놓은 비단과 같도다.

[09]누런 구름은 또 어찌 넓은 들판에 퍼져 있나.

어부도 흥에 겨워 달을 따라 피리를 부는가.

초목이 다 진 후에 강과 산이 묻혔는데

[10]조물주가 야단스레 얼음과 눈으로 꾸며내니

구슬 집과 구슬 [11]누각, 옥빛 바다와 은빛 산이 내 눈 아래 펼쳐 있어라.

천지도 풍요로워 가는 곳마다 좋은 경치로다.

세상을 떠나와도 내 몸이 쉴 틈 없다.

이것도 보려 하고 저것도 들으려 하고

바람도 쐬려 하고 달도 맞으려 하고

밤은 언제 줍고 물고기는 언제 낚고

[12]사립문은 누가 닫으며 떨어진 꽃잎은 누가 쓸까.

아침 시간 모자라니 저녁이라고 싫을쏘냐.

오늘이 부족하니 내일이라고 넉넉하랴.

이 산에 앉아 보고 저 산에 걸어 보니

번거로운 마음에도 버릴 일이 전혀 없다.

---

07 새 : 띠나 억새 등의 볏과 식물을 통틀어 이르는 말.

08 된서리 : 늦가을에 내리는 물기가 적은 서리.

09 누런 구름 : 가을 들판에 누렇게 익은 곡식을 가리킴.

10 조물주(造物主) : 우주의 만물을 만들고 다스리는 신. 여기서는 자연을 가리킴.

11 누각(樓閣) : 사방을 바라볼 수 있도록 문과 벽이 없이 다락처럼 높이 지은 집.

12 사립문 : 잡목의 가지를 엮어서 만든 문짝을 단 문.

쉴 사이가 없는데 오는 길을 알리랴.
다만 지팡이 하나가 다 닳아져 가는구나.
술이 익었으니 벗이야 없을쏘냐.
(노래를) 부르게 하고 (악기를) 타게 하고 켜게 하며 (몸을) 흔들며
온갖 소리로 취한 흥을 재촉하니
근심이 있겠으며 걱정이 붙겠느냐.
누웠다가 앉았다가 굽혔다가 젖혔다가
(시를) 읊다가 휘파람 불다가 마음 놓고 노니
천지도 넓고 넓으며 세월도 한가하다.
[13]희황을 몰랐는데 이때가 그때로다.
신선이 어떠한가, 이 몸이 그로구나.
강·산과 바람·달 거느리고 백년을 다 누린다면
[14]악양루의 [15]이태백이 살아서 돌아와도
호탕한 마음이야 이보다 더할쏘냐.
이 몸이 이러함도 임금님의 은혜로다.

〈『잡가』〉

---

13 희황(羲皇) : 중국 고대 삼황오제(三皇五帝)의 하나인 복희씨(伏羲氏). 그가 임금에 있는 동안 백성들은 태평성대(太平聖代)를 누렸다고 함. 여기서는 '태평성대'의 비유로 쓰임.

14 악양루(岳陽樓) : 중국 호남성(湖南省) 동정호(洞庭湖)에 있는 누각. 당(唐)나라의 시인인 이태백(李太白)이 이곳에서 시를 지으며 풍류를 즐겼다고 함.

15 이태백(李太白) : 이백(李白, 701~762). 태백(太白)은 그의 자(字). 호방한 기질을 지녀 항상 산수를 찾아다니며 자유로운 삶을 추구하였음. 그의 시풍(詩風)은 자유분방하고 상상력이 풍부하였는데, 특히 민요와 신화에서 많은 소재를 구하였음.

사미인곡

정철(1536~1593)

이 몸 생겨날 때 임을 따라 생겼으니
평생의 연분을 하늘이 모를까.
나 하나 젊어 있고 임 하나 날 사랑하시니
이 마음과 이 사랑을 견줄 데가 전혀 없다.
평생에 원하기를 함께 살자 하였는데
늙어서 무슨 일로 홀로 두고 그리는가.
엊그제 임 모시고 [01]광한전에 있었는데
그 사이 어찌하여 이 세상에 내려왔나.
올 때에 빗은 머리 헝클어진 지 삼년이네.
[02]연지분이 있지마는 누굴 위해 곱게 할까.
마음에 맺힌 시름 겹겹이 쌓여있어
짓는 것이 한숨이요, 떨어지는 것이 눈물이라.
인생은 끝이 있고 시름은 끝이 없다.
무심한 세월은 물 흐르듯 하는구나.
더위 추위가 때를 알아 가는 듯 다시 오니

---

01 광한전(廣寒殿) : 달 속에 있다는 상상의 궁전. 월궁(月宮)이라고도 함. 여기서는 임금이 계신 궁궐을 가리킴.

02 연지분(臙脂粉) : 연지와 분. '연지'는 여자가 화장할 때, 입술이나 뺨에 바르거나 찍는 붉은 빛깔의 염료. '분'은 얼굴빛을 곱게 하기 위해 얼굴에 바르는 화장품의 하나.

듣고 보고 하는 중에 느끼는 일도 많고 많다.
봄바람이 살짝 불어 쌓인 눈이 흩어지니
창밖에 심은 매화 두세 가지 피었어라.
가뜩이나 차가운데 향기는 왜 나는가.
지는 해를 따라 달이 베갯머리 비추니
느끼는 듯 반기는 듯, 임이신가 임이 아니신가.
매화가지 꺾어서 임 계신 데 보내고자.
임이 너를 보고 어떻게 여기실까.
꽃 지고 새잎 나서 녹음이 깔렸는데
비단 [03]휘장 적막하고 수놓은 휘장 비어 있다.
연꽃 휘장 걷어 놓고 [04]공작병풍 둘러 두니
가뜩이나 시름 많은데 날은 어찌 그리 긴가.
[05]원앙 비단 잘라 놓고 오색실 풀어내어
쇠자로 재어서 임의 옷을 만드니
솜씨는 물론이고 격식도 갖췄구나.
[06]산호수 [07]지게 위의 [08]백옥함에 담아 두고
임에게 보내려고 임 계신 데 바라보니

---

03 휘장(揮帳) : 천을 여러 폭으로 이어서 빙 둘러치는 장막.

04 공작병풍(孔雀屛風) : 공작새를 그리거나 수놓은 병풍. '병풍'은 바람을 막거나 무엇을 가리거나, 또는 장식용으로 방 안에 치는 물건.

05 원앙(鴛鴦) 비단 : 원앙새를 수놓은 비단.

06 산호수(珊瑚樹) : 자금우과의 상록 소관목. 잎은 돌려나고 타원형임. 6월에 흰색 꽃이 피고 9월에 붉은 열매가 익는데, 낮은 지대의 숲이나 골짜기에서 자람.

07 지게 : 짐을 얹어 사람이 지고 다니게 만든 기구.

08 백옥함(白玉函) : 백옥으로 만든 상자.

산인가 구름인가 험하기도 험하구나.
천 리 만 리 떨어진 길을 그 누가 찾아갈까.
간다면 (백옥함을) 열어 두고 나를 본 듯 반기실까.
하룻밤 서리 기운에 기러기 울며 갈 때
높은 [09]누각 혼자 올라 [10]수정 발을 걷으니
동쪽 산에 달이 뜨고 북쪽 하늘에 별이 보여
임이신가 반기니 눈물이 절로 난다.
맑은 달빛 움직여서 [11]봉황루에 보내고자.
누각 위에 걸어 두고 온 세상 다 비추어
깊은 산속, 험한 골짜기 대낮같이 만드소서.
천지가 얼어붙어 온 세상이 흰 빛일 때
사람은 물론이고 새들도 사라졌다.
따뜻한 남쪽도 춥기가 이러한데
임 계신 곳이야 더욱 말해 무엇 하리.
봄날 햇볕 보내어 임 계신 데 쐬게 하고자.
초가집 비추는 해를 임 계신 곳에 올리고자.
붉은 치마 단정히 입고 푸른 소매 반만 걷어
해질녘 대나무에 기대어 있으니 생각도 많고 많다.
짧은 해 금방 져서 긴 밤을 똑바로 앉아
푸른 등불 걸린 곁에 [12]자개공후 놓아두고

---

09 누각(樓閣) : 사방을 바라볼 수 있도록 문과 벽이 없이 다락처럼 높이 지은 집.

10 수정(水晶) 발 : 수정을 꿰어 만든 발. '발'은 가늘고 긴 대를 줄로 엮거나, 줄을 여러 개 나란히 늘어뜨려 만든 물건. 주로 무엇을 가리는 데 씀.

11 봉황루(鳳凰樓) : 봉황이 새겨진 누각. 임금이 계신 궁궐을 가리킴.

꿈에나 임을 보려 턱 받치고 기댔으니
[13]원앙 이불 차갑고 차갑다, 이 밤은 언제 샐까.
하루도 열두 때, 한 달도 서른 날
잠시라도 생각 않고 이 시름 잊자 하나
마음에 맺혀 있고 골수에 사무치니
[14]편작이 열이 와도 이 병을 어찌하리.
어와! 내 병이야, 내 임의 탓이로다.
차라리 죽어서 호랑나비 되리라.
꽃나무 가지마다 빠짐없이 앉았다가
향 묻힌 날개로 임의 옷에 옮기리라.
임이야 나인 줄 모르셔도 나는 임을 따르리라.

<『송강가사』>

---

12 자개공후(箜篌) : 자개로 장식한 공후. '자개'는 금조개 껍데기를 썰어 낸 조각. '공후'는 하프와 비슷하게 생긴 동양의 옛 현악기. 21줄로 된 것과 13줄로 된 것이 있음.

13 원앙 이불 : 원앙새를 수놓은 이불.

14 편작(扁鵲) : 중국 전국(戰國)시대의 유명한 의사. 임상 경험을 바탕으로 치료하였는데, 환자의 오장(五臟)을 투시하는 경지에까지 이르렀다고 함.

속미인곡

정철(1536~1593)

"저기 가는 저 [01]각시, 본 듯도 하구나.
하늘 위 [02]백옥경을 어찌하여 이별하고
해가 다 진 저문 날에 누굴 보러 가시는가?"
"어와! 너로구나, 내 말을 들어 보오.
내 얼굴, 이 몸짓이 임의 사랑받을 만한지
어쩐지 날 보시고 '너로구나' 여기시니
나도 임을 믿어 다른 뜻이 전혀 없이
응석과 교태를 어지럽게 부렸는데
반기시는 얼굴빛이 예전과 다르신가.
누워서 생각하고 일어앉아 헤아리니
내 몸의 지은 죄가 산같이 쌓였으니
하늘을 원망하며 다른 사람 탓을 할까.
서러워 생각하니 [03]조물주의 탓이로다."
"그렇게 생각 마오. 맺힌 일이 있으리다."
"임을 모셔 봐서 임의 일을 내가 아니

---

01 각시 : 젊은 여인.

02 백옥경(白玉京) : 중국 도교(道敎)에서 말하는, 옥황상제(玉皇上帝)가 사는 곳. 여기서는 임금이 계신 궁궐을 가리킴.

03 조물주(造物主) : 우주의 만물을 만들고 다스리는 신.

물 같은 얼굴이 편하실 적 며칠일까.
꽃샘추위, 여름 더위 어떻게 지내시며
가을날, 겨울날은 누가 있어 모시는가.
아침 죽, 아침밥과 저녁밥은 예전처럼 드시는가.
기나긴 밤에 잠은 어떻게 주무시나.
임 계신 곳 소식을 어떻게든 알려 하니
오늘도 저물었네, 내일이나 사람 올까.
내 마음 둘 데 없다, 어디로 가야 하나.
잡거니 밀거니 높은 산에 올라가니
구름은 물론이고 안개는 왜 있는가.
산천이 어두운데 해와 달을 어찌 보며
[04]지척을 모르는데 천 리를 바라보랴.
차라리 물가에 가 뱃길이나 보려 하니
바람과 물결로 어수선하게 되었구나.
[05]사공은 어디 가고 빈 배만 걸렸는가.
강가에 혼자 서서 지는 해를 굽어보니
임 계신 곳 소식이 더욱 아득하구나.
초가집 찬 자리로 밤중에 돌아오니
벽 가운데 푸른 등은 누굴 위해 밝혔는가.
오르며 내리며 헤매며 서성댔더니
잠깐 사이 지쳐서 [06]풋잠이 들었는데

---

04 지척(咫尺) : 아주 가까운 거리. 1지는 24cm, 1척은 30cm에 해당함.

05 사공(沙工) : 노를 저어 나아가는 배를 부리는 일을 직업으로 하는 사람.

06 풋잠 : 잠든 지 얼마 안 되어 깊이 들지 못한 잠.

정성이 지극하여 꿈에서 임을 보니
옥 같은 얼굴이 반이 넘게 늙었어라.
마음먹은 말씀을 마음껏 말하려 하니
눈물이 바로 나와 말씀인들 어찌하며
맺힌 마음 못다 풀어 목조차 메이는데
방정맞은 닭소리에 잠은 어찌 깨었던가.
어와! 허사로다, 내 임이 어디 갔나.
잠결에 일어앉아 창을 열고 바라보니
가엾은 그림자가 날 좇을 뿐이로다.
차라리 죽어서 지는 달이나 되어서
임 계신 창 안을 환하게 비추리라."
"각시님, 달도 좋지만 [07]궂은비나 되소서."

〈『송강가사』〉

07 궂은비 : 날이 흐리고 침침하게 오랫동안 내리는 비. 장마.

규원가

허난설헌(1563~1589)

엊그제 젊었는데 어찌 벌써 다 늙었나.
즐겁던 어린 시절 생각하니 말해도 소용없다.
늙어서 서러운 말씀 하자니 목이 멘다.
우리 부모 고생하여 나를 낳아 기르실 때
귀족의 아내는 아니라도 [01]군자의 아내는 원했는데
[02]삼생의 [03]원업이요, 부부의 인연으로
서울 사는 경박한 남자를 꿈같이 만나서
그 당시 마음 썼던 것이 살얼음을 디디는 듯.
열다섯, 열여섯 살 겨우 지나 타고난 미모 저절로 나타나니
이 얼굴, 이 몸짓으로 평생을 함께 하자 약속했는데
세월이 [04]훌훌 지나고 [05]조물주가 시샘하여
봄바람과 가을 물이 베틀에 [06]북이 지나가듯
풍성한 머리숱과 꽃 같은 얼굴 어디 가고 밉상이 되었구나.

---

01 군자(君子) : 성품이 어질고 학식이 높은 지성인. 유가(儒家)의 이상적인 인간형.

02 삼생(三生) : 과거·현재·미래를 뜻하는 전생(前生)·현생(現生)·내생(來生).

03 원업(怨業) : 원망스러운 업보(業報). '업'은 산스크리트어 karma의 번역으로, 몸과 입과 뜻으로 짓는 모든 행위를 말함. '업보'는 행위의 결과로서 받는 것.

04 훌훌 : 가볍게 날듯이 뛰거나 움직이는 모양.

05 조물주(造物主) : 우주의 만물을 만들고 다스리는 신.

06 북 : 베틀에서, 날실의 틈으로 왔다 갔다 하면서 씨실을 푸는 기구.

내 얼굴 내가 보니 어떤 임이 사랑할까.
스스로 부끄러운데 누구를 원망하리.
[07]삼삼오오 놀러가는 기생집에 새사람이 왔는가.
꽃 피고 해 저물 때 정처 없이 나가서
흰 말과 황금 채찍으로 어디어디 머무는가.
있는 곳을 모르는데 소식이야 알겠나.
인연이 끊어진들 생각까지 없을까.
얼굴을 못 보면 그립지나 말 것이지
하루가 길고 길다, 서른 날이 지루하다.
창밖에 심은 매화 몇 번이나 피고 졌나.
겨울밤 춥고 추운 때, [08]자국눈 섞여 내리고
여름날 길고 긴 때, 장마는 왜 오는가.
봄날의 꽃과 버들, 좋은 시절 경치는 시름이 없구나.
가을 달이 방에 들어오고 귀뚜라미 상에서 울 때
긴 한숨 떨어지는 눈물, 쓸데없이 생각만 많다.
아마도 모진 목숨 죽기도 어렵구나.
돌이켜 생각하니 이렇게 지내서 어찌하리.
푸른 등불 돌려놓고 [09]녹기금 비스듬히 안아
[10]벽련화 한 곡조를 시름 섞어 연주하니

---

07 삼삼오오(三三五五) : 서너 사람 또는 대여섯 사람이 떼를 지어 다니거나 무슨 일을 함.

08 자국눈 : 겨우 발자국이 날 만큼 적게 내린 눈.

09 녹기금(綠綺琴) : 중국 한(漢)나라의 사마상여(司馬相如)가 쓰던 거문고. 사마상여는 녹기금으로 <봉구황곡(鳳求凰曲)>을 연주하여 과부였던 탁문군(卓文君)을 유혹하였다고 함.

10 벽련화(碧蓮花) : 푸른 연꽃. 여기서는 거문고로 연주하는 악곡의 이름.

[11]소상강 밤비에 댓잎소리 섞이는 듯.

[12]화표주 위의 [13]천년 학이 우는 듯.

고운 손으로 연주하는 솜씨, 옛 소리의 홍취가 있다만

연꽃무늬 [14]휘장 안이 적막하니 누구 귀에 들릴까.

[15]간장이 아홉 굽이 되어 굽이굽이 끊어졌어라.

차라리 잠에 들어 꿈에나 보려 하니

바람에 떨어지는 잎과 숲속에서 우는 짐승

무슨 원한 있기에 잠조차 깨우는가.

천상의 견우와 직녀, 은하수가 막혔어도

칠월[16]칠석, 일 년에 한 번 약속을 지키는데

우리 임 가신 뒤엔 무슨 [17]약수 가렸기에

오거나 가거나 소식조차 끊겼는가.

---

11 소상강(瀟湘江) : 중국 고대의 순(舜) 임금이 남쪽 지방을 순시하러 갔다가 돌아오지 않자, 두 왕비인 아황(娥皇)과 여영(女英)이 순임금을 찾으러 소상강 유역까지 갔는데, 그곳에서 순임금이 창오산(蒼梧山)에서 죽었다는 소식을 듣고, 피눈물을 흘리며 강물에 빠져 자결하였음. 그날 이후 소상강 유역의 대나무에는 얼룩무늬가 생겼는데, 두 왕비가 자결하면서 흘린 피눈물의 흔적이라고 함.

12 화표주(華表柱) : 무덤 앞의 양쪽에 세우는, 여덟 모로 깎은 한 쌍의 돌기둥.

13 천년학(千年鶴) : 중국 한(漢)나라 때 요동 사람 정영위(丁令威)가 도(道)를 닦아 신선(神仙)이 되었는데, 그 뒤 천년 만에 학이 되어 고향에 돌아와 무덤 앞 비석 위에 앉아 시를 지었다고 함. 인간세상의 변천(變遷)을 뜻하는 고사(故事). 여기서는 남편의 사랑이 세월이 흘러 변했음을 의미함.

14 휘장(揮帳) : 천을 여러 폭으로 이어서 빙 둘러치는 장막.

15 간장(肝腸) : 간과 창자. 또는 '마음'을 비유적으로 이르는 말.

16 칠석(七夕) : 음력 7월 7일. 이날 밤에 은하수 서쪽에 있는 직녀(織女)와 동쪽에 있는 견우(牽牛)가 오작교(烏鵲橋)에서 일 년에 한 번 만난다는 설화가 있음.

17 약수(弱水) : 전설로 내려오는 중국의 강 이름. 아무리 가벼운 물건이라도 다 가라앉고 강폭은 3천 리(里)나 됨. 도저히 건널 수 없는 강이라고 하여 '장애물'의 뜻으로 쓰임.

난간에 기대서서 임 가신 데 바라보니
풀잎에 이슬 맺혀 있고 저녁 구름 지나갈 때
대나무 숲 푸른 곳에 새소리 더욱 서럽다.
세상에 서러운 사람 수없이 많지마는
복이 없는 젊은 여자로 나 같은 이 또 있을까.
아마도 내 임 때문에 살 듯 말 듯 하여라.

〈『고금가곡』〉

누항사

박인로(1561~1642)

어리석고 세상물정 모르는 사람, 내 위에 더는 없다.
좋은 일과 나쁜 일, 불행과 행복을 하늘에 맡겨 두고
누추하고 깊은 곳에 초가집 지어 두고
아침 바람, 저녁 비에 썩은 짚이 땔감 되어
세 [01]홉의 밥, 다섯 홉 죽에 연기가 많고 많다.
얼마 안 되는 밥에 누더기 입은 자식들이
장기판의 졸 밀듯이 나아오니
사람의 정과 도리로 차마 혼자 먹겠는가.
덜 데운 숭늉으로 빈 배 속일 뿐이로다.
내 생애가 이렇다고 장부의 뜻을 바꿀까.
가난에도 편안한 마음 적게나마 품고서
올바르게 살려 하나 갈수록 어긋난다.
가을에 (양식이) 부족한데 봄이라고 넉넉하며
주머니가 비었는데 병에 술이 담겼으랴.
다만 하나 빈 독 위에 수염 난 늙은 쥐가
욕심 많고 제멋대로 행동하니 대낮의 강도로다.
겨우 얻은 것을 다 쥐구멍에 빼앗기니

---

01 홉: 부피의 단위로, 곡식·가루·액체 등의 부피를 잴 때 쓰임. 1홉은 약 180ml에 해당함.

『시경』의 [02]석서삼장 때때로 읊조리고
말없이 탄식하며 흰머리를 긁을 뿐이로다.
이 중에 탐욕스런 악귀는 다 내 집에 모였구나.
빈곤한 인생이 이 세상에 나뿐이랴.
굶주림과 추위에 목숨이 끊겨도 [03]일편단심을 잊겠는가.
정의를 위해 떨쳐 일어나 내 몸 잊고 죽을 각오로
주머니와 자루에 (식량을) 한 줌 한 줌 모아 넣고
[04]5년의 전쟁 동안 죽음을 두려워 않는 마음으로
시체 밟고 피 건너며 몇 백 싸움 치렀는가.
이 몸이 여유 있어 집안을 보살피랴.
수염 긴 늙은 종은 종의 분수 잊었는데
어느 때에 나에게 봄이 왔다 알려 주리.
밭 갈기는 종에게 물어야 하지만 누구에게 묻겠는가.
스스로 농사짓기 내 분수인 줄 알겠도다.
[05]이윤과 [06]제갈량의 농사짓기 천하다고 말할 사람 없지만
아무리 갈고자 해도 어떤 소로 갈겠는가.
가뭄이 심하여 농사철이 다 늦은 때에

---

02 석서삼장(碩鼠三章) : 『시경(詩經)』「위풍(衛風)」의 편명(篇名). 군주가 과중하게 세금을 거두어 백성들을 착취함을 큰 쥐에 비유하여 풍자한 시.

03 일편단심(一片丹心) : 한 조각의 붉은 마음이라는 뜻으로, 오직 한 가지에 변함없는 마음.

04 5년의 전쟁 : 임진왜란(1592)을 가리킴.

05 이윤(伊尹) : 중국 은(殷)나라 때의 정치가(?~?). 노비 출신으로, 재상이 되어 하(夏)나라의 걸왕(桀王)을 토벌함으로써 은나라가 천하를 평정하는 데 공헌했음.

06 제갈량(諸葛亮) : 중국 삼국시대 촉한(蜀漢)의 정치가(181~234). 유비(劉備)를 도와 오(吳)나라와 연합하여 조조(曹操)의 위(魏)나라 군사를 대파하고 파촉(巴蜀)을 얻어 촉한을 세웠음.

서쪽 두둑 높은 논에 잠깐 갠 뒤 비가 내려
길 위에 흐르는 빗물 반쯤만 대어 두고
"소 한 번 빌려 주마." 건성으로 한 말씀을 친절하다 여긴 그 집으로
달 없는 황혼에 [07]허위허위 달려가서
굳게 닫힌 문밖에서 우두커니 혼자 서서
큰기침 헛기침을 오래도록 하고 난 후
"어화, 거기 누구신가?" "염치없는 접니다."
"초저녁도 아닌 늦은 밤에 어떻게 오셨는가?"
"해마다 이러하기 구차한 줄 알지마는
소 없는 가난한 집에서 걱정 많아 왔소이다."
"공짜든 값을 받든 빌려줄 수 있지마는
다만 어젯밤에 건넛집 저 사람이
목 붉은 수꿩을 맑은 기름에 구워내고
갓 익은 좋은 술을 취하도록 권하는데
이러한 은혜를 어찌 갚지 않겠는가?
내일 주마 하고 굳게 약속했으니
약속 깨기 불편하여 말하기가 어려워라."
사실이 그러하고 설마 아니라도 어찌할까.
헌 모자 숙여 쓰고 [08]뒤축 없는 짚신에 힘없이 돌아오니
풍채 작은 내 모습에 개가 짖을 뿐이로다.
작고 누추한 내 집에 들어간들 잠이 와서 눕겠느냐.
북쪽 창문에 기대어 앉아 새벽을 기다리니

---

07 허위허위 : 팔과 다리를 이리저리 내두르는 모양.

08 뒤축 : 신발의 뒷부분에 높게 댄 것.

무정한 [09]오디새 울음소리 나의 한을 돋는구나.
아침 내내 슬퍼하며 먼 들을 바라보니
평소 즐기던 [10]농요도 흥 없이 들리고
세상물정 모르는 한숨이 그칠 줄 모른다.
술과 고기 있으면 친척, 벗도 많겠지만
두 손은 비어 있고 세상물정 모르는 말에, 얼굴도 곱지 못하니
하루아침 부릴 소도 빌리지 못했는데
하물며 교만한 마음을 가질 수 있겠느냐.
아까운 저 쟁기는 쟁기날도 좋구나.
가시 엉킨 묵은 밭을 쉽게도 갈겠지만
텅 빈 집 벽 가운데에 쓸데없이 걸렸구나.
차라리 첫봄에 팔아나 버릴 것을.
이제야 팔려 해도 아는 사람 있어 사러 올까.
봄갈이도 거의 지났다, 팽개쳐 던져두자.
자연 속에 사는 꿈을 꾼 지도 오래더니
먹고살기에 얽매여서 [11]어즈버, 잊었도다.
물가를 바라보니 푸른 대나무 많고 많다.
점잖은 선비들아, 낚싯대 하나 빌리자꾸나.
갈대꽃 깊은 곳에 밝은 달과 맑은 바람 벗이 되어
주인 없는 자연에서 자연스레 늙으리라.

---

09 오디새 : 한국·시베리아·몽고·만주 등지에 사는데, 깃을 일으켜 세우면 부채 모양의 우관(羽冠)이 머리에 있음.

10 농요(農謠) : 농부들이 즐겨 부르는 노동요.

11 어즈버 : 감탄사. 아!

무심한 갈매기야, 오라고 하며 가라고 하랴.
다툴 이가 없는 것은 다만 자연인가 여기노라.
이제는 소 빌리기 맹세코 다시 말자.
별 볼일 없는 이 몸에 무슨 뜻이 있겠냐만
두세 [12]이랑의 논밭을 다 묵힌 채 던져두고
있으면 죽이요, 없으면 굶을망정
남의 집, 남의 것은 전혀 부러워 않겠노라.
내 빈천 싫게 여겨 손 젓는다고 물러가며
남의 부귀 부럽게 여겨 손짓한다고 내게 오랴.
이 세상 어느 일이 운명 밖에서 생겼으리.
가난하다고 지금 죽으며 부유하다고 백년 살까.
[13]원헌이는 며칠 살고 [14]석숭이는 몇 해 살았나.
가난해도 원망 않기 어렵다 하건마는
내 생애 이러해도 서러운 뜻 없노라.
도시락 밥과 표주박의 물도 만족하게 여기노라.
평생의 한 뜻이 배부름과 따뜻함에 없노라.
태평한 세상에서 충효로 일을 삼고
형제간 화목과 벗 사이 신의를 틀리다고 말할 이 누가 있으리.
그 밖에 남은 일이야 생긴 대로 살겠노라.

〈『노계집』 권3〉

12 이랑 : 갈아놓은 밭의 한 두둑과 한 고랑을 아울러 이르는 말. 밭이나 논을 세는 단위.

13 원헌(原憲) : 공자(孔子)의 제자인 자사(子思)의 본명. 몹시 가난하였으나 가난에 신경 쓰지 않고 도를 닦는 데에만 힘썼다고 함.

14 석숭(石崇) : 진(晋)나라 때의 큰 부자. 항해와 무역으로 거부(巨富)가 되었음.

춘면곡

작자미상

봄잠을 늦게 깨어 대나무 창을 반쯤 여니
뜰 안의 꽃이 화려하여 가던 나비 머무는 듯.
강가의 버들 무성한데 듬성듬성 [01]이내를 띠었어라.
창 앞에서 덜 익은 술을 한잔 두잔 세잔 먹은 후에
호탕하게 미친 흥을 부질없이 일으키어
흰 말과 황금 채찍으로 기생집을 찾아가니
꽃향기 옷에 배고 달빛은 뜰에 가득한데
미친 듯 취한 듯, 홍에 겨워 머무는 듯
이리저리 거닐다가 마음 가는 곳에 서 있으니
푸른 기와 붉은 난간 높은 집에 곱게 차려입은 한 미인이
비단 창을 반쯤 열고 고운 얼굴 살짝 들어
웃는 듯 찡그리는 듯 아양 떨며 맞아들여
눈길을 보내면서 [02]녹기금을 비스듬히 안고
맑은 노래 한 곡으로 봄날 흥취 일으키니
[03]구름과 비 만나는 즐거움에 두 사람이 다정하다.

---

01 이내 : 해질 무렵 멀리 보이는 푸르고 흐릿한 기운.

02 녹기금(綠綺琴) : 중국 한(漢)나라의 사마상여(司馬相如)가 쓰던 거문고. 사마상여는 녹기금으로 <봉구황곡(鳳求凰曲)>을 연주하여 과부였던 탁문군(卓文君)을 유혹하였다고 함.

03 구름과 비 만나는 즐거움 : 중국 초(楚)나라 회왕(懷王)이 낮잠이 들어 꿈속에서 무산(巫山)의 선녀(仙女)와 잤는데, 그 선녀가 떠나면서 "저는 무산의 남쪽 높은 산 골짜기에 있는데, 아

사랑도 끝이 없고 인연도 깊고 깊다.
두 손목 마주잡고 평생을 약속함이
너는 죽어 꽃이 되고 나는 죽어 나비 되어
봄 석 달이 다 끝나도 떠나 살지 말자더니
이 세상에 말이 많고 조물주가 시샘하여
새로운 정 다 못 펴고 애달프게 이별이라.
맑은 강에 놀던 원앙새, 울면서 떠나는 듯.
거센 바람에 놀란 벌과 나비, 가다가 돌아오는 듯.
석양이 다 저물고 먼 길 떠나는 말이 자주 울 때
비단 [04]적삼 부여잡고 우울하게 이별한 후
슬픈 노래 긴 한숨을 벗 삼아 돌아오니
이제 와서 이 임을 생각하니 원수로다.
내 마음이 다 썩으니 목숨을 보전할까.
이 몸에 병이 드니 모든 일에 관심 없어
비단 창을 굳게 닫고 힘없이 누웠으나
꽃 같은 얼굴 달 같은 자태 눈앞에 또렷하고
임의 방이 내 베갯머리에 있구나.
꽃잎에 이슬 맺히니 이별 눈물 뿌리는 듯.
버들 장막에 안개 끼니 한을 가득 머금은 듯.
밝은 달만 있는 텅 빈 산에 두견새 슬피 울 때
슬프다 저 새소리, 네 말 같이 [05]불여귀라.

침에는 구름이 되고 저녁에는 비가 되어 아침저녁으로 양대(陽臺)의 아래에서 지냅니다."라고 말하였다는 고사(故事)를 가리킴. 남녀 간의 사랑 행위를 뜻함.

04 적삼 : 윗도리에 입는 홑옷. 모양은 저고리와 같음.

한밤중에 못 든 잠을 새벽녘에 겨우 드니
그리운 우리 임을 꿈속에서 잠깐 보고
슬픔과 원망 못다 일러, 한바탕 나비처럼 흩어지니
아리따운 미인이 곁에 얼핏 앉았는 듯.
어화! 황홀하다, 꿈이 생시 같았으면.
한숨 쉬며 흐느끼다 바삐 일어나 바라보니
구름 낀 산 겹겹으로 있어 [06]천리안을 가렸고
밝은 달은 푸르고 푸르러 임 그리는 나를 비춘다.
어화! 내 일이야, 나도 모를 일이로다.
이리저리 그리워하면서 어찌 그리 못 보는가.
[07]약수 삼천 리 넓다는 말은 이럴 때 하는 것이구나.
아름다운 약속 지키기는 아득하고, 세월은 흐르는 물과 같아서
엊그제 2월에 핀 꽃이 푸른 강기슭에 붉었는데
그 사이 세월이 빨리 흘러 가을바람에 낙엽 소리 들리는구나.
새벽달 사라질 때, 외기러기 울며 갈 때
반가운 임의 소식 행여 올까 먼 곳을 바라보니
아득한 구름 밖으로 빗소리뿐이구나.
지루하다, 이 이별이. 언제 만나 다시 볼까.
산꼭대기 조각달 되어 임의 얼굴 비추고자.
술자리의 가야금 되어 임의 무릎 베어볼까.

---

05 불여귀(不如歸) : 돌아가고 싶다는 뜻으로, 두견새의 다른 이름. 두견새의 울음소리가 '불여귀'의 중국어음처럼 들린다고 함.

06 천리안(千里眼) : 천리 밖의 것도 볼 수 있을 만한 시력. 사물을 꿰뚫어 볼 수 있는 뛰어난 관찰력.

07 약수(弱水) : 전설로 내려오는 중국의 강 이름. 아무리 가벼운 물건이라도 다 가라앉고 강폭은 3천 리(里)나 됨. 도저히 건널 수 없는 강이라고 하여 '장애물'의 뜻으로 쓰임.

임의 집 대들보에 제비 되어 날아가고 싶어라.

임의 방 창 밑의 앵두꽃에 나비 되어 날아가고 싶어라.

[08]태산이 평지 되고 [09]금강이 다 말라도

평생의 슬픈 회포 어디에 비교하리.

책 속에 미인이 있단 말 나도 잠깐 들었기에

마음을 고쳐먹고 [10]강개한 마음 다시 내니

[11]장부의 [12]공명을 이로부터 알겠도다.

<『악부』>

---

08 태산(泰山) : 중국의 오악(五嶽) 가운데 하나로, 산동성(山東省) 태안(泰安) 북쪽에 있고, 높이는 1,524m. 근대 이전 동아시아 지식인들 사이에서 가장 높은 산의 대명사로 쓰임.

09 금강(錦江) : 충청남도와 전라북도의 경계를 이루는 강. 전라북도 장수군에서 시작하여, 군산만으로 흘러 들어감.

10 강개(慷慨) : 의롭지 못한 것을 보고 의기가 북받쳐 원통하고 슬픔.

11 장부(丈夫) : 건장하고 씩씩한 남자.

12 공명(功名) : 공을 세워 자기의 이름을 널리 드러냄.

노처녀가

작자미상

인간세상 사람들아, 나의 말씀 들어 보소.
세상 만물 생긴 후에 [01]금수초목도 짝이 있다.
세상에 태어난 남녀 모두 부부와 자손 가졌으니
팔자 사납기가 나 같은 이 또 있을까.
백년을 다 살아야 3만 6천 날이로다.
혼자 살면 천년 살며, 숫처녀면 만년 살까.
답답한 우리 부모, 가난하고 좀스러운 양반이
양반인 척 있는 척하나 하는 일이 어리석어
괴상한 일 일삼으니 다만 딸 하나 늙어간다.
적막한 빈방 안에 쓸쓸하게 혼자 앉아
이리저리 뒤척이며 잠 못 드는 내 이야기 들어 보소.
노망난 우리 부모 날 길러 무엇 하리.
죽도록 날 길러서 잡아먹나 구워 먹나.
[02]인황씨 때 생긴 남녀, [03]복희씨 때 만든 결혼.
사람 사는 세상에 부부와 결혼은 예로부터 있건마는

---

01 금수초목(禽獸草木) : 날짐승과 길짐승과 풀과 나무를 아울러 이르는 말. 온갖 생물을 말함.

02 인황씨(人皇氏) : 고대 중국의 전설상의 세 임금인 천황씨(天皇氏)·지황씨(地皇氏)·인황씨의 삼황(三皇) 중의 하나. 여기서는 아주 오랜 옛날을 뜻함.

03 복희씨(伏羲氏) : 고대 중국의 전설상의 임금. 팔괘(八卦)를 처음 만들었고, 그물을 만들어 물고기 잡는 방법을 가르쳤다고 함. 여기서는 '인황씨'와 함께 아주 오랜 옛날을 뜻함.

어떤 처녀 팔자 좋아 스무살 전에 시집간다.
남녀 자손 시집 장가 떳떳한 일이지만
나의 팔자 기구하여 사십까지 처녀로다.
이럴 줄 알았으면 태어나지 않는 것을.
달 밝은 침실에서 긴긴 밤을 걱정으로 잠 못 들어
적막한 빈방에 오락가락 다니면서
앞날을 생각하니 답답하고 민망하다.
부친 하나 [04]반편이요, 모친 하나 [05]숙맥이니
날이 새면 내일이요, 해가 가면 내년이라.
결혼 얘기 전혀 않고 가난 얘기뿐이로다.
어디서 손님 오면 행여나 중매신가
아이 불러 다그치니 [06]풍헌과 약정의 [07]환자 재촉.
어디서 편지 왔네, 행여나 [08]청혼서인가
아이에게 물어보니 외삼촌의 [09]부음이라.
애달프고 서럽구나, 나의 마음 어찌할까.
앞집의 아무개가 벌써 자식 낳았다네.

---

04 반편(半偏) : 지능이 보통 사람보다 아주 낮은 사람.

05 숙맥(菽麥) : 콩인지 보리인지를 구별하지 못한다는 뜻으로, 사리 분별을 못하고 세상 물정을 잘 모름을 이르는 말. 숙맥불변(菽麥不辨).

06 풍헌(風憲)과 약정(約正) : '풍헌'은 조선시대에 면(面)이나 리(里)의 일을 맡아보던 향소직(鄕所職). '약정'은 조선시대 향촌 자치 조직인 향약(鄕約)의 임원.

07 환자(還子) : 흉년이나 춘궁기(春窮期)에 백성에게 곡식을 빌려주고 풍년이나 추수기(秋收期)에 갚게 하던 것. 환곡(還穀).

08 청혼서(請婚書) : 혼인할 때에 신랑 집에서 예물(禮物)의 품목·수량 등을 적은 종이와 함께 신부 집에 보내는 편지.

09 부음(訃音) : 사람이 죽었다는 것을 알리는 말이나 글.

동쪽 집 옴팡이는 오늘내일 시집가니
그 [10]동무의 덧없던 세월 시집가서 풀겠지만
친구 없고 자식 없는 날 위로할 이 전혀 없네.
우리 부모 인정 없어 내 생각 전혀 없다.
부귀빈천 생각 말고 인물 [11]풍채 마땅하면
처녀 사십 나이 적소, 결혼 좀 시켜 주소.
김동이는 아내 죽고 이동이는 이혼했네.
중매 할미 전혀 없네, 날 찾을 이 누구인가.
검정 암소 살쪄 있고 [12]봉사전답 가졌지만
좋은 집안 따지면서 이대로 늙어간다.
[13]연지분도 있지마는 꾸미는 일 전혀 없고
검정치마 흰 저고리에 거울을 앞에 놓고
먼 산 같은 푸른 눈썹, 실버들 같은 가는 허리
아름답다 나의 자태, 묘하도다 나의 몸짓.
흐르는 세월에 아깝구나, 나의 몸짓.
거울 보고 하는 말이 "어화, 답답하다 내 팔자여.
갈 데가 없다, 나도 나도. 쓸 데가 없다, 너도 너도."
우리 부친 [14]병조판서, 할아버지 [15]호조판서

---

10 동무 : 늘 친하게 어울리는 사람. 친구.

11 풍채(風采) : 겉으로 드러나 보이는 사람의 모양새.

12 봉사전답(奉祀田畓) : 조상의 제사를 받들기 위해 마련된 논과 밭.

13 연지분(臙脂粉) : 연지와 분. '연지'는 여자가 화장할 때, 입술이나 뺨에 바르거나 찍는 붉은 빛깔의 염료. '분'은 얼굴빛을 곱게 하기 위해 얼굴에 바르는 화장품의 하나.

14 병조판서(兵曹判書) : 병조의 으뜸 벼슬. 군사와 국방에 관한 일을 총괄함.

15 호조판서(戶曹判書) : 호조의 으뜸 벼슬. 나라의 재정과 경제에 관한 일을 총괄함.

우리 집안 이러하니 격 맞추기 어려워라.

갑자기 봄철 되니 모든 생명 즐거워하네.

진달래꽃 활짝 피고 잔디에 새잎 난다.

울타리에 햇빛이 쨍쨍, 종달새 높이 난다.

봄바람 부는 달 밝은 밤, 가랑비 내릴 때 나 혼자 빈방에서 무엇 하나.

원수 같은 아이들아, 그런 말 하지 마라.

"앞집에 신랑 오고 뒷집에는 신부 가네."

내 귀에 듣는 바는 느낄 일도 많고 많다.

푸른 버들 향기로운 풀이 좋은 봄날, 해는 어찌 쉽게 가나.

풀잎에 맺힌 이슬 같은 우리 인생 훌쩍 늙어 가니

[16]머리채 옆에 끼고 다만 한숨뿐이로다.

긴 밤에 짝이 없고 긴 날에 벗이 없다.

앉았다가 누웠다가 다시금 생각하니

아마도 모진 목숨 죽지 못해 원수로다.

〈『악부』〉

---

16 머리채 : 길게 늘어뜨린 머리털.

제7장 잡가

[01]유산가

작자미상

봄이 온 성에 꽃이 활짝 피고, 온갖 생물 자라나 흐드러지네.
좋은 때다, 벗님들아. 봄날 경치 구경 가세.
대나무 지팡이와 짚신, 표주박 하나로 천릿길 걸어 강산에 들어가니
온 산에 가득한 붉은 꽃과 푸른 초목은 일 년에 한 번씩 다시 피어
봄빛을 자랑하려고 여러 가지 색깔로 물들었네.
푸른 소나무와 대나무 울창하고, 옥같이 고운 풀에 아름다운 꽃이 활짝 피니
꽃 속에서 잠자던 나비, 자취 없이 날아든다.
버들 위에 나는 꾀꼬리는 금 조각 같고, 꽃 사이 춤추는 나비는 흩날리는 눈송이 같아라.
아름다운 봄날이 좋구나, 복숭아꽃 울긋불긋 활짝 피었네.
낚싯배가 물결 따라 오르내리며 산에 물든 봄빛을 사랑한다던 [02]무

---

01 유산(遊山) : 산으로 놀러 다님.

02 무릉도원(武陵桃源) : 도연명(陶淵明)의 〈도화원기(桃花源記)〉에 나오는 말. 중국 동진(東晋) 때의 한 어부가 계곡 물에 떠내려오는 복숭아꽃잎을 따라 올라갔다가 발견했다는 선경(仙境). 낙원 또는 이상향의 뜻으로 쓰임.

릉도원이 여기 아니냐.

가느다란 버들가지 실처럼 늘어져 푸르니, 노랗게 변한 산골짜기 속에서 봄날을 맞이하던 [03]도연명의 버드나무가 이것 아니냐.

제비는 물을 차고 기러기는 무리지어
텅 빈 하늘에 높이 떠올라 두 날개 활짝 펴고
[04]펄펄 흰 구름 사이에 높이 떠서
천 리 강산 머나먼 길을 어찌 갈까 슬피 운다.
먼 산은 겹겹이 있고, 높은 산은 주춤주춤 솟아 있고
기이한 바위 층층이 쌓여 있고, 큰 소나무 가지 축축 늘어지고 구부러져
거센 바람에 흥을 못 이겨 [05]우줄우줄 춤을 춘다.
절벽 위의 폭포수는 콸콸, [06]수정 발을 드리운 듯.
이 골짜기 물이 주르륵, 저 골짜기 물이 쏼쏼
열 골짜기 물이 한데 합쳐져
여기저기 튀어 위로 솟았다가 아래로 퍼졌다가 길게 흐르다가 방울이 되었다가
저 건너 병풍 같은 절벽으로 으르렁 콸콸, 흐르는 물결이 은처럼 하얗게 옥같이 흩어지니

---

03 도연명(陶淵明) : 중국 동진(東晉) 때의 시인(365~427). 팽택현(彭澤縣)의 현령이 되었으나, 80여 일 뒤에 <귀거래사(歸去來辭)>를 짓고 관직에서 물러나 귀향하였음. 그는 귀향하여 자신의 집 앞에 버드나무 다섯 그루를 심었다고 함.

04 펄펄 : 크고 힘차게 나는 모양.

05 우줄우줄 : 가볍게 율동적으로 자꾸 움직이는 모양.

06 수정(水晶) 발 : 수정을 실에 꿰어 만든 발. '발'은 가늘고 긴 대를 줄로 엮거나, 줄을 여러 개 나란히 늘어뜨려 만든 물건. 주로 무엇을 가리는 데 씀.

[07]소부와 허유가 문답하던 [08]기산의 영수가 여기 아니냐.

두견새 울음소리는 변하지 않는 절개요, 소쩍새 울음소리는 한 해의 풍년이라.

아침 해와 저녁놀 눈앞에 펼쳐지니 끝없이 아름다운 경치가 좋구나.

<『신구시행잡가』>

---

07 소부(巢父)와 허유(許由) : 고대 중국의 은자(隱者). 요(堯)임금이 소부에게 왕위를 맡기려 하자 그는 더러운 말을 들었다고 영천(潁川)에서 귀를 씻었고, 허유는 소에게 물을 먹이려다 그 사실을 알고 물이 더러워졌다고 하여 더 상류로 가서 먹였다고 함.

08 기산(箕山)의 영수(潁水) : 소부와 허유가 은거했던 곳. '기산'은 중국 하남성(河南省)에 있는 산. '영수'는 '영천(潁川)'이라고도 함.

[01]선유가

작자미상

1

가세 가세, 자네 가세. 가세 가세, 놀러 가세. 배를 타고 놀러 가세, 놀러 가세.

앞집이며 뒷집이며 여러 집의 미인들은 [02]장부의 [03]간장을 다 녹인다.

겨울 석 달 안으로 강원도 산봉우리에 돌아오소. 자, 일꾼들 돈 받소.

떠난 임은 잊었는지 꿈에 한 번도 아니 뵌다. 내가 잊지 않았는데 임이 설마 잊었을까.

2

가세 가세, 자네 가세. 가세 가세, 놀러 가세. 배를 타고 놀러 가세, 놀러 가세.

이별이야 이별이야, 이별 두 자 만든 사람, 나와는 백년 원수로다.

겨울 석 달 안으로 강원도 산봉우리에 돌아오소. 자, 일꾼들 돈 받소.

살아생전 생이별은 [04]생초목에 불난 것 같으니 불 꺼줄 이 누가 있나.

---

01 선유(船遊) : 배를 타고 노는 놀이. 뱃놀이.

02 장부(丈夫) : 건장하고 씩씩한 남자.

03 간장(肝腸) : 간과 창자. 또는 '마음'을 비유적으로 이르는 말.

04 생초목(生草木) : 살아 있는 풀과 나무.

3

가세 가세, 자네 가세. 가세 가세, 놀러 가세. 배를 타고 놀러 가세, 놀러 가세.

나는 죽네 나는 죽네, 임 때문에 나는 죽네. 나 죽는 줄 안다면 천릿길도 멀다 않고 오련마는.

겨울 석 달 안으로 강원도 산봉우리에 돌아오소. 자, 일꾼들 돈 받소.

[05]박랑사에서 쓰고 남은 철퇴, 천하장사 [06]항우에게 주어 깨뜨릴 것이라, 깨뜨릴 것이라. 이별 두 자를 깨뜨릴 것이라.

가세 가세, 자네 가세. 가세 가세, 놀러 가세. 배를 타고 놀러 가세, 놀러 가세.

<『신구시행잡가』>

---

05 박랑사(博浪沙) : 중국 하남성(河南省) 원양현(原陽縣) 남쪽에 있는 지명. 장량(張良)이 역사(力士)들을 시켜 철퇴로 진(秦)나라 시황제(始皇帝)를 저격하려다 실패한 곳으로 유명함.

06 항우(項羽) : 중국 진(秦)나라 말기의 장군(B.C.232~202). 숙부 항량(項梁)과 함께 군사를 일으켜 유방(劉邦)과 협력하여 진나라를 멸망시키고 스스로 서초(西楚)의 패왕(霸王)이 되었음.

소춘향가

작자미상

[01]춘향의 거동 보아라.
오른손으로 햇빛을 가리고
왼손 높이 들어 저 건너 대숲 보게 한다.
대나무 심어 울타리 삼고, 소나무 심어 정자라.
동쪽에 연못이요, 서쪽에 우물이라.
길가에서 때로는 [02]옛날 제후처럼 오이를 팔고
문 앞에서 [03]선생처럼 버드나무 심기를 흉내 내네.
긴 버들과 가지가 축 늘어진 큰 소나무
거센 바람에 흥을 못 이겨 [04]우줄우줄 춤을 추네.
저 건너 [05]사립문 안에 [06]삽살개가 앉아서 먼 산만 바라보며
꼬리 흔드는 저 집이니, 해 저물 때 꼭 돌아오소.

---

01 춘향(春香) : 한글소설 〈춘향전〉과 판소리 〈춘향가〉의 여주인공 이름. 성(姓)은 성(成).

02 옛날 제후(諸侯) : 중국 진(秦)나라의 제후인 동릉후(東陵侯)를 가리킴. 그는 진나라가 망하자 오이를 심어 길가에서 팔았는데, 오이의 맛이 좋아 당시 사람들이 그 오이를 '동릉과(東陵瓜)'라고 불렀다고 함.

03 선생(先生) : 중국 동진(東晉) 때의 시인인 도연명(陶淵明, 365~427)을 가리킴. 팽택현(彭澤縣)의 현령이 되었으나, 80여 일 뒤에 〈귀거래사(歸去來辭)〉를 짓고 관직에서 물러나 귀향하였음. 그는 귀향하여 자신의 집 앞에 버드나무 다섯 그루를 심었다고 함.

04 우줄우줄 : 가볍게 율동적으로 자꾸 움직이는 모양.

05 사립문 : 잡목의 가지를 엮어서 만든 문짝을 단 문.

06 삽살개 : 한국 토종개의 하나로, 털이 복슬복슬 많이 나 있음. 삽사리라고도 함.

떨치고 가는 모습, 사람의 뼈다귀를 다 녹인다.
너는 어떤 계집아이기에 나를 가끔 속이느냐.
너는 어떤 계집아이기에 [07]장부의 [08]간장을 다 녹이나.
푸른 나무 향기로운 풀이 한창인 여름날에 해는 어찌 더디 가고
오동나무 위에 뜬 밝은 달에 밤은 어찌 쉽게 가나.
무정한 세월 덧없어라, 아름답던 얼굴이 헛되이 늙었구나.
우는 눈물 받아내면 배도 타고 가련마는
가까운 네 침실이 천 리 밖에 있나, 어찌 그리 못 보는가.

〈『신구시행잡가』〉

---

07 장부(丈夫) : 건장하고 씩씩한 남자.

08 간장(肝腸) : 간과 창자. 또는 '마음'을 비유적으로 이르는 말.

바위타령

작자미상

배고파 지은 밥이 [01]뉘도 많고 돌도 많다.
그 밥에 어떤 돌이 들었더냐.
맨 처음 새문안의 거지바위 문턱바위 문바위
동구재의 배꼽바위 안바위 바깥바위
유각골로 내려와 필운대 삿갓바위, 남산 꾀꼬리바위
애오개 걸바위 넓은 바위, 쌍용정 개좆바위
봉학정 벼락바위, 모화관 선바위
홍제원 치마바위 숫돌바위 하마바위
남대문의 잠바위, 우수재 두텁바위, 헌다리 땅바위
삼개 부엉이바위, 길마재 말뚝바위, 김포 감바위
통진 붉은 바위, 이태원 석바위
과천 관악산 염불암의 세수바위 앉은 바위 형제바위
수원 한나루의 영웅바위, 광주 서성바위, 이천은 곤지바위
음죽은 안바위, 여주 기쁨바위, 양근 독바위
황해도로 내려와 금천 실바위, 연안 건들바위, 서홍 병풍바위
동선령 새남고개 찌걱바위, 황주 족두리바위
평양 [02]감영의 [03]장경문 안 쇠바위 떡바위, 순안 세바위, 숙천 허바위

01 뉘 : 찧지 않아서 겉껍질이 벗겨지지 않은 채, 쌀 속에 섞여 있는 벼 알갱이.

02 감영(監營) : 조선시대에 각 도(道)의 관찰사가 거처하던 관청.

도로 올라와 한양 경성 정토사 법당 안의 개젓바위, 서강의 장롱
바위
같은 돌멩이 같은 밥에 [04]청대콩 넣은 듯이 듬성듬성 박혔구나.
그 밥을 먹고 나서 [05]눌은밥을 훑으려고 솥뚜껑을 열고 보니
[06]해태 한 쌍이 기어 나온다.

〈『증보신구잡가』〉

---

03 장경문(長慶門) : 평양 내성(內城)의 동북(東北)쪽에 있는 문.

04 청(靑)대콩 : 콩의 한 품종. 열매의 껍질과 속살이 다 푸름.

05 눌은밥 : 솥이나 냄비 바닥에 눌어붙은 밥에 물을 부어 불려서 긁은 밥.

06 해태 : 옳고 그름과 선악(善惡)을 판단하여 안다고 하는 상상의 동물. 사자와 비슷하나 머리에 뿔이 있다고 함. 화재나 재앙을 물리치는 신수(神獸)로 간주되어 궁궐 등의 건축물에 장식되기도 하였는데, 돌로 만든 해태상(像)이 광화문 앞에 놓여 있고, 경복궁 근정전의 처마마루에도 놓여 있음.

아리랑

작자미상

1

아리랑 고개에다 정거장을 짓고 [01]전기차 나오기를 기다린다.

아리랑 아리랑 아라리요, 아리랑 띄어라 놀다 가세.

2

[02]용안 [03]여지 [04]당대추는 정든 임 공경으로 다 팔린다.

아리랑 아리랑 아라리요, 아리랑 띄어라 놀다 가세.

3

나는 좋아 나는 좋아, 정든 친구가 나는 좋아.

아리랑 아리랑 아라리요, 아리랑 띄어라 놀다 가세.

4

---

01 전기차(電氣車) : 전차(電車). 공중에 설치한 전선(電線)으로부터 전력을 공급받아 지상에 설치된 궤도 위를 다니는 차. 우리나라에서는 1898년에 처음 등장했다가 1969년에 모두 철거됨.

02 용안(龍眼) : 아열대성 과일로, 둥근 모양이고 7~8월에 익음. 표면에 털이 많고, 씨에 붙은 과육의 맛이 달콤함.

03 여지(荔枝) : 리치(litchi). 아열대성 과일로, 딸기 빛이 도는 붉은색이고 겉에 돌기가 있으며, 껍질은 잘 부스러짐. 과육의 맛은 시고 매우 달음.

04 당대추(唐大棗) : 중국산 대추.

전기차는 가자고 [05]경적 소리 내는데, 정든 임을 잡고서 눈물 흘린다.
아리랑 아리랑 아라리요, 아리랑 띄어라 놀다 가세.

5
여보 운전수, 정차 좀 해 주오. 우리 집 서방님 돈 가지러 갔소.
아리랑 아리랑 아라리요, 아리랑 띄어라 놀다 가세.

6
남산 밑에 [06]장충단을 짓고, 군악대 장단에 받들어총만 한다.
아리랑 아리랑 아라리요, 아리랑 띄어라 놀다 가세.

7
아이고 지고 통곡하지 마라, 죽었던 남편이 살아올까.
아리랑 아리랑 아라리요, 아리랑 띄어라 놀다 가세.

8
나는 가네 나는 가네, [07]떨뜨리고 나는 가네.
아리랑 아리랑 아라리요, 아리랑 띄어라 놀다 가세.

9

---

05 경적(警笛) : 주의나 경계를 하도록 소리를 울리는 장치.

06 장충단(奬忠壇) : 명성황후(明成皇后)가 시해(弑害)된 을미사변(1895) 때 순국한 충신·열사들을 제사하기 위해 1900년 9월 대한제국 고종(高宗)의 명으로 설치한 사당. 서울시 중구 장충동에 있음.

07 떨뜨리고 : 잘난 체하여 위세를 드러내며 뽐내고.

이제 가면 언제 오나, 오는 날이나 알려 주오.
아리랑 아리랑 아라리요, 아리랑 띄어라 놀다 가세.

10
넓고 푸른 바다 거기, 둥둥 떠가는 배야. 거기 좀 [08]닻 내려라, 말 물어보자.
아리랑 아리랑 아라리요, 아리랑 띄어라 놀다 가세.

11
세월도 덧없도다, 돌아갔던 봄이 다시 온다.
아리랑 아리랑 아라리요, 아리랑 얼씨구 아라리야.

12
인생 한 몸 돌아가면 [09]움이 나나 싹이 나나.
아리랑 아리랑 아라리요, 아리랑 띄어라 놀다 가세.

13
친구가 남이라도 어찌 그리 무정한가.
아리랑 띄어라 놀다 가세.

〈『증보신구잡가』〉

---

08 닻 : 배를 한곳에 멈추어 있게 하기 위해 줄을 매어 물 밑바닥으로 가라앉히는, 갈고리가 달린 기구.

09 움 : 풀이나 나무에 새로 돋아 나오는 싹. 또는 나무를 베어 낸 뿌리에서 나는 싹.

제2부

원문과 주석

제1장 고대한역가요(古代漢譯歌謠)

공무도하가公無渡河歌

백수광부(白首狂夫) 의 아내

公無渡河[1]
公竟渡河[2]
墮河而死[3]
當奈公何[4]

〈『海東繹史』 卷47, 藝文志 第6, 本國詩〉

1 공무도하(公無渡河) : 임은 강을 건너지 마오. '공'은 남자를 높여 말하는 2인칭 대명사. 여기서는 '임'의 뜻. '무'는 금지를 나타내는 말로, '말라'·'마오'의 뜻.

2 공경도하(公竟渡河) : 임은 끝내 강을 건너네.

3 타하이사(墮河而死) : 강물에 빠져 죽었네. 채옹(蔡邕. 133~192)의 『금조(琴操)』와, 공연(孔衍)의 『금조』(317~322)에는 "公墮河死(공타하사)", 곧 "임은 강물에 빠져 죽었네."로 되어 있음.

4 당내공하(當奈公何) : 이에 임을 위해 어찌할까? 이 임을 어떡하나? '당'은 송(宋)나라 곽무천(郭茂倩)의 『악부시집(樂府詩集)』에는 '將(장)'으로 되어 있음.

황조가黃鳥歌

유리왕(琉璃王, ?~A.D.18)

翩翩黃鳥[1]
雌雄相依[2]
念我之獨[3]
誰其與歸[4]

〈『三國史記』卷13, 高句麗本紀 第1〉

1 편편황조(翩翩黃鳥) : 오고 가는 꾀꼬리. '편편'은 오가는 모양. 또는 새가 가볍게 나는 모양. '황조'는 꾀꼬리. 여름 철새로, 몸통은 노란색이고 눈에서 뒷머리에 걸쳐 검은 띠가 있으며, 꽁지와 날개 끝은 검은색임. 5~7월에 알을 낳고 울음소리가 매우 아름다움.

2 자웅상의(雌雄相依) : 암컷과 수컷이 서로 따르네. 암수가 서로 의지하네.

3 염아지독(念我之獨) : 외로운 이내 몸은. 나의 외로움을 생각하니. '이내'는 '나의'를 강조하여 이르는 말.

4 수기여귀(誰其與歸) : 누구와 함께 돌아갈까?

구지가龜旨歌

작자미상

龜何龜何[1]

首其現也[2]

若不現也[3]

燔灼而喫也[4]

<『三國遺事』卷2, 紀異 第2,「駕洛國記」>

---

1 구하구하(龜何龜何) : 거북이여, 거북이여. '何'는 '-이여' 또는 '-이시여'에 해당하는 우리 옛말인 '하'의 음차(音借)인 듯. '-이여'는 정중하게 부르는 뜻을 나타내는 격조사. 감탄이나 호소의 뜻이 포함됨.

2 수기현야(首其現也) : 머리를 내놓아라. 머리를 내놓으시오.

3 약불현야(若不現也) : 만약 내놓지 않는다면.

4 번작이끽야(燔灼而喫也) : 구워서 먹을 것이다. 구워서 먹으리라.

제2장 향가(鄕歌)

혜성가彗星歌

융천사(融天師, 眞平王代[579~632])

舊理 東尸 汀叱[1]

乾達婆矣 遊烏隱 城叱肹良 望良古[2]

倭理叱 軍置 來叱多[3]

烽 燒邪隱[4] 邊也 藪耶[5]

三花矣 岳音 見賜烏尸 聞古[6]

---

1 舊理 東尸 汀叱 : 옛날 동쪽 물가의. 동쪽 옛 나루[홍기문(1956)]. 일찍이 동쪽 물가의[유창균(1994)]. 옛날이 새려는 물가에서[신재홍(2000)].

2 乾達婆矣 遊烏隱 城叱肹良 望良古 : 건달바의 놀던 성을 바라보고. '건달바'는 부처의 가르침을 수호하는 신들인 팔부중(八部衆)의 하나. 수미산(須彌山) 남쪽의 금강굴(金剛窟)에 살며, 제석천(帝釋天)의 음악을 맡아보는 신. 술과 고기를 먹지 않고 향(香)만 먹으며 공중으로 날아다닌다고 함.

3 倭理叱 軍置 來叱多 : 왜군(倭軍)도 왔다. '왜군'은 일본의 군대를 낮잡아 이르는 말.

4 烽 燒邪隱 : 봉화(烽火) 사른. 횃불 올린[김완진(1980)]. 횃불 사르라[신재홍]. '봉화'는 나라에 병란(兵亂)이나 사변(事變)이 있을 때 신호로 올리던 불. 전국의 주요 산 정상에 봉화대를 설치하여 낮에는 토끼 똥을 태운 연기로, 밤에는 불로 신호를 하였는데, 상황에 따라 올리는 횟수가 달랐음.

5 邊也 藪耶 : 변방의 숲이여[박재민(2013)]. 변방(邊) 있구나(也藪耶)[양주동(1942)]. 어여 수풀이여[김완진]. 변방의 무리여[신재홍].

6 三花矣 岳音 見賜烏尸 聞古 : 세 화랑의 산 보신다는 말씀 듣고. '화랑'은 신라 진흥왕(眞興王) 때에 인재 등용을 위해 만든 청소년 수련 조직인 화랑도(花郞徒)의 우두머리. 15~18세의 청소년 중, 문벌과 학식이 있고 외모가 단정한 사람으로 선발하였음. 화랑도의 구성원들은 명산대천(名山大川)을 찾아다니면서 국토애를 기르는 한편, 도의(道義: 사람이 마땅히 지키고

月置 八切爾 數於將來尸 波衣[7]

道尸 掃尸 星利 望良古[8]

彗星也 白尼反也 人是 有叱多[9]

後句[10] 達 阿羅 浮去伊叱等邪[11]

此也 友物 比所音叱[12] 彗叱只 有叱故[13]

<『三國遺事』卷5, 感通 第7,「融天師 彗星歌 眞平王代」>

행해야 할 도덕적 의리)를 갈고 닦으며, 가악(歌樂)을 즐겼다고 함.

7 月置 八切爾 數於將來尸 波衣 : 달도 밝게 비춰 주려 하는 결에[유창균]. 달도 부지런히 (불을) 켜려 하는데[양주동]. 달도 갈라 그어 잦아들려 하는데[김완진]. 달도 다 좇아 헤아리려는 바에[신재홍].

8 道尸 掃尸 星利 望良古 : 길 쓸 별 바라보고. 길을 쓸고 있는 별을 바라보고.

9 彗星也 白尼反也 人是 有叱多 : 혜성이여 사뢴 사람이 있다. '혜성'은 가스 상태의 빛나는 긴 꼬리를 끌고 태양을 초점으로 긴 타원이나 포물선에 가까운 궤도를 그리며 운행하는 천체. 핵·코마·꼬리 부분으로 이루어져 있음. '사뢰다'는 웃어른에게 말씀을 올리다.

10 後句 : 감탄사. 아!

11 達 阿羅 浮去伊叱等邪 : 산 밑으로 떠나갔도다[유창균]. 달 아래 떠갔더라[양주동]. 드르르(達阿羅) 떠갔더라(浮去伊叱等邪)[홍기문]. 달까지(達阿羅) 떠가고 있다(浮去伊叱等邪)[정렬모(1965)]. 달은(達阿羅) 떠가버렸더라(浮去伊叱等邪)[김완진]. 인도하러(達阿羅) 떠가더라(浮去伊叱等邪)[김준영(1982)]. 사뭇쳐서(達阿羅) 떠나가리로다(浮去伊叱等邪)[신재홍].

12 此也 友物 比所音叱 : 이에 어울릴 무슨[김완진]. 이(此) 어우(也友) 무슨(物比所音叱)[양주동]. 이 벗아(此也友) 꺼림직한(物比所音叱)[홍기문]. 여기에(此也) 걸려 있을(友物比所音叱)[유창균]. 이야(此也) 떨이인(友物比) 바의(所音叱)[신재홍].

13 彗叱只 有叱故 : 혜성이 있을까. 혜성을(彗叱) 함께 하였습니까?(只有叱故)[김완진] 혜성이(彗叱只) 있는(有叱) 탓(故)[신재홍].

원왕생가願往生歌

광덕(廣德, 文武王代[661~681])

月下 伊 底亦[1]

西方 念丁 去賜里遣[2]

無量壽佛 前乃[3]

惱叱古音 多可支 白遣賜立[4]

誓音 深史隱[5] 尊衣希 仰支[6]

---

1 月下 伊 底亦 : 달님이여 저 밑에[박재민(2013)]. 달님이여(月下) 이제(伊底亦)[양주동(1942)]. 달이(月下伊) 어째서(底亦)[김완진(1980)]. 달님이여 이 언제쯤[유창균(1994)]. 달이(月下伊) 애오라지(底亦)[신재홍(2000)].

2 西方 念丁 去賜里遣 : 서방을 지나 가십니까?[박재민]. 서방까지(西方念丁) 가셔서(去賜里遣)[양주동]. 서방까지(西方念丁) 가시겠습니까?(去賜里遣)[김완진] 서방 넘어 가시려는고[김준영(1982)]. 극락왕생을 염(念)하러 가시겠나이까?[유창균] 서방을 염원하면서 가시리오?[신재홍]

3 無量壽佛 前乃 : 무량수불 전에. 무량수불 앞에. '무량수불'은 아미타불(阿彌陀佛)의 다른 이름. 수명이 끝이 없다고 하여 이렇게 일컬음. 서방(西方)의 극락세계(極樂世界)에 있으면서 극락의 중생들에게 설법하고 있음. 부처가 되기 전, 48대원(大願)을 세워 성불(成佛)할 것을 다짐하고, 오랜 수행을 거쳐 성불함.

4 惱叱古音 多可支 白遣賜立 : 보고(報告)의 말씀 빠짐없이 사뢰소서[김완진]. 일러다가(惱叱古音多可) 사뢰소서(白遣賜立)[양주동]. 말씀을(惱叱古音) 가져다(多可支) 전해(白遣) 다오(賜立)[홍기문(1956)]. 발원(發願)의 말씀을 한없이 사뢰고자 하나이다[유창균]. 번뇌의(惱叱) 말씀(古音) 많다고(多) 부디(可支) 사뢰어 주십시오(白遣賜立)[박재민]. '사뢰다'는 웃어른에게 말씀을 올리다.

5 誓音 深史隱 : 다짐 깊으신[양주동, 홍기문]. 맹서(盟誓) 깊으신[김준영, 유창균]. 서원(誓願) 깊으신[김완진]. '서원'은 원(願)을 세우고, 그것을 이루고자 다짐하는 일.

6 尊衣希 仰支 : 존(尊)을 우러러[양주동]. 부처님을 우러러 바라보며[김완진]. 불존(佛尊)에 우러러[신재홍].

兩手 集刀 花乎 白良[7]

願往生[8] 願往生

慕人 有如 白遣賜立[9]

阿邪[10] 此 身 遺也置遣[11]

四十八大願 成遣賜去[12]

〈『三國遺事』卷5, 感通 第7, 「廣德嚴莊」〉

---

7 兩手 集刀 花乎 白良 : 두 손 모아 곧추 세워[정렬모(1965), 김완진, 김준영, 신재홍]. 두 손(兩手) 모아(集刀花乎白良)[양주동]. 두 손 모아 꽂으며 사뢰기를[홍기문]. 두 손 모아 곧추세워 사뢰도다[유창균]. '곧추'는 굽히거나 구부리지 않고 곧게.

8 원왕생(願往生) : 왕생하기를 원함. '왕생'은 목숨이 다하여 다른 세계에 가서 태어남. 여기서는 극락세계에 태어나는 것을 뜻함. '극락세계'는 아미타불이 살고 있는 세계로, 즐거움만 있고 괴로움이 없는 곳. 이 세상에서 서쪽으로 10만억 불토(佛土)를 지난 곳에 있다고 함.

9 慕人 有如 白遣賜立 : 그리는 사람 있다 사뢰소서. '그리다'는 사랑하는 마음으로 간절히 생각하다.

10 阿邪 : 감탄사. 아야!

11 此 身 遺也置遣 : 이 몸 남겨두고. 이 몸 버려두고[유창균, 신재홍]. 이 육신을 (벗어) 버리게 해두고[박재민].

12 四十八大願 成遣賜去 : 48대원 이루실까. 48대원 이루고자 하나이다[유창균]. 48대원 이루소서[박재민]. '48대원'은 아미타불이 전생에 법장비구(法藏比丘)였을 때, 당시의 부처인 세자재왕여래(世自在王如來) 앞에서 맹세한 48가지의 서원. 크게 아미타불, 아미타불의 국토, 불국토(佛國土)에 태어난 사람들, 불국토에 왕생하려는 사람들에 대한 서원으로 나뉨. '왕생'과 관련된 서원은 제18~20원으로, 아미타불의 이름을 10번 부르고, 지극한 마음으로 극락에 태어날 것을 서원하며, 자신이 닦은 공덕을 다른 사람에게 베풀면 왕생할 수 있다고 함. 이 48대원은 『무량수경(無量壽經)』에 나오는데, 모두 "만일 내가 부처가 될 때 ~하지 못한다면, 나는 차라리 부처가 되지 않겠다."의 형식으로 서술되어 있음.

모죽지랑가慕竹旨郎歌

득오곡(得烏谷, 孝昭王代[692~702])

去隱 春 皆理米[1]
毛冬 居叱沙 哭屋尸 以 憂音[2]
阿冬音乃叱 好支賜烏隱[3]
皃史 年數 就音 墮支行齊[4]
目煙 廻於尸 七史伊衣[5]
逢烏支 惡知 作乎下是[6]

---

1 去隱 春 皆理米 : 간 봄 그리매[양주동(1942)]. 가는 봄 보내며[홍기문(1956)]. 간(去隱) 봄(春) 못(皆) 오리매(理米)[김완진(1980)]. 간 봄 딸려 있었으매[신재홍(2000)]. 작년 봄 보살펴 주실 때는[황병익(2007)].

2 毛冬 居叱沙 哭屋尸 以 憂音 : 살아 계시지 못하여 우올 이 시름[김완진]. 모든(毛冬) 것이(居叱沙) 서러이(哭屋尸以) 시름(憂音)[양주동]. 못 견디어 우는 이 슬픔[김준영(1982)]. 거역하지 못하고(毛冬 居叱沙) 울음으로(哭屋尸以) (지내는) 시름(憂音)[유창균(1994)]. 모두 있어야만 소리 내어 울 이 시름[신재홍]. 함께 지낼 수 없어(毛冬 居叱沙) 시름하며 울었었는데(哭屋尸以 憂音)[황병익]. '시름'은 마음에 걸려 풀리지 않고 항상 남아 있는 근심과 걱정.

3 阿冬音乃叱 好支賜烏隱 : 아름답고도 정정하시던[황병익]. 아름다움(阿冬音) 나타내신(乃叱好支賜烏隱)[양주동]. 전각(殿閣)을 밝히오신[김완진]. 애달픔(阿冬音) 나타내신(乃叱好支賜烏隱)[김준영]. 얼마 전까지도 좋으신[신재홍].

4 皃史 年數 就音 墮支行齊 : 모습이 해가 갈수록 헐어가도다[김완진]. 모습에(皃史) 주름살이(年數就音) 지려고 합니다(墮支行齊)[양주동]. 얼굴이 세월이 흘러 돌아가셨구나[김준영]. 모습이 고령(高齡)에 나아가면서 축나 가겠구나[신재홍]. 분께서 세월 지나가니 돌아가셨구나[황병익]. 모습이 나이를 따라서 무너져 가네[남풍현(2020)].

5 目煙 廻於尸 七史伊衣 : 눈길 돌릴 사이에[남풍현]. 눈(目煙) 돌이킬(廻於尸七) 사이에(史伊衣)[양주동, 홍기문]. 눈의(目煙) 돌음(廻於尸) 없이(七史) 저를(伊衣)[김완진]. 눈의(目煙) 돌림(廻於尸) 없이(七史) 이에(伊衣)[신재홍]. 짧은 시간 안에야[황병익].

6 逢烏支 惡知 作乎下是 : 만나 보기 어찌 이루리[김완진]. 만나 보기를(逢烏支惡知) 만드리(作

郎也 慕理尸 心未 行乎尸 道尸[7]

蓬次叱 巷中 宿尸 夜音 有叱下是[8]

〈『三國遺事』卷2, 紀異 第2,「孝昭王代 竹旨郞」〉

乎下是)[양주동]. 만나 볼 기약을 지어 봅니다[남풍현].

7 郎也 慕理尸 心未 行乎尸 道尸 : 낭(郞)이여, 그리는 마음의 가는 길[양주동]. 낭 그리는 마음의 모습이 가는 길[김완진]. 낭이여, 사모하는 마음의 나가는 그 길[유창균]. 낭이 그리워할 마음에 오고갈 길[신재홍]. 낭을 추모하는 수행길[황병익]. 여기서 '낭'은 죽지랑(竹旨郞)을 가리킴.

8 蓬次叱 巷中 宿尸 夜音 有叱下是 : 다복 굴헝에서 잘 밤 있으리[김완진]. 다북쑥 마을에 잘 밤 있으리?[양주동] 다북쑥 우거진 골목 안 어느 밤 잠 올 줄 있으랴?[홍기문] 초가(草家) 마을에 잘 밤이 있으리까?[유창균] 다북쑥 거리에서 잘 밤 있으리[신재홍]. '다북쑥'은 국화과의 여러해살이풀. 7~10월에 분홍빛이 도는 흰색 꽃이 핌. 어린잎은 식용하고 줄기와 잎자루는 약으로 씀. '구렁'은 움쑥하게 파인 땅.

원가怨歌

신충(信忠, 孝成王代[732~742])

物叱 好支 栢史[1]
秋察尸 不冬 爾屋支 墮米[2]
汝於 多支 行齊 敎因隱[3]
仰頓隱 面矣 改衣賜乎隱 冬矣也[4]
月羅理 影支 古理因 淵之叱[5]
行尸 浪阿叱 沙矣以支如支[6]

---

1 物叱 好支 栢史 : 빛깔이 좋은 잣[강길운(1995)]. 궁정(宮庭)의(物叱好支) 잣이(栢史)[양주동(1942)]. 한참 무성한 잣이[홍기문(1956)]. 질 좋은 잣이[김완진(1980)]. 무릇(物叱好支) 잣이(栢史)[김준영(1982)]. 물 좋은 잣이[신재홍(2000)]. 종(種) 좋은 잣이[박재민(2010)].

2 秋察尸 不冬 爾屋支 墮米 : 가을에 아니 시들어 떨어지매. 가을에(秋察尸) 아니(不冬爾) 말라(屋支) 떨어지매(墮米)[김완진]. 가을 아니 가까워 떨어지매[강길운]. 가을에 아니 이르러 떨어지매[신재홍].

3 汝於 多支 行齊 敎因隱 : '너와 함께 가고져' 하신[박재민]. 너(汝) 어찌(於多支) 잊어(行齊) 하신(敎因隱)[양주동, 김준영]. 너를(汝於) 중(重)히 여겨 가겠다(多支行齊) 하신 것과는 달리(敎因隱)[김완진]. '너는(汝) 어디로(於多支) 가려고 하느냐(行齊)'고 하신 말씀은(敎因隱)[유창균(1994)]. 너와(汝於) 똑같이(多支) 가겠다고(行齊) 하신(敎) 것이었지만(因隱)[남풍현(2017)].

4 仰頓隱 面矣 改衣賜乎隱 冬矣也 : 우러르던 낯이 변해버리신 겨울이여[김완진, 강길운]. 우러르던(仰頓隱) 낯이(面矣) 계시온데(改衣賜乎隱冬矣也)[양주동]. 우러르던 그 낯이 고쳐질 줄이야[홍기문]. 우러르던 얼굴이 변하신 데에야[신재홍]. 우러러 절한 얼굴이 변하신 겨울에야[박재민].

5 月羅理 影支 古理因 淵之叱 : 달이 비치는 오래된 연못의[박재민]. 달 그림자가 옛 못의[양주동]. 달 그림자 고인 못의[홍기문]. 달이 그림자 내린 연못가[김완진, 김준영].

6 行尸 浪阿叱 沙矣以支如支 : 일렁이는 물결 아래의 모래로다[박재민]. 가는(行尸) 물결(浪阿叱沙) 원망하듯(矣以支如支)[양주동]. 지나가는 물결에 대한 모래로다[김완진]. 이는 물결에

皃史沙叱 望阿乃[7]

世理 都之叱 逸烏隱 第也[8]

後句亡[9]

<『三國遺事』卷5, 避隱 第8,「信忠掛冠」>

사라지듯[김준영]. 흐르는(行尸) 물결에(浪阿叱) 모래가(沙矣) 머물음과 같이(以支如支)[유창균]. 오고가는(行尸) 물결에서(浪阿叱) 새어나감(沙矣以支) 같이(如支)[신재홍]. 가고 오는(行尸) 물결 속의(浪阿叱) 모래의 신세와(沙矣以支) 똑같고도 똑같이(如支)[남풍현].

7 皃史沙叱 望阿乃 : 모습이야 바라보나. '모습'의 대상에 대해서는 '우러르던 얼굴'(효성왕), '모래'(화자 자신), '달'(효성왕)의 세 가지 견해로 나뉨.

8 世理 都之叱 逸烏隱 第也 : 세상 모두에 잊혀진 등제(等第)여[박재민]. 세상도(世理都) 싫은지고(之叱逸烏隱第也)[양주동]. 세상 모든 것 여의어 버린 처지여[김완진]. 세상이 모두 이런 때여[김준영]. 세상도(世理都) 이제는(之叱) (나를) 버렸는가 보다(逸烏隱第也)[유창균]. 세상도(世理都) 한탄스럽구나(之叱逸烏隱第也)[강길운]. '등제'는 관리들의 근무 성적을 조사하여 등급을 매기던 일. 해마다 두 차례 왕에게 보고하였으며, 이를 근거로 승진이나 유임·좌천·파직 등을 결정하였음. 여기에서는 공신(功臣)의 차례에 넣어 보상한다는 뜻.

9 후구망(後句亡) : 후구는 없어짐. 감탄사를 포함한 제9~10행이 『삼국유사』에 기록되기 이전에 이미 없었다는 뜻.

도솔가兜率歌

월명사(月明師, 景德王代[742~765])

今日 此矣 散花 唱良[1]
巴寶白乎隱[2] 花良 汝隱[3]
直等隱 心音矣 命叱 使以惡只[4]
彌勒[5] 座主[6] 陪立羅良[7]

<『三國遺事』卷5, 感通 第7, 「月明師 兜率歌」>

---

1 今日 此矣 散花 唱良 : 오늘 이에 산화 불러. 오늘 이리 산화 불러[홍기문(1956)]. 오늘(今日) 이에(此矣) 없어지라(散花唱良)[정렬모(1965)]. 오늘 이곳에 모든 화랑을 부르는 바라[유창균(1994)]. '산화'는 '산화가(散花歌)', 곧 산화공덕(散花功德)의 의식에서 부르는 노래를 가리킴. '산화공덕'은 불·보살에게 꽃을 뿌리며 불·보살의 공덕을 기리는 일.

2 巴寶白乎隱 : 뿌리는[양주동(1942)]. 뽑히어 나온[홍기문]. 짓궂은[정렬모]. 솟아나게 한[김완진(1980)]. 돋아 보내신[김준영(1982)]. 은총을 입고 있는[유창균]. (미륵보살을) 돌보온[강길운(1995)]. 날려 보내는[신재홍(2000)]. 올려 보내는[박재민(2013)].

3 花良 汝隱 : 꽃아 너는. 해야 너는[정렬모]. 화랑 너희들은[유창균].

4 直等隱 心音矣 命叱 使以惡只 : 곧은 마음의 명에 부리워져[김완진, 신재홍]. 곧은 마음의 명을 부리옵기에[양주동]. 곧은 마음에 목숨을 바쳐서[강길운]. 곧은 마음의 사명(使命)을 가지고[남풍현(2018)].

5 미륵(彌勒) : 석가모니로부터 미래에 부처가 될 것이라는 예언을 들은 보살. 현재 도솔천(兜率天)에서 천인(天人)들을 교화하고 있는데, 석가모니가 돌아가신지 56억 7천만 년 뒤에 이 세계로 내려와 3회의 설법으로 모든 중생을 열반(涅槃: 모든 번뇌에서 벗어나 진리를 깨달은 경지)에 이르게 한다고 함.

6 좌주(座主) : 불교의식이나 법회를 주관하는 인물. 또는 사찰에서 경론(經論)을 강의하는 승려. 그러나 여기서는 부처의 자리를 의미하는 사자좌(師子座) 또는 금강좌(金剛座)의 주인이라는 뜻으로 쓰인 듯함. 미륵 관련 경전에서는 미륵이 현재 도솔천에 있으므로 '천주(天主)'로 표현하고 있는데, <도솔가>의 작자는 도솔천이 아닌, 지금 이 '자리'에 미륵이 있음을 강조하기 위해 '천주'에 대응되는 시어로 '좌주'를 사용한 것으로 볼 수 있음.

7 陪立羅良 : 모셔라. 뫼셔 나립(羅立)하라[김완진]. 뫼실 것이로다[유창균]. 모시어 오너라(陪立羅) 아(良)[남풍현].

제망매가祭亡妹歌

월명사(月明師, 景德王代[742~765])

生死 路隱[1]
此矣 有阿米[2] 次肸伊遣[3]
吾隱 去內如 辭叱都[4]
毛如 云遣 去內尼叱古[5]
於內 秋察 早隱 風未[6]
此矣 彼矣 浮良落尸 葉如[7]
一等隱 枝良 出古[8]
去奴隱 處 毛冬乎丁[9]

---

1 生死 路隱 : 태어남과 죽음의 길은. 생사로(生死路)는[양주동(1942)]. 죽고 살고 하는 길은[강길운(1995)].

2 此矣 有阿米 : 이에 있으매. 여기 있으므로.

3 次肸伊遣 : (너와 나를) 갈라서게 만들고[신영명(2004)]. 두려워지고[양주동, 홍기문(1956)]. 머뭇거리고[김완진(1980)]. 죽고[김준영(1982)]. 애끓이는데[신재홍(2000)]. 머무르고[조용호(2016)]. 가로 막히고[남풍현(2018)].

4 吾隱 去內如 辭叱都 : 나는 간다는 말도. 우리는(吾隱) 가게 됐다는(去內如) 말(辭叱) 다(都)[조용호]. '나는(吾隱) 가옵니다'라는(去內如) 말을(辭叱) 모두(都)[남풍현].

5 毛如 云遣 去內尼叱古 : 못다 이르고 갑니까. 어떻게(都毛如) 이르고(云遣) 갑니까?(去內尼叱古)[신재홍] 모두 이르고 가게 됩니까?[조용호] 다 말하지도 못하고 그렇게 가야 하는 것이냐?[남풍현]

6 於內 秋察 早隱 風未 : 어느 가을 이른 바람에. 어찌하여 가을 이른 바람에[조용호].

7 此矣 彼矣 浮良落尸 葉如 : 여기 저기 떨어지는 잎같이.

8 一等隱 枝良 出古 : 한 가지에 나고. 같은 줄기에서 갈라 태어나서[유창균(1994)].

9 去奴隱 處 毛冬乎丁 : 가는 곳 모르는구나[홍기문, 강길운]. 가는 곳 모르온저[양주동, 김완

阿也[10] 彌陀刹良[11] 逢乎 吾[12]

道 修良 待是古如[13]

〈『三國遺事』卷5, 感通 第7,「月明師 兜率歌」〉

진]. 간 곳을 모르옴이여[김준영]. 가는 곳 모든 곳이로다[신재홍]. 가는 곳 모르는가[조용호]. 가는(去奴隱) 곳은(處) (함께 하지) 못(毛冬) 하는구나(乎丁)[남풍현].

10 阿也 : 감탄사. 아야!

11 彌陀刹良 : 미타찰에서. '미타찰'은 아미타불(阿彌陀佛)이 있는 극락세계(極樂世界)를 가리킴. '극락세계'는 즐거움만 있고 괴로움이 없는 곳. 이 세상에서 서쪽으로 10만억 불토(佛土)를 지난 곳에 있다고 함. '미타'는 아미타불의 줄임말로, 서방의 극락세계에 있으면서 극락의 중생들에게 설법하고 있는 부처. '찰'은 국토(國土)·세계의 뜻.

12 逢乎 吾 : 만날 나. 만날 것이니 나는[홍기문]. 만나러 온 나는[유창균]. 만나요 우리[조용호]. 만나게 될 우리[남풍현].

13 道 修良 待是古如 : 도(道) 닦아 기다리겠노라. 도를 닦으며 기다리리라. 도를 닦아서 기다리게 하고 싶다[강길운]. 길 닦아서 기다립시다[조용호].

찬기파랑가讚耆婆郞歌

충담사(忠談師, 景德王代[742~765])

咽嗚 爾處米[1]

露 曉邪隱 月羅理[2]

白雲音 逐于 浮去隱 安支下[3]

沙是八陵隱 汀理也中[4]

耆郞矣 皃史 是史藪邪[5]

逸烏 川理叱 磧惡希[6]

---

1 咽嗚 爾處米 : 오열을 그치매[양희철(1996)]. (구름을) 열치매(咽嗚爾處米)[양주동(1942)]. 우러러(咽嗚爾) 보니(處米)[홍기문(1956)]. 흐느끼며(咽嗚爾) 바라보매(處米)[김완진(1980)]. 약하여 시달리매[김준영(1982)]. 슬픔을 지우며[유창균(1994)]. 울어서 지침에[강길운(1995)]. 목메이며 곁하매[신재홍(2000)]. 목메어 울어 힘들어하매[성호경(2004)].

2 露 曉邪隱 月羅理 : 나타난 훤한 달이[박재민(2013)]. 나타난(露曉邪隱) 달이(月羅理)[양주동]. 이슬 밝힌 달이[김완진, 강길운]. 나타나 밝은 달이[양희철]. 나타나 밝힌 달이[성호경].

3 白 雲音 逐于 浮去隱 安支下 : 흰 구름 따라 떠간 언저리[김완진]. 흰 구름 좇아 떠가는 것 아닌가? [양주동] 흰 구름조차 떠가는 안쪽에[정렬모(1965)]. 흰(白) 구름(雲音) 좇아(逐于) 떠가(浮去) 숨어지시어(隱安支下)[양희철]. 흰(白) 구름(雲音) 좇아(逐于) 떠나간(浮去隱) 안식처(安支)만이(下沙是)[신재홍]. 흰(白) 구름(雲音) 좇아(逐于) 떠가(浮去) 숨은(隱安支) 아래(下)[성호경].

4 沙是八陵隱 汀理也中 : 새파란 물가에[김준영, 강길운]. 새파란 냇물에[양주동, 양희철]. 물이(沙是) 파란(八陵隱) 나룻가에(汀理也中)[홍기문]. 모래(沙是) 가른(八陵隱) 물가에(汀理也中)[김완진]. 모래가(沙是) 넓게 펼쳐진(八陵隱) 물가에(汀理也中)[유창균]. 모래가(沙是) 벗겨나간(八陵隱) 물가에(汀理也中)[성호경].

5 耆郞矣 皃史 是史藪邪 : 기랑의 모습이 있어라. 기랑의(耆郞矣) 모습이올시(皃史是史) 수풀이여(藪邪)[김완진]. 기랑의(耆郞矣) 모습인(皃史是史) 무리들이(藪邪)[신재홍].

6 逸烏 川理叱 磧惡希 : 숨오 내의 조약돌에[양희철]. 이로부터 내의 조약돌에[양주동]. 일오 내 벼랑에[홍기문]. 일오 내 자갈 벌에서[김완진, 신재홍]. 은하수의 물가 자갈에[김준영]. 이른

郎也 持以支如賜烏隱[7]

心未 際叱肹 逐內良齊[8]

阿耶[9] 栢史叱 枝次 高支好[10]

雪是 毛冬乃乎尸 花判也[11]

<『三國遺事』卷2, 紀異 第2, 「景德王 忠談師 表訓大德」>

아침에 내의 조약돌이 깔린 물가에서[강길운]. (모래) 일은 내의 자갈에[성호경]. '숨오'·'일오'는 지명(地名) 또는 내(川)의 이름인 듯.

7 郎也 持以支如賜烏隱 : 낭(郎)이 지니시던. 낭이여(郎也) 지녀야(持以支) 할(如賜烏隱)[홍기문]. 낭이여(郎也) 그대의 지님과(持以支) 같으신(如賜烏隱)[유창균].

8 心未 際叱肹 逐內良齊 : 마음의 끝을 좇으려 하노라[양주동, 홍기문, 김완진]. 마음의 자취를 본받자구나[정렬모]. 마음의 한 가운데를 따라 가고자 하노라[유창균]. 마음의 가를 좇고자[양희철, 성호경]. 마음의 끝을 좇고 있구나[신재홍].

9 阿耶 : 감탄사. 아야!

10 栢史叱 枝次 高支好 : 잣 가지 높아. 잣(栢史叱) 가지(枝次) 높게(高支) 자라(好)[정렬모]. 잣나무(栢史叱) 가지(枝次) 높아서(高支) 좋으리(好雪是)[신재홍]. 잣가지가(栢史叱枝次) 높고(高支) 좋아(好)[성호경].

11 雪是 毛冬乃乎尸 花判也 : 서리 모를 화판(花判)이여[양주동]. 눈서리(雪是) 모두(毛冬) 이겨낼(乃乎尸) 고깔이라(花判也)[정렬모]. 눈이라도 덮지 못할 고깔이여[김완진]. 서리를 모르는 화랑이여[김준영]. 눈이(雪是) 못(毛冬) 생길(乃乎尸) 관원이여(花判也)[강길운]. 눈이(雪是) 못(毛冬) 나올(乃乎尸) 고깔이여(花判也)[양희철]. 모두(毛冬) 해 내야 할(乃乎尸) 화랑의 서원이여(花判也)[신재홍]. '고깔'은 끝이 뾰족하고 세모지게 만든 모자. 여기서는 고깔 모양으로 되어 있는 잣나무의 꽃을 가리키는 듯. 그리고 잣나무 꽃은 기파랑을 뜻함.

도천수관음가禱千手觀音歌

희명(希明, 景德王代[742~765])

膝肹 古召旀[1]

二尸 掌音 毛乎支內良[2]

千手觀音叱 前良中[3]

祈以支 白屋尸 置內乎多[4]

千隱 手叱 千隱 目肹[5]

一等下叱 放 一等肹 除惡支[6]

二 于萬隱 吾羅[7]

---

1 膝肹 古召旀 : 무릎을 꿇으며[홍기문(1956), 김준영(1982)]. 무릎을 세우며[양주동(1942), 유창균(1994), 양희철(1995)]. 무릎을 굽히며[정렬모(1965)]. 무릎을 낮추며[김완진(1980)]. 무릎을 (바닥에) 대며[신재홍(2000)].

2 二尸 掌音 毛乎支內良 : 두 손바닥 모아. 두(二尸) 손바닥을(掌音) 모아(毛乎) 괴여서(支內良)[홍기문]. 두(二尸) 손목(掌音毛乎支) 내려(內良)[정렬모]. 두(二尸) 손바닥을(掌音) 모아(毛乎支) 안아(內良)[강길운(1995)]. 두(二尸) 손바닥(掌音) 모아(毛乎支) 들여(內良)[신재홍].

3 千手觀音叱 前良中 : 천수관음(千手觀音)의 앞에. '천수관음'은 천수천안관세음보살(千手千眼觀世音菩薩)의 줄임말. 중생을 구제할 수 있는 천 개의 눈과 천 개의 손을 갖고 있는데, 눈과 손은 자비로움과 구제의 힘이 끝없음을 나타냄, 이 보살의 눈은 얼굴에 셋, 천 손바닥에 각각 하나씩 있다고 함. 그러나 일반적인 천수관음상(千手觀音像)은 양쪽에 각 20개의 손이 있고 손바닥마다 한 개의 눈이 있음. 이 손과 눈은 각각 25유(有)를 구제하므로 손도 천 개, 눈도 천 개가 됨. '25유'는 스물다섯으로 나눈 윤회의 생사계(生死界).

4 祈以支 白屋尸 置內乎多 : 빌어 사뢺을 둡니다[강길운, 양희철]. 비옴을(祈以支白屋尸) 두노이다(置內乎多)[양주동, 김준영]. 축원의 말씀을 올리노라[홍기문]. 기구(祈求)의 말씀을 두노라[김완진]. 빌어(祈以支) 사뢺도(白屋尸置) 드리노라(內乎多)[신재홍].

5 千隱 手叱 千隱 目肹 : 천 손의 천 눈을. 천 개의 손에 있는 천 개의 눈을.

6 一等下叱 放 一等肹 除惡支 : 하나를 놓아 하나를 덜어. 하나를 내놓아 하나를 덜도록[홍기문].

一等沙 隱賜以 古只內乎叱等邪[8]

阿邪也[9] 吾良 遺知支 賜尸等焉[10]

放冬矣 用屋尸 慈悲也 根古[11]

<『三國遺事』卷3, 塔像 第4, 「芬皇寺 千手大悲 盲兒得眼」>

---

7 二 于萬隱 吾羅 : 둘 없는 내라[양주동, 김준영, 강길운,]. 둘이(二于) 먼(萬隱) 내라(吾羅)[홍기문, 유창균]. 둘 감은 나니[김완진, 양희철]. 둘 없어진 나라[신재홍].

8 一等沙 隱賜以 古只內乎叱等邪 : 하나야 그슥이 고치올러라[양주동]. 하나나마(一等沙隱) 주어(賜以) 고칠네라(古只內乎叱等邪)[홍기문]. 하나를 숨겨 주소서 하고 매달리누나(古只內乎叱等邪)[김완진]. 하나야(一等沙) 몰래(隱賜以古只) 내어 놓더라(內乎叱等邪)[강길운]. 하나는(一等沙) 숨은 곳에(隱賜以) (각막의) 살점이(古只) 생겼더라(內乎叱等邪)[황병익(2009)]. 하나만은(一等沙隱) 꼭 주시어야(賜以古) 하도다(只內乎叱等邪)[남풍현(2017)].

9 阿邪也 : 감탄사. 아야야!

10 吾良 遺知支 賜尸等焉 : 내게 끼치어 준다면. 내게 남겨 주신다면. 나라고(吾良遺) 알아(知支) 주실진대(賜尸等焉)[김완진]. 나를(吾良) 버리신다면(遺知支賜尸等焉)[박재민(2013)].

11 放冬矣 用屋尸 慈悲也 根古 : (하나를) 놓아도 쓰일 자비가 (얼마나) 큰가[양주동, 김준영]. 내놓아도 자비심 뿌리로 되오리[홍기문]. 어디에 쓸 자비라고 큰고[김완진]. 그냥 놓아두되 쓸 자비의 뿌리로구나[강길운]. 어디에 쓸 자비의 뿌리일까[신재홍, 박재민]. 어디에 쓸 자비라고 크다 할 것인가[남풍현]. '자비'는 중생에게 즐거움을 주고 괴로움을 없게 함. '放冬矣'을 '어디에'라고 해독한 연구자들은 '放'을 '於(어)'의 오기(誤記)로 본 것임.

처용가處容歌

처용(處容, 헌강왕대[875~886])

東京 明期 月良[1]
夜入伊 遊行如可[2]
入良沙 寢矣 見昆[3]
脚烏伊 四是良羅[4]
二肹隱 吾 下於叱古[5]
二肹隱 誰支 下焉古[6]
本矣 吾 下是如馬於隱[7]
奪叱良乙 何如爲理古[8]

<『三國遺事』卷2, 紀異 第2, 「處容郎 望海寺」>

---

1 東京 明期 月良 : 동경 밝은 달에. '동경'은 신라의 수도였던 경상북도 경주시(慶州市)를 가리킴. 고려시대에는 '경주'를 '동경'이라고 했음. 서울 밝은 달에[양주동(1942)]. 동경 새벽 달아[강길운(1995)].

2 夜入伊 遊行如可 : 밤늦도록 노니다가[김준영(1982)]. 밤들어 노닐다가[양주동]. 밤 깊이 놀고 다니다가[유창균(1994)]. '노니다'는 '노닐다'의 옛말로, 한가하게 이리저리 왔다 갔다 하면서 놀다.

3 入良沙 寢矣 見昆 : 들어와서 잠자리를 보니.

4 脚烏伊 四是良羅 : 다리가 넷이어라. 다리가 넷이구나.

5 二肹隱 吾 下於叱古 : 둘은 내 것이고.

6 二肹隱 誰支 下焉古 : 둘은 누구 것인가?

7 本矣 吾 下是如馬於隱 : 본디 내 것이다마는. 본래 내 것이지만. '본디'는 처음부터. 또는 사물의 맨처음 바탕.

8 奪叱良乙 何如爲理古 : 빼앗은 것을 어찌하리오[양주동, 김완진(1980)]. 빼앗은들 어떠하리오[김준영]. 뺏으려 하는 것을(奪叱良乙) 어찌(何如) 할 것인고(爲理古)[강길운]. (도로) 빼앗아 옴을(奪叱良乙) (사람들이) 어떻다고(何如) 하리오(爲理古)[신재홍(2002)].

도이장가悼二將歌

예종(睿宗, 1079~1122)

主乙 完乎白乎[1]
心聞 際天乙 及昆[2]
魂是 去賜矣中[3]
三烏賜敎 職麻 又 欲[4]
望彌 阿里剌[5]
及彼可 二 功臣良[6]
久乃 直隱[7]
跡烏隱 現乎賜丁[8]

<『平山申氏系譜』, 「始祖壯節公行蹟」>

---

1 主乙 完乎白乎 : 임을 온전하게 한.

2 心聞 際天乙 及昆 : 마음은 하늘 끝까지 미치니. 마음을(心) 듣고(聞際) 하늘에까지(天乙) 도달하였으니(及昆)[황선엽(2015)].

3 魂是 去賜矣中 : 넋이 가셨으되. 넋이 가신 것에 대해[황선엽].

4 三烏賜敎 職麻 又 欲: 삼으신 벼슬만큼 또 하는구나[양주동(1947)]. 세우신(三烏賜敎) 벼슬(職) 삼고자(麻又欲)[홍기문(1959)]. 몸(中) 세우시고 하신(三烏賜) 말씀(敎) 직분(職) 맡으려(麻又欲望)[김완진(1980)]. 마음에(中) 새기시어(三烏賜) 내려주신(敎) 벼슬의 윤음(職麻) 또(又) 하려므나 하는 (欲)[유창균(1994)]. 위하여(三烏) 주신(賜敎) 직분(職) 맡으려고(麻又欲)[황선엽].

5 望彌 阿里剌 : 바라보며 알리라[양주동, 홍기문]. 활 잡는 이(彌阿里) 마음 새로워지기를(剌及彼)[김완진]. 바람을 알 것이로다[유창균]. 바라며(望彌) 아름답게(阿里)[신재홍(2000)].

6 及彼可 二 功臣良 : 그 때의 두 공신이여[양주동, 홍기문]. 좋다(可) 두(二) 공신이여(功臣良)[김완진]. 더불어(及) 저곳에 있는(彼可) 두(二) 공신의(功臣良)[유창균]. 찔려 요절하여(剌及彼) 돌아간(可) 두(二) 공신이여(功臣良)[강길운(1995)]. 수놓은(剌及) 저기에(彼可) 두(二) 공신이여(功臣良)[신재홍].

7 久乃 直隱 : 오래되나 곧은[양주동, 홍기문, 강길운]. 오래 오래 곧은[김완진]. 오랫동안 곧은[신재홍].

8 跡烏隱 現乎賜丁 : 자취는 나타나셨구나. 자취는 나타나는 것이라[홍기문]. 자취(跡烏) 그윽히(隱) 나타나게 하신 것이로다(現乎賜丁)[유창균].

제3장 속요(俗謠)

정읍사井邑詞

행상인(行商人)의 아내(百濟[B.C.18~660])

前腔(전강)[1]	돌하[2] 노피곰[3] 도ᄃᆞ샤[4]
	어긔야[5] 머리곰[6] 비취오시라[7]
	어긔야 어강됴리[8]
小葉(소엽)	아으[9] 다롱디리[10]
後腔(후강)	全(전) 져재[11] 녀러신고요[12]

---

1 '전강(全腔)'부터 '소엽(小葉)'까지는 모두 곡조(曲調)의 이름.

2 돌하 : 달하. 달이여. 또는 달님이시여. '-하'는 '-이여' 또는 '-이시여'에 해당하는 옛말. '-이여'는 정중하게 부르는 뜻을 나타내는 격조사. 감탄이나 호소의 뜻이 포함됨.

3 노피곰 : 높이곰. 높이높이. '-곰'은 강세접미사.

4 도ᄃᆞ샤 : 돋으샤. 돋으시어. '돋다'는 해·달·별 등이 하늘에 솟아오르다.

5 어긔야 : 어기야. 감탄사. 여럿이 힘을 합할 때 일제히 내는 소리. 어여차. 어기여차.

6 머리곰 : 멀리곰. 멀리멀리.

7 비취오시라 : 비추어 주십시오. 비추고 있으라[양주동(1947), 김형규(1957), 박병채(1994)].

8 어강됴리 : 악률(樂律)을 맞추기 위한 의미 없는 말. 북소리를 흉내 낸 말[박병채, 임기중(2002)].

9 아으 : 감탄사. 아!

10 다롱디리 : 악률을 맞추기 위한 의미 없는 말. 북소리를 흉내 낸 말[박병채, 임기중].

11 전(全) 져재 : 모든 시장에[최철·박재민(2003)]. 전주(全州) 시장에[양주동, 김형규]. 온전히 저자에[조용호(2021)]. 곡조 이름을 '후강'이 아닌 '후강전'으로 보고, '시장'으로 풀이한 견해

어긔야 즌 딕롤[13] 드딕욜셰라[14]

어긔야 어강됴리

過篇(과편) 어느 이 다 노코시라[15]

金善調(금선조) 어긔야 내 가논 딕[16] 졈그롤셰라[17]

어긔야 어강됴리

小葉(소엽) 아으 다롱디리

〈『樂學軌範』 卷5, 時用鄕樂呈才圖儀, 「舞鼓」〉

[박병채, 김완진(1998)]도 있음. '저자'는 시장. 또는 시장에서 물건을 파는 가게.

12 녀러신고요 : 다니시나요?[박병채, 최철·박재민] 가 계신가요?[양주동, 임기중] 가셨는가요?[김완진]

13 즌 딕롤 : 진 곳을. 진흙탕을. '진흙탕'은 흙이 질척질척하게 된 땅.

14 드딕욜셰라 : 디딜세라. 디딜까 두려워라. '디디다'는 발을 올려놓고 서거나 발로 내리누르다. '-ㄹ세라'는 혹시 그러할까 염려하는 뜻을 나타내는 종결어미.

15 어느 이 다 노코시라 : 어느 곳에나 다 (빛을) 놓으시구려[유동석(1999)]. 어느 것이나 다 놓고 있으라[박병채]. 아무개 좀 다 놓아 주시구려[김완진]. 아무데라도 (짐을) 놓으십시오[최철·박재민]. 어느 사람에게나 다 (빛을) 놓아 주세요[조용호].

16 내 가논 딕 : 내가 가는 곳. 내가 살아가는 곳[최정여(1966)]. 내 님 가시는 데[전규태(1978)]. 물가를 가는데[조용호].

17 졈그롤셰라 : 저물세라. 저물까 두려워라. '저물다'는 해나 달이 져서 어두워지다.

정과정鄭瓜亭

정서(鄭敍, 毅宗代[1146~1170])

前腔(전강)[1] 내 님믈[2] 그리ᅀᆞ와[3] 우니다니[4]
中腔(중강) 山(산) 졉동새[5] 난[6] 이슷ᄒᆞ요이다[7]
後腔(후강) 아니시며 거츠르신 돌[8] 아으[9]
附葉(부엽) 殘月曉星(잔월효성)[10]이 아ᄅᆞ시리이다[11]
大葉(대엽) 넉시라도 님은 ᄒᆞᆫᄃᆡ 녀져라[12] 아으

---

1 '전강(全腔)'부터 '오엽(五葉)'까지는 모두 곡조(曲調)의 이름.

2 내 님믈 : 내 임을. 나의 임을. 내가 임을[김형규(1957), 임기중(2002)].

3 그리ᅀᆞ와 : 그리워하여.

4 우니다니 : 울면서 지내더니[임기중]. 울고 있더니[김형규, 박병채(1994)]. 울고 지나더니[전규태(1978)]. 울며 살았더니[최철·박재민(2003)]. 울더니[신재홍(2020)].

5 졉동새 : 접동새. 두견(杜鵑). 두견새. 국내에서 흔한 여름 철새로, 5월 중순에 도래해 번식하고, 9월 중순까지 관찰됨. 나뭇가지 사이에 앉는 습성이 있어 눈에 잘 띄지 않음. 이 새의 울음소리는 '불여귀(不如歸: 돌아가고 싶다)'의 중국어음처럼 들린다고 하는데, 두견새를 불여귀라고도 함.

6 난 : 나는. 나와[박병채]. 나타나니[권영철(1985)].

7 이슷ᄒᆞ요이다 : 비슷합니다.

8 아니시며 거츠르신 돌 : (임의 말씀이 사실이) 아니며 거짓인 줄을[박병채]. 참이 아니며 망위(妄僞)인 것을[양주동(1947)]. '옳지 않다' 하시고 '거칠다' 하시더라도[김형규]. (조정에) 아니 있으며 동래에 (내려와서) 있다 하더라도[권영철]. (저들의 말이) 잘못이며 허황한 줄을[신재홍].

9 아으 : 감탄사. 아!

10 잔월효성(殘月曉星) : 새벽녘의 달과 별. 지는 달과 샛별. '잔월'은 새벽녘까지 지지 않고 희미하게 남아 있는 달. 또는 거의 다 져 가는 달.

11 아ᄅᆞ시리이다 : 아실 것입니다.

12 넉시라도 님은 ᄒᆞᆫᄃᆡ 녀져라 : 넋이라도 임과 같은 곳에 가고 싶구나. 죽어서도 임과 함께 가

附葉(부엽)　　벼기더시니[13] 뉘러시니잇가[14]

二葉(이엽)　　過(과)도 허믈도[15] 千萬(천만) 업소이다[16]

三葉(삼엽)　　믈힛마리신뎌[17]

四葉(사엽)　　술읏븐뎌[18] 아으

附葉(부엽)　　니미 나를[19] ᄒᆞ마 니ᄌᆞ시니잇가[20]

五葉(오엽)　　아소[21] 님하[22] 도람 드르샤[23] 괴오쇼셔[24]

〈『樂學軌範』 卷5, 時用鄕樂呈才圖儀, 「鶴蓮花臺處容舞合設」〉

고 싶어라. 이 발화의 주체를 '화자'로 보는 견해와, '화자의 임'으로 보는 견해로 나뉨. '제1부 현대어역'에서는 후자를 따랐음. 곧 이 노랫말은 화자의 임이 과거에 하던 말이고, 노랫말의 '임'은 화자를 가리킴.

13 벼기더시니 : 다짐하시던 이[최철·박재민]. 우기시던 이[양주동, 전규태]. 어기시던 이[박병채]. 선창(先唱)하시던 이[이등룡(2010)].

14 뉘러시니잇가 : 누구셨습니까?

15 과(過)도 허믈도 : 과실(過失)도 허물도. '과실'은 부주의나 태만 등으로 인해 생긴 잘못. '허물'은 저지른 잘못. 또는 모자라는 점이나 결점.

16 천만(千萬) 업소이다 : 전혀 없습니다. '천만'은 전혀 또는 아주.

17 믈힛마리신뎌 : 허황된 말씀이시도다[최철·박재민]. 뭇사람의 참언(讒言)이도다[양주동]. (나를) 편안케 하기 위해 하신 말씀이었구나[박병채]. 허언(虛言)이신 것이구나[이등룡]. 슬프게 하는 말이시구나[신재홍].

18 술읏븐뎌 : 애가 타고 슬픕니다[김명준(2017)]. 슬프구나[양주동, 전규태, 임기중, 최철·박재민]. 사라지고 싶구나[김형규]. 가슴이 미어지는구나[박병채]. (주검을 불에) 살라 (인연을) 끊는 듯한 것이여[이등룡]. 애타는 듯하구나[신재홍].

19 니미 나를 : 임이 나를.

20 ᄒᆞ마 니ᄌᆞ시니잇가 : 벌써 잊으셨습니까?

21 아소 : 감탄사. 아서라. 그렇게 하지 말라고 금지할 때 하는 말. 아십시오[권영철, 이등룡]. 아![임기중, 신재홍]

22 님하 : 임이여. 또는 임이시여. '-하'는 '-이여' 또는 '-이시여'에 해당하는 옛말. '-이여'는 정중하게 부르는 뜻을 나타내는 격조사. 감탄이나 호소의 뜻이 포함됨.

23 도람 드르샤 : (마음을) 돌이켜 (내 말을) 들으시어. 자세한 사연을 들으시어[양주동]. 다시금 들으시어[전규태]. 돌린다던 것(=약속, 말) 들어주시어[신재홍].

24 괴오쇼셔 : 사랑하소서. 사랑해 주십시오.

동동動動

작자미상

1

德(덕)으란[1] 곰빅[2]예 받줍고[3]

福(복)으란[4] 림빅[5]예 받줍고

德(덕)이여 福(복)이라 호놀[6]

나ᄉᆞ라 오소이다[7]

아으[8] 動動(동동)다리[9]

2

正月(정월)ㅅ[10] 나릿 므른[11]

---

1 덕(德)으란 : 덕일랑. 덕은. '-일랑'은 어떤 대상을 특별히 정하여 가리키는 데 쓰는 보조사.

2 곰빅 : 신령(神靈)[박병채(1994)]. 뒷잔[양주동(1947), 전규태(1978)]. (몸의) 뒤쪽[권재선(2002)]. 배의 뒤 칸[이등룡(2010)].

3 받줍고 : 바치고. 받고[권재선, 최철·박재민(2003), 이등룡].

4 복(福)으란 : 복일랑. 복은.

5 림빅 : 임금[박병채]. 앞잔[양주동, 전규태]. (몸의) 앞쪽[권재선]. 배의 앞 칸[이등룡].

6 덕(德)이여 복(福)이라 호놀 : 덕이며 복이라고 하는 것을.

7 나ᄉᆞ라 오소이다 : 드리러 왔습니다. 드리러 오십시오[양주동, 박병채]. 바치러 옵니다[김명준(2017)].

8 아으 : 감탄사. 아!

9 동동(動動)다리 : '동동'은 북소리를 흉내 낸 말. '다리'는 악률(樂律)을 맞추기 위한 의미 없는 말.

10 정월(正月)ㅅ : 1월의. '정월'은 음력으로 한 해의 첫째 달. 'ㅅ'은 사잇소리.

11 나릿 므른 : 냇물은.

아으 어져 녹져 ᄒᆞ논ᄃᆡ[12]

누릿 가온ᄃᆡ[13] 나곤[14]

몸하 ᄒᆞ올로[15] 녈셔[16]

아으 動動(동동)다리

3

二月(이월)ㅅ 보로매[17]

아으 노피 현[18]

燈(등)ㅅ블 다호라[19]

萬人(만인) 비취실 즈ᅀᅵ샷다[20]

아으 動動(동동)다리

4

---

12 어져 녹져 ᄒᆞ논ᄃᆡ : 얼려고 녹으려고 하는데. 얼기도 하고 녹기도 하는데.

13 누릿 가온ᄃᆡ : 세상의 가운데. '누리'는 '세상'을 예스럽게 이르는 말.

14 나곤 : 나와서는. 태어나서는. '-곤'은 접속형 연결어미.

15 몸하 ᄒᆞ올로 : 몸이여, 홀로. 여기서 '몸'은 화자 자신을 가리킴. '-하'는 '-이여' 또는 '-이시여'에 해당하는 옛말. '-이여'는 정중하게 부르는 뜻을 나타내는 격조사. 감탄이나 호소의 뜻이 포함됨.

16 녈셔 : 지내는구나. 살아가는구나.

17 이월(二月)ㅅ 보로매 : 2월의 보름에. 음력 2월 15일에. 이 날에 고려의 국가행사였던 연등회(燃燈會)가 있었음. '연등회'는 등불을 켜고 부처에게 복을 비는 불교행사. '보름'은 음력으로 그 달의 15일째 되는 날.

18 노피 현 : 높이 켠.

19 등(燈)ㅅ블 다호라 : 등불다워라. 등불 같구나.

20 만인(萬人) 비취실 즈ᅀᅵ샷다 : 모든 사람을 비추실 모습이시도다. '즛'은 얼굴이나 모습. '-샷다'는 존귀(尊貴)한 대상에 대한 감탄형 종결어미.

三月(삼월) 나며 開(개)ᄒᆞᆫ[21]
아으 滿春(만춘) ᄃᆞᆯ욋고지여[22]
ᄂᆞᄆᆡ 브롤 즈슬[23]
디녀 나샷다[24]
아으 動動(동동)다리

5
四月(사월) 아니 니저[25]
아으 오실서[26] 곳고리새여[27]
므슴다[28] 錄事(녹사)니ᄆᆞᆫ[29]
녯 나ᄅᆞᆯ[30] 닛고신뎌[31]
아으 動動(동동)다리

---

21 삼월(三月) 나며 개(開)ᄒᆞᆫ : 3월 지나서 핀. '나며'는 철이나 기간을 보내며.

22 만춘(滿春) ᄃᆞᆯ욋고지여 : 늦봄의 진달래꽃이여. 3월달 오얏꽃이여[양주동, 김형규(1957), 이등룡]. '만춘'은 늦은 봄. 주로 음력 3월을 말함.

23 ᄂᆞᄆᆡ 브롤 즈슬 : 남의 부러워할 모습을. 남들이 부러워할 모습을.

24 디녀 나샷다 : 지니고 태어나셨구나. 타고나셨도다.

25 아니 니저 : 아니 잊어. 잊지 않고.

26 오실서 : 오시는구나. 오셨구나.

27 곳고리새여 : 꾀꼬리새여. '꾀꼬리'는 여름 철새로, 몸통은 노란색이고 눈에서 뒷머리에 걸쳐 검은 띠가 있으며, 꽁지와 날개 끝은 검은색임. 5~7월에 알을 낳고 울음소리가 매우 아름다움.

28 므슴다 : 무슨 일로. 무엇 때문에[양주동, 박병채]. 어찌하여[최철·박재민]. 무슨 일인지[김명준].

29 녹사(錄事)니ᄆᆞᆫ : 녹사님은. '녹사'는 고려·조선시대에, 중앙의 여러 관청에 설치되어 있던 관직 이름. 기록에 관련된 일을 맡아보던 하급 실무직 벼슬.

30 녯 나ᄅᆞᆯ : 예전의 나를. 옛날을[양주동, 박병채].

31 닛고신뎌 : 잊고 계신가. 잊고 계시는구나[양주동, 박병채]. 잊으려 하시도다[최철·박재민].

6

五月(오월) 五日(오일)애
아으 수릿날[32] 아츰 藥(약)은[33]
즈믄 힐[34] 長存(장존)ᄒᆞ샬[35]
藥(약)이라 받즙노이다[36]
아으 動動(동동)다리

7

六月(유월)ㅅ 보로매[37]
아으 별해[38] ᄇᆞ룐 빗 다호라[39]
도라보실 니믈[40]
져곰[41] 좃니노이다[42]

---

32 수릿날 : 1년 중에서 양기(陽氣)가 가장 왕성한 날이라 하여 음력 5월 5일에 지내는 명절. 단오(端午)라고도 함. 여자는 창포(菖蒲: 풀의 한 종류)의 잎과 뿌리를 우려낸 물에 머리를 감고 그네를 뛰며, 남자는 씨름을 함. 이날 농가에서는 익모초(益母草)와 쑥을 먹는데, 여름철 식욕이 없을 때 익모초 즙은 식욕을 왕성하게 하고 몸을 보호하는 효과가 있다고 함. 『동국세시기(東國歲時記)』에 따르면, 궁중에서는 단옷날이 되면 임금이 신하들에게 구급약인 옥추단(玉樞丹)과 청량제인 제호탕(醍醐湯)을 나누어 주었다고 함. 옥추단은 여름철 구토와 설사가 났을 때 물에 타서 마시고, 제호탕은 한약재를 꿀에 섞어 달인 약.

33 아츰 약(藥)은 : 아침 약은. 아침에 먹는 약은.

34 즈믄 힐 : 즈믄 해를. 천년(千年)을. '즈믄'은 천(千)의 옛말.

35 장존(長存)ᄒᆞ샬 : 오래 사실. 오래 사시게 할.

36 받즙노이다 : 바칩니다. 드립니다.

37 유월(六月)ㅅ 보로매 : 6월의 보름에. 음력 6월 15일은 명절의 하나인 유두(流頭). 신라 때부터 유래한 것으로, 나쁜 일을 떨어버리기 위해 동쪽으로 흐르는 물에 머리를 감는 풍속이 있었음.

38 별해 : 물가에[양주동, 전규태]. 벼랑에[김형규, 박병채, 김명준]. 냇둑에[최철·박재민]. 계곡에[이등룡].

39 ᄇᆞ룐 빗 다호라 : 버린 빗 같구나.

40 도라보실 니믈 : 돌아보실 임을.

아으 動動(동동)다리

8

七月(칠월)ㅅ 보로매[43]

아으 百種(백종)[44] 排(배)ᄒᆞ야 두고[45]

니믈 ᄒᆞᆫᄃᆡ 녀가져[46]

願(원)을 비ᅀᆞᆸ노이다[47]

아으 動動(동동)다리

9

八月(팔월)ㅅ 보로ᄆᆞᆫ[48]

---

41 젹곰 : 조금씩 조금씩[최철·박재민, 이등룡]. 조금이라도, 잠깐이라도[양주동, 전규태, 박병채, 김명준].

42 좃니노이다 : 좇아갑니다. 따릅니다.

43 칠월(七月)ㅅ 보로매 : 7월의 보름에. 음력 7월 15일은 명절의 하나인 백중(百中). 승려들이 재(齋)를 설(設)하여 부처를 공양하는 날. 백종(百種)이라고도 함. 이 무렵에 과일과 채소가 많이 나와, 백 가지 곡식의 씨앗[種子]을 갖추어 놓았다는 의미에서 유래된 명칭. 불교가 융성했던 신라·고려시대에는 이날 일반인까지 참석하는 법회를 열었으나, 조선시대 이후로 사찰에서만 행해짐. 근래 민간에서는 여러 과일과 음식을 마련하여 먹고 놂. 한편, 이 백중을 중원(中元)·망혼일(亡魂日)이라고도 함. '중원'은 도교(道敎)에서 나온 말로, 도교에서는 천상(天上)의 선관(仙官)이 1년에 세 번 인간의 선악(善惡)을 살핀다고 하는데 그때를 '원(元)'이라 함. 1월 15일을 상원(上元), 10월 15일을 하원(下元)이라고 하며, 7월 15일의 중원과 함께 삼원(三元)이라 하여 초제(醮祭: 하늘·땅·별에 제사 지내는 도교 의식)를 지내는 세시풍속이 있었음. '망혼일'은 죽은 부모의 혼을 위로하기 위해 이 날에 술·음식·과일을 차려놓고 제사를 지냈기 때문에 유래한 명칭.

44 백종(百種) : 온갖 과일. 백중 제물(祭物)[박병채]. 백종 상(床)[최철·박재민]. 많은 제물[김명준].

45 배(排)ᄒᆞ야 두고 : 차려 두고. 차려 놓고. '차리다'는 음식을 장만하여 먹을 수 있게 상 위에 벌이다.

46 니믈 ᄒᆞᆫᄃᆡ 녀가져 : 임과 함께 지내고자. 임과 함께 살아가고자.

47 원(願)을 비ᅀᆞᆸ노이다 : 원을 비옵니다. 소원을 빕니다.

아으 嘉俳(가배)나리마른[49]

니믈 뫼셔 녀곤[50]

오늘낤 嘉俳(가배)샷다[51]

아으 動動(동동)다리

10

九月(구월) 九日(구일)[52]에

아으 藥(약)이라 먹논[53]

黃花(황화) 고지 안해 드니[54]

새셔 가만ᄒᆞ애라[55]

아으 動動(동동)다리

---

48 팔월(八月)ㅅ 보로몬 : 8월의 보름은. 음력 8월 15일은.

49 가배(嘉俳)나리마른 : 가뱃날이지마는. 추석날이지만. '가배'는 가위·한가위의 근원이 되는 말로, 추석(秋夕)을 가리킴. 가위·한가위·추석은 명절의 하나로, 이 날에는 송편을 빚고 햇과일 등의 음식을 장만하여 차례(茶禮: 오전에 지내는 제사)를 지냄.

50 니믈 뫼셔 녀곤 : 임을 모시고 지내야. 임을 모시고 다니거든[박병채]. 임을 모셔 가고서야[최철·박재민]. 임을 모시어 살아가서는[이등룡].

51 오늘낤 가배(嘉俳)샷다 : 오늘날 가윗날이로다. 오늘이 추석입니다.

52 구월(九月) 구일(九日) : 음력 9월 9일은 명절의 하나인 중양(重陽). 중구(重九)라고도 함. 이 날 남자들은 시를 짓고, 각 가정에서는 국화주(菊花酒)나 국화떡을 만들어 먹고 놀았음.

53 약(藥)이라 먹논 : 약이라고 먹는. 약이기에 먹는.

54 황화(黃花) 고지 안해 드니 : 국화가 술통 안에 드니[최철·박재민]. 국화꽃이 안에 드니[양주동, 박병채, 이등룡]. 국화로 술을 빚어 넣으니[이응백(1978)]. '황화'는 국화꽃을 가리킴. 이응백은 '고지'를 '꽃이'가 아닌, 발효된 술을 걸러 빚는 도구로 보았고, 최철·박재민은 누룩 빚는 틀 또는 술통으로 보았음.

55 새서 가만ᄒᆞ애라 : (술 향기가) 새어 나와 은근히 풍기는구나[이응백]. 초가집이 조용하구나[남광우(1975), 김명준, 신재홍(2014)]. 금년도 늦어가는구나(새셔가+만ᄒᆞ애라)[양주동, 김형규]. 처음보다 아득하구나[박병채]. (향기가) 새서 은은하구나[최철·박재민]. 새로 거른 좋은 술 향기가 그윽하구나[황병익(2007)].

11

十月(시월)애

아으 져미연[56] ᄇᆞᄅᆞᆺ[57] 다호라

것거 ᄇᆞ리신 後(후)에[58]

디니실 ᄒᆞᆫ 부니 업스샷다[59]

아으 動動(동동)다리

12

十一月(십일월)ㅅ 봉당자리[60]예

아으 汗衫(한삼)[61] 두퍼 누워[62]

슬ᄒᆞᆯᄉᆞ라온뎌[63]

고우닐 스싀옴 녈셔[64]

---

56 져미연 : 저며 놓은. 얇게 썬. '저미다'는 여러 개의 작은 조각으로 얇게 베어 내다.

57 ᄇᆞᄅᆞᆺ : 보로쇠(보리수)[양주동, 전규태]. 고로쇠나무[박병채]. 목발[이등룡]. 화살나무[신재홍]. '보리수'는 장미목 보리수나무과에 속하는 관목. 어린 가지는 은백색을 띠며 가시가 달려 있음. 5~6월에 흰색이나 연노란색의 꽃이 피고, 붉은색의 열매는 10월에 익는데, 날것으로 먹음. 불교에서 말하는 '보리수(菩提樹)'와 다른 것임.

58 것거 ᄇᆞ리신 후(後)에 : 꺾어 버리신 뒤에.

59 디니실 ᄒᆞᆫ 부니 업스샷다 : 지니실 한 분이 없으시도다. 지니실 한 분이 없구나.

60 봉당(封堂)자리 : '봉당'은 안방과 건넌방 사이의 마루를 놓을 자리에 마루를 놓지 않고 흙바닥 그대로 둔 곳.

61 한삼(汗衫) : 저고리나 적삼 속에 껴입는 적삼. 저고리에 땀이 배지 않게 하기 위해 입음. 또는 손을 가리기 위해 두루마기·저고리 등의 윗옷 소매 끝에 흰 헝겊으로 길게 덧대는 소매. '적삼'은 윗도리에 입는 홑옷. 모양은 저고리와 같음.

62 두퍼 누워 : 덮어 누워. 덮고 누워. 덮어 놓아[신재홍].

63 슬ᄒᆞᆯᄉᆞ라온뎌 : 슬프게도 살아가는구나[김명준]. 슬픈 일이로다[양주동]. 슬퍼할 일보다 더한 것이여[김형규]. 슬픔을 사르고 있네[박병채]. 슬픔을 태우는구나[최철·박재민]. 슬픔을 삭여 왔구나[임재욱(2009)].

64 고우닐 스싀옴 녈셔 : 고운 임 떨어져 살아가네[박병채]. 고운 이와 떠나 저 혼자 살아감이여

아으 動動(동동)다리

13

十二月(십이월)ㅅ 분디남ᄀᆞ로 갓곤[65]

아으 나ᄉᆞᆯ 盤(반)잇[66] 져다호라[67]

니믜 알ᄑᆡ 드러[68] 얼이노니[69]

소니 가재다 므ᄅᆞᅀᆞᆸ노이다[70]

아으 動動(동동)다리

〈『樂學軌範』 卷5, 時用鄕樂呈才圖儀, 「牙拍」〉

[양주동, 최철·박재민]. 고운 임과 따로 스스로 살아가도다[김명준]. 임을 스스로 가게 하노라 [임재욱]. 고운 이를 저대로 둔 채 살아가는구나[신재홍].

65 분디남ᄀᆞ로 갓곤 : 분디나무로 깎은. '분디나무'는 줄기와 가지에 가시가 있으며, 8~9월에 흰 꽃이 핌. 봄에 새 잎을 국에 넣어 먹기도 하고, 씨를 빻아서 추어탕에 넣어 먹으며, 열매는 약으로 쓰기도 함. 산초(山椒)나무·분지나무라고도 함.

66 나ᄉᆞᆯ 반(盤)잇 : 차려 올릴 소반(小盤)에 있는. 드리는 상 위의. '소반'은 자그마한 밥상.

67 져다호라 : 저다워라. 젓가락과 같구나. '저'는 젓가락.

68 니믜 알ᄑᆡ 드러 : 임의 앞에 (젓가락을) 들어서.

69 얼이노니 : 가지런히 놓으니. 나란히 두니.

70 소니 가재다 므ᄅᆞᅀᆞᆸ노이다 : 손님이 가져다가 (입에) 뭅니다. 손님이 가져다가 물려받습니다 [임재욱]. 손님이 (상을) 갖게 하였다가 물립니다[이등룡]. 빈객(賓客)이 가져다 내려 버리는구나[박재민(2013)]. 손이 나란히 한 탓에 (내가) 물러납니다[신재홍].

처용가處容歌

작자미상

前腔(전강)[1] 新羅盛代(신라성대) 昭盛代(소성대)[2]
天下太平(천하태평)[3] 羅侯德(나후덕)[4]
處容(처용)아바[5]
以是人生(이시인생)애 相不語(상불어)ᄒᆞ시란ᄃᆡ[6]
以是人生(이시인생)애 相不語(상불어)ᄒᆞ시란ᄃᆡ

附葉(부엽) 三災[7]八難[8](삼재팔난)이 一時消滅(일시소멸)ᄒᆞ샷다[9]

---

1 '전강(全腔)'부터 '소엽(小葉)'까지는 모두 곡조(曲調)의 이름.

2 신라성대(新羅盛代) 소성대(昭盛代) : 신라의 태평성대, 밝고 밝은 태평성대. '성대'는 국운이 번창하고 태평한 시대.

3 천하태평(天下太平) : 정치가 잘되어 온 세상이 평화로움. '천하'는 하늘 아래 온 세상. 또는 한 나라 전체. '태평'은 나라가 안정되어 아무 걱정 없고 평안함.

4 나후덕(羅侯德) : 나후의 덕. '나후'는 신라의 왕, 곧 헌강왕(憲康王)을 가리킴[김동욱(1955), 정운채(1998), 박일용(2017)]. 범어 Rahu의 음역으로, 구요성(九曜星) 중 제8성인 일월(日月)을 가리는 식신(蝕神) 라후(羅睺). 처용을 가리킴[양주동(1947), 김형규(1957), 박병채(1994), 최철·박재민(2003)].

5 처용(處容)아바 : 처용아비야! 처용아비여! '아비'는 '아버지'의 낮춤말. 또는 다 큰 남자.

6 이시인생(以是人生)애 상불어(相不語)ᄒᆞ시란ᄃᆡ : 사람으로 살면서 서로 말씀을 안하셨기에. 사람이 이로부터 별말이 없게 되니[전규태(1978)]. 이로써 인생에 서로 말하지 않으면[박병채]. 이 인생에 말씀을 안 하시기에[최철·박재민]. 이러하니 사람이 살면서 서로 (불평하는) 말을 하지 않으신다면[박일용]. 『악장가사(樂章歌詞)』에 수록된 〈처용가〉에는 '상불어(相不語)'가 '상불어(常不語: 항상 말하지 않음)'로 되어 있음.

7 삼재(三災) : 사람에게 닥치는 세 가지 재해. 도병(刀兵)·기근(饑饉)·질역(疾疫). 또는 화재(火災)·수재(水災)·풍재(風災)의 세 가지 재앙.

8 팔난(八難) : 여덟 가지의 괴로움이나 어려움. 배고픔·목마름·추위·더위·물·불·칼·전쟁. 또는 부처를 보지 못하고 불법(佛法)을 듣지 못하는 여덟 가지의 장애와 어려움. 재지옥(在地獄)·

中葉(중엽)　어와[10] 아븨 즈ᅀᅵ여[11] 處容(처용)아븨 즈ᅀᅵ여

附葉(부엽)　滿頭揷花(만두삽화)[12] 계오샤[13] 기울어신 머리예[14]

小葉(소엽)　아으[15] 壽命長願(수명장원)[16]ᄒᆞ샤 넙거신 니마해[17]

後腔(후강)　山象(산상) 이슷[18] 깅어신 눈섭에[19]

愛人相見(애인상견)[20]ᄒᆞ샤 오ᄋᆞᆯ어신 누네[21]

附葉(부엽)　風入盈庭(풍입영정)[22]ᄒᆞ샤 우글어신 귀예[23]

中葉(중엽)　紅桃花(홍도화)ᄀᆞ티[24] 븕거신 모야해[25]

재아귀(在餓鬼)·재축생(在畜生)·재장수천(在長壽天)·재울단월(在鬱單越)·맹롱음아(盲聾瘖瘂)·세지변총(世智辯聰)·불전불후(佛前佛後)의 어려움.

9 일시소멸(一時消滅)ᄒᆞ샷다 : 일시에 소멸하시도다. 한꺼번에 소멸하리로다. '-샷다'는 존귀(尊貴)한 대상에 대한 감탄형 종결어미.

10 어와 : 감탄사.

11 아븨 즈ᅀᅵ여 : 아비의 모습이여. 아비의 모양이여.

12 만두삽화(滿頭揷花) : 머리 위에 가득 꽂은 꽃.

13 계오샤 : 이기지 못하시어. 참거나 견뎌내기 어려우시어.

14 기울어신 머리예 : 기울어지신 머리에.

15 아으 : 감탄사. 아!

16 수명장원(壽命長願) : 수명이 길기를 바람. 『악장가사』 소재 〈처용가〉에는 '수명장원(壽命長遠: 수명이 길고 오래됨)'으로 되어 있음.

17 넙거신 니마해 : 넓으신 이마에.

18 산상(山象) 이슷 : 산의 모습과 비슷한.

19 깅어신 눈섭에 : 무성(茂盛)하신 눈썹에.

20 애인상견(愛人相見) : 사랑하는 사람을 바라봄.

21 오ᄋᆞᆯ어신 누네 : 넓고 긴 눈에[최철·박재민]. 온전한 눈에[전규태]. 원만하신 눈에[박병채]. 너그러운 눈에[임기중(2002)].

22 풍입영정(風入盈庭) : 바람이 불어 뜰에 가득 참.

23 우글어신 귀예 : 우그러지신 귀에. 두터운 귀에[최철·박재민]. '우그러지다'는 물체가 안쪽으로 우묵하게 휘어지다.

24 홍도화(紅桃花)ᄀᆞ티 : 붉은 복숭아꽃같이.

25 븕거신 모야해 : 붉으신 얼굴에. 붉으신 뺨에[최철·박재민].

附葉(부엽)　　五香(오향) 마ᄐᆞ샤[26] 웅긔어신 고해[27]

小葉(소엽)　　아으 千金(천금) 머그샤[28] 어위어신 이베[29]

大葉(대엽)　　白玉琉璃(백옥유리)ᄀᆞ티[30] ᄒᆡ여신 닛바래[31]

人讚福盛(인찬복성)[32] ᄒᆞ샤 미나거신 톡애[33]

七寶(칠보) 계우샤[34] 숙거신 엇게예[35]

吉慶(길경) 계우샤[36] 늘의어신 ᄉᆞ맷길헤[37]

附葉(부엽)　　설믜[38] 모도와[39] 有德(유덕)ᄒᆞ신 가ᄉᆞ매[40]

---

26 오향(五香) 마ᄐᆞ샤 : 다섯 가지 향을 맡으시어. 오행(五行) 사상에 입각한 오방(五方)·오색(五色)·오미(五味) 등의 구분과 마찬가지로, 여기에서 '오향'은 모든 향의 의미로 쓰인 듯.

27 웅긔어신 고해 : 우묵하신 코에. '우묵하다'는 가운데가 둥그스름하게 푹 패거나 들어가 있는 상태.

28 천금(千金) 머그샤 : 천금을 머금으시어. '천금'은 엽전 천 냥이라는 뜻으로, 많은 돈이나 비싼 값을 비유적으로 이르는 말.

29 어위어신 이베 : 넓으신 입에.

30 백옥유리(白玉琉璃)ᄀᆞ티 : 백옥과 유리같이. '백옥'은 빛깔이 하얀 옥.

31 ᄒᆡ여신 닛바래 : 희신 이빨에. 흰 이빨에. 'ᄒᆡ여신'은 'ᄒᆡ어신'의 잘못인 듯. 『악장가사』의 <처용가>에는 'ᄒᆡ어신'으로 되어 있음.

32 인찬복성(人讚福盛) : 사람들이 복이 많다고 칭찬함. 남들이 칭찬하고 복이 성함[박병채, 김명준(2017)].

33 미나거신 톡애 : 내미신 턱에.

34 칠보(七寶) 계우샤 : 칠보의 무게를 이기지 못하시어. 칠보가 무거워. '칠보'는 일곱 가지의 보배. 『무량수경(無量壽經)』에는 금·은·유리·파리(玻璃)·마노(瑪瑙)·거거(車渠)·산호(珊瑚)로 되어 있고, 『법화경(法華經)』에는 금·은·마노·유리·거거·진주(眞珠)·매괴(玫瑰)로 되어 있음.

35 숙거신 엇게예 : 숙이신 어깨에.

36 길경(吉慶) 계우샤 : 길경의 무게를 이기지 못하시어. 길경이 무거워. '길경'은 처용무(處容舞)를 출 때 소매 끝에 매다는 소품[최철·박재민]. 『악학궤범』 권9 관복도설(冠服圖說)에 길경의 그림이 있음.

37 늘의어신 ᄉᆞ맷길헤 : 늘어지신 소맷길에. '소맷길'은 옷의 소매가 되는 조각.

38 설믜 : 슬기. 지견(知見)·지혜(知慧)의 의미인 듯[양주동]. '슬기'는 사리를 바르게 판단하고 일을 잘 처리해 내는 재능. '지견'은 지식과 견문. 『악장가사』의 <처용가>에는 '설믜'로 되어 있음.

39 모도와 : 모두어. 모아.

40 유덕(有德)ᄒᆞ신 가ᄉᆞ매 : 유덕하신 가슴에. '유덕하다'는 덕이나 덕망(德望)이 있다.

中葉(중엽)　福智俱足(복지구족)[41] ᄒᆞ샤 브르거신 ᄇᆡ예[42]

紅鞓(홍정) 계우샤[43] 굽거신 허리예[44]

附葉(부엽)　同樂大平(동락대평)[45] ᄒᆞ샤 길어신 허튀예[46]

小葉(소엽)　아으 界面(계면) 도ᄅᆞ샤[47] 넙거신 바래[48]

前腔(전강)　누고 지ᅀᅥ 셰니오[49] 누고 지ᅀᅥ 셰니오

바늘도 실도 어ᄡᅵ[50] 바늘도 실도 어ᄡᅵ

附葉(부엽)　處容(처용)아비를 누고 지ᅀᅥ 셰니오

中葉(중엽)　마아만 마아만ᄒᆞ니여[51]

附葉(부엽)　十二諸國(십이제국)[52]이 모다 지ᅀᅥ 셰온[53]

小葉(소엽)　아으 處容(처용)아비를 마아만ᄒᆞ니여

---

41 복지구족(福智俱足) : 복과 지혜가 모두 넉넉함.

42 브르거신 ᄇᆡ예 : 부르신 배에. 불룩한 배에.

43 홍정(紅鞓) 계우샤 : 홍정의 무게를 이기지 못하시어. 홍정이 무거워. '홍정'은 붉은색의 가죽 띠.

44 굽거신 허리예 : 굽으신 허리에.

45 동락대평(同樂大平) : 태평성대를 같이 즐김.

46 길어신 허튀에 : 기신 다리에. '허튀'는 다리 전체·장딴지·정강이를 모두 가리킴.

47 계면(界面) 도ᄅᆞ샤 : 계면조(界面調)의 음악에 맞춰 도시어. '계면조'는 한국 전통음악의 하나로, 슬프고 처절한 느낌의 곡조. 역신 퇴치를 위해 도시어[최철·박재민]. 무당의 활동 구역을 도시어[이등룡(2010)].

48 넙거신 바래 : 넓으신 발에.

49 누고 지ᅀᅥ 셰니오 : 누가 지어 세웠는가? 누가 만들어 세웠나?

50 바늘도 실도 어ᄡᅵ : 바늘도 실도 없이. '어ᄡᅵ'는 『악장가사』의 〈처용가〉에는 '업시'로 되어 있음.

51 마아만 마아만ᄒᆞ니여 : 많이도 많이도 세워 놓았구나[임기중, 김명준]. 많은 이여[양주동]. 많고 많은 사람들이여[박병채]. 경외(敬畏)하는 이여, 경외하는 이여[최철·박재민]. 마아(麻兒·麽兒·亇兒: 군사훈련에 쓰였던 사람 형상의 우상)쯤으로, 마아쯤으로 여기는가?[임주탁(2005)] 얕잡아보았느냐? 무시하였느냐?[유동석(2012)]

52 십이제국(十二諸國) : 열 두 나라들이. 모든 나라의 의미로 쓰인 듯.

53 모다 지ᅀᅥ 셰온 : 모여 지어 세운. 모여서 만들어 세운.

後腔(후강)　머자[54] 외야자[55] 綠李(녹리)[56]야

ᄲᆞᆯ리 나[57] 내 신고ᄒᆞᆯ ᄆᆡ야라[58]

附葉(부엽)　아니옷 ᄆᆡ시면[59] 나리어다 머즌 말[60]

中葉(중엽)　東京(동경) ᄇᆞᆯ근 ᄃᆞ래[61] 새도록 노니다가[62]

附葉(부엽)　드러 내 자리ᄅᆞᆯ 보니[63] 가ᄅᆞ리 네히로섀라[64]

小葉(소엽)　아으 둘흔 내 해어니와 둘흔 뉘 해어니오[65]

大葉(대엽)　이런 저긔[66] 處容(처용)아비옷 보시면

熱病神(열병신)이ᅀᅡ[67] 膾(회)ㅅ가시다[68]

---

54 머자 : 흉하구나[박일용]. 버찌야[양주동, 김형규, 박병채, 이등룡]. 능금(작은 사과류)인지[최철·박재민]. '멎자(궂은·흉한)'의 오기(誤記)로, 악하기도 하고[강헌규(2010)]. '버찌'는 벚나무의 열매.

55 외야자 : 잘못되었구나[박일용]. 오얏아[양주동, 김형규, 박병채, 최철·박재민, 이등룡]. 못되기도 한[강헌규]. '오얏'은 자두.

56 녹리(綠李) : 푸른 옷을 입은 벼슬아치 또는 심부름꾼[박일용]. 오얏의 한 품종[최철·박재민, 이등룡]. 검은 옥관(獄官)·검은 사자(使者)[강헌규]. 녹색의 하급 관복을 입은 관료[임주탁].

57 ᄲᆞᆯ리 나 : 빨리 나와.

58 내 신고ᄒᆞᆯ ᄆᆡ야라 : 내 신코를 매어라. 나의 신발끈을 매어라. '신코'는 신발의 앞쪽 끝의 뾰족한 곳.

59 아니옷 ᄆᆡ시면 : 아니 맨다면. 매지 않는다면. '옷'은 강세보조사.

60 나리어다 머즌 말 : 내릴 것이다, 험한 말. '머즌'은 '궂은·흉한'의 뜻. '궂다'는 좋지 않고 험하다.

61 동경(東京) ᄇᆞᆯ근 ᄃᆞ래 : 동경 밝은 달에. 동경의 밝은 달 아래. '동경'은 신라의 수도였던 경상북도 경주시(慶州市)를 가리킴. 고려시대에는 '경주'를 '동경'이라고 했음.

62 새도록 노니다가 : 새도록 노닐다가. 밤새도록 노닐다가. '노닐다'는 한가하게 이리저리 왔다 갔다 하면서 놀다.

63 드러 내 자리ᄅᆞᆯ 보니 : 들어와 내 잠자리를 보니.

64 가ᄅᆞ리 네히로섀라 : 다리가 넷이로구나.

65 둘흔 내 해어니와 둘흔 뉘 해어니오 : 둘은 내 것이거니와 둘은 누구 것이오? '-어니와'는 역접의 연결어미, '-어니오'는 의문형 종결어미.

66 이런 저긔 : 이런 때에. 이럴 적에.

67 열병신(熱病神)이ᅀᅡ : 열병신이야. '열병신'은 열병을 옮기는 신. '열병'은 열이 몹시 오르고 심

千金(천금)을 주리여[69] 處容(처용)아바
七寶(칠보)를 주리여 處容(처용)아바

附葉(부엽) 千金(천금) 七寶(칠보) 말오[70]
熱病神(열병신)를 날 자바 주쇼셔[71]

中葉(중엽) 山(산)이여 ᄆᆡ히여 千里外예[72]

附葉(부엽) 處容(처용)아비ᄅᆞᆯ 어여 려거져[73]

小葉(소엽) 아으 熱病大神(열병대신)의 發願(발원)이샷다[74]

〈『樂學軌範』卷5, 時用鄕樂呈才圖儀,「鶴蓮花臺處容舞合設」〉

하게 앓는 병. 또는 장티푸스. 그러나 여기서는 천연두(天然痘)를 옮기는 신을 가리킴. '천연두'는 감염력이 매우 강하고 사망률이 높은 전염병. 열이 몹시 나고 온몸에 발진(發疹)이 생겨 딱지가 저절로 떨어지기 전에 긁으면 얽게 됨.

68 회(膾)ㅅ가시다 : 회거리로다. 횟감이로다. '횟감'은 회를 만드는 데에 쓰는 고기나 생선.

69 천금(千金)을 주리여 : 천금을 주겠느냐?[김형규, 박병채] 천금을 줄까?[전규태. 임기중, 김명준] 천금을 줄까요?[최철·박재민] 천금을 줄 사람이여[이등룡].

70 천금(千金) 칠보(七寶) 말오 : 천금과 칠보는 말고. 『악장가사』의 〈처용가〉에는 "천금 칠보도 마오"로 되어 있음.

71 날 자바 주쇼셔 : 나에게 잡아 주소서. 잡아서 나를 주소서.

72 산(山)이여 ᄆᆡ히여 천리외(千里外)예 : 산이나 들이나 천 리 밖에. 'ᄆᆡ'는 들[野]의 옛말.

73 어여 려거져 : 피해서 가고자. 피해 다니고자. 『악장가사』의 〈처용가〉에는 "어여 녀거져"로 되어 있음. '어여'는 '빙두르다, 피하다'의 의미. '녀거져'는 '가고 싶구나, 다니고 싶구나'의 뜻.

74 발원(發願)이샷다 : 발원이시도다. 발원이로다. '발원'은 신이나 부처에게 소원을 빎. 또는 그 소원.

뎡셕가鄭石歌

작자미상

1

딩아 돌하[1] 당금當今[2]에 계샹이다[3]

딩아 돌하 당금當今에 계샹이다

션왕셩디先王聖代[4]예 노니ᄋᆞ와지이다[5]

2

삭삭기[6] 셰몰애[7] 별헤[8] 나ᄂᆞᆫ[9]

---

1 딩아 돌하 : 편종(編鐘)이여 편경(編磬)이여[박재민(2012)]. 징이여 돌이여(금석악기인 징과 석경(石磬))[양주동(1947), 박병채(1994)]. 몽골어 tengri dora의 음차로, '하늘아래'의 뜻[임주탁(1996)]. 금경(金磬)아 석경(石磬)아[최철·박재민(2003)]. 연자방아시여[이등룡[2010]]. '편종'은 아악기(雅樂器)의 하나로, 두 층의 걸이가 있는 틀에 12율(律)의 순서로 조율된 종을 한 단에 여덟 개씩 달아 망치로 치는 타악기. '편경'은 아악기의 하나로, 두 층의 걸이가 있는 틀에 한 층마다 두께에 따라 서로 다른 여덟 개씩의 돌을 매어 달고 치는 타악기.

2 당금(當今) : 일이 있는 바로 지금. 또는 바로 이제. 임금의 자리[임주탁]. 여기에[김명준(2017)].

3 계샹이다 : 계십니다. 구비되어 있습니다[박재민]. 편종과 편경은 모든 악기의 조율 기준이 되던 것으로, 이 두 악기가 '지금 계신다'는 노랫말은 아악(雅樂: 제향·조회·책봉의 궁중의식에 쓰이는 음악)이 현재 구비 내지 정비되어 있음을 뜻함.

4 선왕성대(先王聖代) : 옛날 어진 임금의 태평성대. '선왕'은 선대(先代)의 임금. 또는 옛날의 어진 임금. '성대'는 어진 임금이 다스리는 세상 또는 시대를 높여 이르는 말.

5 노니ᄋᆞ와지이다 : 노닐고 싶습니다. 놀고 싶습니다. '노닐다'는 한가하게 이리저리 왔다 갔다 하면서 놀다.

6 삭삭기 : 보드라운[최철·박재민]. 바삭바삭한[양주동, 박병채]. 연자방아의 속칭[이등룡]. '보드랍다'는 가루·모래 등이 잘고 곱다.

삭삭기 셰몰애 별헤 나ᄂᆞᆫ
구은 밤 닷 되를[10] 심고이다[11]
그 바미 우미 도다[12] 삭 나거시아[13]
그 바미 우미 도다 삭 나거시아
유덕有德ᄒᆞ신[14] 님믈 여ᄒᆡᄋᆞ와지이다[15]

3
옥玉으로 련蓮ㅅ고즐 사교이다[16]
옥玉으로 련蓮ㅅ고즐 사교이다
바회 우희[17] 졉듀接柱ᄒᆞ요이다[18]
그 고지[19] 삼동三同[20]이 퓌거시아[21]

---

7 셰몰애 : 세(細)모래. 가늘고 고운 모래.

8 별헤 : 물가에[양주동]. 벼랑에[박병채, 김명준]. 언덕에[최철·박재민]. 계곡에[이등룡].

9 나ᄂᆞᆫ : 악률(樂律)을 맞추기 위한 의미 없는 말. '나는' 또는 '내가'[김명준].

10 구은 밤 닷 되를 : 구운 밤 다섯 되를. '되'는 부피의 단위. 곡식·가루·액체 등의 부피를 잴 때 쓰임. 한 되는 약 1.8L에 해당함.

11 심고이다 : 심습니다.

12 그 바미 우미 도다 : 그 밤이 움이 돋아. '움'은 풀이나 나무에 새로 돋아 나오는 싹.

13 삭 나거시아 : 싹이 나고서야. 싹이 나 있어야.

14 유덕(有德)ᄒᆞ신 : 덕이나 덕망이 있으신.

15 님믈 여ᄒᆡᄋᆞ와지이다 : 임을 여의고 싶습니다. 임과 이별하고 싶습니다.

16 연(蓮)ㅅ고즐 사교이다 : 연꽃을 새깁니다. 연꽃을 조각(彫刻)합니다.

17 바회 우희 : 바위 위에.

18 접주(接柱)ᄒᆞ요이다 : 접붙이기 합니다. 접을 붙입니다. '접'은 나무의 품종 개량 또는 번식을 위해 한 나무에 다른 나무의 가지나 눈을 따다 붙이는 일.

19 그 고지 : 그 꽃이.

20 삼동(三同) : 세 송이[최철·박재민]. 삼백송이[양주동, 박병채]. 세 묶음[김형규(1957)]. 평생 동안[손종흠(1998)]. 셋(잎·꽃·열매)이 동시에[이등룡, 김명준].

그 고지 삼동三同이 퓌거시아
유덕有德ᄒᆞ신 님 여히ᄋᆞ와지이다

4

므쇠로[22] 텰릭[23]을 몰아[24] 나ᄂᆞᆫ
므쇠로 텰릭을 몰아 나ᄂᆞᆫ
텰ᄉᆞ鐵絲[25]로 주롬 바고이다[26]
그 오시[27] 다 헐어시아[28]
그 오시 다 헐어시아
유덕有德ᄒᆞ신 님 여히ᄋᆞ와지이다

5

므쇠로 한쇼[29]를 디여다가[30]
므쇠로 한쇼를 디여다가

---

21 퓌거시아 : 피고서야. 피어 있어야.

22 므쇠로 : 무쇠로. '무쇠'는 탄소를 함유하는 철의 합금(合金). 주조(鑄造)하기가 쉬워 공업 재료로 널리 쓰임.

23 텰릭 : 철릭. 무관(武官)이 입던 공복(公服). 깃이 곧고 허리가 넓으며, 허리에 주름이 잡히고 큰 소매가 달렸음.

24 몰아 : 마름질하여. 재단(裁斷)하여. '재단'과 '마름질'은 옷감이나 재목을 치수에 맞도록 재거나 자름.

25 철사(鐵絲) : 쇠로 만든 가는 줄.

26 주롬 바고이다 : 주름을 박습니다. '박다'는 붙이거나 끼워 넣다.

27 그 오시 : 그 옷이.

28 다 헐어시아 : 다 헐어 있어야만. 다 헐고서야. '헐다'는 물건이 오래되거나 많이 써서 낡아지다.

29 한쇼 : 큰 소.

30 디여다가 : 지어다가. 만들어다가.

텰슈산鐵樹山[31]애 노호이다[32]
그 쇠[33] 텰초鐵草[34]를 머거아[35]
그 쇠 텰초鐵草를 머거아
유덕有德ᄒᆞ신 님 여히ᄋᆞ와지이다

6
구스리[36] 바회예 디신돌[37]
구스리 바회예 디신돌
긴힛ᄃᆞᆫ[38] 그츠리잇가[39]
즈믄 ᄒᆡ롤[40] 외오곰[41] 녀신돌[42]
즈믄 ᄒᆡ롤 외오곰 녀신돌
신信잇ᄃᆞᆫ[43] 그츠리잇가

〈『樂章歌詞』, 歌詞 上〉

---

31 철수산(鐵樹山) : 쇠나무 산. 쇠로된 나무가 있는 산.
32 노호이다 : 놓습니다. 놓아둡니다.
33 그 쇠 : 그 소가.
34 철초(鐵草) : 쇠풀. 쇠로 된 풀.
35 머거아 : 먹어야.
36 구스리 : 구슬이.
37 바회예 디신돌 : 바위에 떨어진들. 바위에 떨어져도.
38 긴힛ᄃᆞᆫ : 끈이야.
39 그츠리잇가 : 끊길 것입니까? 끊어지겠습니까?
40 즈믄 ᄒᆡ롤 : 천년(千年)을. '즈믄'은 '천(千)'의 옛말.
41 외오곰 : 따로. 홀로. '-곰'은 강세접미사.
42 녀신돌 : 살아간들. 지낸들.
43 신(信)잇ᄃᆞᆫ : 믿음이야.

청산별곡青山別曲

작자미상

1

살어리[1] 살어리랏다[2]

쳥산靑山[3]애 살어리랏다

멀위랑 ᄃᆞ래랑[4] 먹고

쳥산靑山애 살어리랏다

얄리얄리 얄랑셩 얄라리 얄라[5]

2

---

1 살어리 : '살어리랏다'에서 '-랏다'를 생략한 것.

2 살어리랏다 : 살아갈 것이러라[양주동(1947)]. 살으리라[전규태(1978)]. 살아갈 것이로다[박병채(1994)]. 살았을 것임에 틀림없다[최철·박재민(2003)]. 살아야 할 것이었다[임주탁(2003)]. 살 수 없는 것이었다[강헌규(2004)]. (~했다면 틀림없이) 살았으리라[박재민(2012)].

3 청산(靑山) : 풀과 나무가 무성한 푸른 산. 여기서는 6연의 '바다'와 함께 '속세를 벗어난 공간'을 의미함.

4 멀위랑 ᄃᆞ래랑 : 머루랑 다래랑. 머루와 다래를. '머루'는 작고 동그란 모양의 산과일. 과육과 액즙이 많고 씨가 있는데, 9~10월에 검은색으로 익음. 산포도(山葡萄)라고도 함. '다래'는 작은 계란 모양의 산과일. 과육과 액즙이 있고 속에 씨가 들어 있는데, 10월에 황록색으로 익음. 미후도(獼猴桃)라고도 함. '-랑'은 둘 이상의 사물을 같은 자격으로 이어주는 접속 조사.

5 얄리얄리 얄랑셩 얄라리 얄라 : 악률(樂律)을 맞추기 위한 의미 없는 말. 몽골어를 표기한 것이라는 견해도 있음. 그 뜻을 "이기자, 이기자. 이긴다. 이기리라. 이겼노라, 이겨!"[최기호(2002)] 또는 "대량(大量)이 되십시오! 대량이 되십시오! (우리) 대량이 되게 하십시다, 곡식이! 대량이 됨을 주십시오! 대량이 되게 하십시다!"[성호경(2020)]로 보고 있음. 이등룡(2010)은 돌궐어의 표기로 보고, "달래달래 외로움 달래라 달래"로 풀이하고 있음.

우러라[6] 우러라 새여
자고 니러[7] 우러라 새여
널라와[8] 시름 한 나도[9]
자고 니러 우니로라[10]
얄리얄리 얄라셩 얄라리 얄라

3
가던 새[11] 가던 새 본다[12]
믈 아래[13] 가던 새 본다
잉 무든[14] 장글란[15] 가지고
믈 아래 가던 새 본다
얄리얄리 얄라셩 얄라리 얄라

4

---

6 우러라 : 울어라.

7 자고 니러 : 자고 일어나.

8 널라와 : 너보다.

9 시름 한 나도 : 시름 많은 나도. '시름'은 마음에 걸려 풀리지 않고 항상 남아 있는 근심과 걱정.

10 우니로라 : 울고 있노라.

11 가던 새 : 날아가던 새. 갈던 사래(밭)[서재극(1968)]. 갈던 새(띠·억새 등의 벼과에 속하는 여러해살이풀의 총칭)[이등룡].

12 본다 : 보았느냐?[최철·박재민, 임주탁, 이등룡] 본다[양주동, 임기중(2002)]. 보느냐?[박병채, 강헌규, 김명준(2017)]

13 믈 아래 : 물 아래. 평원지대[정병욱(1977), 임주탁]. 물아래 마을[서재극].

14 잉 무든 : 이끼 묻은. 녹슨[정병욱], 날이 무딘[이등룡].

15 장글란 : 쟁기일랑. 쟁기를. '쟁기'는 논밭을 가는 데 쓰는 농기구.

이링공 뎌링공ᄒᆞ야[16]

나즈란[17] 디내와숀뎌[18]

오리도 가리도 업슨[19]

바므란[20] ᄯᅩ 엇디호리라[21]

얄리얄리 얄라셩 얄라리 얄라

5

어듸라 더디던[22] 돌코[23]

누리라 마치던[24] 돌코

믜리도 괴리도 업시[25]

마자셔 우니노라[26]

얄리얄리 얄라셩 얄라리 얄라

6

---

16 이링공 뎌링공ᄒᆞ야 : 이럭저럭하여[전규태, 임기중, 최철·박재민]. 이리하고 저리하여[양주동, 이등룡]. 이러고 저러고 하여[박병채]. '이럭저럭하다'는 정한 방법이 따로 없이 이렇게 저렇게 되어 가는 대로 하다.

17 나즈란 : 낮일랑. 낮은.

18 디내와숀뎌 : 지내왔지만. 지내왔구나[전규태, 박병채, 이등룡].

19 오리도 가리도 업슨 : 올 사람도 갈 사람도 없는.

20 바므란 : 밤일랑. 밤은.

21 ᄯᅩ 엇디 호리라 : 또 어찌하리오?

22 어듸라 더디던 : 어디라서 던지던. 어디에 던지려던.

23 돌코 : 돌인가?

24 누리라 마치던 : 누구라서 맞히던. 누구를 맞히려던.

25 믜리도 괴리도 업시 : 미워할 사람도 사랑할 사람도 없이.

26 마자셔 우니노라 : 맞아서 울고 있노라.

살어리 살어리랏다

바ᄅᆞ래[27] 살어리랏다

ᄂᆞᄆᆞ자기[28] 구조개랑[29] 먹고

바ᄅᆞ래 살어리랏다

얄리얄리 얄라셩 얄라리 얄라

7

가다가 가다가 드로라[30]

에정지[31] 가다가 드로라

사ᄉᆞ미 짒대예[32] 올아셔[33]

ᄒᆡ금奚琴을 혀거를[34] 드로라

얄리얄리 얄라셩 얄라리 얄라

---

27 바ᄅᆞ래 : 바다에.

28 ᄂᆞᄆᆞ자기 : 나문재기. 바닷가 모래땅에서 자라는 명아줏과의 한해살이풀. 7~8월에 누런 풀색의 꽃이 피고, 어린잎은 식용함. 나문재라고도 함.

29 구조개랑 : 굴과 조개랑. 굴과 조개를. 조개의 일종[양주동]. 굴[최철·박재민, 이등룡].

30 드로라 : 듣노라. 들어오라[이등룡].

31 에정지 : 예정지(豫定地)의 오기(誤記)[박병욱(1990), 김명준]. 외딴 부엌[양주동, 임기중]. 해저물 무렵[서재극]. 벌판[전규태]. 낙지(樂地)·정토(淨土)에 가까운 곳, 곧 1연의 '청산'을 가리킴[박병채]. 배의 형상을 한 외딴 지형[최철·박재민]. 아종지, 곧 백아(伯牙)와 종자기(鍾子期)의 줄임말[강헌규]. 가축을 수용하는 시설이 있는 장소[이등룡]. 어정지(御井址), 곧 임금이 마시는 물을 긷는 우물터[임재욱(2021)].

32 사ᄉᆞ미 짒대예 : 사슴이 짐대에. '짐대'는 당간(幢竿: 기를 달아 세우는 대). 또는 돛대. 솟대를 가리키기도 함. '솟대'는 마을 수호신 및 경계의 상징으로 마을 입구에 세운 장대. 여기서는 당간의 뜻으로 쓰인 듯함.

33 올아셔 : 올라가서. 올라 있어[박병채, 김명준]. 매달려서[임기중].

34 해금(奚琴)을 혀거를 : 해금을 켜는 것을. 해금을 연주하는 것을. '해금'은 두 줄로 된 현악기로, 속이 빈 둥근 나무의 한쪽에 오동나무 복판을 붙이고 긴 나무를 꽂아 줄을 활 모양으로 건 악기.

8

가다니[35] ᄇᆡ브른 도긔[36]

설진[37] 강수[38]를 비조라[39]

조롱곳 누로기[40] ᄆᆡ와[41]

잡ᄉᆞ와니[42] 내 엇디 ᄒᆞ리잇고[43]

얄리얄리 얄라셩 얄라리 얄라

〈『樂章歌詞』, 歌詞 上〉

---

35 가다니 : 가다가 보니[최철·박재민]. 가더니[양주동, 전규태]. 가고 있는데[임기중, 김명준]. 아내[강헌규].

36 ᄇᆡ브른 도긔 : 배가 불룩한 독에. '독'은 간장·술·김치 등을 담가 두는 데에 쓰는 큰 오지그릇이나 질그릇.

37 설진 : 농도가 강한[양주동, 임기중]. 텁텁하고 진한[전규태]. 덜 익은[박병채, 김명준]. 먹음직한[최철·박재민]. 맛이 좋은[강헌규]. 잘 익은[이등룡]. 자글자글 익어가는[박재민].

38 강수 : 강(强)술. 강주(强酒). 알코올 성분이 많은 독한 술.

39 비조라 : 빚는구나. '빚다'는 지에밥과 누룩을 버무리어 술을 담그다. '지에밥'은 찹쌀이나 멥쌀을 물에 불려서 시루에 찐 밥. '누룩'은 술을 담그는 데 쓰는 발효제. 밀이나 찐 콩 등을 굵게 갈아 반죽하여 덩이를 만들어 띄워서 누룩곰팡이를 번식시켜 만듦.

40 조롱곳 누로기: 조롱박꽃 모양의 누룩이, 또는 조롱박꽃같이 하얗게 잘 발효된 누룩이[양주동]. 조롱박만한 누룩이[서재극]. 조롱박꽃 누룩이[박병채, 임기중, 이등룡, 김명준]. 조롱바가지를 틀로 하여 모양을 만든 누룩이[최철·박재민]. 부추와 술[강헌규]. '조롱박'은 박과의 한해살이 덩굴풀. 줄기는 덩굴지고, 잎에는 털이 있으며, 7월에 깔때기 모양의 흰 꽃이 핌. 열매는 길쭉하고 가운데가 잘록한 모양으로, 껍질이 단단하여 말려서 그릇으로 씀.

41 ᄆᆡ와 : 매워. 독하여. 미워하여[임재욱(2020)].

42 잡ᄉᆞ와니 : 잡으니. 붙잡으니. 마시니[박병채]. 먹으니[강헌규].

43 내 엇디 ᄒᆞ리잇고 : 내가 어찌하리오?

서경별곡西京別曲

작자미상

1

서경西京[1]이 아즐가[2]
서경西京이 셔울히마르는[3]
위[4] 두어렁셩 두어렁셩 다링디리[5]

닷곤 딕[6] 아즐가
닷곤 딕 쇼셩경[7] 고외마른[8]

1 서경(西京) : 고려시대의 사경(四京) 가운데 지금의 평안남도 평양시(平壤市)에 해당하는 행정구역.

2 아즐가 : 악률(樂律)을 맞추기 위한 의미 없는 말. 사라질까?[이등룡(2010)]

3 셔울히마르는 : 서울이지마는. '서울'은 한 나라의 중앙 정부가 있고, 경제·문화·정치 등에서 가장 중심이 되는 도시. 여기서는 서경이 나라의 중심지로서 중요시하던 '사경(四京)'의 하나임을 강조한 말인 듯.

4 위 : 감탄사. 아!

5 두어렁셩 두어렁셩 다링디리 : 악률을 맞추기 위한 의미 없는 말. 성호경(2019)은 '두어렁셩'이 '가득찬 되[升]'를 뜻하는 몽골어를 표기한 것으로, 풍작·풍년을 찬양하는 말로 보고 있음.

6 닷곤 딕 : 닦은 데. 닦은 곳. 닦았는데[유동석(1999)].

7 쇼셩경 : 소성경(小城京). 작은 서울. 평양을 가리킴[양주동(1947), 전규태(1978), 박병채(1994), 최철·박재민(2003)]. 소서경(小西京). 평양을 가리킴[김형규(1957)]. 사람 이름[유동석]. 소성경(昭盛京). 왕경(王京) 또는 황도(皇都)[임주탁(2002)]. 서성경(西盛京). 평양을 가리킴[이등룡].

8 고외마른 : 사랑하지마는. 고요하지만[박병채]. 정인(情人)이지만[유동석]. '고요'는 고도(皐陶)의 지위에 있던 고려 국왕[임주탁]. 지주(支柱)이지마는[이등룡].

위 두어렁셩 두어렁셩 다링디리

여히므론[9] 아즐가
여히므론 질삼 뵈 ᄇᆞ리시고[10]
위 두어렁셩 두어렁셩 다링디리

괴시란ᄃᆡ[11] 아즐가
괴시란ᄃᆡ 우러곰 좃니노이다[12]
위 두어렁셩 두어렁셩 다링디리

2
구스리[13] 아즐가
구스리 바회예 디신ᄃᆞᆯ[14]
위 두어렁셩 두어렁셩 다링디리

긴히ᄯᆞᆫ[15] 아즐가

9 여히므론 : 여의기보다는. 이별하기보다는.

10 질삼 뵈 ᄇᆞ리시고 : 길쌈 베 버리시고. 길쌈하던 베를 버리시고. '길쌈'은 실을 내어 베·모시 등의 옷감을 만들기까지 손으로 하는 모든 과정의 일을 통틀어 이르는 말. '베'는 삼실·무명실·명주실 등으로 짠 천.

11 괴시란ᄃᆡ : 사랑하신다면. 사랑하시는 곳[정병욱(1977)]. 사랑하시므로[유동석, 임주탁, 이등룡].

12 우러곰 좃니노이다 : 울면서 좇습니다. 울며불며 따르겠습니다. '-곰'은 강세접미사. '울며불며'는 소리 내어 야단스럽게 울기도 하며 부르짖기도 하며 우는 모양.

13 구스리 : 구슬이.

14 바회예 디신ᄃᆞᆯ : 바위에 떨어진들. 바위에 떨어져도.

15 긴히ᄯᆞᆫ : 끈이야.

긴힛뚠 그츠리잇가[16] 나는[17]
위 두어렁셩 두어렁셩 다링디리

즈믄 히[18]를 아즐가
즈믄 히를 외오곰[19] 녀신돌[20]
위 두어렁셩 두어렁셩 다링디리

신信잇둔[21] 아즐가
신信잇둔 그츠리잇가 나는
위 두어렁셩 두어렁셩 다링디리

3
대동강大同江[22] 아즐가
대동강大同江 너븐디 몰라셔[23]
위 두어렁셩 두어렁셩 다링디리
빅 내여[24] 아즐가

---

16 그츠리잇가 : 끊길 것입니까? 끊어지겠습니까?

17 나는 : 악률을 맞추기 위한 의미 없는 말. '나는' 또는 '내가'[김명준(2017)].

18 즈믄 히 : 천년(千年). '즈믄'은 '천(千)'의 옛말.

19 외오곰 : 따로. 홀로.

20 녀신돌 : 살아간들. 살아가도.

21 신(信)잇둔 : 믿음이야.

22 대동강(大同江) : 평안남도 평양시에 있는 강. 동백산(東白山), 소백산(小白山)에서 시작하여 황해로 흘러 들어감. 길이는 439km. 유역에 평야가 넓고 해상 운송로로 많이 이용됨.

23 너븐디 몰라셔 : 넓은지 몰라서. 넓은 줄을 몰라서.

24 빅 내여 : 배를 내어. '내다'는 안에서 밖으로 옮기다.

ᄇᆡ 내여 노ᄒᆞᆫ다[25] 샤공아[26]
위 두어렁셩 두어렁셩 다링디리

네 가시[27] 아즐가
네 가시 럼난디[28] 몰라셔
위 두어렁셩 두어렁셩 다링디리

녈 ᄇᆡ예[29] 아즐가
녈 ᄇᆡ예 연즌다[30] 샤공아
위 두어렁셩 두어렁셩 다링디리

대동강 大同江 아즐가
대동강 大同江 건넌편 고즐여[31]
위 두어렁셩 두어렁셩 아링디리

ᄇᆡ타들면[32] 아즐가

---

25 노ᄒᆞᆫ다 : 놓았느냐? '-ㄴ다'는 과거의 의문형 종결어미.

26 샤공아 : 사공(沙工)아. '사공'은 노를 저어 나아가는 배를 부리는 일이 직업인 사람. 뱃사공.

27 네 가시 : 너의 각시. 너의 처(妻). '각시'는 '아내'를 달리 이르는 말. 네 따위 것[서재극(1977)].

28 럼난디 : 음란한지[양주동, 전규태]. 주제넘은 줄[서재극]. 욕정이 많은 줄[박병채]. 강을 넘을 줄[최철·박재민]. 바람난 줄[이등룡].

29 녈 ᄇᆡ예 : 가는 배에. 떠나는 배에.

30 연즌다 : 얹었느냐? 태웠느냐?.

31 건넌편 고즐여 : 건너편 꽃을.

32 ᄇᆡ타들면 : 배를 타고 들어가면. 배를 타면[양주동, 박병채].

ᄇᆡ타들면 것고리이다[33] 나ᄂᆞᆫ

위 두어렁셩 두어렁셩 다링디리

〈『樂章歌詞』, 歌詞 上〉

33 것고리이다 : 꺾을 것입니다.

쌍화점 雙花店

작자미상

1

솽화뎜雙花店[1]에 솽화雙花 사라 가고신딘[2]

휘휘回回아비[3] 내 손모글 주여이다[4]

이 말솜미[5] 이 뎜店 밧긔[6] 나명들명[7]

다로러거디러[8] 죠고맛감[9] 삿기광대[10] 네 마리라 호리라[11]

---

1 쌍화점(雙花店) : 만두 파는 가게. 버들고리로 만든 기물을 파는 가게[어강석(2010)]. 보석 혹은 귀금속을 파는 가게[이개석(2013)]. 투르크계의 음식인 samsa(군만두 혹은 튀김만두)를 파는 가게[고혜선(2014)].

2 사라 가고신딘 : 사러 가니. '-ㄴ딘'은 '-하니'의 뜻.

3 회회(回回)아비 : 당시 개성에 왕래하던 색목인(色目人)[양주동(1947), 전규태(1978)]. 중국계 서역인[박병채(1994)]. 회회(回回)가면을 쓰고 공연하던 떠돌이패의 우두머리[최철·박재민(2003)]. 몽골의 관리로서 고려에 들어온 위구르인[이등룡(2010)]. '아비'는 '아버지'의 낮춤말. 또는 다 큰 남자. '색목인'은 중국 원(元)나라 때에, 유럽이나 서아시아·중부 아시아 등지에서 온 외국인을 통틀어 이르던 말. 주로 터키인·이란인·아랍인을 이르던 말인데, 피부색이나 눈동자의 색이 다르기 때문에 붙여진 이름.

4 내 손모글 주여이다 : 내 손목을 쥡니다.

5 이 말솜미 : 이 말씀이.

6 이 점(店) 밧긔 : 이 가게 밖에.

7 나명들명 : 나며들며 하면. 나고 들면.

8 다로러거디러 : 악률(樂律)을 맞추기 위한 의미 없는 말.

9 죠고맛감 : '죠고맛간'의 오기(誤記). 조그마한.

10 삿기광대 : 새끼광대. 어린 광대. '광대'는 가면극·인형극·줄타기·땅재주 등을 하던 직업적 예능인.

11 네 마리라 호리라 : 네 말이라 하리라. 네가 한 말이라고 할 것이다.

더러둥셩 다리러디러 다리러디러 다로러거디러 다로러[12]

긔 자리예[13] 나도 자라 가리라[14]

위 위 다로러거디러 다로러[15]

긔 잔 ᄃᆡᄀᆞ티[16] 덦거츠니[17] 업다

2

삼장ᄉᆞ三藏寺[18]애 브를 혀라 가고신ᄃᆡᆫ[19]

그 뎔[20] 샤쥬社主[21] ㅣ 내 손모글 주여이다

이 말ᄉᆞ미 이 뎔 밧긔 나명들명

다로러거디러 죠고맛간 삿기샹좌上座[22] ㅣ 네 마리라 호리라

더러둥셩 다리러디러 다리러디러 다로러거디러 다로러

긔 자리예 나도 자라 가리라

---

12 악률을 맞추기 위한 의미 없는 말.

13 긔 자리예 : 그의 자리에. 그 잠자리에.

14 나도 자라 가리라 : 나도 자러 가리라. 나도 자러 갈 것이다.

15 악률을 맞추기 위한 의미 없는 말.

16 긔 잔 ᄃᆡᄀᆞ티 : 그의 잔 데같이. 그 잠자리처럼.

17 덦거츠니 : 거친 것이, 지저분한 것이[박병채, 이등룡]. 답답한 것이[양주동]. 울창한 것이[전규태]. (소문이) 허황한 것이[최철·박재민]. 터무니없는 것이[김태환(2012)].

18 삼장사(三藏寺) : 실제의 절 이름이 아닌, 가공의 명칭일 가능성이 있음. '삼장'은 부처의 설법을 모은 경장(經藏), 교단이 지켜야 할 계율을 모은 율장(律藏), 교리에 관한 연구서를 모은 논장(論藏)의 세 가지를 가리킴. '삼장사'는 '삼장'을 갖춘 절이라는 의미로 쓰인 듯.

19 브를 혀라 가고신ᄃᆡᆫ : 불을 켜러 가니.

20 그 뎔 : 그 절.

21 사주(社主) : 절의 온갖 일을 맡아 이끌어 가는 사람. 사주(寺主). 주지(住持).

22 삿기상좌(上座) : 새끼상좌. 어린 상좌. '상좌'는 절의 주지를 가리키나, '상좌(上佐)'의 뜻으로도 쓰임. '상좌(上佐)'는 출가한 지 얼마 되지 않은 수습 기간 중의 예비 승려. 행자(行者).

위 위 다로러거디러 다로러
긔 잔 ᄃᆡ ᄀᆞ티 덦거츠니 업다

3
드레우므레[23] 므를 길라 가고신딘[24]
우뭇 룡龍이[25] 내 손모글 주여이다
이 말ᄉᆞ미 이 우믈 밧씌 나명들명
다로러거디러 죠고맛간 드레바가[26] 네 마리라 호리라
더러둥셩 다리러디러 다리러디러 다로러거디러 다로러
긔 자리예 나도 자라 가리라
위 위 다로러거디러 다로러
긔 잔 ᄃᆡ ᄀᆞ티 덦거츠니 업다

4
술폴 지븨[27] 수를[28] 사라 가고신딘
그 짓[29] 아비 내 손모글 주여이다
이 말ᄉᆞ미 이 집밧씌 나명들명

---

23 드레우므레 : 두레우물에. '두레우물'은 두레박으로 물을 긷는 깊은 우물. '두레박'은 줄을 길게 달아 우물물을 퍼 올리는 데 쓰는 도구. 바가지나 판자 등으로 만듦.

24 므를 길라 가고신딘 : 물을 길으러 가니.

25 우뭇 용(龍)이 : 우물의 용이. 우물 속에 사는 용이.

26 드레바가 : 두레박아.

27 술폴 지븨 : 술파는 집에. 술집에.

28 수를 : 술을.

29 그 짓 : 그 집.

다로러거디러 죠고맛간 싀구바가[30] 네 마리라 호리라
더러둥셩 다리러디러 다리러디러 다로러거디러 다로러
긔 자리예 나도 자라 가리라
위 위 다로러거디러 다로러
긔 잔 ᄃᆡ ᄀᆞ티 덦거츠니 업다

〈『樂章歌詞』 歌詞 上〉

30 싀구바가 : 시구박아. 술을 푸는 바가지야[박병채, 최철·박재민]. 시궁에 쓰는 바가지야[양주동]. 곡식을 담는 귀박아[이등룡]. '시궁'은 더러운 물이 잘 빠지지 않고 썩어서 질척질척하게 된 도랑. '귀박'은 나무를 긴 네모꼴로 네 귀가 지게 파서 자그마하게 만든 함지박.

만전춘滿殿春별사別詞[1]

작자미상

1

어름 우희[2] 댓닙자리[3] 보와[4] 님과 나와[5] 어러 주글만뎡[6]
어름 우희 댓닙자리 보와 님과 나와 어러 주글만뎡
정情 둔 오늜범[7] 더듸 새오시라[8] 더듸 새오시라

2

경경耿耿[9] 고침샹孤枕上[10]애 어느 ᄌᆞ미 오리오[11]

---

1 세종대에 〈만전춘〉이 제목과 악곡은 그대로인 채 노랫말이 〈봉황음(鳳凰吟)〉으로 교체되어 『세종실록』에 기록되었으므로, 『세종실록』 이후에 간행된 『악장가사』에는 '만전춘 별사'의 이름으로 수록된 것임.

2 어름 우희 : 얼음 위에.

3 댓닙자리 : 댓잎자리. 대나무 잎으로 만든 자리.

4 보와 : 보아. '보다'는 음식상이나 잠자리 등을 미리 마련하다.

5 님과 나와 : 임과 내가.

6 어러 주글만뎡 : 얼어 죽을망정. 얼어 죽더라도.

7 정(情) 둔 오늜범 : 정 둔 오늘밤. 정 나눈 오늘밤.

8 더듸 새오시라 : 더디 새고 있으라. 더디 새소서. '더디'는 움직임이 느리고 시간이 걸리는 모양. '새다'는 날이 밝아 오다.

9 경경(耿耿) : 잠이 오지 않는 모양. 불안하고 초조한 모양. 또는 빛이 조금 환하거나, 불빛이 깜박거리는 모양.

10 고침상(孤枕上) : 외로운 베갯머리. '베갯머리'는 베개를 베고 누웠을 때에 머리가 향한 위쪽의 가까운 곳.

11 어느 ᄌᆞ미 오리오 : 어찌 잠이 오리오? 무슨 잠이 오겠는가?

서창西窓을 여러ᄒᆞ니[12] 도화桃花ㅣ 발發ᄒᆞ두다[13]
도화桃花ᄂᆞᆫ 시름업서[14] 쇼츈풍笑春風ᄒᆞᄂᆞ다[15] 쇼츈풍笑春風ᄒᆞᄂᆞ다

3
넉시라도 님을 ᄒᆞᆫᄃᆡ[16] 녀닛 경景[17] 너기다니[18]
넉시라도 님을 ᄒᆞᆫᄃᆡ 녀닛 경景 너기다니
벼기더시니[19] 뉘러시니잇가[20] 뉘러시니잇가

4
올하[21] 올하 아련[22] 비올하[23]

12 서창(西窓)을 여러ᄒᆞ니 : 서창을 여니. 서쪽 창문을 열어보니.

13 도화(桃花)ㅣ 발(發)ᄒᆞ두다 : 복숭아꽃이 피도다. 복숭아꽃이 피었구나.

14 시름업서 : 시름이 없어. '시름'은 마음에 걸려 풀리지 않고 항상 남아 있는 근심과 걱정.

15 소춘풍(笑春風)ᄒᆞᄂᆞ다 : 봄바람에 웃는다. 봄바람에 웃는구나. 봄바람을 비웃네[박병채(1994), 임기중(2002)].

16 넉시라도 님을 ᄒᆞᆫᄃᆡ : 넋이라도 임과 같은 곳에. 죽어서도 임과 함께.

17 녀닛 경(景) : 지내는 모습[임기중]. 남의 경황(景況)[양주동(1947), 전규태(1978), 박병채]. 살아갈 것으로[최철·박재민(2003)]. 모시고 살아가는 일로[이등룡(2010)].

18 너기다니 : 여기더니. 여겼더니.

19 벼기더시니 : 다짐하시던 이[최철·박재민]. 우기시던 이[양주동, 전규태]. 어기시던 이[박병채]. 선창(先唱)하시던 이[이등룡].

20 뉘러시니잇가 : 누구셨습니까?

21 올하 : 오리야. '올히'에 호격 접미사 '-아'가 결합된 것.

22 아련 : 얼룩. 비오리의 얼룩얼룩한 신체적 특징을 묘사한 말[황병익(2004)]. 어린[양주동, 전규태, 임기중]. 연약한[박병채, 김명준(2017)]. 딱한[최철·박재민]. '얼룩'은 본바탕에 다른 빛깔의 점이나 줄 등이 뚜렷하게 섞인 자국.

23 비올하 : 비오리야. '비올히'에 호격 접미사 '-아'가 결합된 것. '비오리'는 오릿과의 물새. 수컷의 머리는 녹색을 띠는 검은색이고, 아랫목·가슴·옆구리는 흰색임. 암컷의 머리는 갈색이고

여흘란[24] 어듸 두고 소해[25] 자라 온다[26]
소콧[27] 얼면 여흘도 됴ᄒᆞ니[28] 여흘도 됴ᄒᆞ니

5
남산南山[29]애 자리 보와 옥산玉山[30]을 벼여 누어[31]
금슈산錦繡山[32] 니블 안해[33] 샤향麝香 각시[34]를 아나 누어[35]
남산南山애 자리 보와 옥산玉山을 벼여 누어
금슈산錦繡山 니블 안해 샤향麝香 각시를 아나 누어
약藥 든 가슴[36]을 맛초ᄋᆞᆸ사이다[37] 맛초ᄋᆞᆸ사이다

다른 부위는 회갈색이며, 턱밑은 흰색임. 항만(港灣)과 연못에 사는데, 기후에 크게 좌우되어 불규칙적으로 이동함.

24 여흘란 : 여울일랑. 여울은. '여울'은 강이나 바다 등의 바닥이 얕거나 폭이 좁아 물살이 세게 흐르는 곳.

25 소해 : 소(沼)에. 못에. '못'은 넓고 오목하게 팬 땅에 물이 괴어 있는 곳. 연못.

26 자라 온다 : 자러 왔는가? 자러 왔느냐? '-ㄴ다'는 과거의 의문형 종결어미.

27 소콧 : 못이. '-콧'은 강세접미사.

28 됴ᄒᆞ니 : 좋으니. 좋습니다.

29 남산(南山) : 남쪽에 있는 산.

30 옥산(玉山) : 옥으로 만든 산. 외모와 풍채가 뛰어난 사람이나, 미인의 아름다운 자태를 비유적으로 이르는 말.

31 벼여 누어 : 베고 누워.

32 금수산(錦繡山) : 수를 놓은 비단처럼 아름다운 산.

33 니블 안해 : 이불 안에.

34 사향(麝香) 각시 : 몸에서 향수 내가 나는 여인[황병익]. 궁노루의 향낭(香囊)을 지닌 듯한 아름답고 젊은 여인[박병채]. 사향으로 만든 약이 든 소구(小具)[최철·박재민]. '사향'은 사향노루의 사향샘을 건조하여 얻는 향료. 어두운 갈색 가루로, 향기가 매우 강하고 강심제·각성제 등에 쓰임. '각시'는 젊은 여자.

35 아나 누어 : 안고 누워.

36 약(藥) 든 가슴 : 향내가 물씬 배인 가슴[황병익]. 상사병(相思病)을 고치는 약이 든 가슴[양

6

아소[38] 님하[39] 원딕평싱遠代平生[40]애 여힐 솔[41] 모ᄅᆞ옵새[42]

〈『樂章歌詞』歌詞 上〉

주동]. 사향의 향낭(香囊)이 든 가슴[박병채]. 외로움을 달랠 수 있는 약이 든 가슴[최철·박재민]. (상사로 인해 병든 가슴을 고쳐줄) 임의 가슴을[이등룡].

37 맛초옵사이다 : 맞추옵시다. 맞춥시다.

38 아소 : 아소서. 아십시오. 감탄사 아![임기중, 최철·박재민].

39 님하 : 임이여. 또는 임이시여. '-하'는 '-이여' 또는 '-이시여'에 해당하는 옛말. '-이여'는 정중하게 부르는 뜻을 나타내는 격조사. 감탄이나 호소의 뜻이 포함됨.

40 원대평생(遠代平生) : 평생에 영원토록.

41 여힐 솔 : 여읠 줄. 이별할 줄.

42 모ᄅᆞ옵새 : 모르옵시다. 모르고 지냅시다.

제4장 경기체가(景幾體歌)

한림별곡翰林別曲

한림제유(翰林諸儒[1], 高宗代[1213~1259])

1

원슌문元淳文[2] 인노시仁老詩[3] 공노ᄉᆞ륙公老[4]四六[5]

니정언李正言[6] 딘한림陳翰林[7] 솽운주필雙韻走筆[8]

---

1 한림제유(翰林諸儒) : 한림원(翰林院)의 여러 유자(儒子). '한림원'은 국왕의 조칙(詔勅: 왕이 신하에게 내리는 글)과 외교문서의 작성, 역사의 편찬 등을 맡아보던 기관. 옥당(玉堂)이라고도 함. 공민왕 때 예문관(藝文館)으로 이름을 바꿈. '유자'는 유학(儒學)을 공부하는 선비. 여기서는 한림원에 소속된 젊은 관리들을 가리킴.

2 원순문(元淳文) : 유원순(兪元淳)의 문장. '유원순'은 유승단(兪升旦, 1168~1232)의 초명(初名). 고문(古文)에 뛰어났으며, 수찬관(修撰官)으로서 『명종실록』의 편찬에 참여했음. 세 차례의 과거 시험을 주관하기도 함.

3 인로시(仁老詩) : 이인로(李仁老, 1152~1220)의 시. '이인로'는 진사과(進士科)에 장원으로 급제한 뒤, 한림원에 소속되어 임금의 조칙과 외교문서를 담당하였음. 시를 짓는 데 막힘이 없어 복고(腹藁), 즉 뱃속에 원고를 담아둔 사람이라는 별명이 있었음. 저서로 『파한집(破閑集)』이 전함.

4 공로(公老) : 이공로(李公老, ?~1224). 명종 때 문과에 급제한 뒤 한림원에 소속되었음. 고려 문학계의 중진으로, 특히 사륙변려문에 뛰어났음.

5 사륙(四六) : 사륙변려문(四六騈儷文). 중국의 육조(六朝)와 당(唐)나라 때 성행한 한문 문체. 문장 전편이 대구(對句)로 구성되어 읽는 이에게 아름다운 느낌을 주며, 4자로 된 구와 6자로 된 구를 배열하기 때문에 사륙문(四六文)이라고도 함.

6 이정언(李正言) : 이규보(李奎報, 1168~1241). '정언'은 이규보가 1215년(고종 2)에 임명되어 2년 동안 담당했던 관직 이름. '이규보'는 고려 중기의 대문호로, 시·술·거문고를 즐겨 삼혹호(三酷好) 선생이라 자칭하기도 했음. 여러 차례 과거 시험을 주관함. 저서로 「동명왕편(東明

튱긔ᄃᆡᆨ칙 沖基[9]對策[10] 광균경의光鈞[11]經義[12] 량경시부良鏡[13]詩賦[14]

위[15] 시댱試場ㅅ 경景[16] 긔 엇더ᄒᆞ니잇고[17]

(葉)[18] 금ᄒᆞᆨᄉᆞ琴學士[19]의 옥슌문ᄉᆡᆼ玉笋[20]門生[21] 금ᄒᆞᆨᄉᆞ琴學士의 옥

王篇)』·『개원천보영사시(開元天寶詠史詩)』·『동국이상국집(東國李相國集)』 등이 있음.

7 진한림(陳翰林) : 진화(陳華, ?~?). '한림'은 진화가 1212년(강종 1년)부터 3년 동안 한림원에 소속된 것을 가리킴. '진화'는 명종이 신하들에게 소상팔경(瀟湘八景)에 관한 시를 짓도록 하였을 때에 그 자리에서 장편의 작품을 지었는데, 이인로의 작품과 함께 최고의 작품으로 평가받았음. 저서로 『매호유고(梅湖遺稿)』가 전함.

8 쌍운주필(雙韻走筆) : 서로 각기 다른 운(韻)으로 생각나는 대로 곧바로 시를 지음. '쌍운'은 서로 운을 맞추어 시를 짓는 것, '주필'은 글을 빠르게 짓는 것. 속작(速作).

9 충기(沖基) : 유충기(劉沖基, ?~?). 한림원의 관리와 국자감(國子監)의 대사성(大司成)을 지냈음. 그는 문장에 뛰어났는데, 특히 대책문을 잘 짓는 것으로 유명하였다고 함.

10 대책(對策) : 시정(時政)의 문제에 대해 그 대책을 논술하는 글.

11 광균(光鈞) : 민광균(閔光鈞, ?~?). 그의 저서나 관련 기록이 전하지 않으므로 생애에 대해 알 수 없음.

12 경의(經義) : 유교 경전의 뜻을 여러 주석서를 참고하여 밝히는 일.

13 양경(良鏡) : 김양경(金良鏡). 김인경(金仁鏡, 1168~1235)의 초명. 형부상서(刑部尙書)·한림학사(翰林學士) 등의 관직을 역임하였고, 과거 시험을 주관하기도 하였음. 그는 시와 부를 잘 지었으며, 서예에도 뛰어났음.

14 시부(詩賦) : 시와 부(賦). '부'는 한문학의 한 장르로, 긴 행·중간 휴지·균형 잡힌 대구(對句) 등의 특징이 있음. 운(韻)의 사용은 부를 산문 영역에서 제외시키고 시와 산문의 중간에 놓는 요소임.

15 위 : 『고려사』 악지(樂志)에 수록된 <한림별곡>에는 '偉(위)'로 되어 있음. 가창(歌唱)에 쓰이는 감탄사 '아!'에 해당함.

16 시장(試場)ㅅ 경(景) : 과거(科擧) 시험장의 모습. 과거 시험장의 광경. '시장'은 시험을 보는 장소. 'ㅅ'은 사잇소리.

17 긔 엇더ᄒᆞ니잇고 : 그것이 어떠합니까? 『고려사』 악지의 <한림별곡>에는 '何如(하여)'로 되어 있음. '하여'는 의문이나 질문이 아닌, 동의를 구하는 표현.

18 엽(葉) : 한국 전통음악의 한 형식. 대엽(大葉)·중엽(中葉)·소엽(小葉)·부엽(附葉) 등이 있음. 여기서는 본곡(本曲) 뒤에 따로 추가된 악절(樂節)의 의미로 쓰임.

19 금학사(琴學士) : 금의(琴儀, 1153~1230). '학사'는 고려시대에 과거를 관장하던 시험관. 지공거(知貢擧)·좌주(座主)라고도 함. '금의'는 1184년(명종 14) 과거에 장원으로 급제한 뒤, 지주사(知奏事)·한림학사·판이부사(判吏部事) 등의 관직을 역임했음. 그는 여러 차례 과거 시

슌문싱 玉笋門生

위 날조차 몃 부니잇고[22]

2

당한셔唐漢書[23] 장로ᄌ莊老子[24] 한류문집韓柳文集[25]

험을 주관하여 많은 명사(名士)를 선발하였음.

20 옥순(玉笋) : 옥같이 아름다운 죽순(竹筍). '죽순'은 대나무의 땅속줄기에서 돋아나는 어린 싹으로, 성장 속도가 매우 빠름.

21 문생(門生) : 과거에 급제한 사람이 고시관(考試官)인 지공거 또는 좌주에 상대하여 자기를 이르던 말.

22 날조차 몃 부니잇고 : 나까지 몇 분입니까? 『고려사』 악지의 〈한림별곡〉에는 이 구절이 없음. 대신 "俚語 凡歌詞中以俚語不載者倣此(이어이다. 무릇 가사 중에 이어이기 때문에 수록하지 않은 것은 이와 같다.)"라는 주석이 있음. '이어'는 항간(巷間)에 떠돌며 쓰이는 속된 말이란 뜻이지만, 여기서는 향찰(鄕札)로 기록된 우리말을 가리킴.

23 당한서(唐漢書) : 『당서』와 『한서』. 『당서』는 중국 당나라의 역사를 기술한 책으로, 『구당서(舊唐書)』(200권)와 『신당서(新唐書)』(225권)의 2종이 있음. 『구당서』는 오대(五代) 후진(後晉)의 유후(劉煦)·장소원(張昭遠) 등이 940~945년에 편찬하였고, 『신당서』는 송나라의 구양수(歐陽脩)·송기(宋祁) 등이 1044~1060년에 편찬하였음. 『한서』는 중국 후한(後漢)의 반고(班固, 32~92)가 82년에 완성한 역사책으로, 고조(高祖)로부터 왕망(王莽) 정권의 멸망에 이르는 230년간(B.C.206~A.D.24)의 전한(前漢)의 역사를 기록했음.

24 장로자(莊老子) : 『장자』와 『노자』. 『장자』는 중국 춘추시대(春秋時代) 송(宋)나라의 사상가인 장주(莊周, B.C.369~289)의 저서. 이 책은 33편으로 구성되어 있는데, 「내편(內篇)」 7편은 장주의 저작이고, 「외편(外篇)」·「잡편(雜篇)」은 제자들이 집필한 것이라고 함. 장주, 곧 장자는 노자(老子)의 도가(道家) 사상을 계승·발전시킨 인물. 『노자』는 도가의 창시자인 노자의 저서 『도덕경(道德經)』을 가리킴. 노자의 사상을 5,000여 글자에 담고 있는 책으로, 상편 「도경(道經)」과 하편 「덕경(德經)」으로 구성되어 있음. 노자는 이 책을 통해 도의 개념을 정의하고, 무위(無爲)로 돌아갈 것을 주장했음.

25 한유문집(韓柳文集) : 한유(韓愈, 768~824)와 유종원(柳宗元, 773~819)의 문집. '한유'는 중국 당(唐)나라의 문장가·정치가·사상가. 그는 당시 문단의 주류였던 대구(對句)와 음조(音調)를 중하게 여기는 변려문(騈儷文)에 대해 수사주의(修辭主義)에 치중해 있다며 비판하고, 한대(漢代) 이전의 자유스러운 형식을 표본으로 하는 고문(古文)을 주장하였음. 문집으로는 『한창려선생집(韓昌黎先生集)』이 있음. '유종원'은 당나라의 문장가·시인으로, 한유와 함께 고문운동을 주도하였음. 그의 산수유기(山水遊記)는 널리 알려져 있는데, 특히 경물(景物)의 특징을 묘사하는 데 뛰어났음. 문집으로 『유하동선생집(柳河東先生集)』이 있음.

니두집李杜集[26] 난ᄃᆡ집蘭臺集[27] ᄇᆡᆨ락텬집白樂天集[28]

모시샹셔毛詩[29]尙書[30] 쥬역츈츄周易[31]春秋[32] 주ᄃᆡ례긔周戴禮記[33]

위 주註조쳐[34] 내 외ᄋᆞᆫ 경景[35] 긔 엇더ᄒᆞ니잇고

---

26 이두집(李杜集) : 이백(李白, 701~762)과 두보(杜甫, 712~770)의 시집(詩集). '이백'은 중국 당나라의 시인으로, 그의 시풍(詩風)은 자유분방하고 상상력이 풍부하였는데, 특히 민요(民謠)와 신화(神話)에서 많은 소재를 구하였음. 1,000여 수(首)의 시가 산문과 함께 『이태백집』에 전함. '두보'는 이백과 함께 중국 최고의 시인으로 평가받고 있음. 그의 시는 사회의 불합리한 실정을 여실히 그려냈으며, 빈부의 차가 현격한 세상에 대해 분노를 토로하기도 했음. 1,470여 수의 시가 산문과 함께 『두공부집(杜工部集)』에 전함.

27 난대집(蘭臺集) : 중국 한(漢)나라 때의 난대영사(蘭臺令使)들의 시문집. '난대'는 한나라 때 궁궐 안에 두었던 전적(典籍)을 관리·보관하는 부서이고, '영사'는 난대에 소속된 관직의 이름.

28 백낙천집(白樂天集) : 백거이(白居易, 772~846)의 문집. '낙천'은 백거이의 자(字). 백거이는 중국 당나라의 문인으로, 대략 3,840편의 작품을 남겼음. 그는 문학으로써 정치이념을 표현하고 독자의 감정에 호소하여 실제 행동에 옮기도록 하는 것을 문학 활동의 목적으로 삼았음. 문집으로 『백씨문집(白氏文集)』이 전함.

29 모시(毛詩) : 『시경(詩經)』의 별칭. 서한(西漢)의 모형(毛亨)이 『시경』에 주석을 붙여 『시고훈전(詩詁訓傳)』을 엮고, 그 제자 모장(毛萇)이 이를 널리 전파하면서 붙은 이름. 『시경』은 고대 중국의 시가(詩歌)를 모아 엮은 책으로, 본래는 3,000여 편이었다고 전하나 공자(孔子)에 의해 305편으로 간추려졌음.

30 상서(尙書) : 『서경(書經)』의 별칭. 한대(漢代) 이후 『상서(尙書)』라 일컬었는데, '상(尙)'은 상(上)과 통하여 '상대(上代)의 서(書)'라는 뜻임. 송대(宋代)에 와서 『서경』으로 불리게 됨. 중국 고대의 요(堯)임금부터 주(周)나라에 이르는 여러 제왕의 정치적인 언행을 기록한 책.

31 주역(周易) : 동양에서 가장 오래된 경전인 동시에 가장 난해한 글로 일컬어짐. 괘(卦)와 효(爻)의 2가지 부호를 중첩하여 이루어진 64괘·384효, 괘사(卦辭), 효사(爻辭)로 구성되어 있는데, 괘상(卦象)에 따라 길흉화복을 점쳤음.

32 춘추(春秋) : 춘추시대 노(魯)나라의 역사를 기술한 편년체(編年體) 사서(史書). 사관(史官)의 기록을 바탕으로 공자가 편찬하였다고 함. 이 책은 단순한 역사책이 아니라, 당시의 사건과 인물이 공자의 예(禮)와 명분을 중시하는 정치 이념 아래 비판 또는 평가되고 있음.

33 주대례기(周戴禮記) : 『대대례기(大戴禮記)』와 『소대례기(小戴禮記)』. 『대대례기』는 중국 전한(前漢) 때의 학자인 대덕(戴德)이 편찬한 책으로, 유향(劉向)이 엮은 『예기(禮記)』 214편을 간추려 85편으로 축약한 것임. 주요 내용은 공자가 제자들과 정치·문화·군사·제도 등의 제반 분야에 걸쳐 문답한 것임. 『소대례기』는 전한 때의 학자 대성(戴聖)이 숙부인 대덕의 『대대례기』 85편을 간추려 49편으로 엮은 책. 이 책이 오늘날 전해지는 『예기』임.

34 주(註)조쳐 : 주까지. '주'는 글의 어떤 부분에 대하여 그 뜻을 자세히 풀어주거나 보충 설명을 더하여 주는 글.

(葉) 태평광긔太平廣記[36] ᄉᆞ빅여권四百餘卷 태평광긔太平廣記 ᄉᆞ빅여권四百餘卷

위 력남歷覽ㅅ 경景[37] 긔 엇더ᄒᆞ니잇고

3

진경서眞卿書[38] 비빅서飛白書[39] 힝서초서行書[40]草書[41]

뎐류서篆籒書[42] 과두서蝌蚪書[43] 우서남서虞書南書[44]

양슈필羊鬚筆[45] 서슈필鼠鬚筆[46] 빗기 드러[47]

---

35 내 외운 경(景) : 내리 외우는 모습. '내'는 처음부터 끝까지 계속해서.

36 태평광기(太平廣記) : 978년에 이방(李昉) 등이 송나라 태종(太宗)의 명으로 편찬한 책. 전(全) 500권, 목록 10권. 7,000여 편의 이야기가 내용에 따라 신선·방사·이승·보응·용·호랑이·여우 등의 92개 항목으로 분류·수록되어 있음.

37 역람(歷覽)ㅅ 경(景) : 두루 읽는 모습.

38 진경서(眞卿書) : 안진경(顔眞卿, 709~785)의 서체(書體). 노송체자(老宋體字)라고도 함. '안진경'은 중국 당나라 때의 서예가로, 해서(楷書)·행서(行書)·초서(草書)에 모두 능했음. 그의 서체는 후대에 큰 영향을 미쳤는데, 명나라 때 간행된 서책의 글자체는 모두 그의 서체로 되어 있음.

39 비백서(飛白書) : 중국 후한 때의 채옹(蔡邕, 133~192)이 만든 서체로, 획을 나는 듯이 그어 그림처럼 쓴 서체.

40 행서(行書) : 해서와 초서의 중간 형태로, 해서의 획을 약간 흘려 쓰는 서체.

41 초서(草書) : 행서를 빨리 쓰기 위해 한자의 모양과 획을 생략하여 곡선 위주로 흘려 쓰는 서체.

42 전류서(篆籒書) : '전주서(篆籒書)'의 오기(誤記)인 듯. 전주서는 전서와 주서. '전서'는 고대 중국의 서체로, 대전(大篆)과 소전(小篆)의 두 가지가 있음. 비석의 제자(題字)에 많이 쓰임. '주서'는 대전(大篆)으로 쓴 글씨를 가리킴. 주(周)나라의 태사(太史)인 주(籒)가 대전을 만들었기 때문에 이렇게 일컬음.

43 과두서(蝌蚪書) : 고대 중국의 서체로, 붓이 쓰이기 전에 쪼갠 대나무로 옻을 묻혀 썼음. 글자 모양이 머리는 굵고 끝이 가늘어서 올챙이를 닮았기 때문에 붙여진 이름.

44 우서남서(虞書南書) : '우세남서(虞世南書)'의 오기인 듯. 우세남(558~638)의 서체. '우세남'은 당나라의 서예가로, 해서와 행서에 능했음. 그는 「필수론筆髓論」이라는 서법(書法)에 관한 글을 지었는데, 이 글을 읽은 사람들이 많은 유파를 만들었음.

위 ᄃᆡᆨ논 경景[48] 긔 엇더ᄒᆞ니잇고

(葉) 오ᄉᆡᆼ류ᄉᆡᆼ吳生劉生[49] 량션ᄉᆡᆼ兩先生의 오ᄉᆡᆼ류ᄉᆡᆼ吳生劉生 량션ᄉᆡᆼ兩先生의

위 주필走筆ㅅ 경景[50] 긔 엇더ᄒᆞ니잇고

4

황금쥬黃金酒[51] ᄇᆡᆨᄌᆞ쥬柏子酒[52] 숑쥬례쥬松酒[53]醴酒[54]

듀엽쥬竹葉酒[55] 리화쥬梨花酒[56] 오가피쥬五加皮酒[57]

ᄋᆡᆼ무잔鸚鵡盞[58] 호박ᄇᆡ琥珀盃[59]예 ᄀᆞ득 브어[60]

---

45 양수필(羊鬚筆) : 양의 털로 만든 붓.

46 서수필(鼠鬚筆) : 쥐의 털로 만든 붓.

47 ᄇᆡᆺ기 드러 : 비껴들어. 비스듬하게 위로 쳐들어.

48 ᄃᆡᆨ논 경(景) : (붓으로 획을) 찍는 모습.

49 오생유생(吳生劉生) : 오생과 유생. 당대의 이름난 명필(名筆)로 추정됨. '생'은 '젊은 사람'의 뜻을 더하는 접미사.

50 주필(走筆)ㅅ 경(景) : 붓 놀리는 모습. 붓을 움직이는 모습.

51 황금주(黃金酒) : 멥쌀과 찹쌀을 섞어 두 번 발효시켜 담근 술. 술의 빛깔이 황금처럼 밝은 노란색을 띤다고 하여 붙여진 이름.

52 백자주(柏子酒) : 잣으로 만든 술. 잣기름을 술밥을 만드는 멥쌀에 섞어 쪄서 술을 담글 때 밑에 깔았다가 떠낸 술.

53 송주(松酒) : 솔잎을 넣고 담근 술. 송엽주(松葉酒).

54 예주(醴酒) : 엿기름을 우린 물에 밥알을 넣어 식혜처럼 삭혀서 끓인 음식. 감주(甘酒). 단술.

55 죽엽주(竹葉酒) : 대나무 잎을 삶은 물로 담근 술. 댓잎술.

56 이화주(梨花酒) : 배꽃을 넣어 담근 술.

57 오가피주(五加皮酒) : 오가피를 삶은 물로 담근 술. 또는 빛이 붉고 향기가 있는 중국 술의 하나. '오가피'는 오갈피나무의 뿌리나 줄기의 껍질.

58 앵무잔(鸚鵡盞) : 앵무새 모양의 술잔. 또는 앵무조개의 껍질로 만든 술잔. '앵무조개'는 바닷조개의 하나로, 껍데기의 주둥이가 앵무새 부리와 비슷하며, 유백색(乳白色)에 붉은 갈색의 불꽃 모양으로 된 무늬가 있음.

위 권샹勸上ㅅ 경景[61] 긔 엇더ᄒᆞ니잇고

(葉) 류령도좀劉伶[62]陶潛[63] 량선옹兩仙翁[64]의 류령도좀劉伶陶潛 량선옹兩仙翁의

위 취醉ᄒᆞᆫ 경景[65] 긔 엇더ᄒᆞ니잇고

5

홍모단紅牧丹[66] ᄇᆡᆨ모단白牧丹 뎡홍모단丁紅牧丹[67]

홍쟉약紅芍藥[68] ᄇᆡᆨ쟉약白芍藥 뎡홍쟉약丁紅芍藥

어류옥ᄆᆡ御柳[69]玉梅[70] 황ᄌᆞ장미黃紫薔薇[71] 지지동ᄇᆡᆨ芷芝[72]冬柏[73]

---

59 호박배(琥珀盃) : 호박으로 만든 술잔. '호박'은 나무의 진(풀·나무의 껍질에서 분비되는 끈끈한 물질)이 땅속에 묻혀서 탄소·수소·산소와 화합하여 굳어진 누런색 광물. 투명 또는 반투명하고 광택이 있음.

60 ᄀᆞ득 브어 : 가득 부어.

61 권상(勸上)ㅅ 경(景) : 권하여 올리는 모습.

62 유영(劉伶) : 중국 서진(西晉) 때의 문인(?~?). 죽림칠현(竹林七賢)의 한 사람. <주덕송(酒德頌)>을 지어 당시 예법에 얽매인 세태를 풍자하였음. 미친 체하면서 항상 술에 취해 있었다고 함.

63 도잠(陶潛) : 중국 동진(東晉) 때의 시인(365~427). 자(字)는 연명(淵明). 당나라 이후 육조(六朝) 최고의 시인으로 평가받고 있음. 그는 술을 열렬히 칭송했는데, 약 130여 수의 시 중 절반 정도가 술에 관한 내용임. 특히 <음주이십수(飮酒二十首)>란 시가 유명함.

64 양선옹(兩仙翁) : 두 명의 신선 노인.

65 취(醉)ᄒᆞᆫ 경(景) : 취한 모습.

66 홍목단(紅牧丹) : 붉은색의 모란꽃. '모란'은 한자어 '목단'의 한글 표기로, 제1음절의 종성 'ㄱ'이 탈락한 이유나 제2음절 초성이 'ㄹ'로 나타나는 이유는 분명하지 않음. 16세기 문헌에서 처음 나타나 현재까지 이어짐.

67 정홍목단(丁紅牧丹) : 진홍색(眞紅色)의 모란꽃. '모란'은 작약과의 낙엽 활엽 관목. 가지가 굵고 털이 없으며, 잎이 큼. 늦봄에 큰 꽃이 피는데, 인가(人家)나 화원에서 관상용으로 재배함. '진홍색'은 진한 빨강색.

68 홍작약(紅芍藥) : 붉은색의 작약꽃. '작약'은 작약과의 여러해살이풀로, 5~6월에 피는 꽃이 크고 아름다워 정원의 관상용으로 재배함.

69 어류(御柳) : 궁궐 안의 동산에 있는 버드나무.

위 간발間發ㅅ 경景[74] 긔 엇더ᄒᆞ니잇고

(葉) 합듁도화合竹桃花[75] 고온 두 분[76] 합듁도화合竹桃花 고온 두 분

위 샹영相映ㅅ 경景[77] 긔 엇더ᄒᆞ니잇고

6

아양금阿陽琴 문탁뎍文卓笛 종무듕금宗武中琴[78]

ᄃᆡ어향帶御香 옥긔향玉肌香 솽개야雙伽倻ㅅ고[79]

금션비파金善琵琶[80] 종디ᄒᆡ금宗智嵇琴[81] 셜원당고薛原杖鼓[82]

---

70 옥매(玉梅) : 장미과의 낙엽 관목. 5월에 잎과 함께 흰색 또는 분홍색 꽃이 피고 붉은 열매가 열림.

71 황자장미(黃紫薔薇) : 노란색의 장미꽃과 자주색의 장미꽃.

72 지지(芷芝) : 지초(芝草). 지칫과의 여러해살이풀로, 5~6월에 흰색 꽃이 피고 열매는 작은 견과(堅果)를 맺음. 지치라고도 함.

73 동백(冬柏) : 차나뭇과의 상록 활엽 교목. 4월쯤 붉은색 또는 흰색의 큰 꽃이 핌. 열매는 약용하거나 기름을 짜서 머릿기름·등잔 기름 등으로 쓰고, 목재는 공예의 재료로 사용함.

74 간발(間發) ㅅ 경(景) : 사이사이 피어있는 모습.

75 합죽도화(合竹桃花) : 대나무와 복숭아꽃.

76 고온 두 분 : 고운 두 분. '두 분'은 대나무와 복숭아꽃을 의인화한 것임.

77 상영(相映) ㅅ 경(景) : 서로 비추는 모습. 서로 바라보는 모습.

78 아양금(阿陽琴) 문탁적(文卓笛) 종무중금(宗武中琴) : 아양의 거문고, 문탁의 피리, 종무의 중금. '아양'·'문탁'·'종무'는 당시 해당 악기의 연주자로 이름난 사람들로 추정됨. 문헌 기록이 없어 자세한 것을 알 수 없는데, 6연에 나오는 다른 인물들 역시 그러함. '적'은 대나무로 만든 관악기의 하나로, 위에 다섯 구멍, 아래에 한 구멍이 나 있음. 피리. '중금'은 거문고의 일종인 듯. '중금(中笒)'의 오기일 수도. 중금은 대나무로 만든 관악기의 하나로, 삼금(三笒) 가운데 대금보다는 작고 소금보다는 큼.

79 대어향(帶御香) 옥기향(玉肌香) 쌍가야(雙伽倻) ㅅ고 : 대어향과 옥기향의 두 사람이 연주하는 가얏고. '가얏고'는 가야금(伽倻琴)을 달리 이르는 말.

80 금선비파(金善琵琶) : 금선의 비파. '금선'은 당시 비파의 명인으로 추정되는데, <정읍사(井邑詞)>의 곡조명(曲調名) 중의 하나인 '금선조(金善調)'는 이 사람이 만든 것으로 보임. '비

위 과야過夜ㅅ 경景[83] 긔 엇더ᄒᆞ니잇고

(葉) 일지홍一枝紅[84]의 빗근 뎍취笛吹[85] 일지홍一枝紅의 빗근 뎍취笛吹

위 듣고아 좀드러지라[86]

7

봉ᄅᆡ산蓬萊山 방댱산方丈山 영쥬삼산瀛洲三山[87]

ᄎᆞ삼산此三山[88] 홍류각紅樓閣[89] 쟉약션ᄌᆞ婥妁仙子[90]

록발ᄋᆡᆨᄌᆞ綠髮額子[91] 금슈댱리錦繡帳裏[92] 쥬렴반권珠簾半捲[93]

파'는 현악기의 하나. 둥글고 긴 타원형이며, 자루는 곧고 짧음. 4줄의 당비파(唐琵琶)와 5줄의 향비파(鄕琵琶)가 있음.

81 종지혜금(宗智嵇琴) : 종지의 혜금. '혜금'은 '해금(奚琴)'을 가리킴. 해금은 두 줄로 된 현악기로, 속이 빈 둥근 나무의 한쪽에 오동나무 복판을 붙이고 긴 나무를 꽂아 줄을 활 모양으로 건 악기.

82 설원장고(薛原杖鼓) : 설원의 장고. '장고'는 타악기의 하나로, 오동나무로 만든 허리가 잘록한 통 양쪽에 가죽을 씌워 만듦. 장구라고도 함.

83 과야(過夜)ㅅ 경(景) : 밤을 지새우는 모습. 밤새워 노는 모습.

84 일지홍(一枝紅) : 당시 피리를 잘 부는 것으로 이름난 기생인 듯.

85 빗근 적취(笛吹) : 비껴들고 부는 피리. 비스듬히 들고 부는 피리.

86 듣고아 좀드러지라 : 듣고서야 잠들고 싶어라.

87 삼산(三山) : 삼신산(三神山)의 준말. 동해의 동쪽에 있는, 신선(神仙)이 산다는 봉래산·방장산·영주산을 함께 이르는 말. 중국의 진시황(秦始皇)과 한무제(漢武帝)가 불로불사약(不老不死藥)을 구하기 위해 이 세 산에 동남동녀(童男童女) 수천 명을 보냈다고 함. 이 이름을 본떠 우리나라의 금강산을 봉래산, 지리산을 방장산, 한라산을 영주산이라 부르기도 함.

88 차삼산(此三山) : 이 세 산. 이 삼신산.

89 홍루각(紅樓閣) : 붉게 칠한 누각. 부유한 집의 여자가 거처하는 곳. 또는 기생이 사는 곳을 가리킴. '누각'은 사방을 바라볼 수 있도록 문과 벽이 없이 다락처럼 높이 지은 집.

90 작약선자(婥妁仙子) : '작약선자(綽約仙子)'의 오기인 듯. 몸매가 가냘프고 아리따운 선녀. '선녀'는 선경(仙境: 신선이 산다는 곳)에서 산다는 여자.

91 녹발액자(綠髮額子) : 윤기 나는 검은 머리카락이 이마에 드리워진 얼굴. '녹발'은 푸른 머리

위 등망오호登望五湖ㅅ 경景[94] 긔 엇더ᄒᆞ니잇고

(葉) 록양록듁綠楊綠竹 진뎡반栽亭畔애[95] 록양록듁綠楊綠竹 진뎡반栽亭畔애

위 뎐황잉囀黃鸎[96] 반갑두세라[97]

8

당당당唐唐唐[98] 당츄ᄌᆞ唐楸子[99] 조협皁莢남긔[100]

홍紅실로 홍紅글위 ᄆᆡ요이다[101]

혀고시라 밀오시라[102] 뎡쇼년鄭少年하[103]

털이라는 뜻으로, 검고 윤이 나는 아름다운 머리털을 이르는 말.

92 금수장리(錦繡帳裏) : 비단에 수를 놓아 만든 장막(帳幕) 안. '장막'은 햇빛 또는 비바람을 피할 수 있도록 둘러치는 막.

93 주렴반권(珠簾半捲) : 주렴을 반쯤 걷음. '주렴'은 구슬을 꿰어 만든 발. '발'은 가늘고 긴 대를 줄로 엮거나, 줄을 여러 개 나란히 늘어뜨려 만든 물건. 주로 무엇을 가리는 데 씀.

94 등망오호(登望五湖)ㅅ 경(景) : 높은 곳에 올라 5호를 바라보는 모습. '오호'는 중국 오월(吳越) 지역에 있던 호수인 태호(太湖)를 가리킴. 월나라의 범려(范蠡)가 왕을 도와 오나라를 멸망시키고 돌아와서 숨은 곳. 태호는 5개의 길과, 5개의 호수와 통하기 때문에 '오호'라고 일컬음.

95 녹양녹죽(綠楊綠竹) 재정반(栽亭畔)애 : 푸른 버드나무와 푸른 대나무를 심은 정자 주변에. '정자'는 경치가 좋은 곳에 놀거나 쉬기 위해 지은 집. 벽이 없고 기둥과 지붕만 있음.

96 전황앵(囀黃鸎) : 꾀꼬리가 지저귐. 꾀꼬리가 소리 내어 욺. '꾀꼬리'는 여름 철새로, 몸통은 노란색이고 눈에서 뒷머리에 걸쳐 검은 띠가 있으며, 꽁지와 날개 끝은 검은색임. 5~7월에 알을 낳고 울음 소리가 매우 아름다움.

97 반갑두세라 : 반갑기도 하구나. 반갑기도 하여라.

98 당당당(唐唐唐) : 다음에 나오는 '당추자'의 '당'을 반복적으로 사용하여 박자를 맞추고자 한 조율음(調律音). 아무런 의미가 없음.

99 당추자(唐楸子) : 호두나무. 4~5월에 꽃이 피고 열매는 10월에 익음. 목재는 가구재로 쓰고 열매는 식용함. 또는 호두나무의 열매, 곧 호두를 가리키기도 함.

100 조협(皁莢)남긔 : 조협나무. 쥐엄나무. 6월에 노란색을 띤 녹색 꽃이 피고, 열매는 10월에 익음. 열매는 가시와 함께 약용함.

101 홍(紅)실로 홍(紅)글위 ᄆᆡ요이다 : 붉은 실로 붉은 그네를 맵니다.

위 내 가논 ᄃᆡ[104] 놈 갈셰라[105]

(葉) 샤옥셤셤削玉纖纖 솽슈雙手ㅅ 길헤[106] 샤옥셤셤削玉纖纖 솽슈雙手ㅅ 길헤

위 휴슈동유携手同遊ㅅ 경景[107] 긔 엇더ᄒᆞ니잇고

〈『樂章歌詞』, 歌詞 上〉

102 혀고시라 밀오시라 : 당기시라, 미시라. 당기십시오, 미십시오.

103 정소년(鄭少年)하 : 정소년이여! '정소년'은 정씨 성을 가진 소년. '-하'는 '-이여' 또는 '-이시여'에 해당하는 옛말. '-이여'는 정중하게 부르는 뜻을 나타내는 격조사. 감탄이나 호소의 뜻이 포함됨.

104 내 가논 ᄃᆡ : 내가 가는 데. 내가 가는 곳.

105 놈 갈셰라 : 남이 갈까 두려워라. '-ㄹ셰라'는 혹시 그러할까 염려하는 뜻을 나타내는 종결어미.

106 삭옥섬섬(削玉纖纖) 쌍수(雙手) ㅅ 길헤 : 옥을 깎은 것 같이 가냘프고 여린 두 손길에. '섬섬하다'는 가냘프고 여리다.

107 휴수동유(携手同遊) ㅅ 경(景) : 손을 잡고 함께 노는 모습.

상대별곡霜臺別曲

권근(權近, 1352~1409)

1

화산람華山南[1] 한슈븍漢水北[2] 텬년승디千年勝地[3]

광통교廣通橋[4] 운죵개雲鐘街[5] 건나 드러[6]

락락댱숑落落長松[7] 뎡뎡고ᄇᆡᆨ亭亭古栢[8] 츄상오부秋霜烏府[9]

위[10] 만고청풍萬古淸風ㅅ 경景[11] 긔 엇더ᄒᆞ니잇고[12]

---

1 화산남(華山南) : 화산의 남쪽. '화산'은 북한산(北漢山)의 다른 이름. 서울의 북부와 경기도 고양시 사이에 있는 산으로, 백운대·인수봉·만경대의 세 봉우리가 있어 삼각산(三角山)이라고도 함.

2 한수북(漢水北) : 한수의 북쪽. '한수'는 한강(漢江)의 다른 이름. 우리나라 중부를 흐르는 강으로, 태백산맥에서 시작하여 황해로 흘러듦.

3 천년승지(千年勝地) : 천년을 누릴 좋은 땅. 또는 천년을 내려온 명승지. '승지'는 경치가 좋은 곳이란 뜻이나, 여기서는 좋은 땅 또는 뛰어난 곳의 뜻으로 쓰임.

4 광통교(廣通橋) : 서울시 종로구 서린동에 있었던 다리. 광교(廣橋).

5 운종가(雲鐘街) : 보신각(普信閣)이 있는 종로 사거리의 옛 이름.

6 건나 드러 : 건너 들어가. 건너 들어가면.

7 낙락장송(落落長松) : 나뭇가지가 축축 늘어진 키가 큰 소나무.

8 정정고백(亭亭古栢) : 우뚝우뚝 높이 솟아 있는 오래된 잣나무.

9 추상오부(秋霜烏府) : 추상같은 사헌부(司憲府). '오부'는 사헌부의 다른 이름. 사헌부는 조선시대 삼사(三司)의 하나. 당시의 정치에 관해 논의하고 관리의 비행(非行)을 조사하여 책임을 가리며, 풍기(風紀: 풍속·도덕에 관한 규율)를 바로잡는 등의 일을 맡아봄. '추상같다'는 위엄이 있고 권세나 기세가 대단하다.

10 위 : 가창(歌唱)에 쓰이는 감탄사 '아!'.

11 만고청풍(萬古淸風)ㅅ 경(景) : 오랜 세월 동안 맑은 바람이 부는 모습. '만고'는 아주 오랜 세월 동안. '청풍'은 부드럽고 맑은 바람. 'ㅅ'은 사잇소리.

(葉)[13] 영웅호걸英雄豪傑[14] 일시인ᄌᆡ一時人才[15] 영웅호걸英雄豪傑 일시인ᄌᆡ一時人才

위 날조차 몃 분니잇고[16]

2

계긔명鷄旣鳴[17] 텬욕효天欲曉[18] ᄌᆞᄆᆡᆨ당뎨紫陌長堤[19]

대ᄉᆞ헌大司憲[20] 로집의老執義[21] ᄃᆡ댱어ᄉᆞ臺長御史[22]

가학참난駕鶴驂鸞[23] 젼아후옹前呵後擁[24] 벽뎨자우辟除左右[25]

---

12 긔 엇더ᄒᆞ니잇고 : 그것이 어떠합니까? 질문이 아닌, 동의를 구하는 표현.

13 엽(葉) : 한국 전통음악의 한 형식. 대엽(大葉)·중엽(中葉)·소엽(小葉)·부엽(附葉) 등이 있음. 여기서는 본곡(本曲) 뒤에 따로 추가된 악절(樂節)의 의미로 쓰임.

14 영웅호걸(英雄豪傑) : 영웅과 호걸. '영웅'은 지혜와 재능이 뛰어나고 용맹하여 보통 사람이 하기 어려운 일을 해내는 사람. '호걸'은 지혜와 용기가 뛰어나고 기개와 풍모가 있는 사람.

15 일시인재(一時人才) : 같은 시대의 뛰어난 사람. '일시'는 같은 때. 당대(當代). '인재'는 어떤 일을 할 수 있는 학식이나 능력을 갖춘 사람.

16 날조차 몃 분니잇고 : 나까지 몇 분입니까?

17 계기명(鷄旣鳴) : 닭이 이미 울.

18 천욕효(天欲曉) : 하늘이 밝아지려고 함.

19 자맥장제(紫陌長堤) : 서울의 큰 길과 길게 뻗어있는 둑.

20 대사헌(大司憲) : 사헌부의 으뜸벼슬로, 종(從)2품. '종2품'은 조선시대 18품계 중 제4등급의 품계로, 현재의 차관(次官)에 해당함.

21 노집의(老執義) : 늙은 집의. '집의'는 사헌부에 소속된 종3품 벼슬로, 정원은 1명.

22 대장어사(臺長御史) : 대장과 어사. '대장'은 사헌부에 소속된 관리인 장령(掌令)과 지평(持平)을 가리킴. 장령은 정(正)4품 벼슬, 지평은 5품 벼슬로 정원은 각 2명. '어사'는 사헌부에 소속된 정6품의 벼슬인 감찰(監察).

23 가학참란(駕鶴驂鸞) : 학을 타고 난새를 몲. 본래 선인(仙人)들이 학을 타고 난새를 타며 노니는 것을 비유한 말이나, 여기서는 사헌부 관리들의 화려한 행차를 가리킨 것임. '난새'는 중국 전설에 나오는 상상의 새. 모양은 닭과 비슷하나 깃털은 붉은 빛에 다섯 가지 색채가 섞여 있다고 함.

24 전아후옹(前呵後擁) : 앞에서는 (길을 막는 사람을) 꾸짖고, 뒤에서는 (사헌부 관리의 행차를)

위 샹딕上臺ㅅ 경景[26] 긔 엇더ᄒᆞ니잇고
(葉) 싁싁ᄒᆞᆫ뎌[27] 풍헌소ᄉᆞ風憲所司[28] 싁싁ᄒᆞᆫ뎌 풍헌소ᄉᆞ風憲所司
위 진긔퇴강振起頹綱ㅅ 경景[29] 긔 엇더ᄒᆞ니잇고

3
각방빅各房拜 례필후禮畢後[30] 대텽제좌大廳齊坐[31]
정기도正其道[32] 명기의明其義[33] 참쟉고금參酌古今[34]
시정득실時政得失[35] 민간니해民間利害[36] 구폐됴됴救弊條條[37]

옹위함. '옹위(擁衛)'는 지키고 보호함.

25 벽제좌우(辟除左右) : 좌우에 있는 사람들을 물러나게 함. '벽제'는 왕이나 높은 관리가 길을 나설 때 군졸이나 하인들이 앞장서서 사람들의 통행을 금지하던 일.

26 상대(上臺)ㅅ 경(景) : 상대(霜臺)에 오르는 모습. '상대'는 사헌부의 다른 이름으로, 상대에 오른다는 것은 관원들이 사헌부로 출근하는 것을 가리킴.

27 싁싁ᄒᆞᆫ뎌 : 씩씩하구나. 엄숙하구나.

28 풍헌소사(風憲所司) : 풍헌의 관리. '풍헌'은 기강(紀綱)과 비위(非違: 법에 어긋난 일)를 단속하는 일을 뜻하는데, 여기서는 사헌부를 가리킴.

29 진기퇴강(振起頹綱)ㅅ 경(景) : 무너진 기강을 일으켜 세우는 모습.

30 각방배(各房拜) 예필후(禮畢後) : 각 방에서 절하는 예를 마친 뒤.

31 대청제좌(大廳齊坐) : 대청 위에 모두 앉음. '대청'은 한옥에서 방과 방 사이에 있는 큰 마루. 여기서는 사헌부 건물의 대청을 가리킴.

32 정기도(正其道) : 도를 바르게 함. 법도(法道)를 바로잡음. '법도'는 법률을 지켜야 할 도리.

33 명기의(明其義) : 올바름을 밝힘. 의리(義理)를 밝힘. '의리'는 사람으로서 마땅히 지켜야 할 도리.

34 참작고금(參酌古今) : 고금의 사례를 참작함. '고금'은 예전과 지금을 아울러 이르는 말. '참작'은 이리저리 비추어 보아서 알맞게 고려함.

35 시정득실(時政得失) : 당시의 정치나 행정에서 잘한 점과 못한 점. '시정'은 그 당시의 정치나 행정에 관한 일. '득실'은 장점과 단점. 또는 성공과 실패.

36 민간이해(民間利害) : 민간의 이익과 손해.

37 구폐조조(救弊條條) : 폐단을 고친 조목(條目)들. '조목'은 법률이나 규정 등의 낱낱의 조나 항.

위 쟝샹狀上ㅅ 경景[38] 긔 엇더ᄒᆞ니잇고

(葉) 군명신딕君明臣直[39] 대평셩ᄃᆡ大平聖代[40] 군명신딕君明臣直 대평셩ᄃᆡ大平聖代

위 죵간여류從諫如流[41] ㅅ 경景 긔 엇더ᄒᆞ니잇고

4

원의후圓議後[42] 공ᄉᆞ필公事畢[43] 방쥬유ᄉᆞ房主有司[44]

탈의관脫衣冠[45] 호션ᄉᆡᆼ呼先生[46] 섯거 안자[47]

ᄑᆡᆼ룡포봉烹龍炮鳳[48] 황금례주黃金醴酒[49] 만루ᄃᆡ잔滿鏤臺盞[50]

---

38 장상(狀上)ㅅ 경(景) : 장계(狀啓)하는 모습. 문서로 올리는 모습. '장계'는 왕명을 받고 지방에 나가 있는 신하가 자기 관하(管下)의 중요한 일을 왕에게 보고하던 일. 또는 그런 문서.

39 군명신직(君明臣直) : 임금은 현명(賢明)하고 신하는 충직(忠直)함.

40 대평성대(大平聖代) : 어진 임금이 잘 다스려 아무 걱정이 없고 평안한 세상이나 시대.

41 종간여류(從諫如流) : 물이 흐르듯이 자연스럽게 간언(諫言)을 따름. '간언'은 임금이나 윗사람에게 옳지 않은 일이나 잘못된 일을 고치도록 말함.

42 원의후(圓議後) : 원의를 한 뒤. '원의'는 사헌부의 관리가 비밀리에 풍헌(風憲)에 관계되는 일이나 벼슬에 내정된 사람의 결재 등을 의논하는 일. 그러나 '제1부 현대어역'에서는 편의상 글자 그대로 '원만한 의논'으로 풀이함.

43 공사필(公事畢) : 공사를 마침. '공사'는 국가나 공공 단체의 일. 공무(公務).

44 방주유사(房主有司) : 방주와 유사. '방주'는 사헌부의 우두머리 감찰. '유사'는 단체의 업무를 맡아보는 직무. 여기서는 사헌부에서 감찰을 맡아보는 관리를 가리킴.

45 탈의관(脫衣冠) : 의관을 벗음. '의관'은 남자의 웃옷과 갓이라는 뜻으로, 남자가 정식으로 갖추어 입는 옷차림.

46 호선생(呼先生) : 선생이라고 부름. '선생'은 각 관아의 전임자를 일컫는 말. 선배.

47 섯거 안자 : 섞어서 앉아.

48 팽룡포봉(烹龍炮鳳) : 삶은 용과 구운 봉황. 진귀한 음식을 뜻함.

49 황금예주(黃金醴酒) : 황금주와 예주. '황금주'는 멥쌀과 찹쌀을 섞어 두 번 발효시켜 담근 술. 술의 빛깔이 황금처럼 밝은 노란색을 띤다고 하여 붙여진 이름. '예주'는 엿기름을 우린 물에 밥알을 넣어 식혜처럼 삭혀서 끓인 음식. 감주(甘酒). 단술.

50 만루대잔(滿鏤臺盞) : 누대잔을 가득 채움. '누대잔'은 여러 가지 무늬를 새긴 화려한 술잔.

위 권샹勸上ㅅ 경景[51] 긔 엇더ᄒᆞ니잇고

(葉) 즐거온뎌[52] 션ᄉᆡᆼ감찰先生監察[53] 즐거온뎌 션ᄉᆡᆼ감찰先生監察

위 취醉ᄒᆞᆫ 경景[54] 긔 엇더ᄒᆞ니잇고

5

초ᄐᆡᆨ셩음楚澤醒吟[55]이아 너는 됴ᄒᆞ녀[56]

록문댱왕鹿門長往[57]이아 너는 됴ᄒᆞ녀

명량샹우明良相遇[58] 하쳥셩ᄃᆡ河淸盛代[59]예

총마회집驄馬會集[60]이아 난 됴하이다[61]

〈『樂章歌詞』, 歌詞 上〉

---

51 권상(勸上)ㅅ 경(景) : 권하여 올리는 모습.

52 즐거온뎌 : 즐겁구나. 즐거워라.

53 선생감찰(先生監察) : 전임 감찰. 선배 감찰. '감찰'은 사헌부에 속한 정6품 벼슬로, 관리들의 비위 감시·회계 감사·의전(儀典) 감독 등의 일들을 맡아봄. 어사(御史).

54 취(醉)ᄒᆞᆫ 경(景) : 취한 모습.

55 초택성음(楚澤醒吟) : 초나라 연못가에서 홀로 깨어있음을 읊조림. 중국 초(楚)나라의 굴원(屈原)이 참소를 당하여 회왕(懷王)과 사이가 멀어지게 되자 〈이소(離騷)〉를 지어 간언하였는데, 왕이 받아들이지 않으므로 멱라수(汨羅水)가에서 〈어부사(漁父辭)〉를 읊었던 일을 가리킴. 굴원은 결국 멱라수에 몸을 던져 죽었음.

56 너는 됴ᄒᆞ녀 : 너는 좋으냐?

57 녹문장왕(鹿門長往) : 녹문산에 가서 오랫동안 숨어 있음. '녹문'은 중국 호북성(湖北省) 양양현(襄陽縣)의 동남쪽에 있는 산. 한(漢)나라의 방덕공(龐德公)이 이 산에 들어가 나오지 않았으며, 당(唐)나라의 맹호연(孟浩然)도 이곳에서 은거하였음.

58 명량상우(明良相遇) : 현명한 임금과 어진 신하가 서로 만남.

59 하청성대(河淸盛代) : 태평성대. '하청'은 중국 황하(黃河)의 물이 맑아진다는 뜻으로, 태평성대를 비유한 말.

60 총마회집(驄馬會集) : 총마들이 모인 곳. '총마'는 푸른 색깔에 흰 빛깔이 섞인 말로, 사헌부의 감찰이나 사헌부 소속 관원을 부르는 별칭. 그러므로 '총마들이 모인 곳'은 사헌부를 말함.

61 난 됴하이다 : 난 좋습니다.

화전별곡花田別曲

김구(金絿, 1488~1534)

1

天之涯(천지애)[1] 地之頭(지지두)[2] 一點仙島(일점선도)[3]

左望雲(좌망운)[4] 右錦山(우금산)[5] 巴川高川(파천고천)[6]

山川奇秀(산천기수)[7] 鍾生豪俊(종생호준)[8] 人物繁盛(인물번성)[9]

偉(위)[10] 天南勝地景(천남승지경)[11] 긔 엇더ᄒᆞ닝잇고[12]

---

1 천지애(天之涯) : 하늘의 끝. 까마득하게 멀리 떨어져 있는 곳을 비유적으로 이르는 말.

2 지지두(地之頭) : 땅의 앞. 또는 나라나 지역의 구간을 가르는 경계. 앞의 '천지애'와 함께 아주 먼 곳을 가리킴.

3 일점선도(一點仙島) : 신선이 사는 한 점의 섬. 작자인 김구가 이 노래를 지을 당시, 유배(流配) 가서 살고 있던 경상남도 남해군(南海郡)을 가리킴.

4 좌망운(左望雲) : 왼쪽에는 망운산. '망운산'은 경상남도 남해군 서면에 있는 산. 남해군에서 가장 높은 산으로, 정상에 오르면 작은 섬들과 여수반도를 조망할 수 있음. 높이는 786m.

5 우금산(右錦山) : 오른쪽에는 금산. '금산'은 경상남도 남해군 상주면·삼동면·이동면에 걸쳐 있는 산. 높이는 705m.

6 파천고천(巴川高川) : 파천과 고천. 망운산과 금산 사이에 있는 내[川]의 이름. 원문의 협주에는 '봉내 고내'로 되어 있음. '제1부 현대어역'에서는 '파천고천' 대신 우리말 이름인 '봉내고내'로 표기하였음.

7 산천기수(山川奇秀) : 산과 내의 경치가 기묘하고 빼어남. '산천'은 산과 내. 또는 '자연(自然)'을 이르는 말.

8 종생호준(鍾生豪俊): 호걸과 준사가 거듭 태어남. '호걸'은 지혜와 용기가 뛰어나고 기개와 풍모가 있는 사람. '준사'는 재주와 슬기가 매우 뛰어난 사람.

9 인물번성(人物繁盛) : 인물이 번성함. '인물'은 생김새나 됨됨이로 본 사람. 또는 뛰어난 사람. '번성'은 한창 성하게 일어나 퍼짐.

10 위(偉) : 가창(歌唱)에 쓰이는 감탄사 '아!'.

風流酒色(풍류주색)[13] 一時人傑(일시인걸)[14] 再唱(재창)[15]
偉(위) 날조차 몃 분이신고[16]

2

河別侍(하별시)[17] 芷芝帶(지지대)[18] 齒爵兼尊(치작겸존)[19]
朴教授(박교수)[20] 손저이[21] 醉中(취중) 쌔롯[22]
姜綸雜談(강륜잡담)[23] 方勳鼾睡(방훈한수)[24] 鄭機飮食(정기음식)[25]

---

11 천남승지경(天南勝地景) : 하늘 남쪽에 있는 경치가 좋은 곳의 모습. '승지'는 경치가 좋은 곳.

12 긔 엇더ᄒᆞ닝잇고 : 그것이 어떠합니까? 질문이 아닌, 동의를 구하는 표현.

13 풍류주색(風流酒色) : 풍류와 주색. '풍류'는 멋스럽고 풍치가 있는 일. 또는 그렇게 노는 일. '주색'은 술과 여자.

14 일시인걸(一時人傑) : 같은 시대의 뛰어난 인재. '일시'는 같은 때. 당대(當代). '인걸'은 특히 뛰어난 인재(人材). '인재'는 어떤 일을 할 수 있는 학식이나 능력을 갖춘 사람.

15 이 '재창(再唱)'은 노랫말이 아닌, 앞의 노랫말인 "풍류주색 일시인걸"을 한 번 더 부르라는 표지임.

16 날조차 몃 분이신고 : 나까지 몇 분이십니까?

17 하별시(河別侍) : 하씨(河氏) 성(姓)을 가진 별시위(別侍衛). '하씨'는 이 연의 제5행에 나오는 '하세연(河世涓)'을 가리키는 듯. '별시위'는 조선시대의 중앙 군사 조직인 오위(五衛) 중, 용양위(龍驤衛)에 속한 장교 부대. 또는 그 부대에 속한 장교. 내금위(內禁衛)의 시험에 뽑힌 사람과 무과(武科) 시험에서 화살 여섯 대 이상을 맞힌 사람을 뽑아서 편성하였음.

18 지지대(芷芝帶) : 지초(芝草)의 무늬를 새긴 품대(品帶). '지초'는 지칫과의 여러해살이풀로, 5~6월에 흰색 꽃이 피고 열매는 작은 견과(堅果)를 맺음. 지치라고도 함. '품대'는 관리가 공복(公服)에 갖추어 두르던 띠. 공복의 종류와 품계에 따라 달랐음.

19 치작겸존(齒爵兼尊) : 나이와 관직이 모두 높음.

20 박교수(朴教授) : 박씨(朴氏) 성을 가진 교수. '교수'는 지방 유생(儒生)의 교육을 맡아보던 종6품 벼슬. 향교(鄕校)를 지도하기 위해 부(府)와 목(牧)에 두었음.

21 손저이 : 손을 젓는. 손을 이리저리 휘둘러 흔드는.

22 취중(醉中) 쌔롯 : 취할 때 나오는 버릇.

23 강륜잡담(姜綸雜談) : 강륜의 잡담. '잡담'은 쓸데없이 지껄이는 말. '강륜'은 당시 남해군에 살던 작자 김구의 지인인 듯. 문헌 기록이 없어 자세한 것을 알 수 없는데, 이 행의 '방훈'·'정기'도 이와 같음.

24 방훈한수(方勳鼾睡) : 방훈의 코골이. '한수'는 코를 골며 잠을 잠.

偉(위) 品官齊會景(품관제회경)[26] 긔 엇더ᄒᆞ닝잇고
河世涓氏(하세연씨) 발버훈[27] 風月(풍월)[28] 再唱(재창)
偉(위) 唱和景(창화경)[29] 긔 엇더ᄒᆞ닝잇고

3

徐玉非(서옥비) 高玉非(고옥비)[30] 黑白頓殊(흑백돈수)[31]
大銀德(대은덕) 小銀德(소은덕) 老少不同(노소부동)[32]
姜今歌舞(강금가무)[33] 綠今長鼓(녹금장고)[34] 버런[35] 學非(학비) 소졸[36] 玉只(옥지)
偉(위) 花林勝美景(화림승미경)[37] 긔 엇더ᄒᆞ닝잇고

---

25 정기음식(鄭機飮食) : 정기의 먹고 마시기.

26 품관제회경(品官齊會景) : 품관들이 모두 모인 모습. '품관'은 고려·조선시대에 품계(品階)를 가진 관리를 통틀어 이르던 말. '품계'는 관직을 매기던 등급. 제일 높은 정(正)1품에서 제일 낮은 종(從)8품까지 18단계로 나뉘어 있음.

27 발버훈 : '발벗다'의 의미인 듯. 있는 재주나 힘을 다함.

28 풍월(風月) : 맑은 바람과 밝은 달을 대상으로 시를 짓고 흥취를 자아내어 즐겁게 놂. 음풍농월(吟風弄月).

29 창화경(唱和景) : 창화하는 모습. '창화'는 한쪽에서 시를 읊거나 노래를 부르고, 다른 쪽에서 그에 이어서 읊거나 부름.

30 서옥비(徐玉非) 고옥비(高玉非) : 서옥비와 고옥비. 사람 이름. 이 연의 제2~3행에 나오는 '대은덕'·'소은덕'·'강금'·'녹금'·'학비'·'옥지'와 함께 당시 남해군에 살던 기생인 듯.

31 흑백돈수(黑白頓殊) : (피부색이) 검은색과 흰색으로 아주 다름.

32 노소부동(老少不動) : 늙은이와 젊은이라 서로 같지 않음.

33 강금가무(姜今歌舞) : 강금의 노래와 춤.

34 녹금장고(綠今長鼓) : 녹금의 장고. '장고'는 타악기의 하나로, 오동나무로 만든 허리가 잘록한 통 양쪽에 가죽을 씌워 만듦. 장구라고도 함.

35 버런 : '벌다'의 파생어인 듯. '벌다'는 몸통의 굵기가 한 주먹이나 한 아름에 들 정도보다 조금 더 큼. 곧 '버런'은 몸이 날씬하다는 뜻인 듯. 또는 '산만하다'의 방언일 수도.

36 소졸(疏拙) : 꼼꼼하지 못하고 서투름.

花田別號(화전별호)[38] 名實相符(명실상부)[39] 再唱(재창)
偉(위) 鐵石肝腸(철석간장)[40] 이라도 아니 긋기리 업더라[41]

4

漢元今(한원금) 以文歌(이문가)[42] 鄭韶草笛(정소초적)[43]
或打鉢(혹타발)[44] 或扣盤(혹구반)[45] 間擊盞臺(간격잔대)[46]
搖頭輾身(요두전신)[47] 備諸醉態(비제취태)[48]
偉(위) 發興景(발흥경)[49] 그 엇더ᄒᆞ닝잇고
姜允元氏(강윤원씨) 스ᄅᆞ렝딩[50] 소리 再唱(재창)

---

37 화림승미경(花林勝美景) : 꽃나무 숲의 아름다운 모습. '화림'은 꽃나무로 이루어진 숲.

38 화전별호(花田別號) : 화전이라는 (남해의) 다른 이름. 조선시대에는 경상남도 남해군을 '화전'이라는 이름으로 부르기도 함. '화전'은 꽃을 심어 가꾼 밭. 꽃밭. '별호'는 달리 부르는 이름. 별칭(別稱).

39 명실상부(名實相符) : 이름과 실상이 서로 꼭 맞음.

40 철석간장(鐵石肝腸) : 쇠와 돌같이 굳고 단단한 간장. '철석'은 쇠와 돌. 또는 매우 굳고 단단한 것을 비유적으로 이르는 말. '간장'은 간과 창자. 또는 마음을 비유적으로 이르는 말.

41 아니 긋기리 업더라 : 아니 끊어질 사람이 없더라. 끊어지지 않을 사람이 없더라.

42 한원금(漢元今) 이문가(以文歌) : 한원금은 글을 지어 노래함. '한원금'은 3연의 '강금'·'녹금'과 마찬가지로 당시 남해군에 살던 기생의 이름인 듯.

43 정소초적(鄭韶草笛) : 정소는 풀피리를 붊. '정소'는 5행의 '강윤원씨'와 함께, 당시 남해군에 살던 작자의 지인으로 추정됨. '풀피리'는 두 입술 사이에 풀잎을 대거나 물고 부는 것.

44 혹타발(或打鉢) : 어떤 사람은 발우(鉢盂)를 침. '혹'은 '혹자(或者)'의 준말. '발우'는 절에서 쓰는 승려의 밥그릇. 나무나 놋쇠로 대접처럼 만들어 안팎에 칠을 함. 바리때.

45 혹구반(扣盤) : 어떤 사람은 소반을 두드림. '소반(小盤)'은 자그마한 밥상.

46 간격잔대(間擊盞臺) : 간혹 술잔 받침을 침. '잔대'는 술잔을 받치는 데 쓰는 그릇.

47 요두전신(搖頭輾身) : 머리를 흔들고 누워서 뒹굴음.

48 비제취태(備諸醉態) : 갖가지로 취한 모습들.

49 발흥경(發興景) : 흥이 나는 모습. '흥'은 재미나 즐거움을 일어나게 하는 감정.

50 스ᄅᆞ렝딩 : 스르렝딩. 거문고의 구음(口音). '구음'은 거문고·가야금·피리 등의 악기에서 울려

偉(위) 듯괴야 좀드로리라[51]

5

綠波酒(녹파주)[52] 小麴酒(소국주)[53] 麥酒濁酒(맥주탁주)[54]

黃金鷄(황금계) 白文魚(백문어)[55] 柚子盞(유자잔)[56] 貼匙臺(첩시대)[57]예

偉(위) ᄀᆞ독 브어[58] 勸觴景(권상경)[59] 긔 엇더ᄒᆞ닝잇고

鄭希哲氏(정희철씨)[60] 過麥田大醉(과맥전대취)[61] 再唱(재창)

偉(위) 어ᄂᆡ 제[62] 슬플 저기 이실고[63]

6

나오는 특징적인 음들을 입으로 흉내 내어 읽는 소리.

51 듯괴야 좀드로리라 : 듣고서야 잠들리라. 들어야 잠을 잘 것이다.

52 녹파주(綠波酒) : 멥쌀가루로 술밑을 만든 것에 찹쌀가루로 죽을 쑨 것을 섞어서 만든 약주(藥酒)로, 매우 맑은 빛깔을 띰.

53 소국주(小麴酒) : 막걸리의 하나. 누룩을 적게 하여 찹쌀로 담근 술로, 맑은 수정(水晶) 빛깔이 남.

54 맥주탁주(麥酒濁酒) : 맥주와 탁주. '맥주'는 보리로 담근 술로, 현재 우리가 마시는 맥주와 다름. 보리술. '탁주'는 맑은술을 떠내지 않고 그대로 걸러 짠 술로, 빛깔이 흐리고 맛이 텁텁함. 막걸리.

55 황금계(黃金鷄) 백문어(白文魚) : 황금빛 닭과 흰 문어.

56 유자잔(柚子盞) : 유자껍질로 만든 술잔. '유자'는 유자나무의 열매로, 향기가 좋은 노란색 과일.

57 첩시대(貼匙臺) : 숟가락을 받치는 데 쓰는 그릇. 숟가락 받침.

58 ᄀᆞ독 브어 : 가득 부어.

59 권상경(勸觴景) : 술잔을 권하는 모습.

60 정희철씨(鄭希哲氏) : 사람 이름. 당시 남해군에 살던, 작자의 지인으로 추정됨.

61 과맥전대취(過麥田大醉) : 보리밭만 지나가도 크게 취함. 술을 먹지 못하는 사람을 놀리는 말.

62 어ᄂᆡ 제 : 어느 때에.

63 슬플 저기 이실고 : 슬플 적이 있을까?

京洛繁華(경락번화) ㅣ야[64] 너는 불오냐[65]

朱門酒肉(주문주육)[66]이야 너는 됴ᄒᆞ냐[67]

石田茅屋(석전모옥)[68] 時和歲豊(시화세풍)[69]

鄕村會集(향촌회집)[70]이야 나는 됴하ᄒᆞ노라

〈『自菴集』卷2〉

---

64 경락번화(京洛繁華) ㅣ야 : 서울의 번화함이야. 서울의 번화함이. '경락'은 한 나라의 중앙 정부가 있는 곳. 서울. '번화'는 번성하고 화려함.

65 너는 불오냐 : 너는 부러우냐?

66 주문주육(朱門酒肉) : 붉은 대문과, 술과 고기. '주문'은 지위가 높은 관리의 집을 의미함.

67 너는 됴ᄒᆞ냐 : 너는 좋으냐?

68 석전모옥(石田茅屋) : 돌밭에 있는 띳집. '석전'은 돌이 많은 땅. '모옥'은 지붕을 띠로 이어 만든 초라한 집. '띠'는 볏과의 여러해살이풀. 척박한 땅이나 비옥한 땅을 가리지 않고 군락을 이루며 자람.

69 시화세풍(時和歲豊) : 나라가 태평하고 풍년이 듦. '풍년'은 곡식이 잘 자라고 잘 여물어 평년보다 수확이 많은 해.

70 향촌회집(鄕村會集) : 향촌의 모임. '향촌'은 시골의 마을.

독락팔곡獨樂八曲

권호문(權好文, 1532~1587)

1

太平聖代(태평성대)[1] 田野逸民(전야일민)[2] 再唱(재창)[3]

耕雲麓(경운록)[4] 釣烟江(조연강)[5]이 이밧긔 일이 업다

窮通(궁통)이 在天(재천)ᄒᆞ니[6] 貧賤(빈천)을 시름ᄒᆞ랴[7]

玉堂(옥당) 金馬(금마)[8]ᄂᆞᆫ 내의 願(원)이 아니로다

泉石(천석)[9]이 壽域(수역)[10]이오 草屋(초옥)[11]이 春臺(춘대)[12]라

---

1 태평성대(太平聖代) : 훌륭한 왕이 잘 다스려 백성들이 걱정 없이 살기 좋은 시대.

2 전야일민(田野逸民) : 시골에 숨어사는 백성. '전야'는 시골이나 농촌. '일민'은 학문과 덕행이 있으면서도 세상에 나서지 않고 숨어 지내는 사람. 여기서는 작자 자신을 가리킴.

3 이 '재창(再唱)'은 노랫말이 아닌, 앞의 노랫말인 "태평성대 전야일민"을 한 번 더 부르라는 표지임.

4 경운록(耕雲麓) : 구름 덮인 산기슭에서 밭을 갊. '갈다'는 농기구나 농기계로 땅을 파서 뒤집다. 또는 밭작물의 씨앗을 심어 가꾸다.

5 조연강(釣烟江) : 안개 낀 강에서 낚시를 함.

6 궁통(窮通)이 재천(在天)ᄒᆞ니 : 가난함과 부귀함이 하늘에 달려 있으니.

7 빈천(貧賤)을 시름ᄒᆞ랴 : 가난하고 천함을 시름하랴? '시름'은 마음에 걸려 풀리지 않고 항상 남아 있는 근심과 걱정.

8 옥당금마(玉堂金馬) : 옥당과 금마. '옥당'은 화려한 전당이나 궁전. 또는 궁중의 경서(經書)·문서 등을 관리하고 임금의 자문에 응하는 일을 맡아보던 기관. '금마'는 금빛 털을 가진 말. '옥당'과 '금마'는 모두 높은 관직에 오르는 것이나 출세하는 것을 뜻함.

9 천석(泉石) : 물과 돌로 이루어진 자연의 경치.

10 수역(壽域) : 천수(天壽)를 누릴 수 있는 곳. '천수'는 타고난 수명.

11 초옥(草屋) : 짚이나 갈대로 지붕을 만든 집. 초가집.

12 춘대(春臺) : 춘당대(春塘臺)의 준말인 듯. 서울 창경궁(昌慶宮) 안에 있는 곳으로, 여기에서

於斯臥(어사와) 於斯眠(어사면)[13] 俯仰宇宙(부앙우주)[14] 流觀品物(유관품물)[15]ᄒᆞ야

居居然(거거연)[16] 浩浩然(호호연)[17] 開襟獨酌(개금독작)[18]

岸幘長嘯景(안책장소경)[19] 긔 엇다ᄒᆞ니잇고[20]

2

草屋三間(초옥삼간)[21] 容膝裏(용슬리)[22] 昂昂(앙앙)[23] 一閒人(일한인)[24] 再唱(재창)

琴書(금서)[25]를 벗을 삼고 松竹(송죽)으로 울을 ᄒᆞ니[26]

과거 시험을 보았음. 또는 봄 경치를 구경하기 좋은 정자나 누각을 가리킬 수도.

13 어사와(於斯臥) 어사면(於斯眠) : 모두 '어여차'를 예스럽게 이르는 말. '어여차'는 여럿이 힘을 합할 때 일제히 내는 감탄사.

14 부앙우주(俯仰宇宙) : 우주를 굽어보고 우러러봄.

15 유관품물(流觀品物) : 온갖 사물을 훑어봄. '유관'은 넓게 죽 훑어봄. '품물'은 형체가 있는 온갖 물건. 만물(萬物).

16 거거연(居居然) : 평안하고 조용한 상태. 또는 동요되지 않거나 꼼짝하지 않는 모양.

17 호호연(浩浩然) : 한없이 넓고 큰 모양.

18 개금독작(開襟獨酌) : 옷섶을 열어 놓고 혼자 술을 마심. '옷섶'은 저고리나 두루마기의 깃 아래쪽에 달린 길쭉한 헝겊.

19 안책장소경(岸幘長嘯景) : 두건(頭巾)을 비스듬히 쓰고 휘파람을 길게 부는 모습. '안책'은 두건을 비스듬히 써서 이마가 드러난다는 뜻. '두건'은 헝겊이나 천으로 만들어서 머리에 쓰는 물건.

20 긔 엇다ᄒᆞ니잇고 : 그것이 어떠합니까? 질문이 아닌 동의를 구하는 표현.

21 초옥삼간(草屋三間) : 세 칸밖에 안 되는 초가집. 아주 작은 집.

22 용슬리(容膝裏) : (집이 좁아) 겨우 무릎을 움직일 수 있음. 겨우 다리를 뻗을 수 있음.

23 앙앙(昂昂) : 지행(志行)이 높음. '지행'은 지조와 행실.

24 일한인(一閒人) : 한가하게 지내는 한 사람. 작자 자신을 가리킴.

25 금서(琴書) : 거문고와 책.

26 송죽(松竹)으로 울을 ᄒᆞ니 : 소나무와 대나무로 울타리를 삼으니. '울타리'는 풀이나 나무를

脩脩生事(수수생사)[27]와 淡淡襟懷(담담금회)[28]예 塵念(진념)[29]이 어ᄃᆡ 나리[30]

時時(시시)[31]예 落照趁淸(낙조진청)[32] 蘆花(노화) 岸紅(안홍)[33]ᄒᆞ고

殘烟帶風(잔연대풍)[34] 楊柳飛(양류비)[35]ᄒᆞ거든

一竿竹(일간죽)[36] 빗기 안고[37] 忘機伴鷗景(망기반구경)[38] 긔 엇다ᄒᆞ니잇고

3

士何事乎(사하사호)[39] 尙志而已(상지이이)[40] 再唱(재창)

얽거나 엮어서 담 대신에 경계를 지어 막는 물건.

27 수수생사(脩脩生事) : 정돈(整頓)된 생활. '수수'는 정돈되어 있는 모양. '생사'는 살아가는 일. 생계(生計).

28 담담금회(淡淡襟懷) : 평온한 마음. '담담'은 차분하고 평온함. 또는 어떤 느낌이나 무엇에 마음을 두지 않고 무관심함. '금회'는 마음속에 깊이 품은 회포.

29 진념(塵念) : 속세의 명예와 이익을 생각하는 마음.

30 어ᄃᆡ 나리 : 어디서 나리? 어디에서 날까?

31 시시(時時) : 경우에 따라서 가끔. 때때로.

32 낙조진청(落照趁淸) : 지는 해의 붉은 빛이 점차 맑아짐. '낙조'는 저녁에 지는 햇빛. 또는 지는 해 주위로 퍼지는 붉은빛.

33 노화안홍(蘆花岸紅) : 강가의 갈대꽃을 붉게 물들임. '노화'는 갈대의 꽃. 솜과 같은 흰 털이 많고 부드러움.

34 잔연대풍(殘烟帶風) : 사라져 가는 이내가 바람에 실림. '이내'는 해질 무렵 멀리 보이는 푸르고 흐릿한 기운.

35 양류비(楊柳飛) : 버드나무 잎이 날림.

36 일간죽(一竿竹) : 낚싯대 하나.

37 빗기 안고 : 비껴 안고. 비스듬히 들고.

38 망기반구경(忘機伴鷗景) : 세상일을 잊고 갈매기와 어울려 노는 모습. '망기'는 속세의 일이나 욕심을 잊음.

39 사하사호(士何事乎) : 선비는 무슨 일을 하는가? 선비는 무엇을 해야 하나? '선비'는 학식이

科名(과명) 損志(손지)[41]ᄒᆞ고 利達(이달) 害德(해덕)[42]이라
모ᄅᆞ미[43] 黃卷中(황권중)[44] 聖賢(성현)을 뫼압고[45]
言語精神(언어정신) 日夜(일야)[46]애 頤養(이양)[47]ᄒᆞ야
一身(일신)이 正(정)ᄒᆞ면[48] 어ᄃᆡ러로[49] 못 가리오
俯仰(부앙) 恢恢(회회)[50]ᄒᆞ고 往來(왕래) 平平(평평)[51]ᄒᆞ니
갈 길룰 알오[52] 立志(입지)[53]를 아니 ᄒᆞ랴
壁立萬仞(벽립만인)[54] 磊落不變(뇌락불변)[55]ᄒᆞ야

있고 의리와 원칙을 지키며, 관직과 재물을 탐내지 않는 사람. 또는 학식은 있으나 벼슬하지 않은 사람.

40 상지이이(尙志而已) : 뜻을 높일 따름이다. 뜻을 높게 가질 뿐이다.

41 과명손지(科名損志) : 과거 급제의 명예는 뜻을 손상시킴. '과명'은 과거 시험에 합격한 사람들의 이름. 또는 과거 시험에 합격한 영광스러운 명예.

42 이달해덕(利達害德) : 이익과 출세는 덕을 해침.

43 모ᄅᆞ미 : 모름지기.

44 황권중(黃卷中) : 책 속의. '황권'은 책을 달리 이르는 말. 예전에, 책이 좀먹는 것을 막기 위해 종이를 황벽(黃蘗)나무의 잎으로 물들인 데서 나온 말.

45 성현(聖賢)을 뫼압고 : 성인(聖人)과 현인(賢人)을 모시고. '성인'은 지혜와 덕이 매우 뛰어나 길이 우러러 본받을 만한 사람. '현인'은 어질고 총명하여 성인에 다음가는 사람.

46 일야(日夜) : 낮과 밤을 아울러 이르는 말. 밤낮.

47 이양(頤養) : 마음을 가다듬어 고요하게 정신을 수양함.

48 일신(一身)이 정(正)ᄒᆞ면 : 이 한 몸이 올바르면.

49 어ᄃᆡ러로 : 어디로든. 어디인들.

50 부앙회회(俯仰恢恢) : 넓고 크게 굽어보고 우러러봄.

51 왕래평평(往來平平) : 예사롭고 평범하게 가고 옴.

52 갈 길룰 알오 : (내가) 갈 길을 알고.

53 입지(立志) : 뜻을 세움.

54 벽립만인(壁立萬仞) : 깎아지른 듯이 솟아 있는 낭떠러지의 높이가 만 길이나 됨. '길'은 길이의 단위. 한 길은 약 2.4m 또는 3m에 해당함.

55 뇌락불변(磊落不變) : 마음이 흔들리지 않고 변함이 없음. '뇌락'은 마음이 너그럽고 작은 일에 얽매이지 않음.

嘐嘐然(효효연)[56] 尙友千古景(상우천고경)[57] 긔 엇다ᄒᆞ니잇고

4

入山(입산) 恐不深(공불심)[58] 入林(입림) 恐不密(공불밀)[59]

寬閒之野(관한지야)[60] 寂寞之濱(적막지빈)[61]에 卜居(복거)[62]를 定(정)ᄒᆞ니

野服(야복)[63] 黃冠(황관)[64]이 魚鳥外(어조외) 버디 업다[65]

芳郊(방교)[66]애 雨晴(우청)[67]ᄒᆞ고 萬樹(만수)애 花落後(화락후)[68]에

靑藜杖(청려장)[69] 뷔집고[70] 十里溪頭(십리계두)[71]애 閒往閒來(한왕한래) ᄒᆞᄂᆞᆫ ᄠᅳ든[72]

---

56 효효연(嘐嘐然) : 뜻이 크고 큰소리를 내는 모양.

57 상우천고경(尙友千古景) : 책을 통해 옛사람을 벗으로 삼는 모습.

58 입산공불심(入山恐不深) : 산에 들어가면 산이 깊지 않지 않을까 두려워함.

59 입림공불밀(入林恐不密) : 숲에 들어가면 큰 나무들이 빽빽하게 들어서 있지 않을까 두려워함.

60 관한지야(寬閒之野) : 넓고 한적(閑寂)한 들판. '한적'은 한가하고 고요함.

61 적막지빈(寂寞之濱) : 조용하고 쓸쓸한 물가.

62 복거(卜居) : 살 만한 곳을 가려서 정함.

63 야복(野服) : 시골에서 사는 사람이 입는 소박한 옷차림.

64 황관(黃冠) : 누런빛의 모자. 또는 풀로 만든 평민의 모자. 벼슬하지 못한 사람을 가리킴.

65 어조(魚鳥) 외(外) 버디 업다 : 물고기와 새 외에는 벗이 없다.

66 방교(芳郊) : 향기로운 꽃이 만발한 봄의 들판.

67 우청(雨晴) : 비가 오다가 날이 갬.

68 만수(萬樹)애 화락후(花落後) : 온갖 나무의 꽃잎이 떨어진 뒤. 나무마다 꽃잎이 진 뒤.

69 청려장(靑藜杖) : 명아주 줄기로 만든 지팡이. '명아주'는 명아줏과의 한해살이풀로, 녹색 줄이 있음. 들이나 길가에서 저절로 나고 자람.

70 뷔집고 : '뷔혀집고'의 준말인 듯. 부여 짚고. 두 손으로 힘껏 짚고.

71 십리계두(十里溪頭) : 10리 거리의 시냇가. 10리는 약 3.93km에 해당함.

72 한왕한래(閒往閒來) ᄒᆞᄂᆞᆫ ᄠᅳ든 : 한가로이 오가는 뜻은.

曾點氏(증점씨)[73] 浴沂風雩(욕기풍우)[74]와 程明道(정명도)[75] 傍花隨柳(방화수류)[76]도 이러턴가 엇다턴고[77]

暖日光風(난일광풍)[78]이 불쌔니 볼거니[79] 興滿前(흥만전)[80]ᄒᆞ니

悠然胸次(유연흉차)[81]ㅣ 與天地萬物(여천지만물)[82] 上下同流景(상하동류경)[83] 긔 엇다ᄒᆞ니잇고

5

집은 范萊蕪(범래무)[84]의 蓬蒿(봉호)[85]ㅣ오 길은 蔣元卿(장원경)[86]의

73 증점씨(曾點氏) : 중국 춘추시대 노(魯)나라 사람. 자(字)는 자석(子晳). 아들인 증자(曾子)와 함께 공자(孔子)를 스승으로 모시고 배운 인물.

74 욕기풍우(浴沂風雩) : 기수(沂水)에서 목욕하고 무우(舞雩)에서 바람을 쐼. 공자가 제자들에게 각자의 뜻을 말해 보라고 하자, 증점이 기수에서 목욕하고, 무우대(舞雩臺)에서 바람을 쐬고 노래하며 돌아오겠다고 대답한 고사(故事)에서 나온 말. 명예와 이익을 버리고 자연 속에서 자유롭고 편안하게 살아가는 것을 뜻함.

75 정명도(程明道) : 중국 북송(北宋)의 유학자인 정호(程顥, 1032~1085). 명도는 그의 호(號). 동생 이(頤)와 함께 이정자(二程子)로 불리며, 도덕설을 주장하여 우주의 본성과 사람의 성(性)이 본래 동일하다고 보았음.

76 방화수류(傍花隨柳) : 꽃을 스쳐 버들을 따라감. 정명도의 시인 〈춘일우성(春日偶成)〉에 "꽃을 스쳐 버들을 따라 시냇물을 건너네.(傍花隨柳過前川)"라는 구절이 있음.

77 이러턴가 엇다턴고 : 이렇던가? 어떻던가? 이러한가? 어떠한가?

78 난일광풍(暖日光風) : 따뜻한 햇빛과 바람. 또는 따뜻한 봄날의 햇빛과 바람.

79 불쌔니 볼거니 : 불거니 밝거니. 바람이 불고 햇빛이 밝으니.

80 흥만전(興滿前) : 흥이 내 앞에 가득함. '흥'은 재미나 즐거움을 일어나게 하는 감정.

81 유연흉차(悠然胸次) : 여유 있는 마음. '유연'은 침착하고 여유가 있음. '흉차'는 마음속 깊이 품은 생각.

82 여천지만물(與天地萬物) : 세상에 있는 모든 것과 더불어.

83 상하동류경(上下同流景) : 위아래로 함께 흘러가는 모습. 화자가 천지의 만물과 더불어 잘 지내는 모습을 뜻함.

84 범래무(范萊蕪) : 중국 후한(後漢) 때의 사람인 범염(范冉). 환제(桓帝) 때 내무현(萊蕪縣)의 장관으로 임명되었으므로 이렇게 부름. 범염은 내무현의 장관으로 임명되었으나 응하지 않았고, 다른 관직들도 사양한 채 은거하였음. 그는 쑥으로 집의 지붕을 엮었고, 이따금 밥을

花竹(화죽)[87]이로다

百年浮生(백년부생)[88] 이러타 엇다ᄒᆞ리[89]

진실로 隱居求志(은거구지)[90]ᄒᆞ고 長往不返(장왕불반)[91]ᄒᆞ면

軒冕(헌면)[92]이 泥塗(이도)[93]ㅣ오 鼎鐘(정종)[94]이 塵土(진토)[95]ㅣ라

千磨(천마) 상인(霜刃)[96]인돌 이 ᄠᅳ들 긋츠리랴[97]

韓昌黎(한창려)[98] 三上書(삼상서)[99]ᄂᆞᆫ 내의 ᄠᅳ데[100] 區區(구구)[101]ᄒᆞ고

굶는 등 매우 가난하게 살았으나, 태연하였다고 함.

85 봉호(蓬蒿) : 쑥. 또는 쑥이 우거진 풀숲. '쑥'은 국화과의 여러해살이풀. 7~10월에 분홍빛이 도는 흰색 꽃이 핌. 어린잎은 식용하고 줄기와 잎자루는 약용함. 다북쑥이라고도 함.

86 장원경(蔣元卿) : 중국 전한(前漢) 때의 사람. 그는 관직을 사양하고 고향에 돌아와 뜰 안의 꽃과 대나무 아래에다 세 갈래 좁은 길을 내고, 친구인 중양(仲羊)·중종(仲從)과 더불어 노닐었음.

87 화죽(花竹) : 꽃과 대나무.

88 백년부생(百年浮生) : 평생 동안의 덧없는 인생.

89 이러타 엇다ᄒᆞ리 : 이런들 어떠하리? 이렇다고 어떠하리?

90 은거구지(隱居求志) : 은거하여 뜻을 구함. '은거'는 세상을 피하여 숨어서 삶.

91 장왕불반(長往不返) : 먼 길을 떠나서 돌아오지 않음.

92 헌면(軒冕) : 지위가 높은 관리가 타던 수레와, 그가 머리에 쓰던 관(冠). 지위가 높은 벼슬이나 관리를 가리키는 말.

93 이도(泥塗) : 땅이 질어서 질퍽질퍽한 길. 진창길. 진흙탕. 또는 천하고 쓸모없는 것.

94 정종(鼎鐘) : 사람의 공적을 새겨 종묘(宗廟)에 비치하던 솥과 종.

95 진토(塵土) : 티끌과 흙. 흙먼지.

96 천마상인(千磨霜刃) : 천 번을 갈아서 매우 날카로운 칼날.

97 이 ᄠᅳ들 긋츠리랴 : 이 뜻을 끊으랴? 이 뜻을 끊을 수 있으랴?

98 한창려(韓昌黎) : 중국 당(唐)나라의 문장가·정치가·사상가인 한유(韓愈, 768~824). '창려'는 그의 호(號). 한유는 당시 문단의 주류였던 대구(對句)와 음조(音調)를 중하게 여기는 변려문(騈儷文)에 대해 수사주의(修辭主義)에 치중해 있다며 비판하고, 한대(漢代) 이전의 자유스러운 형식을 표본으로 하는 고문(古文)을 주장하였음. 한유의 문집으로는 『한창려선생집(韓昌黎先生集)』이 있음.

99 삼상서(三上書) : 상서를 세 번 올림. 한유는 상서를 세 번 올렸는데, 그때마다 유배(流配)를 가게 되어 벼슬길이 막힘. '상서'는 신하가 임금에게 일정한 형식을 갖춰 올리는 글.

100 내의 ᄠᅳ데 : 나의 뜻에.

杜子美(두자미)[102] 三大賦(삼대부)[103] ㅣ 내 둉내[104] 行道(행도)[105]ᄒᆞ랴
두어라 彼以爵(피이작) 我以義(아이의)[106] 不願人之(불원인지) 文繡(문수)[107]ᄒᆞ야
世間萬事(세간만사) 都付天命景(도부천명경)[108] 긔 엇다ᄒᆞ니잇고

6

君門(군문)[109] 深九重(심구중)[110]ᄒᆞ고 草澤(초택)[111] 隔萬里(격만리)[112]ᄒᆞ니

---

101 구구(區區) : (설명이나 변명이) 길고 구차함. 말이나 행동이 떳떳하지 못함.

102 두자미(杜子美) : 중국 당나라의 시인인 두보(杜甫, 712~770). '자미'는 그의 자(字). 이백(李白)과 함께 중국 최고의 시인으로 평가받고 있음. 그의 시는 사회의 불합리한 실정을 여실히 그려냈으며, 빈부의 차가 현격한 세상에 대해 분노를 토로하기도 했음. 1,470여 수의 시가 산문과 함께 『두공부집(杜工部集)』에 전함.

103 삼대부(三大賦) : 세 편의 부 작품. '부'는 한문학의 한 장르로, 긴 행·중간 휴지·균형 잡힌 대구(對句) 등의 특징이 있음. 두보는 관직을 얻기 위해 현종(玄宗)에게 〈조헌태청궁부(朝獻太淸宮賦)〉·〈조향태묘부(朝享太廟賦)〉·〈유사어남효부(有事於南效賦)〉의 부 작품 세 편을 지어 바쳤는데, 이를 계기로 현종의 칭찬과 인정을 받음. 그러나 관직을 얻지는 못했음.

104 내 둉내 : 내 종내. 내가 끝내.

105 행도(行道) : 도(道)를 행함. 또는 여기저기 돌아다니는 일. 그러나 여기서는 두보가 관직에 오르기 위해 세 편의 부를 지은 것을 따라 한다는 의미로 쓰임.

106 피이작(彼以爵) 아이의(我以義) : 저들은 작위(爵位)로써, 나는 의리로써. '작위'는 벼슬과 지위.

107 불원인지문수(不願人之文繡) : 다른 사람들의 수놓은 비단옷을 원하지 않음. '문수'는 수놓은 비단옷으로, 벼슬을 뜻함.

108 세간만사(世間萬事) 도부천명경(都付天命景) : 세상의 모든 일이 모두 천명에 맡겨진 모습. 세상만사가 모두 천명에 달려 있는 모습. '천명'은 하늘의 명령. 또는 타고난 운명.

109 군문(君門) : 임금이 드나드는 문. 임금이 계신 곳.

110 심구중(深九重) : 아홉 겹으로 둘러싸인 깊은 곳. '구중'은 겹겹이 문으로 막은 깊은 궁궐이라는 뜻으로, 임금이 있는 대궐 안을 이르는 말. 구중궁궐.

111 초택(草澤) : 초원(草原)과 수택(水澤). 또는 민간이나 재야(在野).

112 격만리(隔萬里) : 만 리의 거리로 떨어져 있음. '만 리'는 아주 먼 거리를 이르는 말.

十載心事(십재심사)[113]를 어이ᄒᆞ야 上達(상달)ᄒᆞ료[114]
數封奇策(수봉기책)[115]이 草(초)ᄒᆞ얀디[116] 오래거다[117]
致君澤民(치군택민)[118]은 내의 才分(재분) 아니런가[119]
窮經學道(궁경학도)[120]를 뜯 두고 이리ᄒᆞ랴[121]
출하리[122] 藏修丘壑(장수구학)[123] 遯世無悶(둔세무민)[124]ᄒᆞ야
날 조츤 번님네 뫼옵고[125] 綠籤山窓(녹첨산창)[126]의
共把遺經(공파유경) 究終始景(구종시경)[127] 긔 엇다ᄒᆞ니잇고

---

113 십재심사(十載心事) : 10년 동안의 생각. '심사'는 마음속으로 생각하는 일. 또는 그 생각.

114 상달(上達)ᄒᆞ료 : 임금께 알릴 수 있으랴? '상달'은 윗사람에게 말이나 글로 여쭈어 알려 드림.

115 수봉기책(數封奇策) : 몇 가지의 기묘(奇妙)한 계책(計策). '기책'은 남들이 흔히 생각할 수 없는 기묘한 꾀. 묘책(妙策).

116 초(草)ᄒᆞ얀디 : 초를 한 지. 글의 초안(草案)을 잡은 지. '초하다'는 글의 초안을 잡다. 우선 대강 초벌로 적다.

117 오래거다 : 오래되었다. 오래다.

118 치군택민(致君澤民) : 임금께 몸을 바쳐 충성하고, 백성에게 혜택을 베풂.

119 내의 재분(才分) 아니런가 : 나의 분수에 맞지 않는 것인가? 나의 재주로 할 수 없는 것인가? '재분'은 재주의 분수나 정도.

120 궁경학도(窮經學道) : 유교경전을 깊이 연구하여 도를 배움.

121 뜯 두고 이리ᄒᆞ랴 : 뜻을 두고 이렇게 하랴? 뜻을 두고 이럴 수 있으랴?

122 출하리 : 차라리.

123 장수구학(藏修丘壑) : 골짜기와 언덕에 숨어서 수양(修養)함. '수양'은 몸과 마음을 갈고닦아 품성이나 지식·도덕 등을 높은 경지로 끌어올림.

124 둔세무민(遯世無悶) : 속세를 피해 숨어사니 고민이 없음.

125 날 조츤 번님네 뫼옵고 : 나를 따르는 벗님들 모시고. 벗님은 '벗'을 다정하게 이르는 말.

126 녹첨산창(綠籤山窓) : 책이 있는 방의 창가. '녹첨'은 장서(藏書)의 구분을 쉽게 하기 위한 표지(標識). 여기서는 장서가 있는 곳을 가리킴. '산창'은 산에 있는 집의 창.

127 공파유경(共把遺經) 구종시경(究終始景) : 성현(聖賢)이 남긴 경전을 함께 손에 들고, 처음부터 끝까지 깊이 연구하는 모습.

7

一屛一榻(일병일탑)[128] 左箴右銘(좌잠우명)[129] 再唱(재창)

神目如電(신목여전)[130]이라 暗室(암실)을 欺心(기심)ᄒᆞ며[131]

天聽如雷(천청여뇌)[132]라 私語(사어)인들 妄發(망발)ᄒᆞ랴[133]

戒愼恐懼(계신공구)[134]를 隱微間(은미간)[135]애 닛디 마새[136]

坐如尸(좌여시)[137] 儼若思(엄약사)[138] 終日乾乾(종일건건)[139] 夕惕若

---

128 일병일탑(一屛一榻) : 병풍(屛風) 하나와 평상(平床) 하나. '병풍'은 바람을 막거나 무엇을 가리거나, 또는 장식용으로 방 안에 치는 물건. '평상'은 나무로 만든 가구로, 밖에다 내어 앉거나 드러누워 쉴 수 있도록 만든 것.

129 좌잠우명(左箴右銘) : 왼쪽에는 잠언(箴言)을 적은 글을 두고, 오른쪽에는 명문(銘文)을 둠. '잠언'은 가르쳐서 훈계하는 말. '명문'은 마음에 새기어 교훈으로 삼고자 하는 문구를 적은 글.

130 신목여전(神目如電) : 귀신의 눈으로 볼 때는 번개와 같이 밝게 보임.

131 암실(暗室)을 기심(欺心)ᄒᆞ며 : 깜깜한 방이라고 자기 마음을 속이며. '암실'은 밖으로부터 빛이 들어오지 못하도록 꾸며 놓은 방. '기심'은 자기의 양심을 속임.

132 천청여뇌(天聽如雷) : 하늘이 들을 때는 천둥소리처럼 들림.

133 사어(私語)인들 망발(妄發)ᄒᆞ랴 : 속삭임이라도 말실수를 하랴? '사어'는 드러나지 않게 가만히 속삭임. '망발'은 망령이나 실수로 그릇된 말이나 행동을 함.

134 계신공구(戒愼恐懼) : (남이 보지 않는 곳에서도) 경계하고 삼가며, (남이 듣지 않는 곳에서도) 조심하고 두려워함.

135 은미간(隱微間) : 겉으로 드러나는 것이 거의 없음. 또는 묻히거나 작아서 알기 어려움. '제1부 현대어역'에서는 "언제나 어디서도"라고 의역하였음.

136 닛디 마새 : 잊지 마세.

137 좌여시(坐如尸) : 앉을 때는 시동(尸童)처럼 함. 시동처럼 단정하게 앉음. '시동'은 예전에, 제사를 지낼 때 신위(神位) 대신으로 앉히던 어린아이. 평소에 앉을 때도 제사 때의 시동이 앉아있는 것처럼, 공손하고 단정하게 앉는다는 뜻. 『예기(禮記)』 곡례(曲禮) 편에 "앉을 때는 시동처럼 하고, 서 있을 때는 가지런하게 한다.(坐如尸 立如齊)"라는 구절이 있음.

138 엄약사(儼若思) : (몸가짐을) 엄숙하고 단정하게 하여 무엇을 생각하고 있는 것처럼 함. 사려 깊고 엄숙한 몸가짐을 뜻함. 『예기』 곡례 편에 "공경하지 않을 일이 없으니, (몸가짐을) 엄숙하게 하여 깊이 생각하고 있는 것처럼 하고, 말을 편안하고 분명하게 하면, 백성들을 편안하게 할 수 있다.(毋不敬 儼若思 安定辭 安民哉)"라는 구절이 있음.

139 종일건건(終日乾乾) : 하루 종일 쉬지 않고 노력함. '건건'은 놀지 않고 부지런한 모양. 또는 멈추지 않고 계속 나아가는 모양.

(석척약)ᄒᆞᄂᆞᆫ 뜯든[140]

尊事(존사) 天君(천군)[141]ᄒᆞ고 攘除(양제) 外累(외루)[142]ᄒᆞ야

百體從令(백체종령)[143] 五常(오상) 不斁(불역)[144]ᄒᆞ야

治平(치평) 事業(사업)[145]을 다 이루려 ᄒᆞ엿더니

時也(시야) 命也(명야)인디[146] 迄無成功(흘무성공)[147] 歲不我與(세불아여)[148]ᄒᆞ니

白首(백수)[149] 林泉(임천)[150]의 ᄒᆞ올 일이[151] 다시 업다

우읍다[152] 山之南(산지남) 水之北(수지북)[153]애 斂藏蹤跡(염장종적)[154]ᄒᆞ야

百年閒老景(백년한로경)[155] 긔 엇다ᄒᆞ니잇고

〈『松巖集 續集』〉

---

140 석척약(夕惕若)ᄒᆞᄂᆞᆫ 뜯든 : 저녁에도 삼가고 조심하는 뜻은.

141 존사천군(尊事天君) : 마음을 높이 섬김. '천군'은 사람의 마음.

142 양제외루(攘除外累) : 몸 밖의 여러 사물에 얽매이는 자세를 물리쳐 없앰.

143 백체종령(百體從令) : 온몸이 마음의 명령을 따름. '백체'는 몸의 온갖 곳.

144 오상불역(五常不斁) : 오상을 싫어하지 않음. '오상'은 사람이 지켜야 할 다섯 가지 도리. 부자유친(父子有親)·군신유의(君臣有義)·부부유별(夫婦有別)·장유유서(長幼有序)·붕우유신(朋友有信). 또는 인(仁)·의(義)·예(禮)·지(智)·신(信)의 다섯 가지 덕목.

145 치평사업(治平事業) : 세상을 다스려 평안하게 하는 일.

146 시야명야(時也命也)인디 : 때가 아닌지, 운명이 아닌지. 시절(時節) 탓인지, 운명 탓인지. '시절'은 세상의 형편.

147 흘무성공(迄無成功) : 끝내 성공하지 못함.

148 세불아여(歲不我與) : 세월은 나를 기다려 주지 않음.

149 백수(白首) : 하얗게 센 머리. 흰머리의 늙은이. 작자 자신을 가리킴.

150 임천(林泉) : 숲과 샘. 또는 세상을 버리고 은둔하기 알맞은 곳.

151 ᄒᆞ올 일이 : 할 일이.

152 우읍다 : 우습다. 우습구나.

153 산지남(山之南) 수지북(水之北) : 산의 남쪽과 물의 북쪽.

154 염장종적(斂藏蹤跡) : 종적을 거두어 감춤. '종적'은 없어지거나 떠난 뒤에 남는 흔적이나 자취.

155 백년한로경(百年閒老景) : 백년을 한가하게 늙어가는 모습.

제5장 시조(時調)

고려후기 문인文人의 시조

우탁(禹倬, 1262~1342)

ᄒᆞᆫ 손에 가시[1]를 들고 또 ᄒᆞᆫ 손에 막ᄃᆡ[2] 들고
늙는 길 가시로 막고 오는 白髮(백발) 막ᄃᆡ로 치랴ᄐᆞ니[3]
白髮(백발)이 제 몬저[4] 알고 즈름길[5]로 오더라

春山(춘산)[6]에 눈 노기ᄂᆞᆫ[7] ᄇᆞ람 건듯[8] 불고 간ᄃᆡ업다[9]
져근듯[10] 비러다가[11] ᄆᆞ리 우희[12] 불이고져[13]

---

1 가시 : 가시가 있는 나뭇가지를 가리킴.

2 막ᄃᆡ : 막대. 막대기. 가늘고 길며 단단한 물건.

3 치랴ᄐᆞ니 : 치려고 했더니.

4 제 몬저 : 제가 먼저. 자기가 먼저.

5 즈름길 : 지름길. 멀리 돌지 않고 가깝게 질러 통하는 길.

6 춘산(春山) : 봄철의 산.

7 눈 노기ᄂᆞᆫ : 눈 녹이는.

8 건듯 : 바람이 가볍게 살짝 부는 모양.

9 간ᄃᆡ업다 : 간데없다. 갑자기 자취를 감추어 사라지거나 어디로 갔는지 알 수가 없다.

10 져근듯 : 잠깐 사이. 잠시만.

11 비러다가 : 빌려다가. 빌려서.

12 ᄆᆞ리 우희 : 머리 위에.

귀밑틔[14] 희무근[15] 셔리[16]를 녹여 볼가 ᄒᆞ노라[17]

이조년(李兆年, 1269~1343)

梨花(이화)[18]에 月白(월백)[19]ᄒᆞ고 銀漢(은한)[20]이 三更(삼경)인 지[21]
一枝(일지) 春心(춘심)[22]을 子規(자규)[23]야 알냐마는[24]
多情(다정)[25]도 病(병)인 양ᄒᆞ여[26] 좀 못 일워 ᄒᆞ노라[27]

---

13 불이고져 : 불리고자. 불게 하고자. 불게 하고 싶네.

14 귀밋틔 : 귀밑에. 귀밑의.

15 희무근 : 해묵은. 어떤 물건이 해를 넘겨 오랫동안 남아 있는.

16 셔리 : 서리. 대기 중의 수증기가 지상의 물체 표면에 얼어붙은 것. 여기에서 '해묵은 서리'는 귀밑머리가 하얗게 센 것을 뜻함.

17 ᄒᆞ노라 : 하노라. '-노라'는 자기의 동작을 장중하게 선언하거나 감동의 느낌을 나타내는 종결어미.

18 이화(梨花) : 배나무의 꽃. 배꽃. 4~5월에 피고 흰색임.

19 월백(月白) : 달이 밝게 비춤.

20 은한(銀漢) : 은하수(銀河水). '은하'를 강(江)에 비유한 말. '은하'는 구름 띠 모양으로 길게 분포되어 있는 수많은 별의 무리.

21 삼경(三更)인 지 : 삼경인 때. 한밤중에. '삼경'은 하룻밤을 다섯으로 나눈 셋째의 시각. 밤 11시부터 새벽 1시까지.

22 일지춘심(一枝春心) : 나뭇가지에 깃든 봄 마음. '춘심'은 봄날에 느껴지는 감정이나 생각. 또는 남녀사이의 욕정을 가리키기도 함.

23 자규(子規) : 두견(杜鵑). 두견새. 국내에서 흔한 여름 철새로, 5월 중순에 도래해 번식하고, 9월 중순까지 관찰됨. 나뭇가지 사이에 앉는 습성이 있어 눈에 잘 띄지 않음.

24 알냐마는 : 알랴마는. 알겠냐마는.

25 다정(多情) : 정이 많음. 또는 정분이 두터움.

26 양ᄒᆞ여 : 양하여. '양하다'는 앞말이 뜻하는 행동을 짐짓 취함을 나타내는 말.

27 좀 못 일워 ᄒᆞ노라 : 잠을 이루지 못하노라. 잠이 오지 않는구나.

성여완(成汝完, 1309~1397)

일 슴거[28] 느저[29] 피니 君子(군자)[30]의 德(덕)이로다
風霜(풍상)[31]에 아니 지니[32] 烈士(열사)[33]의 節(절)[34]이로다
世上(세상)에 陶淵明(도연명)[35] 업스니 뉘라[36] 너[37]를 닐니오[38]

최영(崔瑩, 1316~1388)

綠駬霜蹄(녹이상제)[39] 솔지게[40] 먹여 시ᄂᆡ물에 씨셔 타고[41]

---

28 일 슴거 : 일찍 심어.

29 느저 : 늦어. 늦게.

30 군자(君子) : 성품이 어질고 학식이 높은 지성인. 유가(儒家)의 이상적인 인간형.

31 풍상(風霜) : 바람과 서리. 모질게 겪은 세상의 고생이나 고통을 비유적으로 이르는 말.

32 아니 지니 : (꽃잎이) 시들어 떨어지지 않으니.

33 열사(烈士) : 나라를 위하여 절개와 의리를 굳게 지키며 목숨을 바쳐 싸운 사람.

34 절(節) : 절개(節槪). 신념(信念)·신의(信義) 등을 굽히지 않고 굳게 지키는 꿋꿋한 태도.

35 도연명(陶淵明) : 중국 동진(東晉) 때의 시인(365~427). 이름은 잠(潛), 연명은 자(字)임. 자연을 노래한 시가 많으며, 당나라 이후 육조(六朝) 최고의 시인으로 평가받고 있음. 그는 현실에 실망할 때마다 술로 자신을 위로하고, 국화를 기르는 것을 낙으로 삼았음. 그의 후기 작품에는 국화를 읊은 시들이 많음.

36 뉘라 : 누가 있어. 누가.

37 너 : 여기서는 '국화(菊花)'를 가리킴. 이 시조는 '국화'란 어휘를 전혀 사용하지 않으면서 국화를 노래하고 있다는 점에서 독특하다고 할 수 있음.

38 닐니오 : 이르리오. 말하리오.

39 녹이상제(綠駬霜蹄) : 녹이와 상제. '녹이'는 하루에 천 리(里)를 달린다는 귀가 푸른 말. '상제'는 굽에 흰털이 난 좋은 말.

40 솔지게 : 살찌게.

龍泉雪鍔(용천설악)[42] 들게 ᄀᆞ라[43] 다시 ᄲᅡ혀 두러메고[44]
丈夫(장부)[45]의 爲國忠節(위국충절)[46]을 적셔 볼가 ᄒᆞ노라

이색(李穡, 1328~1396)

白雪(백설)이 ᄌᆞᄌᆞ진[47] 골에[48] 구룸이 머흐레라[49]
반가온 梅花(매화)ᄂᆞᆫ 어ᄂᆡ 곳에 퓌엿ᄂᆞᆫ고[50]
夕陽(석양)[51]의 호올노 셔셔[52] 갈 곳 몰나 ᄒᆞ노라

원천석(元天錫, 1330~?)

---

41 시ᄂᆡ물에 씨셔 타고 : 시냇물에 씻어서 타고.

42 용천설악(龍泉雪鍔) : 용천검과 설악검. '용천'은 옛날 중국의 장수들이 쓰던 보검(寶劍). '설악'은 번쩍이는 칼날을 가진 좋은 검.

43 들게 ᄀᆞ라 : 들게 갈아. '들다'는 날이 날카로워 물건이 잘 베어지다.

44 ᄲᅡ혀 두러메고 : 뽑아 둘러메고.

45 장부(丈夫) : 건장하고 씩씩한 남자.

46 위국충절(爲國忠節) : 나라를 위한 충성스러운 절개.

47 ᄌᆞᄌᆞ진 : 잦아진. 점점 말라 없어져 가는.

48 골에 : 골짜기에.

49 머흐레라 : 험하구나. 사납구나.

50 어ᄂᆡ 곳에 퓌엿ᄂᆞᆫ고 : 어느 곳에 피었는가?

51 석양(夕陽) : 저녁 때의 저무는 해. 또는 해가 질 무렵.

52 호올노 셔셔 : 홀로 서서. 혼자 서서.

興亡(흥망)이 有數(유수)ᄒᆞ니[53] 滿月臺(만월대)[54]도 秋草(추초)ㅣ로다[55]
五百年(오백년) 王業(왕업)[56]이 牧笛(목적)[57]에 부쳐시니[58]
夕陽(석양)에 지나ᄂᆞᆫ 客(객)[59]이 눈물계워 ᄒᆞᄃᆞ라[60]

이존오(李存吾, 1341~1371)

구름이 無心(무심)ᄐᆞᆫ[61] 말이 아마도 虛浪(허랑)[62]ᄒᆞ다
中天(중천)[63]에 떠 이셔 任意(임의)[64]로 ᄃᆞᆫ이면서
구타야[65] 光明(광명)ᄒᆞᆫ 날빗ᄎᆞᆯ[66] ᄯᅡ라가며 덥ᄂᆞ니[67]

---

53 흥망(興亡)이 유수(有數)ᄒᆞ니 : 흥함과 망함에 정해진 운수가 있으니. 흥망은 정해진 것이니.

54 만월대(滿月臺) : 경기도 개성시(開城市)의 송악산(松嶽山) 남쪽 기슭에 있는 고려의 왕궁 터. 궁전은 고려 말기에 불타서 없어졌음.

55 추초(秋草)ㅣ로다 : 가을철의 풀이로다.

56 오백년((五百年) 왕업(王業) : 고려 왕조 5백년을 가리킴. '왕업'은 임금이 나라를 다스리는 대업(大業). 또는 그런 업적.

57 목적(牧笛) : 목동(牧童)이 부는 피리. 목동의 피리 소리. '목동'은 가축에게 풀을 먹이며 돌보는 아이.

58 부쳐시니 : 부쳤으니. '부치다'는 (일정한 수단이나 방법을 써서) 상대에게로 보내다.

59 지나ᄂᆞᆫ 객(客) : 지나가는 나그네. '객'은 집을 떠나 여행길을 가는 사람. 길손. 나그네.

60 눈물계워 ᄒᆞᄃᆞ라 : 눈물겨워 하더라. '눈물겹다'는 눈물이 날 만큼 가엾고 애처롭다.

61 무심(無心)ᄐᆞᆫ : 무심하단. 무심하다는. '무심'은 생각이나 감정이 없음. 또는 욕심이 없음.

62 허랑(虛浪) : 언행이 허황되고 착실하지 못함. 허무맹랑(虛無孟浪).

63 중천(中天) : 하늘 가운데. 하늘 높이.

64 임의(任意) : 일정한 기준이나 원칙 없이 하고 싶은 대로 함.

65 구타야 : 구태여. 애써 일부러.

길재(吉再, 1353~1419)

五百年(오백년) 都邑地(도읍지)[68]를 匹馬(필마)[69]로 도라드니[70]
山川(산천)[71]은 依舊(의구)[72]ᄒᆞ되 人傑(인걸))[73]은 간듸업다[74]
어즈버[75] 太平烟月(태평연월)[76]이 ᄭᅮᆷ이런가 ᄒᆞ노라

이방원(李芳遠, 1367~1422)

이런들[77] 엇더ᄒᆞ며 저런들[78] 엇더ᄒᆞ리
萬壽山(만수산)[79] 드렁츩[80]이 얼거진들[81] 긔 엇더ᄒᆞ리[82]

---

66 광명(光明)ᄒᆞᆫ 날빗츨 : 밝고 환한 햇빛을.

67 덥ᄂᆞ니 : 덮나니. 덮고 있으니.

68 도읍지(都邑地) : 한 나라의 수도(首都)로 삼은 곳. 고려 왕조의 수도였던 경기도 개성시(開城市)를 가리킴.

69 필마(匹馬) : 한 필의 말. '필'은 말이나 소를 세는 단위.

70 도라드니 : 돌아드니. 여기저기 돌다가 일정한 곳으로 들어가니.

71 산천(山川) : 산과 내라는 뜻으로, '자연'을 이르는 말.

72 의구(依舊) : 옛날 그대로 변함이 없음.

73 인걸(人傑) : 매우 뛰어난 인재. '인재'는 재주가 아주 뛰어난 사람.

74 간듸업다 : 간데없다. 간곳없다.

75 어즈버 : 감탄사 '아!'의 옛말.

76 태평연월(太平烟月) : 근심이나 걱정이 없는 편안한 세월. 태평세월.

77 이런들 : 이렇게 한들. 이렇게 해도.

78 저런들 : 저렇게 한들. 저렇게 해도.

우리도 이ᄀᆞ치 얼거져 百年(백년)ᄭᆞ지 누리이라[83]

정몽주(鄭夢周, 1337~1392)

이 몸이 죽고 죽어 一白番(일백번)이 고쳐[84] 죽어
白骨(백골)[85]이 塵土(진토)[86] 되여 넉시라도 잇고 업고[87]
님[88] 向(향)한 一片丹心(일편단심)[89]이야 가실 줄이 이시랴[90]

〈이상『靑丘永言』〉

---

79 만수산(萬壽山) : 경기도 개성시의 서문(西門) 밖에 있는 산. 고려 왕실의 7능(陵)이 있는 곳.

80 드렁츩 : 드렁칡. 언덕진 곳에 얽혀 있는 칡덩굴. '칡'은 덩굴식물로, 산기슭의 양지쪽에서 자람. 줄기는 밧줄의 재료, 뿌리는 식용으로, 잎은 가축의 사료나 퇴비로 사용됨.

81 얼거진들 : 얽어진들. 얽혀진들.

82 긔 엇더ᄒᆞ리 : 그것이 어떠하리?

83 누리이라 : 누리리라. 누릴 것이다.

84 고쳐 : 다시.

85 백골(白骨) : 죽은 지가 오래 되어서 살이 없어지고 삭아빠진 흰 뼈.

86 진토(塵土) : 티끌과 흙. 또는 흙먼지.

87 넉시라도 잇고 업고 : 넋이라도 있고 없고. 넋이 있거나 없거나.

88 님 : 임. 여기서는 당시의 임금이자, 고려의 마지막 왕인 공양왕(恭讓王, 재위 1389~1392)을 가리킴.

89 일편단심(一片丹心) : 한 조각의 붉은 마음. 오직 한 가지에 변함없는 마음.

90 가실 줄이 이시랴 : 고칠 수가 있으랴? 변할 리가 있겠는가?

강호사시가江湖四時歌

맹사성(孟思誠, 1360~1438)

1

江湖(강호)[1]에 봄이 드니[2] 미친 興(흥)[3]이 절로 난다[4]
濁醪(탁료) 溪邊(계변)[5]에 錦鱗魚(금린어)[6] 安酒(안주)[7] ㅣ 로다
이 몸이 閒暇(한가)ᄒᆡ옴[8]도 亦君恩(역군은)이샷다[9]

2

江湖(강호)에 여름이 드니 草堂(초당)[10]에 일이 업다
有信(유신)ᄒᆞᆫ[11] 江波(강파)[12]ᄂᆞᆫ 보ᄂᆡᄂᆞ니[13] ᄇᆞᄅᆞᆷ이로다

---

1 강호(江湖) : 강과 호수. 자연을 가리키는 말. 구체적으로는 속세를 떠나 풍류와 흥취를 즐기고 수양에 힘쓰던 자연공간을 말함.

2 드니 : 들어오니. 오니.

3 미친 흥(興) : 매우 흥겨움을 이르는 표현. '흥'은 재미나 즐거움을 일어나게 하는 감정.

4 절로 난다 : 저절로 생긴다.

5 탁료계변(濁醪溪邊) : 막걸리를 마시며 노는 시냇가. '탁료'는 막걸리. '계변'은 시냇가.

6 금린어(錦鱗魚) : 쏘가리. 보라색·회색의 다각형 아롱무늬가 많으며, 머리가 길고 입이 큼.

7 안주(安酒) : 안주(按酒). 술을 마실 때에 곁들여 먹는 음식.

8 한가(閒暇)ᄒᆡ옴 : 한가하게 됨. 한가하게 지냄.

9 역군은(亦君恩)이샷다 : 또한 임금님의 은혜로다. 이 역시 임금님 덕분이다. '-샷다'는 존귀(尊貴)한 대상에 대한 감탄형 종결어미.

10 초당(草堂) : 안채와 떨어져 있는 곳으로, 짚이나 억새 등으로 지붕을 이은 집.

11 유신(有信)ᄒᆞᆫ : 미더운. 믿음이 가는.

12 강파(江波) : 강의 물결.

이 몸이 서늘히옴[14]도 亦君恩(역군은)이샷다

3

江湖(강호)에 ᄀᆞ올이[15] 드니 고기마다 ᄉᆞᆯ져 잇다[16]

小艇(소정)에 그믈 시러[17] 흘니 띄여 더져두고[18]

이 몸이 消日(소일)히옴[19]도 亦君恩(역군은)이샷다

4

江湖(강호)에 겨울이 드니 눈 기픠[20] ᄌᆞ히 남다[21]

삿갓[22] 비긔[23] 쓰고 누역[24]으로 옷슬 삼아

이 몸이 칩지 아니 히옴[25]도 亦君恩(역군은)이샷다

〈『甁窩歌曲集』〉

---

13 보ᄂᆡᄂᆞ니 : 보내는 것이.

14 서늘히옴 : 서늘하게 됨. 서늘하게 지냄.

15 ᄀᆞ올이 : 가을이.

16 고기마다 ᄉᆞᆯ져 잇다 : 물고기마다 살쪄 있다.

17 소정(小艇)에 그믈 시러 : 작은 배에 그물을 실어. '소정'은 길쭉하고 작은 배.

18 흘니 띄여 더져두고 : 흐르게 띄워 던져두고.

19 소일(消日)히옴 : 소일하게 됨. 소일하면서 지냄. '소일'은 어떤 일에 마음을 붙여 심심하지 않게 세월을 보냄.

20 눈 기픠 : 눈 깊이. 쌓인 눈의 깊이.

21 ᄌᆞ히 남다 : 한 자[尺]가 넘다. 한 자는 약 30.3cm에 해당함.

22 삿갓 : 비나 햇볕을 막기 위해 대나무 조각이나 갈대를 엮어서 우산과 비슷한 모양으로 만든 쓰개.

23 비긔 : 빗겨. 비스듬히.

24 누역 : 도롱이. 짚·띠 등으로 엮어 허리나 어깨에 걸쳐 두르는 비옷.

25 칩지 아니 히옴 : 춥지 않게 됨. 춥지 않게 지냄.

어부가漁父歌

이현보(李賢輔, 1467~1555)

1

이듕에[1] 시름[2] 업스니 漁父(어부)의 生涯(생애)이로다

一葉(일엽) 扁舟(편주)[3]를 萬頃波(만경파)[4]애 띄워 두고

人世(인세)[5]를 다 니젯거니[6] 날 가는 주를 알랴[7]

2

구버는[8] 千尋綠水(천심녹수)[9] 도라보니 萬疊靑山(만첩청산)[10]

十丈(십장) 紅塵(홍진)[11]이 언매나 ᄀᆞ렷는고[12]

---

1 이듕에 : 이중에. 이러한 생활 속에.

2 시름 : 마음에 걸려 풀리지 않고 항상 남아 있는 근심과 걱정.

3 일엽편주(一葉扁舟) : 아주 작은 한 척의 배.

4 만경파(萬頃波) : 만 이랑의 물결. 한없이 넓고 넓은 바다. 만경창파(萬頃蒼波).

5 인세(人世) : 사람이 사는 세상.

6 니젯거니 : 잊었거니. 잊었으니.

7 날 가는 주를 알랴 : 날 가는 줄을 알랴? 날이 가는 줄을 알겠는가?

8 구버는 : 굽어보니.

9 천심녹수(千尋綠水) : 천 길이나 되는 깊고 맑은 물. '길'은 길이의 단위, 한 길은 약 2.4m 또는 3m에 해당함. '녹수'는 맑고 깊어서 녹색을 띠는 물.

10 만첩청산(萬疊靑山) : 겹겹이 싸인 푸른 산.

11 십장홍진(十丈紅塵) : 열 길이나 되는 붉은 티끌. 어수선한 세상사나 어지러운 속세의 일을 가리킴.

12 언매나 ᄀᆞ렷는고 : 얼마나 가렸는가? 얼마나 많이 가리고 있었는가?

江湖(강호)[13]애 月白(월백)ᄒᆞ거든[14] 더옥 無心(무심)ᄒᆞ애라[15]

3

靑荷(청하)애 바볼 ᄡᆞ고[16] 綠柳(녹류)에 고기 ᄢᅦ여[17]

蘆荻(노적) 花叢(화총)[18]에 ᄇᆡ ᄆᆡ야 두고[19]

一般(일반) 淸意味(청의미)[20]를 어ᄂᆡ 부니 아ᄅᆞ실고[21]

4

山頭(산두)[22]에 閒雲(한운)이 起(기)ᄒᆞ고[23] 水中(수중)에 白鷗(백구)이 飛(비)이라[24]

---

13 강호(江湖) : 강과 호수. 자연을 가리키는 말. 구체적으로는 속세를 떠나 풍류와 흥취를 즐기고 수양에 힘쓰던 자연공간을 말함.

14 월백(月白)ᄒᆞ거든 : 달이 희거든. 달이 밝거든.

15 더옥 무심(無心)ᄒᆞ애라 : 더욱 무심하여라. '무심'은 생각이나 감정이 없음. 또는 욕심이 없음.

16 청하(靑荷)애 바볼 ᄡᆞ고 : 푸른 연꽃잎에 밥을 싸고.

17 녹류(綠柳)에 고기 ᄢᅦ여 : 푸른 버드나무 가지에 물고기를 꿰어.

18 노적화총(蘆荻花叢) : 갈대와 물억새 더미. '갈대'는 잎이 길고 끝이 뾰족하며, 줄기는 단단하고 속이 비어 있음. 습지나 물가에서 자람. '물억새'는 잎이 줄기를 감싸고 있으며 9월에 많은 꽃이 피는데, 처음에는 갈색이나 은백색으로 변함. 강가나 연못가의 습지에서 자람.

19 ᄇᆡ ᄆᆡ야두고 : 배 매어 두고. 배를 매어 놓아두고.

20 일반청의미(一般淸意味) : 이러한 맑은 맛. 자연이 주는 참된 의미를 뜻함. 중국 송(宋)나라의 시인인 소옹(邵雍, 1011~1077)의 〈청야음(淸夜吟)〉에 나오는 구절. "달이 하늘 한가운데에 이르고(月到天心處)/ 바람이 수면을 스쳐 갈 적에(風來水面時)/ 이러한 맑은 맛을(一般淸意味)/ 헤아려 얻는 지혜로운 사람이 적도다.(料得少人知)"

21 어ᄂᆡ 부니 아ᄅᆞ실고 : 어떤 분이 아실까?

22 산두(山頭) : 산의 맨 위. 산꼭대기.

23 한운(閒雲)이 기(起)ᄒᆞ고 : 한가로운 구름이 일고. '일다'는 없던 현상이 생기다.

24 백구(白鷗)이 비(飛)이라 : 흰 갈매기가 날고 있다.

無心(무심)코 多情(다정)ᄒᆞ니[25] 이 두 거시로다[26]
一生(일생)애 시르믈 닛고[27] 너를 조차 노로리라[28]

5

長安(장안)[29]을 도라보니 北闕(북궐)[30]이 千里(천리)[31]로다
漁舟(어주)[32]에 누어신돌[33] 니즌 스치 이시랴[34]
두어라[35] 내 시름 아니라[36] 濟世賢(제세현)[37]이 업스랴

〈『聾巖集』 卷3〉

---

25 다정(多情)ᄒᆞ니 : 다정한 이. 다정한 것은.

26 이 두 거시로다 : 이 두 것이로다. 이 둘이로다.

27 시르믈 닛고 : 시름을 잊고.

28 너를 조차 노로리라 : 너를 좇아 놀리라. 너를 따라 놀 것이다.

29 장안(長安) : 서울. 본래는 중국의 전한(前漢)과 당(唐)의 도읍지였던 서안(西安)의 옛 이름인데, 수도 또는 번화한 도시라는 뜻으로 널리 쓰임.

30 북궐(北闕) : 경복궁(景福宮)의 다른 이름. 경복궁을 창덕궁(昌德宮)과 경희궁(慶熙宮)에 상대하여 이르는 말.

31 천리(千里) : 천리나 되는 매우 먼 거리. '리'는 거리의 단위로, 1리는 약 393m에 해당함.

32 어주(漁舟) : 낚싯배.

33 누어신돌 : 누웠은들. 누웠다 하더라도.

34 니즌 스치 이시랴 : 잊은 틈이 있으랴? 잊은 때가 있겠는가?

35 두어라 : 감탄사. 어떤 일이 필요하지 않거나, 스스로의 마음을 달랠 때 영탄조로 하는 말.

36 내 시름 아니라 : 내 시름 아니다. 내가 걱정할 일이 아니다.

37 제세현(濟世賢) : 세상을 구할 현명한 인물.

도산십이곡陶山十二曲

이황(李滉, 1501~1570)

언지言志

1

이런들[1] 엇더ᄒᆞ며 져런들[2] 엇더ᄒᆞ료[3]

草野(초야) 愚生(우생)[4]이 이러타[5] 엇더ᄒᆞ료

ᄒᆞ물며 泉石膏肓(천석고황)[6]을 곳쳐 므슴 ᄒᆞ료[7]

2

煙霞(연하)[8]로 집을 삼고 風月(풍월)[9]로 벗을 삼아

---

1 이런들 : 이렇게 한들. 이렇게 해도.

2 져런들 : 저렇게 한들. 저렇게 해도.

3 엇더ᄒᆞ료 : 어떠하리오? 어떠하랴? '-료'는 '-리오'의 준말. 혼잣말에 쓰여, 어찌 그러할 것이냐고 반문하는 뜻을 나타내는 종결어미. '-랴'보다 장중한 느낌이 있음.

4 초야우생(草野愚生) : 구석진 시골에서 사는 어리석은 사람. 여기서는 작자인 이황 자신을 가리킴. '초야'는 풀이 난 들이라는 뜻으로, 구석진 시골을 이르는 말.

5 이러타 : 이렇다고. 이렇게 한다고.

6 천석고황(泉石膏肓) : 자연의 아름다운 경치를 몹시 사랑하고 즐기는 성벽(性癖). 자연을 즐기고 사랑하는 것이 정도에 지나쳐 마치 고치기 어려운 깊은 병과 같다는 뜻. '천석'은 물과 돌로 이루어진 자연의 경치. '고황'은 심장과 횡격막(橫膈膜)의 사이로, '고'는 심장의 아랫부분이고, '황'은 횡격막의 윗부분임. 이 사이에 병이 생기면 낫기 어렵다는 의미에서 '불치병(不治病)'을 의미함.

7 므슴ᄒᆞ료 : 무엇 하리오? 무엇 하랴?

8 연하(煙霞) : 안개와 노을.

太平(태평) 聖代(성대)[10]예 病(병)으로 늘거 가네
이 中(중)에 ᄇᆞ라는 일은 험을이나 업고져[11]

3

淳風(순풍)[12]이 죽다 ᄒᆞ니[13] 眞實(진실)로 거즛말이[14]
人生(인생)이 어지다 ᄒᆞ니[15] 眞實(진실)로 올흔 말이[16]
天下(천하)[17]에 許多英才(허다영재)[18]를 속여 말ᄉᆞᆷ홀ᄭᆞ

4

幽蘭(유란)[19]이 在谷(재곡)[20]ᄒᆞ니 自然(자연)[21]이 듯기 죠희[22]

---

9 풍월(風月) : 바람과 달.

10 태평성대(太平聖代) : 훌륭한 왕이 잘 다스려 백성들이 걱정 없이 살기 좋은 시대.

11 험을이나 업고져 : 허물이나 없고자. 허물을 없게 하고 싶네. '허물'은 저지른 잘못. 또는 모자라는 점이나 결점.

12 순풍(淳風) : 예로부터 내려오는 순박한 풍속. 특히 후대의 사람들이 본받아야 할 도리나 윤리를 가리킴.

13 죽다 ᄒᆞ니 : 죽었다 하니. 죽었다고 말하니.

14 거즛말이 : 거짓말이. '거짓말이로다'에서 어미를 생략한 것임.

15 어지다 ᄒᆞ니 : 어질다 하니. 어질다고 말하니.

16 올흔 말이 : 옳은 말이. '옳은 말이로다'에서 어미를 생략한 것임.

17 천하(天下) : 하늘 아래 온 세상.

18 허다영재(許多英才) : 수많은 영재. '허다'는 수량이 매우 많고 흔함. '영재'는 뛰어난 재능을 가진 사람.

19 유란(幽蘭) : 그윽하고 좋은 향기가 나는 난초.

20 재곡(在谷): 골짜기에 있음.

21 자연(自然) : 이황이 지은 도산서당(陶山書堂) 주변의 경치를 가리킴. '도산서당'은 이황이 벼슬살이를 그만두고 고향인 경북 안동(安東)으로 내려와 후학 양성을 위해 1561년(명종 16)에 지은 서당.

22 듯기 죠희 : 듣기 좋구나. 여기서는 향기를 맡는 것을 뜻함. '문(聞)'은 냄새를 맡는다는 뜻으

白雲(백운)이 在山(재산)ᄒᆞ니 自然(자연)이 보기 죠히
이中(중)에 彼美一人(피미일인)[23]을 더욱 닛지 몯ᄒᆞ얘[24]

5

山前(산전)[25]에 有臺(유대)ᄒᆞ고[26] 臺下(대하)에 有水(유수)ㅣ로다[27]
떼 만흔 ᄀᆞᆯ멱이[28]는 오명가명[29] ᄒᆞ거든
엇덧타[30] 皎皎白駒(교교백구)[31]ᄂᆞᆫ 머리 ᄆᆞᄋᆞᆷ ᄒᆞ는이[32]

6

春風(춘풍)에 花滿山(화만산)ᄒᆞ고[33] 秋夜(추야)애 月滿臺(월만대)

로 쓰이기도 하는데, '문향(聞香)'은 향기를 맡는다는 뜻임.

23 피미일인(彼美一人) : 저 아름다운 한 사람. 여기서는 당시의 임금인 명종(明宗, 재위 1545~1567)을 가리킴. 주자(朱子) 또는 이상적인 존재를 가리킨다고 보는 견해도 있음.

24 닛지 몯ᄒᆞ얘 : 잊지 못하는구나. 잊지 못하네.

25 산전(山前) : 산의 앞쪽.

26 유대(有臺)ᄒᆞ고 : 대가 있고. '대'는 높고 넓은 터. 또는 높고 넓은 터에 지은 건축물. 여기서는 도산서당 양편 산기슭에 있는 절벽을 가리킴. 이황이 자연의 이치를 깨닫고 몸과 마음을 수양하기 위해 산책하던 곳. 이황은 서쪽 절벽을 '천광운영대(天光雲影臺)', 동쪽 절벽을 '천연대(天淵臺)'라고 이름 지었음.

27 대하(臺下)에 유수(有水)ㅣ로다 : 대의 아래에 물이 있도다. 절벽 아래 물이로다.

28 떼 만흔 ᄀᆞᆯ멱이 : 떼가 많은 갈매기. 많은 갈매기 무리. '떼'는 목적이나 행동을 같이하는 무리.

29 오명가명 : 오면서 가면서. 오락가락. 계속해서 왔다 갔다 하는 모양.

30 엇덧타 : 어더타. 감탄사. 회한·아쉬움 등을 나타낼 때 쓰는 말. 주로 시조의 종장 첫 구절에 나타남. 그러나 '제1부 현대어역'에서는 감탄사가 아닌 유의어(有意語)인 '어찌해'로 풀이함. 이후도 마찬가지임.

31 교교백구(皎皎白駒) : 희고 흰 망아지. 왕의 곁을 떠난 현자(賢者) 또는 은자(隱者)의 상징. 여기서는 이황 자신을 가리킴.

32 머리 ᄆᆞᄋᆞᆷ ᄒᆞ는이 : 멀리 마음이 있는가? 먼 곳에 마음을 두는가?

33 춘풍(春風)에 화만산(花滿山)ᄒᆞ고 : 봄바람에 꽃이 산에 가득 피어 있고.

라[34]

四時(사시) 佳興(가흥)[35]이 사롬과 혼가지라

ᄒᆞ믈며 鳶飛魚躍(연비어약)[36] 雲影天光(운영천광)[37]이야 어늬 긋이 잇시리[38]

언학言學

1

天雲臺(천운대)[39] 도라들어[40] 玩樂齋(완락재)[41] 蕭灑(소쇄)[42]혼듸

萬卷(만권) 生涯(생애)[43]로 樂事(낙사) ㅣ 無窮(무궁)ᄒᆞ여라[44]

이中(중)에 往來風流(왕래풍류)[45]롤 닐러 무슴 홀소[46]

---

34 추야(秋夜)애 월만대(月滿臺)라 : 가을밤에 달빛이 절벽에 가득하다.

35 사시가흥(四時佳興) : 사계절의 좋은 흥취. '가흥'은 마음속으로부터 느껴지는 좋은 흥취(興趣). '흥취'는 흥을 느끼는 재미.

36 연비어약(鳶飛魚躍) : 솔개는 날고 물고기는 뜀. 천지자연의 오묘한 이치를 말함. 『시경(詩經)』「대아(大雅)」<한록(旱麓)>의 한 구절.

37 운영천광(雲影天光) : 구름의 그림자와 하늘빛. 만물이 천성(天性)을 얻어 조화를 이룬 상태를 말함. 주자(朱子)의 시 <관서유감(觀書有感)>의 한 구절.

38 어늬 긋이 잇시리 : 어느 끝이 있으리? 어찌 끝이 있겠는가?

39 천운대(天雲臺) : 도산서당 서쪽 산기슭에 있는 절벽인 천광운영대.

40 도라들어 : 돌아들어. 굽이를 돌아 들어가서.

41 완락재(玩樂齋) : 도산서당 안에 있던 이황의 서재(書齋).

42 소쇄(蕭灑) : 물을 뿌린 듯이 깨끗한 상태.

43 만권생애(萬卷生涯) : 수많은 책을 쌓아두고 독서를 하는 삶.

44 낙사(樂事) ㅣ 무궁(無窮)ᄒᆞ여라 : 즐거운 일이 끝이 없어라.

45 왕래풍류(往來風流) : (도산서당 주변을) 오고 가는 즐거움. 도산서당 주변의 이곳저곳을 산책하는 즐거움.

46 닐러 무슴홀소 : 말해 무엇 할까?

2

雷霆(뇌정)[47]이 破山(파산)ᄒᆞ여도[48] 聾者(농자)[49]는 못 듣는이[50]

白日(백일)[51]이 中天(중천)ᄒᆞ여도[52] 瞽者(고자)[53]는 못 보는이[54]

우리는 耳目聰明(이목총명)[55] 男子(남자)로 聾瞽(농고) ᄀᆞᆺ지 마로리라[56]

3

古人(고인)[57]도 날 못 보고 나도 古人(고인) 못 봬[58]

古人(고인)을 못 바도 녜던 길[59] 알ᄑᆡ 잇ᄂᆡ[60]

녜던 길 알ᄑᆡ 잇거든 안이 녜고 엇절소[61]

---

47 뇌정(雷霆) : 번개가 친 다음에 하늘에 크게 울리는 소리. 우레. 천둥.

48 파산(破山)ᄒᆞ여도 : 산을 깨뜨려도. 산을 무너뜨려도.

49 농자(聾者) : 청각 장애인. 농아(聾啞).

50 못 듣는이 : 못 듣나니. 듣지 못하니. 여기서 '니'는 종결형 어미.

51 백일(白日) : 구름이 끼지 않아 밝게 빛나는 해.

52 중천(中天)ᄒᆞ여도 : 하늘 가운데 떠도. 하늘 높이 떠도.

53 고자(瞽者) : 시각 장애인. 맹인(盲人).

54 못 보는이 : 못 보나니. 보지 못하니. 여기서 '니'는 종결형 어미.

55 이목총명(耳目聰明) : 귀와 눈이 밝음. 여기서는 학문을 닦아 정신이 깨어있는 상태를 가리킴.

56 농고(聾瞽) ᄀᆞᆺ지 마로리라 : 농아와 맹인 같지 않으리라. 농아와 맹인처럼 되지 않을 것이다.

57 고인(古人) : 옛날 사람. 여기서는 공자·맹자와 같은 성인(聖人)을 뜻함.

58 못 봬 : 못 봤네. 보지 못했네.

59 녜던 길 : (고인이) 가던 길. 여기서는 옛 성인들이 학문을 실천하던 길을 가리킴.

60 알ᄑᆡ 잇ᄂᆡ : 앞에 있네.

61 안이 녜고 엇절소 : 아니 가고 어쩔까? 가지 않고 어떡할까?

4

當時(당시)에 녜던 길을 몃 ᄒᆡ를 ᄇᆞ려두고
어듸 가 ᄃᆞᆫ니다가[62] 이제야 도라온고[63]
이제야 도라온안이[64] 년듸 ᄆᆞ음 말로리[65]

5

靑山(청산)[66]은 엇제ᄒᆞ여[67] 萬古(만고)에 프르르며[68]
流水(유수)[69]는 엇제ᄒᆞ여 晝夜(주야)애 긋지 안잇는고[70]
우리도 긋지지 마라[71] 萬古常靑(만고상청)[72] ᄒᆞ리라

6

愚夫(우부)[73]도 알며 ᄒᆞ건이[74] 긔 안이 쉬온가[75]

---

62 어듸 가 ᄃᆞᆫ니다가 : 어디 가서 다니다가.

63 도라온고 : 돌아왔나? 돌아왔는가?

64 도라온안이 : 돌아왔으니.

65 년듸 ᄆᆞ음 말로리 : 딴 데 마음 두지 않으리. 다른 곳에 마음을 두지 않을 것이다.

66 청산(靑山) : 풀과 나무가 무성한 푸른 산.

67 엇제ᄒᆞ여 : 어찌하여.

68 만고(萬古)에 프르르며 : 오랜 세월 푸르르며. 영원히 푸르며. '만고'는 아주 오랜 세월 동안. 또는 매우 먼 옛날. '푸르르다'는 '푸르다'를 강조하여 이르는 말.

69 유수(流水) : 흐르는 물.

70 주야(晝夜)애 긋지 안잇는고 : 밤낮으로 그치지 않는가?

71 긋지지 마라 : 그치지 말아. 그치지 않고.

72 만고상청(萬古常靑) : 아무리 오랜 세월이 흘러도 변하지 않고 항상 푸름.

73 우부(愚夫) : 어리석은 남자.

74 알며 ᄒᆞ건이 : 알면서 하거니. 알고 하니.

75 긔 안이 쉬온가 : 그 아니 쉬운가? 그것이 쉽지 않은가?

聖人(성인)[76]도 못다 ᄒᆞ신이[77] 긔 안이 어려온가[78]
쉽거나 얼렵쌔나[79] 中(중)에 늙는 줄을 몰래라[80]

〈『海東風雅』〉

76 성인(聖人) : 지혜와 덕이 매우 뛰어나 우러러 본받을 만한 사람.

77 못다 ᄒᆞ신이 : 못다 하시니. 다 하지 못하시니.

78 긔 안이 어려온가 : 그 아니 어려운가? 그것이 어렵지 않은가?

79 얼렵쌔나 : 어렵거나.

80 몰래라 : 몰라라. 모르겠구나.

고산구곡가高山九曲歌

이이(李珥, 1536~1584)

1

高山(고산)[1] 九曲潭(구곡담)[2]을 사름이 모로더니

誅茅(주모) 卜居(복거)[3]ᄒᆞ니 벗님ᄂᆡ[4] 다 오신다

어즈버[5] 武夷(무이)[6] 想想(상상)[7]ᄒᆞ고 學朱子(학주자)[8]를 ᄒᆞ리라

2

一曲(일곡)[9]은 어ᄃᆡ메오[10] 冠岩(관암)[11]에 ᄒᆡ 빗쵠다[12]

平蕪(평무)[13]에 ᄂᆡ 거드니[14] 遠山(원산)이 그림이라[15]

---

1 고산(高山) : 황해도 해주(海州)에 있는 산.

2 구곡담(九曲潭) : 아홉 굽이의 계곡. '굽이'는 강물이나 길이 휘어서 굽은 곳. <고산구곡가>는 성리학(性理學)의 시조인 주희(朱熹, 1130~1200)의 <무이구곡가(武夷九曲歌)>를 본받아, 이이가 자신이 머물던 황해도 고산의 구곡을 노래한 것임.

3 주모복거(誅茅卜居) : 띠를 베고 살 만한 곳을 가려서 정함. '띠'는 볏과의 여러해살이풀. 원뿔형으로 똑바로 서 있는데, 척박한 땅이나 비옥한 땅을 가리지 않고 군락을 이루며 자람.

4 벗님ᄂᆡ : 벗님들. 벗님은 '벗'을 다정하게 이르는 말.

5 어즈버 : 감탄사 '아!'의 옛말.

6 무이(武夷) : 중국 복건성(福建省)에 있는 산. 여기서 주희가 학문을 닦았음.

7 상상(想想) : 생각하고 떠올림. '상상(想像)'이 아님.

8 학주자(學朱子) : 주자를 배움. 주자가 집대성한 성리학(性理學)을 배운다는 뜻. '주자'는 주희를 가리킴. 자는 원회(元晦)·중회(仲晦). 호는 회암(晦庵)·회옹(晦翁)·운곡산인(雲谷山人). 도학(道學)과 이학(理學)을 합친 성리학을 집대성함. 그의 학문은 중국뿐만이 아니라 우리나라와 일본에까지 큰 영향을 미쳤음.

9 일곡(一曲) : 첫 번째 굽이. 첫 번째 계곡.

松間(송간)[16]에 綠樽(녹준)[17]을 노코 벗 오ᄂᆞᆫ 냥 보노라[18]

3

二曲(이곡)은 어ᄃᆡ메오 花岩(화암)[19]에 春晩(춘만)커다[20]

碧波(벽파)[21]에 곳을 띄워 野外(야외)로 보내노라

사ᄅᆞᆷ이 勝地(승지)[22]를 모로니 알게 ᄒᆞᆫ들[23] 엇더리

4

三曲(삼곡)은 어ᄃᆡ메오 翠屛(취병)[24]에 닙 퍼졋다[25]

---

10 어ᄃᆡ메오 : 어디인가?

11 관암(冠岩) : 갓을 쓴 모양의 바위. 갓 바위. '갓'은 조선시대에 성인이 된 남자가 머리에 쓰던 의관(衣冠: 남자가 정식으로 갖추어 입는 옷차림).

12 ᄒᆡ 빗쵠다 : 해가 비춘다.

13 평무(平蕪) : 잡초가 무성한 넓고 평평한 들.

14 ᄂᆡ 거드니 : 이내가 걷히니. '이내'는 해질 무렵 멀리 보이는 푸르고 흐릿한 기운.

15 원산(遠山)이 그림이라 : 멀리 있는 산이 그림과 같다. 멀리 보이는 산이 그림처럼 아름다운 경치라.

16 송간(松間) : 소나무와 소나무 사이.

17 녹준(綠樽) : 푸른 술통. 맛있는 술을 뜻하기도 함.

18 벗 오ᄂᆞᆫ 냥 보노라 : 벗 오는 양(樣) 보노라. 벗이 오는 모습을 보고 있노라. '-노라'는 자기의 동작을 장중하게 선언하거나 감동의 느낌을 나타내는 종결어미.

19 화암(花岩) : 꽃 바위. 꽃처럼 아름다운 바위. 또는 꽃이 피어 있는 바위.

20 춘만(春晩)커다 : 봄이 늦는다. 봄이 늦게 간다.

21 벽파(碧波) : 푸른 물결.

22 승지(勝地) : 명승지(名勝地)의 준말. 경치 좋기로 이름난 곳.

23 알게 ᄒᆞᆫ들 : 알게 한들. 알게 해도.

24 취병(翠屛) : 푸른 숲으로 된 병풍(屛風). 나뭇잎과 풀로 덮인 절벽을 가리킴. '병풍'은 바람을 막거나 무엇을 가리거나, 또는 장식용으로 방 안에 치는 물건.

25 닙 퍼졋다 : 나뭇잎이 퍼졌다. 절벽이 나뭇잎으로 덮였다는 의미.

綠水(녹수)[26]에 山鳥(산조)[27]ᄂᆞᆫ 上下其音(상하기음) ᄒᆞᄂᆞᆫ 적의[28]
盤松(반송)[29]이 ᄇᆞ람을 바드니[30] 녀름 景(경)이 업세라[31]

5

四曲(사곡)은 어ᄃᆡ메오 松岩(송암)[32]에 ᄒᆡ 넘거다[33]
潭心(담심) 岩影(암영)[34]은 온갓 빗치 ᄌᆞᆷ겨셰라[35]
林泉(임천)[36]이 깁도록[37] 됴흐니 興(흥)을 계워 ᄒᆞ노라[38]

6

五曲(오곡)은 어ᄃᆡ메오 隱屛(은병)[39]이 보기 됴히[40]
水邊(수변) 精舍(정사)[41]ᄂᆞᆫ 蕭洒(소쇄)홈도 ᄀᆞ이 업다[42]

---

26 녹수(綠水) : 맑고 깊어서 녹색을 띠는 물.

27 산조(山鳥) : 산새. 산에서 사는 새.

28 상하기음(上下其音) ᄒᆞᄂᆞᆫ 적의 : 위와 아래에서 소리를 내는 때에.

29 반송(盤松) : 키가 작고 가지가 가로로 퍼진 소나무.

30 ᄇᆞ람을 바드니 : 바람을 받으니. 바람을 맞으니.

31 녀름 경(景)이 업세라 : 여름 풍경이 없어라. 여름의 모습이 없구나.

32 송암(松岩) : 솔 바위. 소나무가 있는 바위. 갈라진 바위틈에 솔씨가 떨어져 자란 것임.

33 ᄒᆡ 넘거다 : 해가 넘어간다. 해가 진다.

34 담심암영(潭心岩影) : 깊은 못의 바위 그림자. '담심'은 깊은 못의 중심이나 바닥.

35 온갓 빗치 ᄌᆞᆷ겨셰라 : 온갖 빛이 잠겼어라.

36 임천(林泉) : 숲속의 샘물. 숨어사는 선비가 사는 곳을 뜻하는 말로, 여기서는 작자인 이이 자신의 거처를 가리킴.

37 깁도록 : 깊을수록.

38 흥(興)을 계워 ᄒᆞ노라 : 흥에 겨워 하노라. 흥겨워 하노라. '겨워'는 이기지 못하여. 참거나 견뎌내기 어려워.

39 은병(隱屛) : 숨어 있는 병풍. 굽이진 곳에 있어 눈에 띄지 않는 절벽을 가리킴.

40 보기 됴히 : 보기 좋구나.

이 中(중)에 講學(강학)[43]도 ᄒᆞ려니와 咏月吟風(영월음풍)[44] ᄒᆞ리라

7

六曲(육곡)은 어ᄃᆡ메오 釣峽(조협)에 물이 넙다[45]
나와 고기와 뉘야 더옥 즐기ᄂᆞᆫ고[46]
黃昏(황혼)[47]에 낙대[48]를 들고 帶月歸(대월귀)[49]를 ᄒᆞ노라.

8

七曲(칠곡)은 어ᄃᆡ메오 楓岩(풍암)에 秋色(추색) 됴타[50]
淸霜(청상) 엷게 치니[51] 絶壁(절벽)이 錦繡(금수)[52]로다
寒岩(한암)[53]에 혼ᄌᆞ 안자셔 집을 닛고 잇노라

---

41 수변정사(水邊精舍) : 물가에 지은 정사. 작자인 이이가 해주 석담(石潭)에서 은거할 때 지은 은병정사(隱屛精舍)를 가리킴. 이이는 이곳에서 후학 양성에 힘썼음. '정사'는 학문을 가르치기 위해 마련한 집. 서당.

42 소쇄(蕭洒)홈도 ᄀᆞ이 업다 : 맑고 깨끗함도 끝이 없다.

43 강학(講學) : 학문을 닦고 연구함.

44 영월음풍(咏月吟風) : 밝은 달을 읊고 맑은 바람을 즐김. 아름다운 자연의 경치를 시로 읊으며 즐긴다는 뜻. 음풍영월.

45 조협(釣峽)에 물이 넙다 : 낚시하기 좋은 골짜기에 물이 넓다.

46 뉘야 더옥 즐기ᄂᆞᆫ고 : 누가 더욱 즐기는가? 누가 더욱 즐거워하는가?

47 황혼(黃昏) : 해가 지고 어스름해질 때.

48 낙대 : 낚대. 낚싯대.

49 대월귀(帶月歸) : 달빛을 띠고 돌아감. 달빛을 받으며 돌아감.

50 풍암(楓岩)에 추색(秋色) 됴타 : 단풍잎으로 덮인 바위에 가을빛이 좋다. '추색'은 가을철의 빛. 또는 가을철을 느끼게 하는 경치나 분위기.

51 청상(淸霜) 엷게 치니 : 맑은 서리가 얇게 내리니. '서리'는 대기 중의 수증기가 지상의 물체 표면에 얼어붙은 것.

52 금수(錦繡) : 수를 놓은 비단.

9

八曲(팔곡)은 어드메오 琴灘(금탄)[54]에 돌 붉다
玉軫(옥진) 金徽(금휘)[55]로 數三曲(수삼곡)[56]을 브른말이[57]
古調(고조)[58]을 알 니 업ᄉᆞ니[59] 혼자 즐겨 ᄒᆞ노라

10

九曲(구곡)은 어드메오 文山(문산)[60]에 歲暮(세모)커다[61]
奇岩(기암) 怪石(괴석)[62]이 눈 속에 뭇쳐세라[63]
遊人(유인)[64]은 오지 아니코[65] 볼 것 업다 ᄒᆞ더라

〈『青丘永言』〉

---

53 한암(寒岩) : 차가운 바람을 맞고 있는 바위.

54 금탄(琴灘) : 거문고나 가야금을 타듯이 물소리가 흥겹게 들리는 여울목. '여울목'은 강바닥이 얕거나 폭이 좁아 물살이 빠르게 흐르는 곳.

55 옥진금휘(玉軫金徽) : 아주 좋은 거문고. '진'은 줄을 죄었다 늦췄다 하는 조그만 말뚝 못. '휘'는 줄 고르는 자리를 표시하는 13개의 자개 조각.

56 수삼곡(數三曲) : 두서너 곡. '수삼'은 둘이나 셋 또는 넷 정도의.

57 브른말이 : 부르니. 연주하니. '-말이'는 '-니, -즉'의 뜻.

58 고조(古調) : 옛날부터 전해 오는 가락. 또는 예스러운 곡조.

59 알 니 업ᄉᆞ니 : 알 이가 없으니. 아는 사람이 없어.

60 문산(文山) : 산 이름. 또는 '학문의 세계'를 가리키는 것일 수도 있음.

61 세모(歲暮)커다 : 한 해가 저문다. '세모'는 한 해가 저물어 설을 바로 앞둔 때.

62 기암괴석(奇岩怪石) : 기이하게 생긴 바위와 괴상하게 생긴 돌.

63 뭇쳐세라 : 묻혔어라.

64 유인(遊人) : 놀러 다니는 사람. 또는 하는 일 없이 놀고 있는 사람.

65 아니코 : 아니하고. 않고.

훈민가訓民歌

정철(鄭澈, 1536~1593)

1

아바님 날 나흐시고 어마님 날 기ᄅᆞ시니
두 분곳[1] 아니면 이 몸이 사라시랴[2]
하늘 ᄀᆞᄐᆞᆫ 은덕[3]을 어ᄃᆡ다혀 갑ᄉᆞ오리[4]

2

형아 아ᄋᆞ야[5] 네 ᄉᆞᆯ홀 ᄆᆞᆫ져보와[6]
뉘손ᄃᆡ 타나관ᄃᆡ[7] 양지조차 ᄀᆞᄐᆞᆫ다[8]
ᄒᆞᆫ 졋 먹고 길러나이셔[9] 닷ᄆᆞᄋᆞᆷ[10]을 먹디 마라

---

1 두 분곳 : 두 분이. '곳'은 강세접미사.

2 사라시랴 : 살았으랴? 살았겠는가?

3 은덕(恩德) : 은혜와 덕. 또는 은혜로운 덕.

4 어ᄃᆡ다혀 갑ᄉᆞ오리 : 어디에다 갚으리? 어디다 갚을까?

5 아ᄋᆞ야 : 아우야. '아우'는 동기간이나 같은 항렬에 있는 사람 중에서 나이가 적은 사람. 동생.

6 네 ᄉᆞᆯ홀 ᄆᆞᆫ져보와 : 네 살을 만져보아라. 너의 살을 만져봐라.

7 뉘손ᄃᆡ 타나관ᄃᆡ : 누구에게서 태어났기에. 누구한테서 태어났길래.

8 양지조차 ᄀᆞᄐᆞᆫ다 : 양자(樣子)까지 같은 것인가? 얼굴까지 같은가? '양자'는 얼굴의 생긴 모양.

9 길러나이셔 : 길러나서. 자라나서.

10 닷ᄆᆞᄋᆞᆷ : 딴마음. 다른 마음.

3

님금과 빅셩과 ᄉᆞ이 하놀과 ᄯᅡ히로ᄃᆡ
내의 셜운 이롤[11] 다 아로려[12] ᄒᆞ시거든
우린ᄃᆞᆯ 술진[13] 미나리롤 혼자 엇디 머그리

4

어버이 사라신 제[14] 셤길 일란[15] 다 ᄒᆞ여라
디나간 휘면[16] 애ᄃᆞᆲ다[17] 엇디ᄒᆞ리
평싱애 고텨[18] 못홀 일이 이ᄲᅮᆫ인가 ᄒᆞ노라

5

ᄒᆞᆫ 몸 둘헤 ᄂᆞᆫ화[19] 부부롤 삼기실샤[20]
이신 제[21] ᄒᆞᆷᄭᅴ 늙고 주그면 ᄒᆞᆫᄃᆡ 간다[22]
어ᄃᆡ셔 망녕의 써시[23] 눈 흘긔려 ᄒᆞᄂᆞ뇨[24]

---

11 내의 셜운 이롤 : 나의 서러운 일을.
12 아로려 : 알려고.
13 술진 : 살진. 이미 살이 많이 쪄 있는 상태.
14 사라신 제 : 살았을 때. 살아계실 때.
15 셤길 일란 : 섬기는 일을.
16 디나간 휘면 : 지나간 후이면. 지나간 뒤면.
17 애ᄃᆞᆲ다 : 애달프다고 해도. 애달파 해도. '애달프다'는 마음이 안타깝거나 쓰라리다.
18 고텨 : 고쳐. 다시.
19 둘헤 ᄂᆞᆫ화 : 둘로 나눠. 둘로 나누어.
20 삼기실샤 : 생기게 하시어. 만드시어.
21 이신 제 : 있을 때. 살아있을 때.
22 ᄒᆞᆫᄃᆡ 간다 : 한데 간다. 한곳에 간다.

6

간나ᄒᆡ[25] 가ᄂᆞᆫ 길ᄒᆞᆯ ᄉᆞ나ᄒᆡ 에도ᄃᆞ시[26]
ᄉᆞ나희 녜ᄂᆞᆫ[27] 길흘 계집이 ᄎᆡ도ᄃᆞ시[28]
제 남진[29] 제 계집 아니어든 일홈 믓디 마오려[30]

7

네 아ᄃᆞᆯ 효경[31] 닑더니 어도록 ᄇᆡ홧ᄂᆞ니[32]
내 아ᄃᆞᆯ 쇼혹[33]은 모ᄅᆡ면 ᄆᆞᄎᆞᆯ노다[34]
어ᄂᆡ제[35] 이 두 글 ᄇᆡ화 어딜거든 보려뇨[36]

---

23 어ᄃᆡ셔 망녕의 쌔시 : 어디서 망령(妄靈)의 것이. 어디에서 망령된 것이. '망령'은 늙거나 정신이 흐려져 말이나 행동이 정상을 벗어난 상태.

24 눈 흘긔려 ᄒᆞᄂᆞ뇨 : 눈 흘기려 하느냐. 다른 사람이 유혹하는 것을 가리킴.

25 간나ᄒᆡ : 간나희. 여자. 여자아이.

26 ᄉᆞ나ᄒᆡ 에도ᄃᆞ시 : 사나이 에돌듯이. '에돌듯이'는 곧바로 나아가지 않고 멀리 피하여 돌아가듯이. '사나이'는 한창 혈기가 왕성할 때의 남자.

27 녜ᄂᆞᆫ : 가는.

28 계집이 ᄎᆡ도ᄃᆞ시 : 여자가 치돌아 서듯이. '치돌아 서듯이'는 한쪽으로 비켜서 돌아서 있듯이. '계집'은 여자 또는 아내.

29 제 남진 : 제 남편. 자기 남자. '남진'은 남자 또는 남편.

30 일홈 믓디 마오려 : 이름 묻지 말구려. '-구려'는 상대에게 권하는 태도로 시키는 뜻을 나타내는 종결어미.

31 효경(孝經) : 공자(孔子)가 증자(曾子)에게 효도에 대해 말씀한 것을 기록한 책.

32 어도록 ᄇᆡ홧ᄂᆞ니 : 얼마나 배웠느냐?

33 쇼혹 : 『소학(小學)』. 중국 송(宋)나라의 유자징(劉子澄)이 주자(朱子)의 가르침을 받아 지은 책. 어려서부터 어른이 되기까지의 올바른 몸가짐에 관한 내용으로 되어 있음.

34 ᄆᆞᄎᆞᆯ노다 : 마칠 것이로다. 마칠 것이다.

35 어ᄂᆡ제 : 언제. 어느 때.

36 어딜거든 보려뇨 : 어질거든 보려느냐? 어질게 된 것을 보겠느냐?

8

ᄆᆞ올 사ᄅᆞᆷ드라 올ᄒᆞᆫ 일 ᄒᆞ쟈ᄉᆞ라[37]
사ᄅᆞᆷ이 되어 나셔 올티옷[38] 못ᄒᆞ면
ᄆᆞ쇼[39]를 갓[40] 곳갈 싀워[41] 밥 먹이나[42] 다ᄅᆞ랴

9

풀목 쥐시거든 두 손으로 바티리라[43]
나갈 ᄃᆡ 계시거든 막대 들고 조ᄎᆞ리라[44]
향음쥬[45] 다 파ᄒᆞᆫ 후에[46] 뫼셔 가려 ᄒᆞ노라

10

ᄂᆞᆷ으로 삼긴 듕의[47] 벗ᄀᆞᆺ티 유신ᄒᆞ랴[48]

---

37 올ᄒᆞᆫ 일 ᄒᆞ쟈ᄉᆞ라 : 옳은 일 하자꾸나. '-자꾸나'는 어떤 행동을 함께하자는 뜻을 나타내는 종결어미. '-자'를 조금 더 친밀하게 이르는 말.

38 올티옷 : 옳지. 올바르지. '옷'은 강세접미사.

39 ᄆᆞ쇼 : 말과 소.

40 갓 : 어른이 된 남자가 머리에 쓰던 의관(衣冠)의 하나. 여기서는 말이나 소의 머리에 씌우던 갓 모양의 물건을 가리킴.

41 곳갈 싀워 : 고깔 씌워. '고깔'은 끝이 뾰족하고 세모지게 만든 모자.

42 밥 먹이나 : 밥 먹이기와. 밥을 먹이는 것과.

43 바티리라 : 받치리라. 받칠 것이다.

44 조ᄎᆞ리라 : 좇으리라. 따르리라.

45 향음쥬 : 향음주(鄕飮酒). 매년 음력 10월 길일(吉日)에 마을 사람들이 노인들을 모시고 술을 마시며 예(禮)를 행하는 의식(儀式).

46 파(罷)ᄒᆞᆫ 후에 : 끝난 뒤에. 마친 뒤에.

47 삼긴 듕의 : 생긴 중에. 태어난 중에.

48 유신(有信)ᄒᆞ랴 : 신의(信義)가 있으랴? 신의가 있는 사람이 있겠는가? '신의'는 믿음과 의리.

내의 왼 이룰[49] 다 닐오려 ᄒᆞ노매라[50]
이 몸이 벗님곳[51] 아니면 사롬 되미 쉬올가

11
어와[52] 뎌 족하[53]야 밥 업시 엇디홀고
어와 뎌 아자바[54] 옷 업시 엇디홀고
머흔 일[55] 다 닐러ᄉᆞ라[56] 돌보고져 ᄒᆞ노라

12
네 집 상ᄉᆞ돌흔[57] 어도록 출호순다[58]
네 ᄯᅡᆯ 서방[59]은 언제나 마치ᄂᆞ순다[60]
내게도 업다커니와[61] 돌보고져 ᄒᆞ노라

---

49 왼 이룰 : 왼 일을. 그릇된 일을. 잘못된 일을.

50 닐오려 ᄒᆞ노매라 : 이르려 하는구나. 말하려 하는구나.

51 벗님곳 : 벗님이. '곳'은 강세접미사. '벗님'은 벗을 다정하게 이르는 말.

52 어와 : 감탄사.

53 뎌 족하 : 저 조카. '조카'는 형제자매의 자식.

54 아자바 : 아자비야. 아재야. '아자비'는 아저씨 또는 숙부(叔父). '아저씨'는 친척 중 나보다 나이가 많은 남자.

55 머흔 일 : 험한 일. 궂은일. 언짢고 꺼림칙하여 하기 싫은 일.

56 닐러ᄉᆞ라 : 일러라. 말해라. 'ᄉᆞ'는 강세접미사.

57 상ᄉᆞ돌흔 : 상사(喪事)들은. '상사'는 사람이 죽어 장례를 치르는 일.

58 어도록 출호순다 : 얼마나 차리는가? 어떻게 준비하는가?

59 네 ᄯᅡᆯ 서방 : 네 딸의 서방(書房). '서방'은 남편. 또는 성(姓)에 붙여 사위·매제·아래 동서 등을 이르는 말.

60 언제나 마치ᄂᆞ순다 : 언제야 맞추는 것인가? 언제쯤 맞이하는가?

61 업다커니와 : (재산이) 없다고 하여도. (재산이) 없지마는.

13

오늘도 다 새거다[62] 호믜 메오 가쟈스라[63]
내 논 다 믜여든[64] 네 논 졈[65] 믜여주마
올 길히[66] 뽕[67] 빠다가 누에 먹켜[68] 보쟈스라

14

비록 못 니버도 놈의 오솔 앗디 마라[69]
비록 못 먹어도 놈의 밥을 비디[70] 마라
흔적곳[71] 쩌 시론 휘면[72] 곳텨 삣기[73] 어려우리

15

62 새거다 : 새었다. 날이 밝았다.

63 호믜 메오 가쟈스라 : 호미 메고 가자꾸나. 호미를 들고 가자꾸나. '호미'는 논이나 밭을 매는 데 쓰는 농기구.

64 내 논 다 믜여든 : 내 논 다 매거든. 내 논을 다 매면. '논'은 물을 대어 주로 벼를 심어 가꾸는 땅. '매다'는 논밭에 난 잡풀을 뽑다.

65 졈 : 좀. 조금.

66 올 길히 : 오는 길에.

67 뽕 : 뽕. 뽕나무의 잎. 누에의 먹이로 쓰임.

68 누에 먹켜 : 누에 먹여. '누에'는 누에나방의 애벌레. 뽕나무의 잎을 먹고 자라며, 고치를 짓고 번데기가 되는데, 이 고치에서 실을 얻기 위해 실내에서 인공적으로 사육함.

69 오솔 앗디 마라 : 옷을 빼앗지 마라.

70 비디 : 빌지. '빌다'는 남의 물건을 공짜로 달라고 호소하여 얻다. 여기서는 '빌어먹다', 곧 '남에게 구걸하여 거저 얻어먹다'의 의미로 쓰임.

71 흔적곳 : 한 번만. 한 때만. '곳'은 강세접미사.

72 쩌 시론 휘면 : 때를 실은 후면. 때가 묻은 뒤라면. 죄를 짓는다는 뜻. '때'는 옷이나 몸에 묻은 더러운 먼지 등의 물질. 또는 불순하고 속된 것.

73 곳텨 삣기 : 고쳐 씻기. 다시 씻기.

상뉵[74] 쟝긔[75] ᄒᆞ디 마라 숑ᄉᆞ[76] 글월[77] ᄒᆞ디 마라
집 배야 무슴 ᄒᆞ며[78] ᄂᆞᄆᆡ[79] 원슈 될 줄 엇디[80]
나라히 법을 셰오샤[81] 죄 인ᄂᆞᆫ 줄 모로ᄂᆞᆫ다[82]

16

이고 진[83] 뎌 늘그니 짐 푸러 나를 주오
나ᄂᆞᆫ 졈엇거니[84] 돌히라[85] 무거올가
늘거도 셜웨라커든[86] 지믈조차[87] 지실가

〈『松江歌辭』〉

---

74 상뉵 : 쌍륙(雙六). 여러 사람이 편을 갈라 차례로 두 개의 주사위를 던져서 나오는 숫자대로 말을 써서 먼저 궁(宮)에 들여보내는 놀이.

75 쟝긔 : 장기(將棋). 나무로 만든 32짝의 말을 붉은 글자와 푸른 글자의 두 종류로 나누어 판 위에 벌여 놓고, 서로 번갈아 가며 공격과 수비를 교대로 하여 승부를 가리는 놀이.

76 숑ᄉᆞ : 송사(訟事). 소송(訴訟). 백성끼리 분쟁이 있을 때, 관청에 호소하여 그 판결을 구하는 일.

77 글월 : 글이나 문장. 여기서는 소송문을 가리킴.

78 집 배야 무슴 ᄒᆞ며 : 집 망쳐 무엇 하며.

79 ᄂᆞᄆᆡ : 남의. 다른 사람의.

80 엇디 : '엇디ᄒᆞ리'에서 'ᄒᆞ리'가 생략된 것임. 어찌하리? 어찌하겠는가?

81 셰오샤 : 세우시어. 세우셨으니.

82 모로ᄂᆞᆫ다 : 모르겠는가?

83 이고 진 : (머리에) 이고 (등에) 짊어진. 물건을 머리 위에 얹고 등 위에 얹음.

84 졈엇거니 : 젊었으니.

85 돌히라 : 돌이라. 돌이라고.

86 늘거도 셜웨라커든 : 늙어도 서럽다 하거든. 늙는 것도 서럽다고 하는데.

87 지믈조차 : 짐마저. 짐까지.

장진주사將進酒辭

정철(鄭澈, 1536~1593)

ᄒᆞᆫ 盞잔 먹새근여[1] 또 ᄒᆞᆫ 盞잔 먹새근여

곳 것거[2] 算산 노코[3] 無무盡진[4]無무盡진 먹새근여

이 몸 죽은 後후면 지게 우희[5] 거적[6] 덥허 주리혀 ᄆᆡ여 가나[7]

流뉴蘇소寶보帳장[8]의 萬만人인[9]이 우러 녜나[10]

어욱새[11] 속새[12] 덥가나모[13] 白빅楊양[14] 속에 가기곳 가면[15]

---

1 먹새근여 : 먹세그려. 먹읍시다그려. '그려'는 종결어미 뒤에 붙어, 듣는 사람에게 그 말의 뜻을 강조하면서 공감을 요청하는 뜻을 나타내는 보조사.

2 곳 것거 : 꽃 꺾어. 꽃이 달린 가지를 꺾어.

3 산(算) 노코 : 셈하고. 세어 가며.

4 무진(無盡) : 다함이 없음. 끝없이. 한없이.

5 지게 우희 : 지게 위에. '지게'는 짐을 얹어 사람이 지고 다니게 만든 기구. 두 개의 굵고 긴 나무를, 위는 좁고 아래는 벌어지게 나란히 세우고 그 사이를 작은 나무로 가로질러 맞춘 뒤 아래위로 끈을 달았음.

6 거적 : 짚으로 두툼하게 자리처럼 만든 물건.

7 주리혀 ᄆᆡ여 가나 : 거두어 메고 가거나. (시신을) 수습하여 메고 가거나. '주리혀'는 '거두어'의 옛말.

8 유소보장(流蘇寶帳) : 여러 가닥의 5색(色) 실이 달려 있는 비단 장막. 이 장막은 주로 상여 위에 치므로, 여기서는 화려하게 꾸민 상여(喪輿)를 가리킴. '상여'는 사람의 시체를 실어서 묘지까지 나르는 도구. 10여 명이 메는데, 길이가 길고 꾹지 있는 가마와 비슷하게 생겼음.

9 만인(萬人) : 모든 사람. 매우 많은 사람.

10 우러 녜나 : 울면서 가거나. 울며 따르거나.

11 어욱새 : 억새. 볏과의 여러해살이풀. 잎은 긴 선 모양이고, 7~9월에 누런 갈색 꽃이 핌. 잎을 베어 지붕을 만들거나 말·소의 먹이로 씀.

12 속새 : 양치식물 속샛과의 상록 여러해살이풀. 줄기의 가운데가 비었고, 가지는 없으나 마디

누론 힛[16] 흰 돌 ᄀᆞ는 비[17] 굴근 눈[18] 쇼쇼리ᄇᆞ람[19] 불 제 뉘[20] ᄒᆞᆫ 盞잔 먹쟈 ᄒᆞᆯ고

ᄒᆞ믈며 무덤 우희 진납이[21] ᄑᆞ람 불 제야[22] 뉘우ᄎᆞᆫ들 엇디리[23]

<『松江歌辭』>

가 뚜렷함. 그늘진 습지에서 자람.

13 덥가나모 : 떡갈나무. 잎은 긴 타원형으로 두껍고, 봄에 황갈색 꽃이 핌. 나무가 단단하여 선박·가구와 숯을 만드는 데 쓰임.

14 백양(白楊) : 백양나무. 황철나무. 잎은 달걀 모양의 타원형이고 가장자리에 톱니가 있음. 종이와 성냥개비를 만드는 데 쓰임.

15 가기곳 가면 : 가기만 가면. 가기만 하면. '곳'은 강세접미사.

16 누론 힛 : 누런 해. '누르다'는 황금이나 놋쇠의 빛깔과 같이 다소 밝고 탁하다.

17 ᄀᆞ는 비 : 가는 비. 가랑비.

18 굴근 눈 : 굵은 눈. 굵고 탐스럽게 내리는 눈. 함박눈.

19 쇼쇼리ᄇᆞ람 : 소소리바람. 이른 봄에 부는 차갑고 매서운 바람. 또는 '회오리바람'의 방언. 나선 모양으로 갑자기 빙빙 도는 바람.

20 불 제 뉘 : 불 때 누가.

21 진납이 : 잔나비. 원숭이.

22 ᄑᆞ람 불 제야 : 휘파람 불 때야. 휘파람을 불 때에 비로소.

23 뉘우ᄎᆞᆫ들 엇디리 : 뉘우친들 어찌하리? 뉘우쳐도 무엇 하리?

산중신곡山中新曲

윤선도(尹善道, 1587~1671)

만흥漫興[1]

1

山산水슈間간[2] 바회[3] 아래 뛰집[4]을 짓노라 ᄒᆞ니[5]
그 모론[6] 놈들은 욷는다 ᄒᆞᆫ다마는[7]
어리고[8] 햐암[9]의 뜻의는 내 分분인가[10] ᄒᆞ노라

2

보리밥 픗ᄂᆞ물[11]을 알마초[12] 머근 後후에

---

1 만흥(漫興) : 저절로 일어나는 흥취. 제 흥에 겨워서.

2 산수간(山水間) : 산과 물 사이. '산수'는 자연 또는 자연의 경치를 뜻하기도 함.

3 바회 : 바위.

4 뛰집 : 띳집. 지붕을 띠로 이어 만든 초라한 집. '띠'는 볏과의 여러해살이풀. 원뿔형으로 똑바로 서 있는데, 척박한 땅이나 비옥한 땅을 가리지 않고 군락을 이루며 자람.

5 짓노라 ᄒᆞ니 : 짓는다고 하니. 지으려고 하니.

6 그 모론 : 그 (뜻을) 모르는. 여기서 '그'는 띳집을 짓고 살려는 작자의 뜻을 가리킴.

7 욷는다 ᄒᆞᆫ다마는 : 웃는다 한다만. 비웃는다고 하지마는.

8 어리고 : 어리석고.

9 햐암 : 향암(鄕闇). 시골에서 지내 온갖 사리에 어둡고 어리석은 사람. 여기서는 작자 자신을 가리킴.

10 내 분(分)인가 : 내 분수인가. '분'은 분수(分數). 자기의 신분이나 처지에 알맞은 한도.

11 픗ᄂᆞ물 : 풋나물. 봄철에 새로 난 나무나 풀의 연한 싹으로 만든 나물.

바흿 긋 믉ᄀᆞ의[13] 슬ᄏᆞ지 노니노라[14]

그 나믄 녀나믄[15] 일이야 부ᄅᆞᆯ 줄이 이시랴[16]

3

잔 들고 혼자 안자 먼 뫼흘[17] ᄇᆞ라보니

그리던[18] 님이 오다[19] 반가옴이 이리ᄒᆞ랴[20]

말ᄉᆞᆷ도 우움도 아녀도[21] 몯내[22] 됴하ᄒᆞ노라

4

누고셔[23] 三삼公공도곤[24] 낫다 ᄒᆞ더니 萬만乘승[25]이 이만ᄒᆞ랴[26]

---

12 알마초 : 알맞게.

13 바흿 긋 믉ᄀᆞ의 : 바위 끝 물가에서.

14 슬ᄏᆞ지 노니노라 : 실컷 노니는구나. 마음껏 노는구나. '노닐다'는 한가하게 이리저리 왔다 갔다 하면서 놀다.

15 그 나믄 녀나믄 : 그 나머지 다른. 그 밖에 다른.

16 부ᄅᆞᆯ 줄이 이시랴 : 부러워할 줄이 있으랴? 부러워할 것이 있겠는가?

17 먼 뫼흘 : 먼 산을.

18 그리던 : 간절히 생각하던. '그리다'는 사랑하는 마음으로 간절히 생각하다.

19 오다 : 온다고 한들. 오더라도.

20 이리ᄒᆞ랴 : 이러하랴? 이렇겠는가?

21 우움도 아녀도 : 웃음도 없어도. 웃지 않아도.

22 몯내 : 못내. 이루 다 말할 수 없이.

23 누고셔 : 누군가. 누구는.

24 삼공(三公)도곤 : 삼공보다. '삼공'은 조선시대 의정부(議政府)에서 국가의 주요 정책을 결정하는 일을 맡아보던 세 벼슬. 영의정·좌의정·우의정. 삼정승(三政丞).

25 만승(萬乘) : 만 대의 수레. 천자(天子)의 지위를 뜻함. 중국의 천자는 거동할 때 수레 만 대를 동원하였다고 함. '천자'는 하늘을 대신하여 천하를 다스리는 사람이라는 뜻으로, 군주 국가의 최고 통치자를 이르는 말.

26 이만ᄒᆞ랴 : 이만하겠는가? 이보다 좋겠는가?

이제로 헤어든[27] 巢소父부許허由유[28] ㅣ 냑돗더라[29]
아마도 林님泉쳔閑한興흥[30]을 비길 곳이 업세라[31]

5

내 셩[32]이 게으르더니 하놀히 아르실샤[33]
人인間간 萬만事ᄉᆞ를 ᄒᆞᆫ 일도 아니 맛뎌[34]
다만당[35] ᄃᆞ토리[36] 업슨 江강山산을 딕희라[37] ᄒᆞ시도다.

6

江강山산이 됴타ᄒᆞᆫ들[38] 내 分분으로 누얻ᄂᆞ냐[39]
님군[40] 恩은惠혜를 이제 더옥 아노이다[41]

---

27 이제로 헤어든 : 이제야 헤아리거든. 이제 생각해보니.

28 소부허유(巢父許由) : 고대 중국의 은자(隱者)인 소부와 허유. 요(堯)임금이 소부에게 왕위를 맡기려하자 그는 더러운 말을 들었다고 영천(潁川)에서 귀를 씻었고, 허유는 소에게 물을 먹이려다 그 사실을 알고 물이 더러워졌다고 하여 더 상류로 가서 먹였다고 함.

29 냑돗더라 : 약았더라. 영리하였더라.

30 임천한흥(林泉閑興) : 자연 속에서 한가하게 노는 흥취.

31 비길 곳이 업세라 : 견줄 곳이 없어라. 비교할 데가 없어라.

32 셩 : 성(性). 사람이나 사물의 본성이나 본바탕. 천성(天性).

33 아르실샤 : 아시어.

34 ᄒᆞᆫ 일도 아니 맛뎌 : 하나의 일도 아니 맡겨. 하나도 맡기지 않고.

35 다만당 : 다만. 단지.

36 ᄃᆞ토리 : 다툴 이. 다투는 사람.

37 강산(江山)을 딕희라 : 강산을 지키라고. '강산'은 강과 산이라는 뜻으로, 자연이나 자연의 경치를 말함.

38 됴타ᄒᆞᆫ들 : 좋다고 한들. 좋다고 해도.

39 누얻ᄂᆞ냐 : 누웠느냐? 누운 것이냐?

40 님군 : 임금. 군주 국가에서 나라를 다스리는 우두머리. 왕.

아므리 갑고쟈 ᄒᆞ야도 ᄒᆡ올 일이[42] 업세라

조무요朝霧[43]謠

月월出츌山산[44]이 놉더니마ᄂᆞᆫ[45] 믜운 거시[46] 안개로다
天텬王왕 第뎨一일峯봉[47]을 一일時시예 ᄀᆞ리와다[48]
두어라[49] ᄒᆡ 퍼딘 휘면[50] 안개 아니 거드랴[51]

하우요夏雨[52]謠

비 오ᄂᆞᆫᄃᆡ 들희 가랴[53] 사립[54] 닷고 쇼 머겨라[55]

---

41 더옥 아노이다 : 더욱 알겠습니다.

42 ᄒᆡ올 일이 : 할 일이. 해드릴 일이.

43 조무(朝霧) : 아침에 끼는 안개.

44 월출산(月出山) : 전라남도 영암군 영암읍과 강진군 성전면의 경계에 있는 산. 높이는 809m로, 국립공원의 하나.

45 놉더니마ᄂᆞᆫ : 높더라도. 높지마는.

46 믜운 거시 : 미운 것이.

47 천왕 제일봉(天王第一峯) : 월출산의 최고봉인 천왕봉을 가리킴.

48 일시(一時)예 ᄀᆞ리와다 : 일시에 가리었다. 한꺼번에 가렸도다.

49 두어라 : 감탄사. 어떤 일이 필요하지 않거나, 스스로의 마음을 달랠 때 영탄조로 하는 말.

50 ᄒᆡ 퍼딘 휘면 : 햇빛이 퍼진 뒤라면. 햇빛이 비춘 뒤에.

51 거드랴 : 걷으랴. 걷히랴.

52 하우(夏雨) : 여름철에 오는 비. 여름비.

53 들희 가랴 : 들에 가랴? 들에 가겠느냐?

54 사립 : 사립문. 잡목의 가지를 엮어서 만든 문짝을 단 문.

마히 믹양이랴[56] 잠기[57] 연장[58] 다亽려라[59]
쉬다가 개는 날 보아 亽래[60] 긴 밧 가라라[61]

심심은 ᄒᆞ다마는 일 업술손[62] 마히로다
답답은 ᄒᆞ다마는 閑한暇가홀손 밤이로다
아희야 일즉[63] 자다가 東동트거든 닐거라[64]

일모요日暮[65]謠

夕석陽양[66] 넘은[67] 後후에 山산氣기[68]는 됴타마는

---

55 쇼 머겨라 : 소 먹여라. 소를 먹여라.

56 마히 믹양이랴 : 장마가 계속 되랴? 늘 장마이겠느냐? '마히'는 장마. '매양'은 매 때마다. 또는 한결같이 늘.

57 잠기 : 쟁기. 논밭을 가는 데 쓰는 농기구.

58 연장 : 어떤 일을 하는 데에 사용하는 도구.

59 다亽려라 : 다스려라. 손질해라.

60 亽래 : 사래. 묘지기나 마름이 수고의 대가로 부쳐 먹는 논밭. '마름'은 지주를 대리하여 소작권을 관리하는 사람.

61 긴 밧 가라라 : 긴 밭을 갈아라. '갈다'는 농기구나 농기계로 땅을 파서 뒤집다. 또는 밭작물의 씨앗을 심어 가꾸다.

62 일 업술손 : 일이 없는 것은.

63 일즉 : 일찍.

64 동(東)트거든 닐거라 : 동트면 일어나거라. '동트다'는 동쪽 하늘이 훤하게 밝아 오다.

65 일모(日暮) : 해가 질 무렵.

66 석양(夕陽) : 저녁 때의 햇빛. 저녁 때의 저무는 해.

67 넘은 : 넘어간. (해가) 지는.

68 산기(山氣) : 산속 특유의 맑고 서늘한 기운. 또는 씩씩하고 뛰어난 산의 기세.

黃황昏혼[69]이 갓가오니 物믈色쇡이 어둡는다[70]
아희야 범 므셔온듸[71] 나둔니디[72] 마라라

야심요夜深[73]謠

ᄇᆞ람 분다 지게 다다라[74] 밤 들거다 블 아사라[75]
벼개예 히즈러[76] 슬ᄏᆞ지 쉬여 보쟈
아희야 새야 오거든[77] 내 좀 와 끼와스라[78]

기세탄饑歲歎[79]

환자[80] 타 산다 ᄒᆞ고 그롤사[81] 그르다[82] ᄒᆞ니

---

69 황혼(黃昏) : 해가 지고 어스름해질 때.

70 물색(物色)이 어둡는다 : 사물의 빛깔이 어두워진다. 자연의 경치가 어둡구나.

71 범 므셔온듸 : 범이 무서운데. 호랑이가 무서우니.

72 나둔니디 : 나다니지. 밖으로 나가서 여기저기 다니지.

73 야심(夜深) : 밤이 깊음. 밤이 깊은 때.

74 지게 다다라 : 지게문 닫아라. '지게문'은 마루와 방 사이의 문이나 부엌의 바깥문.

75 밤 들거다 블 아사라 : 밤이 들었다 불 빼앗아라. 밤이 되었다 불을 꺼라.

76 히즈러 : 쓰러져서. 드러누워.

77 새야 오거든 : (날이) 새어 오거든. 날이 밝으면.

78 내 좀 와 끼와스라 : 내 잠을 와서 깨워라. '-스'는 강세접미사.

79 기세탄(饑歲歎) : 흉년을 탄식함.

80 환자(還子) : 흉년이나 춘궁기(春窮期)에 백성에게 곡식을 빌려주고 풍년이나 추수기(秋收期)에 갚게 하던 것. 환곡(還穀).

夷이齊졔[83]의 노픈 줄을[84] 이렁구러 알관디고[85]
어즈버[86] 사ᄅᆞᆷ이야 외랴[87] ᄒᆡ운[88]의 타시로다

오우가五友歌

1
내 버디 몃치나[89] ᄒᆞ니 水슈石셕[90]과 松숑竹듁[91]이라
東동山산의 ᄃᆞᆯ 오르니 긔 더옥 반갑고야[92]
두어라 이 다ᄉᆞᆺ 밧긔[93] 또 더ᄒᆞ야 머엇 ᄒᆞ리[94]

---

81 그롤사 : 그것을. '사'는 강세접미사.

82 그르다 : 나쁘다. 잘못이다.

83 이제(夷齊) : 백이(伯夷)와 숙제(叔齊). 중국 은(殷)나라의 현인(賢人)으로, 둘은 형제 사이임. 중국 주(周)나라 무왕(武王)이 은나라 주왕(紂王)을 치자, 신하의 도리가 아니라고 하여 수양산(首陽山)에 들어가 밥을 먹지 않고 고사리만 캐어 먹다가 굶어 죽음.

84 노픈 줄을 : 높은 것을. 고상(高尙)한 것을.

85 이렁구러 알관디고 : 이리하여 알 것이로다. 이런 일로 알겠구나.

86 어즈버 : 감탄사 '아!'의 옛말.

87 외랴 : 잘못이겠느냐? 그른 것이겠는가?

88 ᄒᆡ운 : 해의 운(運). 세운(歲運). 여기서는 흉년을 뜻함.

89 버디 몃치나 : 벗이 몇인가.

90 수석(水石) : 물과 돌.

91 송죽(松竹) : 소나무와 대나무.

92 긔 더옥 반갑고야 : 그것이 더욱 반갑구나.

93 밧긔 : 밖에. 외에.

94 머엇 ᄒᆞ리 : 무엇 하리? 무엇 하겠는가?

2

구룸 빗치 조타 ᄒᆞ나[95] 검기를 ᄌᆞ로 ᄒᆞᆫ다[96]
ᄇᆞ람 소릐 ᄆᆞᆰ다 ᄒᆞ나[97] 그칠 적이 하노매라[98]
조코도 그츨 뉘 업기ᄂᆞᆫ[99] 믈뿐인가 ᄒᆞ노라

3

고즌 므스 일로[100] 퓌며셔 쉬이 디고[101]
플은 어이ᄒᆞ야 프르ᄂᆞᆫ 듯 누르ᄂᆞ니[102]
아마도 변티 아닐손[103] 바회[104]뿐인가 ᄒᆞ노라

4

더우면 곳 퓌고 치우면 닙 디거ᄂᆞᆯ[105]
솔아[106] 너ᄂᆞᆫ 얻디[107] 눈서리를 모ᄅᆞᄂᆞᆫ다[108]

---

95 구룸 빗치 조타 ᄒᆞ나 : 구름 빛이 깨끗하다고 하나. 구름 빛이 깨끗하다 하지만.

96 ᄌᆞ로 ᄒᆞᆫ다 : 자주 한다.

97 ᄇᆞ람 소릐 ᄆᆞᆰ다 ᄒᆞ나 : 바람 소리가 맑다고 하나.

98 하노매라 : 많구나.

99 조코도 그츨 뉘 업기ᄂᆞᆫ : 깨끗하고도 그칠 때가 없기는. 깨끗하고 그칠 때가 없는 것은. '뉘'는 평생·생명·세상·때 등의 뜻이 있는데, 여기서는 '때'의 뜻.

100 고즌 므스 일로 : 꽃은 무슨 일로.

101 퓌며셔 쉬이 디고 : 피면서 쉽게 지고. 피다가 쉽게 떨어지고.

102 프르ᄂᆞᆫ 듯 누르ᄂᆞ니 : 푸르른 듯 누런가? 푸른 듯 누렇게 되는가? '누른색' 또는 '누런색'은 약간 어둡고 탁한 노란색.

103 변티 아닐손 : 변치 않을 것은. 변하지 않는 것은.

104 바회 : 바위.

105 치우면 닙 디거ᄂᆞᆯ : 추우면 잎이 지거늘. 추우면 꽃잎이 떨어지는데.

106 솔아 : 소나무야.

九구泉천[109]의 블희 고ᄃᆞᆫ 줄을[110] 글로ᄒᆞ야 아노라[111]

5

나모도 아닌 거시 플도 아닌 거시
곳기ᄂᆞᆫ 뉘 시기며[112] 속은 어이 뷔연ᄂᆞᆫ다[113]
뎌러코[114] 四ᄉᆞ時시[115]예 프르니 그를 됴하ᄒᆞ노라[116]

6

쟈근 거시[117] 노피 떠셔 萬만物믈을 다 비취니
밤듕의 光광明명이 너 만ᄒᆞ니[118] 또 잇ᄂᆞ냐
보고도 말 아니ᄒᆞ니 내 벗인가 ᄒᆞ노라

〈『孤山遺稿』卷6〉

---

107 언디 : 어찌. 어찌하여.

108 눈서리롤 모ᄅᆞ는다 : 눈과 서리를 모르는가? ‘서리’는 대기 중의 수증기가 지상의 물체 표면에 얼어붙은 것.

109 구천(九泉) : 땅속 깊은 밑바닥. 죽은 뒤에 영혼이 돌아가는 곳이나, 송장이나 유골을 땅에 묻은 곳을 가리키기도 함.

110 불희 고ᄃᆞᆫ 줄을 : 뿌리 곧은 줄을. 뿌리가 곧은 것을.

111 글로ᄒᆞ야 아노라 : 그것으로 하여 알겠노라. 그것으로 인해 알겠구나.

112 곳기ᄂᆞᆫ 뉘 시기며 : 곧기는 누가 시키며. 곧게 자라기는 누가 시켰으며.

113 어이 뷔연ᄂᆞᆫ다 : 어찌 비어 있는가? 왜 비었는가?

114 뎌러코 : 저러고. 저리하고. 저러고도.

115 사시(四時) : 사철. 사계절.

116 됴하ᄒᆞ노라 : 좋아하노라.

117 쟈근 거시 : 작은 것이.

118 너 만ᄒᆞ니 : 너 만한 이. 너 만한 것. ‘너’는 달을 가리킴.

기녀妓女의 시조時調

황진이(黃眞伊, 中宗代[1506~1544])

1

青山裏(청산리)[1] 碧溪水(벽계수)[2] ㅣ야 수이 감[3]을 자랑 마라
一到(일도) 滄海(창해)ᄒᆞ면[4] 도라오기 어려오니
明月(명월)[5]이 滿空山(만공산)ᄒᆞ니[6] 수여 간들[7] 엇더리

2

冬至(동지)ㅅ돌[8] 기나긴 밤을 한허리[9]를 버혀 내여[10]
春風(춘풍)[11] 니불 아레[12] 서리서리[13] 너헛다가[14]

---

1 청산리(青山裏) : 푸른 산속.

2 벽계수(碧溪水) : 물빛이 맑아 푸르게 보이는 시냇물. 여기서는 왕족인 벽계(碧溪) 이종숙(李終叔)을 가리키기도 함.

3 수이 감 : 쉬이 감. 쉽게 흘러감. 빨리 흘러감.

4 일도창해(一到滄海)ᄒᆞ면 : 한 번 넓은 바다에 다다르면. 여기서는 늙거나 죽는 것을 가리키는 것으로 볼 수도 있음.

5 명월(明月) : 밝은 달. 황진이의 기명(妓名)이기도 함.

6 만공산(滿空山)ᄒᆞ니 : 빈산에 가득하니.

7 수여간들 : 쉬어 간들. 쉬어 가도.

8 동지(冬至)ㅅ돌 : 동짓달. 음력 11월로, 밤이 가장 긴 달.

9 한허리 : 길이의 한가운데.

10 버혀내여 : 베어 내어. 잘라 내어.

11 춘풍(春風) : 봄철에 불어오는 바람. 봄바람.

12 니불 아레 : 이불 아래.

어론 님[15] 오신 날 밤이여든[16] 구뷔구뷔[17] 펴리라

3

내 언제 無信(무신)ᄒᆞ여[18] 님을 언제 소겻관ᄃᆡ[19]

月沈(월침) 三更(삼경)[20]에 온 ᄠᅳᆺ이[21] 전혀 업ᄂᆡ

秋風(추풍)[22]에 지ᄂᆞᆫ 닙[23] 소릐야 낸들[24] 어이 ᄒᆞ리오

4

어져[25] 내 일이야[26] 그릴 줄을 모로ᄃᆞ냐[27]

이시랴 ᄒᆞ더면[28] 가랴마ᄂᆞᆫ[29] 제 구ᄐᆡ야[30]

---

13 서리서리 : 둥그렇게 포개어 차곡차곡 감아 놓은 모양.

14 너헛다가 : 넣었다가.

15 어론 님 : 정을 통한 임. 정든 임.

16 밤이여든 : 밤이거든. 밤이 되면.

17 구뷔구뷔 : 굽이굽이. 똑바르지 않고 여러 번 구부러지는 모양.

18 무신(無信)ᄒᆞ여 : 신의(信義)가 없어. 믿음이 없어.

19 소겻관ᄃᆡ : 속였관대. 속였기에.

20 월침삼경(月沈三更) : 달도 없는 아주 깊은 밤. '삼경'은 하룻밤을 다섯으로 나눈 셋째의 시각. 밤 11시부터 새벽 1시까지.

21 온 ᄠᅳᆺ이 : 찾아올 뜻이. 찾아오겠다는 뜻이.

22 추풍(秋風) : 가을에 부는 선선하고 서늘한 바람. 가을바람.

23 지ᄂᆞᆫ 닙 : 지는 잎. 떨어지는 잎.

24 낸들 : 나인들. 내가.

25 어져 : 감탄사. '이제'의 방언으로 보는 경우도 있음.

26 내 일이야 : 나의 일이야! 내가 한 일이여!

27 그릴 줄을 모로ᄃᆞ냐 : 그리워할 줄을 모르더냐? 그리워할 줄 몰랐더냐?

28 이시랴 ᄒᆞ더면 : 있으라고 했더라면.

29 가랴마ᄂᆞᆫ : 갔겠냐만. 가지 않았겠지만.

보내고 그리는 情(정)은 나도 몰라 ᄒᆞ노라

〈『靑丘永言』〉

5

山(산)은 녯 山(산)이로ᄃᆡ[31] 물은 녯 물 아니로다

晝夜(주야)에[32] 흐르거든 녯 물이 이실소냐[33]

人傑(인걸)[34]도 물과 ᄀᆞᆺ도다[35] 가고 아니 오ᄂᆞᆫ쏘다[36]

6

靑山(청산)[37]은 내 뜻이오 綠水(녹수)[38]ᄂᆞᆫ 님의 情(정)이[39]

綠水(녹수) 흘너간들 靑山(청산)이냐 變(변)ᄒᆞᆯ손가[40]

綠水(녹수)도 靑山(청산)을 못 니져 우러예어 가ᄂᆞᆫ고[41]

---

30 제 구틔야 : 자기가 구태여. 내가 애써 일부러.

31 녯 산(山)이로ᄃᆡ : 옛날의 산이로되. 예전의 산이지만.

32 주야(晝夜)에 : 낮과 밤에. 밤낮으로.

33 이실소냐 : 있을쏘냐? 있겠느냐? '-ㄹ쏘냐'는 '어찌 그럴 리가 있겠느냐?'의 뜻으로, 강한 부정을 나타내는 종결어미.

34 인걸(人傑) : 매우 뛰어난 인재. 황진이가 송도(松都: 개성의 옛 이름)의 삼절(三絶) 중 하나로 꼽았던 유학자 서경덕(徐敬德, 1489~1546)을 가리키기도 함.

35 ᄀᆞᆺ도다 : 같도다. 같구나.

36 오ᄂᆞᆫ쏘다 : 오는도다. 오는구나.

37 청산(靑山) : 풀과 나무가 무성한 푸른 산.

38 녹수(綠水) : 맑고 깊어서 녹색을 띠는 물.

39 정(情)이 : '정이니'에서 '니'가 생략된 것.

40 청산(靑山)이냐 변(變)ᄒᆞᆯ손가 : 청산이야 변할쏜가? 푸른 산이 변하겠느냐? '-ㄹ쏜가'는 '어찌 그럴리가 있겠는가?'의 뜻으로, 의문의 형식을 빌려 앞의 내용을 강하게 부인할 때 쓰는 종결어미.

41 못 니져 우러예어 가ᄂᆞᆫ고 : 못 잊어 울면서 가는가?

<〈『甁窩歌曲集』〉

홍랑(洪娘, 宣祖代[1567~1608])

묏버들[42] 갈히 것거[43] 보내노라 님의손듸[44]
자시는[45] 窓(창)밧긔 심거 두고[46] 보쇼서
밤비예 새닙곳[47] 나거든 날이가도 너기쇼서[48]

〈『甁窩歌曲集』〉

문향(文香, 宣祖代[1567~1608])

오냐[49] 말 아니짜나[50] 실커니[51] 아니 말랴[52]

---

42 묏버들 : 산버들. 버드나뭇과의 하나. 어린가지와 잎에 털이 없음. 잎은 타원형이며 끝이 뾰족함.

43 갈히 것거 : 가리어 꺾어. 골라서 꺾어.

44 님의손듸 : 임에게. '-의손듸' 또는 '-이손듸'는 '-에게'의 뜻.

45 자시는 : 주무시는.

46 심거 두고 : 심어 두고.

47 닙곳 : 잎이. '곳'은 강세접미사.

48 날이가도 너기쇼서 : 나인가도 여기소서. 나인 줄 생각하소서.

49 오냐 : 어떤 사실을 긍정하거나 다짐할 때 하는 말. 그래.

50 말 아니짜나 : 말하지 않을지라도.

51 실커니 : 싫은데. 싫으니.

52 아니 말랴 : 아니 말겠느냐? 그만두지 않으랴?

하늘 아래 너쑨이면 아마 내야[53] ᄒᆞ려니와
하늘이 다 삼겻으니[54] 날 괼 인들 업스랴[55]

〈『甁窩歌曲集』〉

소백주(小栢舟, 光海君代 [1608~1623])

相公(상공)[56]을 뵈온 後(후)에[57] 事事(사사)[58]를 밋ᄌᆞ오매[59]
拙直(졸직)ᄒᆞᆫ[60] ᄆᆞ음에 病(병)들가 念慮(염려)[61] ㅣ러니
이리마[62] 져리챠[63] ᄒᆞ시니 百年同抱(백년동포)[64] ᄒᆞ리이다

〈『靑丘永言』〉

---

53 내야 : 내가.

54 삼겻으니 : 생기게 하였으니. 만들었으니.

55 날 괼 인들 업스랴 : 날 사랑할 사람인들 없으랴? 나를 사랑할 사람이 없겠느냐?

56 상공(相公) : '재상(宰相)'을 높여 이르던 말. '재상'은 임금을 도와 모든 관원을 지휘하고 감독하는 일을 맡아보던 2품 이상의 벼슬. 또는 그 벼슬에 있던 사람.

57 뵈온 후(後)에 : 뵌 뒤에. '뵈다'는 웃어른을 대하여 보다.

58 사사(事事) : 이 일 저 일이라는 뜻으로, 모든 일을 이르는 말.

59 밋ᄌᆞ오매 : 믿지만. 믿으나.

60 졸직(拙直)ᄒᆞᆫ : 어리석고 고지식한. 옹졸(壅拙)한.

61 염려(念慮) : 앞일에 대하여 여러 가지로 마음을 써서 걱정함.

62 이리마 : 이리하마. 이렇게 하마.

63 져리챠 : 저리하자. 저렇게 하자.

64 백년동포(百年同抱) : 백년을 서로 껴안음. 백년을 함께 살아감. 백년해로(百年偕老).

매화(梅花, ?~?)

梅花(매화) 녯 등걸[65]에 봄졀이[66] 도라오니
녯 퓌던 柯枝(가지)에 픠염즉도[67] ᄒᆞ다마ᄂᆞᆫ
春雪(춘설)[68]이 亂紛紛(난분분)[69]ᄒᆞ니 필동 말동[70] ᄒᆞ여라

〈『靑丘永言』〉

---

65 녯 등걸 : 옛 등걸. 해묵은 등걸. '등걸'은 나무의 줄기를 베어내고 남은 밑동.

66 봄졀이 : 봄철이.

67 픠염즉도 : 필 것 같기도. 필만도.

68 춘설(春雪) : 봄철에 오는 눈. 봄눈.

69 난분분(亂紛紛) : 흩날리어 어지러움. 어지럽게 흩날림.

70 필동 말동 : 필듯 말듯.

사설시조辭說時調

작자미상

1

간밤[1]의 大醉(대취)[2]ᄒᆞ고 醉(취)ᄒᆞᆫ 즘에 ᄭᅮᆷ을 ᄭᅮ니

七尺劍(칠척검)[3] 千里馬(천리마)[4]로 遼海(요해)[5]를 ᄂᆞ라 건너 天驕(천교)[6]를 降服(항복) 밧고 北闕(북궐)[7]에 도라와 告厥成功(고궐성공)[8]ᄒᆞ여 뵈ᄂᆡ[9]

男兒(남아)[10]의 慷慨(강개)[11]ᄒᆞᆫ ᄆᆞ음이 胸中(흉중)[12]에 鬱鬱(울울)ᄒᆞ여[13] ᄭᅮᆷ에 試驗(시험)ᄒᆞ노매[14]

---

1 간밤 : 바로 어젯밤. 지난밤.

2 대취(大醉) : 술에 몹시 취함. 만취.

3 칠척검(七尺劍) : 7척이나 되는 긴 칼. 1척은 약 30㎝에 해당함.

4 천리마(千里馬) : 하루에 천 리를 달리는 말. 1리는 약 393m에 해당함.

5 요해(遼海) : 먼 바다. '요하(遼河)'를 말하는 것일 수도 있음. '요하'는 중국 만주지방의 남부 평야를 흐르는 강.

6 천교(天驕) : 하늘의 도움을 받아 교만을 부린다는 뜻으로, 세력이 강대하여 우쭐댐을 비유적으로 이르는 말. 여기서는 오랑캐 또는 여진족이 세운 청(淸)나라를 가리키는 듯. '오랑캐'는 두만강 일대의 만주지방에 살던 여진족을 멸시하여 이르던 말.

7 북궐(北闕) : 경복궁의 다른 이름. 경복궁을 창덕궁과 경희궁에 상대하여 이르는 말.

8 고궐성공(告厥成功) : (임금께) 성공을 아룀. '아뢰다'는 말씀드려 알리다.

9 뵈ᄂᆡ : 뵙네. '뵙다'는 웃어른을 대하여 보다.

10 남아(男兒) : 건장한 남자. 대장부(大丈夫).

11 강개(慷慨) : 의롭지 못한 것을 보고 의기(義氣)가 북받쳐 원통하고 슬픔.

12 흉중(胸中) : 마음속. 또는 마음속에 품고 있는 생각.

13 울울(鬱鬱)ᄒᆞ여 : 울적하여. 마음이 답답하고 쓸쓸하여.

<『靑丘永言』>

2

갈가 보다[15] 말가 보다[16] 님을 따라서 안이 갈 수 업네

오날 가고 ᄅᆡ일 가고 모레 가고 글픠[17] 가고 하루 잇흘[18] ᄉᆞ흘 나흘 곱잡아[19] 여들에[20] 八十里(팔십리)를 다 못 갈지라도 님을 따라서 안이 갈 수 업네 천창 만검지중[21]에 부월[22]이 당젼[23]ᄒᆞᆯ 지라도 님을 따라서 안이 갈 수 업네 남기[24]라도 향ᄌᆞ목[25]은 음양[26]을 分(분)하야 마주ᄂᆞ 섯고[27] 돌이라도 망부석[28]은 자웅[29]을 따라서 마주ᄂᆞ 섯는데 요ᄂᆡ[30]

---

14 ᄒᆞ노매 : 하노매라. 하는구나.

15 갈가 보다 : 갈까 보다. '-보다'는 앞말이 뜻하는 행동을 할 의도를 가지고 있음을 나타내는 말. 다소 불확실한 의지를 나타냄.

16 말가 보다 : 가지 말까 보다. 가지 않을까 보다.

17 글픠 : 모레의 다음 날.

18 잇흘 : 이틀.

19 곱잡아 : 곱쳐서. 곱절로 잡아 셈하여. '곱절'은 어떤 수나 양을 두 번 합한 만큼.

20 여들에 : 여드레. 여드렛날. 8일.

21 천창만검지중(千槍萬劍之中) : 수많은 창과 칼이 에워싼 가운데.

22 부월(斧鉞) : 형벌의 도구로 쓰이던 작은 도끼와 큰 도끼. 군대를 지휘하는 장수의 형벌권을 나타내는 도구로, 임금이 하사하기도 함.

23 당젼 : 당전(當前). 눈앞에 닥침.

24 남기 : 나무.

25 향ᄌᆞ목 : 행자목(杏子木). 은행나무.

26 음양(陰陽) : 우주 만물의 서로 반대되는 두 가지 기운으로, 이원적 대립 관계를 나타내는 것. 달과 해, 겨울과 여름, 북과 남, 여자와 남자 등은 모두 음과 양으로 구분됨.

27 분(分)하야 마주ᄂᆞ 섯고 : 나누어 마주 서 있고. 나뉘어 마주보고 서 있고. '마주'는 서로 똑바로 향하여.

28 망부석(望夫石) : 멀리 떠난 남편을 기다린 아내가 죽어서 되었다는 돌. 또는 그 위에 서서 기다렸다는 돌.

팔ᄌᆞ[31]는 웨 그리[32] 망골[33]이 되야

간 곳마다 잇을 임 업서서 나 못 살겟네

〈『樂府』〉

3

개를 여라믄이나[34] 기르되 요 개ᄀᆞ치 얄믜오랴[35]

뮈온 님[36] 오며는 ᄉᆞ리를 홰홰[37] 치며 치뛰락 ᄂᆞ리뛰락[38] 반겨서 내ᄃᆞᆺ고[39] 고온 님[40] 오며는 뒷발을 버동버동[41] 므르락 나으락[42] 캉캉[43] 즈져서[44] 도로 가게 ᄒᆞᆫ다

29 자웅(雌雄) : 암컷과 수컷.

30 요ᄂᆡ : 이내. 나의. '요'는 '이'를 낮잡아 이르거나 귀엽게 이르는 말.

31 팔ᄌᆞ : 팔자(八字). 사람의 한평생 운수. '사주팔자(四柱八字)'에서 유래한 말로, 사람이 태어난 해와 달과 날과 시간을 간지(干支)로 나타내면 여덟 글자가 되는데, 이 속에 일생의 운명이 정해져 있다고 봄.

32 웨 그리 : 왜 그리. 왜 그러한 정도로. 왜 그렇게까지.

33 망골(亡骨) : 하는 일이 뜻대로 되지 않는 운수. 또는 언행이 매우 난폭하거나 주책없는 사람을 낮잡아 이르는 말.

34 여라믄이나 : 여남은이나. 열 마리 넘게. '여남은'은 열보다 조금 더 되는 수.

35 얄믜오랴 : 얄미우랴? 얄미울까?

36 뮈온 님 : 미운 임. 여기서는 화자가 싫어하는 사람을 가리킴.

37 홰홰 : 가볍게 자꾸 휘두르거나 휘젓는 모양.

38 치뛰락 ᄂᆞ리뛰락 : 뛰어올랐다가 내리뛰었다가. '내리뛰다'는 위에서 아래쪽을 향하여 뛰다.

39 내ᄃᆞᆺ고 : 내닫고. 앞쪽으로 힘차게 뛰어나가고.

40 고온 님 : 고운 임. 여기서는 화자가 좋아하는 사람을 가리킴.

41 버동버동 : 버둥버둥. 덩치가 큰 것이 매달리거나 자빠지거나 주저앉아서 자꾸 팔다리를 내저으며 움직이는 모양.

42 므르락 나으락 : 뒤로 물러섰다가 앞으로 나아갔다가.

43 캉캉 : 작은 개가 짖는 소리.

44 즈져서 : 짖어서.

쉰밥이 그릇그릇 난들[45] 너 머길 줄이 이시랴

4

귓도리[46] 져 귓도리 에엿부다[47] 져 귓도리

어인[48] 귓도리 지는 돌 새는[49] 밤의 긴 소릐 쟈른[50] 소릐 節節(절절)[51]이 슬픈 소릐 제[52] 혼자 우러 녜어[53] 紗窓(사창)[54] 여윈좀[55]을 솔드리도[56] 씨오는고야[57]

두어라[58] 제 비록 微物(미물)[59]이나 無人洞房(무인동방)[60]에 내 뜻 알 리는[61] 저뿐인가 ᄒᆞ노라

---

45 난들 : 생긴들. 생겨도.

46 귓도리 : 귀뚜리. 귀뚜라미.

47 에엿부다 : 어엿브다. 가엾다. 불쌍하다.

48 어인 : 어찌된.

49 새는 : 새는. 날이 밝아 오는.

50 쟈른 : 짧은.

51 절절(節節) : 글이나 말의 한 마디 한 마디.

52 제 : 제가. 자기가.

53 우러 녜어 : 계속해서 울어.

54 사창(紗窓) : 비단으로 바른 창. 젊은 여인의 방을 이르는 말.

55 여윈좀 : 여윈잠. 깊이 들지 않은 잠. 선잠.

56 솔드리도 : 살뜰히도. '살뜰히'는 일을 정성스럽고 규모 있게 하여 빈틈이 없이. 또는 사랑하고 위하는 마음이 자상하고 지극하게.

57 씨오는고야 : 깨우는구나.

58 두어라 : 감탄사. 어떤 일이 필요하지 않거나, 스스로의 마음을 달랠 때 영탄조로 하는 말.

59 미물(微物) : 인간에 비하여 보잘 것 없는 것이라는 뜻으로, '동물'을 이르는 말. 또는 작고 보잘 것 없는 물건.

60 무인동방(無人洞房) : 사람이 아무도 없는 빈방.

61 내 뜻 알 리는 : 내 뜻 알 것은. 내 뜻을 알아줄 것은.

5

나모도 바히돌[62]도 업슨 뫼헤[63] 매게 뽀친[64] 가토릐 안[65]과 大川(대천)바다[66] 한가온대 一千石(일천석)[67] 시른 ᄇᆡ에 노도 일코[68] 닷[69]도 일코 뇽총도 근코[70] 돗대도 것고[71] 치[72]도 빠지고 ᄇᆞ람 부러 물결 치고 안개 뒤섯계[73] ᄌᆞ자진[74] 날에 갈 길은 千里萬里(천리만리)[75] 나믄듸[76] 四面(사면)이 거머 어득 져뭇[77] 天地寂寞(천지적막)[78] 가치노

---

62 바히돌 : 바윗돌. 바위처럼 큰 돌. 또는 '바위 돌', 곧 바위와 돌을 말하는 것일 수도.

63 업슨 뫼헤 : 없는 산에.

64 매게 뽀친 : 매에 쫓긴. 매에 쫓기는.

65 가토릐 안 : 까투리의 마음. '까투리'는 꿩의 암컷.

66 대천(大川)바다 : 아주 넓고 큰 바다.

67 석(石) : 부피의 단위. 곡식·가루·액체 등의 부피를 잴 때 씀. 1석은 약 180L에 해당함.

68 노(櫓)도 일코 : 노도 잃고. '노'는 물을 헤쳐 배를 나아가게 하는 기구. 물속에 들어가는 부분은 납작하고 손잡이 부분은 가늘음.

69 닷 : 닻. 배를 한곳에 멈추어 있게 하기 위해 줄을 매어 물 밑바닥으로 가라앉히는, 갈고리가 달린 기구.

70 뇽총도 근코 : 용총도 끊어지고. '용총'은 돛을 올리거나 내리려고 돛대에 매어놓은 줄. '돛'은 배 바닥에 세운 기둥에 매어 펴 올리고 내리고 할 수 있도록 만든 넓은 천. 바람을 받아 배를 가게 함.

71 돗대도 것고 : 돛대도 꺾어지고. '돛대'는 돛을 달기 위해 배 바닥에 세운 기둥.

72 치 : 키. 타(舵). 배의 뒷부분에 설치하여 방향을 잡는 장치.

73 뒤섯계 : 뒤섞여.

74 ᄌᆞ자진 : 잦아진. '잦다'는 기운이 깊이 스며들거나 배어들다. 또는 잇따라 자주 있다. 여기서는 '자욱하다'의 의미로 쓰인 듯.

75 천리만리(千里萬里) : 멀기가 천 리 또는 만 리나 된다는 뜻으로, 아주 먼 거리를 이르는 말. '리'는 거리의 단위로, 1리는 약 393m에 해당함.

76 나믄듸 : 남았는데.

77 거머 어득 져뭇 : 검어 어둑하게 저물어. 검고 어둡게 저물어. '어둑하다'는 제법 어둡다.

78 천지적막(天地寂寞) : 하늘과 땅이 적막함. '적막하다'는 고요하고 쓸쓸하다. 또는 의지할 데 없이 외롭다.

올[79] 뗏ᄂᆞᆫ듸 水賊(수적)[80] 만난 都沙工(도사공)[81]의 안과
엇그제[82] 님 여흰[83] 내 안히야[84] 엇다가 ᄀᆞ을ᄒᆞ리오[85]

6

눈섭은 수나뷔[86] 안즌 듯 닛바대[87]ᄂᆞᆫ 박시 ᄭᅡ 셰온 듯[88]
날 보고 당싯 웃ᄂᆞᆫ 양[89]은 三色桃花(삼색도화)[90] 未開峰(미개봉)[91]이
ᄒᆞ룻밤 빗氣運(기운)[92]에 半(반)만 절로[93] 픤 形狀(형상)[94]이로다
네 父母(부모) 너 삼겨 낼 적[95]의 날만 괴라[96] 삼기도다[97]

---

79 가치노올 : 까치노을. 석양을 받은 먼 바다의 수평선에서 번득거리는 노을. 또는 울긋불긋한 노을. '노을'은 해가 뜨거나 질 무렵에, 하늘이 햇빛에 물들어 벌겋게 보이는 현상.

80 수적(水賊) : 바다나 큰 강에서 남의 재물을 강제로 빼앗아 가는 도적. 해적(海賊).

81 도사공(都沙工) : 사공의 우두머리. '사공'은 노를 저어 나아가는 배를 부리는 일이 직업인 사람.

82 엇그제 : 엊그제. 바로 며칠 전.

83 여흰 : 여읜. 이별한.

84 내 안히야 : 내 마음이야. 내 마음은.

85 엇다가 ᄀᆞ을ᄒᆞ리오 : 어디다 비교하리오? 어디에다 비교하겠는가?

86 수나뷔 : 수나비. 나비의 수컷. 미인의 눈썹을 가리킴.

87 닛바대 : 잇바디. 치열(齒列).

88 박시 ᄭᅡ 셰온 듯 : 박씨 까 세운 듯. 박의 씨앗을 까서 세운 듯. '박'은 둥근 호박이나 배 모양의 커다란 액과(液果)로, 긴 타원형의 씨가 있음. 삶거나 말려서 바가지를 만들고 속은 먹음.

89 당싯 웃ᄂᆞᆫ 양(樣) : 방긋 웃는 얼굴. '양'은 양자(樣子), 곧 얼굴의 생긴 모양.

90 삼색도화(三色桃花) : 한 나무에 핀 흰색·연분홍색·붉은색 복숭아꽃.

91 미개봉(未開峰) : 미처 피지 못한 꽃봉오리. 아직 피지 않은 꽃봉오리.

92 빗기운(氣運) : 비가 내릴 기운. 비가 내리는 기세나 상태.

93 절로 : 저절로.

94 형상(形狀) : 사물의 생긴 모양이나 상태.

95 삼겨 낼 적 : 생겨나게 할 때. 태어나게 할 때.

96 날만 괴라 : 나만 사랑하라고.

97 삼기도다 : 생기게 하였도다. 만들었도다.

7

두터비[98] ᄑᆞ리를 물고 두험[99] 우희 치ᄃᆞ라 안자[100]

것넌山(산) ᄇᆞ라보니 白松骨(백송골)어[101] 써 잇거늘 가슴이 금즉ᄒᆞ여[102] 풀덕[103] 뛰여 내ᄃᆞᆺ다가[104] 두험 아래 잣바지거고[105]

모쳐라[106] ᄂᆞᆯ낸 낼싀만정[107] 에헤질 번ᄒᆞ괘라[108]

8

柴扉(시비)[109]에 개 즛거놀[110] 님만 너겨[111] 나가보니

임은 아니 오고 明月(명월)이 滿庭(만정)ᄒᆞᆫᄃᆡ[112] 一陣秋風(일진추풍)[113]에 닙 지ᄂᆞᆫ[114] 소릐로다

98 두터비 : 두꺼비.

99 두험 : 두엄. 구덩이를 파서 풀이나 짚·낙엽·쓰레기와 동물의 배설물 등을 모아 썩혀 만든 거름.

100 치ᄃᆞ라 안자 : 치달아 앉아. 위로 향하여 달려가서 앉아.

101 백송골(白松骨)어 : '백송골이'의 잘못. '백송골'은 맷과의 하나로, 몸은 흰색이고 등허리의 깃에 'V'자 모양의 얼룩무늬가 있음. 매 종류 가운데 가장 몸이 크고 날쌔어 사냥에 쓰임.

102 금즉ᄒᆞ여 : 끔찍하여. 매우 놀라서.

103 풀덕 : 풀떡. 힘을 모아 가볍게 한 번 뛰는 모양.

104 내ᄃᆞᆺ다가 : 내닫다가. '내닫다'는 앞쪽으로 힘차게 뛰어나가다.

105 잣바지거고 : 자빠졌구나. '자빠지다'는 뒤로 또는 옆으로 넘어지다.

106 모쳐라 : 마침. 공교롭게.

107 ᄂᆞᆯ낸 낼싀만정 : 날랜 나였기에 망정이지. 나는 듯이 빠른 나니까 망정이지. '망정'은 괜찮거나 잘된 일이라는 뜻을 나타내는 말.

108 에헤질 번ᄒᆞ괘라 : 어혈(瘀血)이 질 뻔하였다. 피멍이 들 뻔하였다. '어혈'은 타박상 등으로 혈액 순환이 잘 되지 않아 살 속에 멍이 들어 피가 맺혀 있는 것. '-괘라'는 '-었다'의 뜻.

109 시비(柴扉) : 사립문. 잡목의 가지를 엮어서 만든 문짝을 단 문.

110 즛거놀 : 짖거늘. 짖어서.

111 님만 너겨 : 임으로 여겨. 임이 온 줄 알고.

112 명월(明月)이 만정(滿庭)ᄒᆞᆫᄃᆡ : 밝은 달빛이 뜰에 가득한데.

져 개야[115] 秋風落葉(추풍낙엽)[116]을 헛도이 즈져서[117] 날 소길 줄 엇제오[118]

9

싀어마님 며느라가[119] 낫바[120] 벽 바흘 구루지[121] 마오

빗에 바든[122] 며ᄂᆞ린가 갑세 쳐 오[123] 며ᄂᆞ린가 밤나모 서근 들걸[124]에 휘초리[125] 나니ᄀᆞᆺ치[126] 알살픠신[127] 싀아바님 볏 뵌[128] 쇳동ᄀᆞᆺ치[129] 되죵고신[130] 싀어마님 三年(삼년) 겨론[131] 망태[132]에 새 송곳부리[133]ᄀᆞᆺ치 뽀

113 일진추풍(一陣秋風) : 한바탕 부는 가을바람.

114 닙 지ᄂᆞᆫ : 잎 지는. 나뭇잎 떨어지는.

115 져 개야 : 저 개가.

116 추풍낙엽(秋風落葉) : 가을바람에 떨어지는 나뭇잎.

117 헛도이 즈져서 : 헛되이 짖어서.

118 엇졔오 : 어찌 알리오? 어찌 알았겠는가?

119 며느라가 : 며늘아가. 또는 며느리가.

120 낫바 : 나빠. 나쁘다고. 싫다고.

121 벽 바흘 구루지 : 부엌 바닥을 구르지. '구르다'는 누워서 뒹굴다. 또는 발로 힘주어 치다. 여기에서 이 행위는 시어머니의 불만 또는 화내는 모습을 나타낸 것임.

122 빗에 바든 : 빚으로 받은. 빚 대신 받은.

123 갑세 쳐 오 : 값에 쳐 온. 물건 값으로 데리고 온. 물건 값 대신 데리고 온.

124 밤나모 서근 들걸 : 밤나무의 썩은 등걸. '등걸'은 나무의 줄기를 베어 내고 남은 밑동.

125 휘초리 : 회초리. 때릴 때에 쓰는 가는 나뭇가지. 어린아이를 벌줄 때나 말·소를 부릴 때 씀.

126 나니ᄀᆞᆺ치 : 난 것 같이. 나온 것 같이.

127 알살픠신 : 앙상궂은. 살이 빠져서 뼈만 남을 만큼 매우 바짝 마른. 앙상한.

128 볏 뵌 : 볕을 쬔. '볕'은 해가 내리쬐는 기운. 햇볕.

129 쇳동ᄀᆞᆺ치 : 쇠똥같이. 소의 똥같이.

130 되죵고신 : 말라빠진. 몸이 아주 마른.

131 겨론 : 결은. 엮은.

132 망태 : 망태기. 물건을 담아 들거나 어깨에 메고 다닐 수 있도록 만든 그릇. 새끼·갈대로 엮거

쪽ᄒᆞ신 싀누으님[134] 당피[135] 가론 밧틔[136] 돌피[137] 나니ᄀᆞᆺ치 ᄉᆡ노란 욋곳[138] ᄀᆞᆺ튼 피똥[139] 누ᄂᆞᆫ 아ᄃᆞᆯ ᄒᆞ나 두고

건밧틔[140] 멋곳[141] ᄀᆞᆺ튼 며ᄂᆞ리를 어듸를 낫바 ᄒᆞ시ᄂᆞᆫ고[142]

10

어이 못 오던다[143] 므스 일로[144] 못 오던다

너 오ᄂᆞᆫ 길 우희[145] 무쇠로 城(성)을 ᄡᆞ고[146] 城(성) 안헤 담 ᄡᆞ고 담 안헤란[147] 집을 짓고 집 안헤란 두지[148] 노코 두지 안헤 樻(궤)[149]를 노

나 그물처럼 떠서 성기게 만듦.

133 새 송곳부리 : 새로 만든 송곳의 뾰족한 끝부분. '부리'는 어떤 물건의 끝이 뾰족한 부분.

134 ᄲᅩ쪽ᄒᆞ신 싀누으님 : 뾰족하신 시누이님. '뾰족하다'는 물체의 끝이 점차 가늘어져서 날카롭다. '시누이'는 남편의 누나나 여동생.

135 당피 : 피의 하나. '피'는 볏과에 속한 한해살이풀. 여기서는 질 좋은 곡식을 뜻함.

136 가론 밧틔 : 갈은 밭에. 심어 가꾼 밭에.

137 돌피 : 피의 하나. 여기서는 앞의 '당피'와 대비하여 질 나쁜 곡식을 뜻함.

138 ᄉᆡ노란 욋곳 : 샛노란 오이꽃. '샛노란'은 매우 노란.

139 피똥 : 피똥. 피가 섞여 나오는 똥. 혈변(血便).

140 건밧틔 : 기름진 밭의.

141 멋곳 : 메꽃. 메꽃과에 속한 덩굴풀. 줄기는 가늘고 길며 다른 것에 감겨 올라가는데, 6~8월에 연한 홍색의 꽃이 피고, 뿌리·잎·줄기 등을 약재로 씀.

142 어듸를 낫바 ᄒᆞ시ᄂᆞᆫ고 : 어디를 나쁘다고 하시는가? 어디가 싫다고 하시는가?

143 어이 못 오던다 : 어찌 못 오던가? 어떤 이유로 못 왔는가?

144 므스 일로 : 무슨 일로.

145 길 우희 : 길 위에.

146 무쇠로 성(城)을 ᄡᆞ고 : 무쇠로 성을 쌓고. '무쇠'는 탄소를 함유하는 철의 합금(合金). 주조(鑄造)하기가 쉬워 공업 재료로 널리 쓰임.

147 안헤란 : 안에는.

148 두지 : 뒤주. 쌀·보리 등의 곡식을 담아 두기 위해 나무로 만든 궤짝.

149 궤(樻) : 물건을 넣어두는 장방형의 상자 중 큰 것. 작은 것은 갑(匣)이라고 함.

코 樻(궤) 안헤 너를 結縛(결박)ᄒᆞ여 너코[150] 雙(쌍)ᄇᆡ목[151] 외걸새[152]에 龍(용) 거북 ᄌᆞ믈쇠[153]로 수기수기[154] 좀갓더냐 네 어이 그리 아니 오던다

ᄒᆞᆫ 둘이 셜흔 날이여니 날 보라 올 ᄒᆞᆯ리[155] 업스랴

11

오ᄂᆞᆯ도 져무려지게[156] 져믈면은 새리로다[157] 새면 이 님 가리로다

가면 못 보려니[158] 못 보면 그리려니[159] 그리면 病(병)들려니 病(병)곳[160] 들면 못 살리로다

病(병)드러 못 살 줄 알면 자고 간들 엇더리

12

150 결박(結縛)ᄒᆞ여 너코 : 결박하여 넣고. '결박'은 몸이나 손 등을 움직이지 못하도록 묶음.

151 쌍(雙)ᄇᆡ목 : 쌍배목. 쌍으로 된 배목. '배목'은 문고리를 걸거나 자물쇠를 채우기 위해 둥글게 구부려 만든 고리 걸쇠.

152 외걸새 : 외걸쇠. 하나로 된 걸쇠. '걸쇠'는 대문이나 방의 여닫이문을 잠그기 위해 빗장으로 쓰는 'ㄱ'자 모양의 쇠.

153 용(龍) 거북 ᄌᆞ믈쇠 : 용자물쇠와 거북자물쇠. 용과 거북 모양으로 만든 자물쇠. '자물쇠'는 여닫게 되어 있는 물건을 잠그는 장치.

154 수기수기 : 꼭꼭. 잔뜩.

155 ᄒᆞᆯ리 : 하루가.

156 져무려지게 : '져무려지게라'에서 '라'가 생략된 것임. 해가 저물 것이라. 해가 저물겠네. '저물다'는 해가 져서 어두워지다.

157 새리로다 : (날이) 샐 것이로다. '새다'는 날이 밝아 오거나 다 지나다.

158 못 보려니 : 못 볼 것이니.

159 그리려니 : 그리워할 것이니.

160 병(病)곳 : 병이. '곳'은 강세접미사.

님이 오마 ᄒᆞ거놀[161] 져녁밥을 일[162] 지어 먹고

中門(중문) 나서[163] 大門(대문) 나가 地方(지방)[164] 우희 치ᄃᆞ라 안자[165] 以手(이수)로 加額(가액)ᄒᆞ고[166] 오ᄂᆞᆫ가 가ᄂᆞᆫ가 건넌山(산) ᄇᆞ라보니 거머흿들[167] 셔 잇거놀 져야 님이로다[168] 보션[169] 버서 품에 품고 신 버서 손에 쥐고 곰븨님븨[170] 님븨곰븨 쳔방지방[171] 지방쳔방 즌 듸 ᄆᆞ른 듸[172] 골히지 말고[173] 워렁충창[174] 건너가셔 情(정)엣 말[175] ᄒᆞ려 ᄒᆞ고 곗눈을 흘긧 보니[176] 上年(상년)[177] 七月(칠월) 열사흔날[178] 골가 벅긴[179]

---

161 오마 ᄒᆞ거놀 : 온다고 하거늘. 온다고 하기에.

162 일 : 일찍.

163 나서 : 나서. 어디를 가기 위해 있던 곳을 나오거나 떠나서.

164 지방(地方) : 문지방(門地方). 출입문 밑의, 문의 양쪽 기둥 사이에 마루보다 조금 높게 가로로 댄 나무.

165 치ᄃᆞ라 안자 : 치달아 앉아. 위로 향하여 달려가서 앉아.

166 이수(以手)로 가액(加額)ᄒᆞ고 : 이마에 손을 얹고. '액'은 이마.

167 거머흿들 : 검어 희뜩. 검은빛과 흰 빛이 뒤섞인 모양. '희뜩'은 다른 빛깔 속에 흰 빛깔이 섞인 모양.

168 져야 님이로다 : 저것이 임이로다. 저기에 임이 있다.

169 보션 : 버선. 천으로 만들어 양말처럼 발에 신는 물건.

170 곰븨님븨 : 곰비임비. 물건이 거듭 쌓이거나 일이 계속 일어남을 나타내는 말.

171 천방지방(天方地方) : 너무 급하여 허둥지둥 함부로 날뛰는 모양. 천방지축.

172 즌 듸 ᄆᆞ른 듸 : 진 데 마른 데. 진 곳과 마른 곳.

173 골히지 말고 : 가리지 않고.

174 워렁충창 : 우당탕퉁탕과 비슷한 뜻일 듯. '우당탕퉁탕'은 잘 울리는 바닥에 무엇이 몹시 요란스럽게 떨어지거나 부딪치는 소리. 또는 그 모양.

175 정(情)엣 말 : 정이 있는 말. 다정한 말.

176 곗눈을 흘긧 보니 : 곁눈으로 흘깃 보니. '곁눈'은 얼굴은 돌리지 않고 눈알만 옆으로 굴려서 보는 눈. '흘깃'은 가볍게 한 번 흘겨보는 모양. 힐끗.

177 상년(上年) : 이 해의 바로 앞의 해. 작년. 지난 해.

178 열사흔날 : 열 사흗날. 13일.

179 골가 벅긴 : 갉아 벗긴. 껍질을 벗긴.

주추리 삼대[180] ᄉᆞᆯ드리도 날 소겨다[181]

모쳐라[182] 밤일싀만정[183] 힝혀 낫이런들[184] ᄂᆞᆷ 우일 번ᄒᆞ괘라[185]

〈이상『靑丘永言』〉

180 주추리 삼대 : 씨를 받느라고 밭머리에 세워둔 삼의 줄기. '삼'은 삼과의 일년초. 줄기는 곧고 길며, 열매는 민들레와 비슷하여 동그랗게 생겼음. 식용 및 약재로 쓰임.

181 ᄉᆞᆯ드리도 날 소겨다 : 살뜰히도 나를 속였다. '살뜰히'는 일을 정성스럽고 규모 있게 하여 빈틈이 없이.

182 모쳐라 : 마침. 공교롭게.

183 밤일싀만정 : 밤이기에 망정이지. '망정'은 괜찮거나 잘된 일이라는 뜻을 나타내는 말.

184 힝혀 낫이런들 : 행여나 낮이었다면.

185 ᄂᆞᆷ 우일 번ᄒᆞ괘라 : 남 웃길 뻔하였다. '-괘라'는 '-었다'의 뜻.

제6장 가사(歌辭)

서왕가 西往歌

나옹 혜근(懶翁 惠勤, 1320~1376)

나도 이럴만정 셰샹애 인재[1]러니
무샹[2]을 ᄉᆡᆼ각ᄒᆞ니 다 거즛 거시로쇠[3]
부모의 기친[4] 얼골 주근 후에 쇽졀업다[5]
져근덧[6] ᄉᆡᆼ각ᄒᆞ야 셰ᄉᆞ[7]을 후리치고[8] 부모씌 하직[9]ᄒᆞ고
단표ᄌᆞ[10] 일납[11]애 쳥녀쟝[12]을 비기 들고[13]

---

1 인재 : 인자(人子). 사람의 자식. 또는 인자(仁者). 마음이 어진 사람.

2 무샹 : 무상(無常). 이 세상의 모든 것은 다 생멸(生滅)하여 변하지 않는 것이 없다는 말.

3 거즛 거시로쇠 : 거짓 것일세. '-로쇠'는 '-ㄹ세'의 뜻으로, 추측이나 의도를 나타내는 종결어미.

4 기친 : 끼친. 남긴.

5 쇽졀업다 : 속절없다. 아무리 해도 어찌할 도리가 없다. 소용없다.

6 져근덧 : 잠시. 잠깐 동안.

7 셰ᄉᆞ : 세사(世事). 세상에서 일어나는 온갖 일.

8 후리치고 : 후려치고. '후려치다'는 주먹이나 채찍 등을 휘둘러 힘껏 갈기다. 여기서는 '버리다'의 의미로 쓰임.

9 하직(下直) : 먼 길을 떠날 때 웃어른께 작별 인사를 함.

10 단표ᄌᆞ : 단표자(單瓢子). 표주박 한 개. '표주박'은 조롱박이나 둥근 박을 반으로 쪼개어 만든 작은 바가지. 물이나 술을 떠 마실 때 사용함.

11 일납(一納) : 한 벌의 납의(衲衣). '납의'는 승려가 입는 검정 옷. '납(衲)'은 기웠다는 뜻으로, 사람들이 쓸모가 없어 내다 버린 낡은 천을 모아 기워서 만든 옷이라는 의미.

명산[14]을 ᄎᆞ자드러 션지식[15]을 친견ᄒᆞ야

ᄆᆞ옴을 볼키려고 쳔경만론[16]을 낫낫치 츄심[17]ᄒᆞ야

뉵젹[18]을 자부리라 허공마[19]룰 빗기 ᄐᆞ고[20]

마야검[21]을 손애 들고 오온산[22] 드러가니

제산[23]은 쳡쳡[24]ᄒᆞ고 ᄉᆞ샹산[25]이 더옥 놉다

뉵근 문두애[26] 자최 업슨 도적은 나며 들며 ᄒᆞᄂᆞᆫ 즁에

---

12 쳥녀쟝 : 청려장(靑藜杖). 명아주 줄기로 만든 지팡이. '명아주'는 명아줏과의 한해살이풀. 녹색 줄이 있고, 들이나 길가에서 저절로 나고 자람.

13 비기 들고 : 비껴들고. 비스듬히 들고.

14 명산(名山) : 이름난 산.

15 션지식 : 선지식(善知識). 부처의 가르침으로 인도하는 덕이 높은 스승.

16 쳔경만론 : 천경(千經)과 만론(萬論). 불·보살이 말씀한 내용을 담은 수많은 경과 논. '경'은 부처의 말씀을 기록한 것이고, '논'은 부처의 가르침을 해석하고 논술한 것.

17 츄심 : 추심(推尋). 찾아내서 가지거나 받아 냄.

18 뉵젹 : 육적(六賊). 색(色)·성(聲)·향(香)·미(味)·촉(觸)·법(法) 때문에 깨끗한 마음을 더럽히는 것을 도적(盜賊)에 비유한 말.

19 허공마(虛空馬) : 허공을 말에 비유한 것. 여기서는 사람의 마음을 가리킴.

20 빗기 ᄐᆞ고 : 비껴 타고. 비스듬히 타고.

21 마야검 : 막야검(鏌鎁劍)의 잘못인 듯. '막야검'은 중국 오(吳)나라의 명장(名匠)인 간장(干將)이 자신의 아내 이름을 따서 만든 보검(寶劍). 여기서는 선법(禪法)을 가리킴. 불교에서는 일반적으로 교법(敎法)을 '등(燈)'에, 선법을 '검'에 비유하고 있음. 곧 여섯 도적을 잡기 위해 막야검을 손에 들고 오온산으로 들어간다는 노랫말은 화자의 참선(參禪) 수행을 의미함.

22 오온산(五蘊山) : 오온을 산에 비유한 말. '오온'은 세계를 구성하는 다섯 가지 요소로, 색(色: 육체)·수(受: 감각)·상(想: 상상)·행(行: 마음의 작용)·식(識: 지식)을 말함.

23 제산 : 제산(諸山). 많은 산.

24 쳡쳡 : 첩첩(疊疊). 여러 겹으로 포개져 있는 모양을 나타내는 말.

25 ᄉᆞ샹산 : 사상산(四相山). 사상(四相)을 산에 비유한 말. '사상'은 중생이 그 심신(心身)의 개체에 대해 잘못 인식하고 집착하는 것. 아상(我相: 오온의 요소들 속에 자아라는 나의 본체가 있고 나의 것이 있다고 생각하는 것), 인상(人相: 나는 사람이라 짐승과 다르다고 생각하는 것), 중생상(衆生相: 오온이 임시로 화합하여 생긴 것을 자아라고 고집하는 것), 수자상(壽者相: 자아가 어느 시기 동안 수명을 갖고 머문다고 생각하는 것)의 네 가지를 말함.

번노심[27] 베쳐 노코[28] 지혜로 ᄇᆡᄅᆞᆯ 무어[29]

삼계바다[30] 건네리라[31] 념불즁ᄉᆡᆼ[32] 시러두고

삼승[33] 딤때[34]예 일승[35] 듯글[36] ᄃᆞ라두고

츈풍은 슌히 불고[37] ᄇᆡ운은 섯도ᄂᆞᆫᄃᆡ[38]

인간[39]을 ᄉᆡᆼ각ᄒᆞ니 슬프고 셜운지라[40]

---

26 뉵근 문두애 : 육근문두(六根門頭)에. 육근문 앞에. '육근문'은 육근을 문에 비유한 것. '육근'은 안(眼)·이(耳)·비(鼻)·설(舌)·신(身)·의(意)를 말하는데, 인간이 이 세상을 인식하는 데 필요한 감각의 근원임.

27 번노심 : 번뇌심(煩惱心). 번뇌의 마음. '번뇌'는 마음과 몸을 괴롭히는 욕망이나 분노 등의 모든 망념(妄念).

28 베쳐 노코 : 베어 놓고. 베어버리고.

29 ᄇᆡᄅᆞᆯ 무어 : 배를 만들어.

30 삼계(三界)바다 : 삼계를 바다에 비유한 말. '삼계'는 중생이 윤회(輪迴)하는 미혹(迷惑)의 세계. 곧 유정(有情)의 경계를 셋으로 나눈 것으로, 욕계(欲界)·색계(色界)·무색계(無色界)를 말함.

31 건네리라 : 건너게 하려고. 건네주려고.

32 념불즁ᄉᆡᆼ : 염불중생(念佛衆生). 염불하는 중생. '염불'의 종류에는 부처의 이름을 부르는 칭명(稱名)염불, 불상을 관념하는 관상(觀像)염불, 부처의 공덕을 관념하는 관상(觀想)염불, 부처가 깨달은 진리를 관념하는 실상(實相)염불 등이 있음. <서왕가>에서의 '염불'은 칭명염불, 곧 '아미타불'의 네 글자를 소리 내어 외우는 것을 가리킴. '중생'은 부처의 구제 대상이 되는, 생명이 있는 모든 존재.

33 삼승(三乘) : 성문(聲聞)·연각(緣覺)·보살(菩薩)에 관한 세 가지 가르침. '승[수레]'은 물건을 실어 나르는 것을 목표로 하니, 부처의 가르침이 중생을 실어 열반의 언덕에 이르게 함을 비유한 것임.

34 딤때 : 짐대. 돛대. 돛을 달기 위해 배 바닥에 세운 기둥.

35 일승(一乘) : 일불승(一佛乘). 모든 중생은 다 부처가 될 수 있다는 가르침. 일체 중생이 모두 부처가 된다는 견지에서 그 구제하는 교법은 하나뿐이고, 또 진실한 것이라는 말.

36 듯글 : 돛을. '돛'은 배 바닥에 세운 기둥에 매어 펴 올리고 내리고 할 수 있도록 만든 넓은 천. 바람을 받아 배를 가게 함.

37 츈풍은 슌히 불고 : 춘풍(春風)은 순(順)히 불고. 봄바람이 배가 갈 방향으로 불고.

38 ᄇᆡ운은 섯도ᄂᆞᆫᄃᆡ : 백운(白雲)은 섞여 도는데. 흰 구름은 섞여서 움직이는데.

39 인간(人間) : 인간세계. 사람이 살고 있는 세상.

념불마ᄂᆞᆫ 즁ᄉᆡᆼ드라[41] 몃 ᄉᆡᆼ을 살냐ᄒᆞ고
셰ᄉᆞ만 탐챡[42]ᄒᆞ야 ᄋᆡ욕[43]의 ᄌᆞᆷ겻ᄂᆞᆫ다[44]
ᄒᆞᄅᆞ도 열두시오 ᄒᆞᆫ ᄃᆞᆯ도 셜흔 날애 어늬 날애 한가ᄒᆞᆯ고
쳥뎡ᄒᆞᆫ[45] 불셩[46]은 사ᄅᆞᆷ마다 ᄀᆞ자신ᄃᆞᆯ[47] 어ᄂᆡ 날애 ᄉᆡᆼ각ᄒᆞ며
홍사[48] 공덕[49]은 볼ᄂᆡ 구독ᄒᆞᆫ ᄃᆞᆯ[50] 어ᄂᆡ 시예 나야 ᄡᅳᆯ고[51]
서왕[52]은 머러지고 지옥은 갓갑도쇠[53]
이보시소[54] 어로신네 권ᄒᆞ노니 죵졔션근[55] 시무시소
금ᄉᆡᆼ[56]애 ᄒᆞ온 공덕 후ᄉᆡᆼ애 슈ᄒᆞᄂᆞ니[57]

---

40 셜운지라 : 서러운지라. 서럽구나.

41 념불마ᄂᆞᆫ 즁ᄉᆡᆼ드라 : 염불(念佛) 않는 중생(衆生)들아. 염불하지 않는 중생들아.

42 탐챡 : 탐착(貪着). 만족할 줄 모르고 더욱 집착함. 많이 구하여 만족할 줄 모르는 것을 '탐', 탐하는 마음을 고집하여 버리지 못함을 '착'이라 함.

43 ᄋᆡ욕 : 애욕(愛欲). 욕망에 마음이 사로잡힘. 또는 애정과 욕심을 아울러 이르는 말.

44 ᄌᆞᆷ겻ᄂᆞᆫ다 : 잠겼는가? 빠졌는가?

45 쳥뎡ᄒᆞᆫ : 청정(淸淨)한. 맑고 깨끗한. 나쁜 짓으로 지은 허물이나 번뇌의 더러움에서 벗어나 깨끗함.

46 불셩 : 불성(佛性). 진리를 깨달은 부처의 본성. 또는 중생이 본래 가지고 있는 부처가 될 성질.

47 ᄀᆞ자신ᄃᆞᆯ : 가지고 있은들. 갖고 있어도.

48 홍사 : 항사(恒沙). 항하사(恒河沙). 항하(=갠지스강)의 모래알이라는 뜻으로, 셀 수 없이 많은 수량의 비유.

49 공덕(功德) : 착한 일을 하여 쌓은 업적과 어진 덕. 또는 좋은 일을 행한 덕으로 훌륭한 결과를 가져오게 하는 능력.

50 볼ᄂᆡ 구독ᄒᆞᆫ ᄃᆞᆯ : 본래 구족(具足)한들. 본래 갖췄어도. '구족'은 빠짐없이 골고루 갖추어져 있음.

51 어ᄂᆡ 시예 나야 ᄡᅳᆯ고 : 어느 시(時)에 내어 쓸까? 어느 때에 내어 쓸까?

52 서왕 : 서왕(西往). 서방의 극락세계에 태어남. 극락왕생(極樂往生).

53 갓갑도쇠 : 가깝습니다. '-도쇠'는 '-ㅂ니다'의 뜻.

54 이보시소 : 이보시오. 감탄사. 듣는 이를 부를 때 쓰는 말.

55 죵졔션근 : 종제선근(種諸善根). 여러 가지 선근을 심음. '선근'은 그것이 뿌리가 되어 모든 선을 낳는다는 뜻. 탐욕·성냄·어리석음의 3독(毒)이 없는 것을 세 가지 선근이라고 함.

빅년 탐믈[58]은 ᄒᆞᄅᆞ아젹 듯글이오[59]

삼일ᄒᆞ온 념블은 빅천만겁[60]에 다홈업슨 보뵈로쇠[61]

어와[62] 이 보뵈 력천겁이 불고ᄒᆞ고 긍만셰이 쟝금이라[63]

건곤[64]이 넙다ᄒᆞᆫ돌 이 ᄆᆞ옴애[65] 미촐손가[66]

일월[67]이 볼다ᄒᆞᆫ돌 이 ᄆᆞ옴애 미촐손가

삼셰 졔불[68]은 이 ᄆᆞ옴을 아ᄅᆞ시고

뉵도[69] 즁싱은 이 ᄆᆞ옴을 져ᄇᆞ릴ᄉᆡ

삼계 뉸회[70]을 어늬 날에 긋칠손고

져근닷 ᄉᆡᆨ각ᄒᆞ야[71] ᄆᆞ옴을 ᄡᅵ쳐먹고[72] 태허[73]를 ᄉᆡᆼ각ᄒᆞ니

---

56 금싱 : 금생(今生). 지금 살고 있는 세상. 또는 이 생애.

57 후싱애 슈ᄒᆞᄂᆞ니 : 후생(後生)에 수(受)하나니. 다음 생에 받으니. '후생'은 금생에서 죽은 뒤 태어나는 세상. 또는 다음 생애.

58 빅년 탐믈 : 백년탐물(百年貪物). 백년 동안 재물을 탐함.

59 ᄒᆞᄅᆞ아젹 듯글이오 : 하루아침의 티끌이요.

60 겁(劫) : 산스크리트어 kalpa의 음역으로, 어떤 시간의 단위로도 계산할 수 없는 긴 시간을 말함.

61 보뵈로쇠 : 보배일세. '보배'는 아주 귀하고 소중한 물건.

62 어와 : 감탄사.

63 력천겁이 불고ᄒᆞ고 긍만세이 쟝금이라 : 역천겁이(歷千劫而) 불고(不古)하고 긍만세이(亘萬歲而) 장금(長今)이라. 천겁의 긴 세월을 거쳐도 낡지 않고, 만세에 이르도록 길이 새롭다.

64 건곤(乾坤) : 하늘과 땅. 천지(天地).

65 이 ᄆᆞ옴애 : 이 마음에. '이 마음'은 염불하는 마음을 가리킴.

66 미촐손가 : 미칠쏜가. '-ㄹ쏜가'는 '어찌 그럴 리가 있겠는가?'의 뜻으로, 의문의 형식을 빌려 앞의 내용을 강하게 부인할 때 쓰는 종결어미.

67 일월(日月) : 해와 달.

68 삼셰 졔불 : 삼세(三世)의 제불(諸佛). 과거·현재·미래의 모든 부처.

69 뉵도 : 육도(六道). 중생이 자신이 지은 업(業)에 따라 윤회하는 6종의 세계. 곧 지옥·아귀(餓鬼)·축생(畜生)·아수라(阿修羅)·인간·하늘.

70 뉸회 : 윤회(輪廻). 수레바퀴의 회전이 끝이 없는 것처럼 중생이 삼계(三界)와 육도(六道)의 세계에서 생사(生死)를 되풀이하는 일을 말함.

산첩첩 슈잔잔[74] 풍슬슬 화명명[75]ᄒᆞ고 숑쥭은 낙낙ᄒᆞᆫᄃᆡ[76]

화장바다[77] 건네 저어[78] 극낙셰계[79] 드러가니

칠보[80] 금디[81]예 칠보망[82]을 둘너시니 구경ᄒᆞ기 더옥 죠히[83]

구품 년ᄃᆡ[84]예 념불소ᄅᆡ 자자잇고[85]

청학 빅학과 잉무 공쟉과 금봉 쳥봉[86]은 ᄒᆞᄂᆞ니 념불일쇠

---

71 싀각ᄒᆞ야 : 생각하여.

72 ᄭᅢ쳐먹고 : 깨쳐먹고. 깨쳐 알고. '깨치다'는 일의 이치 등을 깨달아 알다.

73 태허(太虛) : 하늘. 허공. 또는 음양(陰陽)을 낳는 기(氣)의 본체. 이것이 응집되어 만물이 되고, 만물은 분해하여 이것이 된다고 함. 여기서는 깨달은 경지, 곧 깨달음의 세계를 뜻함.

74 산쳡쳡 슈잔잔 : 산첩첩(山疊疊) 수잔잔(水潺潺). 산은 겹겹으로 있고, 물은 졸졸 흐름.

75 풍슬슬(風瑟瑟) 화명명(花明明) : 바람은 솔솔 불고, 꽃은 화사함. '슬슬'은 바람이 솔솔 부는 것을 말함.

76 숑쥭은 낙낙ᄒᆞᆫᄃᆡ : 송죽(松竹)은 낙락(落落)한데. 소나무와 대나무의 가지가 축축 늘어져 있는데.

77 화장(華藏)바다 : 화장세계를 바다에 비유한 말. 화장세계는 연화장세계(蓮華藏世界)의 약칭으로, 비로자나불(毘盧遮那佛)이 있는 세계를 말함. 그러나 여기서는 우리가 살고 있는 인간 세계를 가리킴.

78 건네 저어 : 건너서 배를 저어. 배를 저어 건너서.

79 극낙셰계 : 극락세계(極樂世界). 아미타불(阿彌陀佛)이 살고 있는 정토(淨土)로, 즐거움만 있고 괴로움이 없는 곳. 이 세상에서 서쪽으로 10만억 불토(佛土)를 지난 곳에 있다고 함.

80 칠보(七寶) : 일곱 가지의 보배. 『무량수경(無量壽經)』에는 금·은·유리·파리(玻璃)·마노(瑪瑙)·거거(車渠)·산호(珊瑚)로 되어 있고, 『법화경(法華經)』에는 금·은·마노·유리·거거·진주(眞珠)·매괴(玫瑰)로 되어있음.

81 금디 : 금지(錦池). 비단처럼 화려하고 아름다운 연못.

82 칠보망(七寶網) : 칠보나망(羅網). '나망'은 여러 가지 보배 구슬을 끼워서 만든 그물.

83 죠히 : 좋네. 좋구나.

84 구품 년ᄃᆡ : 구품(九品)의 연대(蓮臺). 극락세계에 태어나는 사람들이 앉는 9종의 연화대(蓮花臺). '연화대'는 극락세계에 있는, 연꽃으로 만든 자리. 불·보살의 상좌(常座).

85 자자잇고 : 잦아지고. 점점 자주 있게 되고.

86 금봉 쳥봉 : 금봉(金鳳)과 청봉(靑鳳). 황금색의 봉황과 푸른색의 봉황. '봉황'은 상서로움을 상징하는 상상의 새. 대나무 열매를 먹고 오동나무에서 산다고 하는데, 수컷을 '봉', 암컷을 '황'이라고 함.

청풍이 건듯[87] 부니 념불소ᄅᆡ 요요ᄒᆞ외[88]

어와 슬프다 우리도 인간애 나왓다가 념불 말고 어이ᄒᆞᆯ고

나무아미타불[89]

〈『念佛普勸文』〉

87 건듯 : 바람이 가볍게 살짝 부는 모양.

88 요요ᄒᆞ외 : 요요(遙遙)하네. 멀고 아득하게 들리네.

89 나무아미타불(南無阿彌陀佛) : 아미타불에 귀의함. '나무'는 귀의(歸依)·귀명(歸命)의 뜻. '아미타불'은 극락세계에 있으면서 극락의 중생들에게 설법하고 있는 부처. 부처가 되기 전, 48대원(大願)을 세워 성불(成佛)할 것을 다짐하고, 오랜 수행을 거쳐 성불함.

상춘곡賞春曲

정극인(丁克仁, 1401~1481)

紅塵(홍진)[1]에 뭇친 분네[2] 이내[3] 生涯(생애) 엇더ᄒᆞᆫ고
녯사ᄅᆞᆷ 風流(풍류)[4]ᄅᆞᆯ 미ᄎᆞᆯ가 못 미ᄎᆞᆯ가[5]
天地間(천지간) 男子(남자) 몸이 날만ᄒᆞᆫ 이 하건마ᄂᆞᆫ[6]
山林(산림)에 뭇쳐 이셔[7] 至樂(지락)을 ᄆᆞᄅᆞᆯ 것가[8]
數間(수간) 茅屋(모옥)[9]을 碧溪水(벽계수) 앏픠 두고[10]
松竹(송죽) 鬱鬱裏(울울리)[11]예 風月主人(풍월주인)[12] 되여셔라
엇그제 겨을 지나 새봄이 도라오니

---

1 홍진(紅塵) : 햇빛에 비쳐 벌겋게 일어나는 티끌이란 뜻으로, 번거롭고 속된 세상을 비유한 말.

2 뭇친 분네 : 묻힌 분들.

3 이내 : '나의'를 강조하여 이르는 말.

4 풍류(風流) : 멋스럽고 풍치가 있는 일. 또는 그렇게 노는 일.

5 못 미ᄎᆞᆯ가 : 못 미칠까?

6 날만ᄒᆞᆫ 이 하건마ᄂᆞᆫ : 나만한 이가 많건마는. 나 같은 사람이 많지마는.

7 산림(山林)에 뭇쳐이셔 : 산림에 묻혀 있어. '산림'은 산과 숲. 또는 산에 있는 숲.

8 지락(至樂)을 ᄆᆞᄅᆞᆯ 것가 : 지극한 즐거움을 모를 것인가? 더할 수 없는 즐거움을 모르겠는가?

9 수간모옥(數間茅屋) : 몇 칸 안 되는 띳집. '띳집'은 지붕을 띠로 이어 만든 초라한 집. '띠'는 볏과의 여러해살이풀. 원뿔형으로 똑바로 서 있는데, 척박한 땅이나 비옥한 땅을 가리지 않고 군락을 이루며 자람.

10 벽계수(碧溪水) 앏픠 두고 : 푸른 시냇물을 앞에 두고.

11 송죽(松竹) 울울리(鬱鬱裏) : 소나무와 대나무 우거진 속. 소나무와 대나무가 울창(鬱蒼)한 곳. '울울'은 초목이 무성한 모양.

12 풍월주인(風月主人) : 자연의 주인. 자연과 더불어 사는 사람.

桃花(도화) 杏花(행화)[13]는 夕陽裏(석양리)[14]에 픠여잇고

綠楊(녹양) 芳草(방초)[15]는 細雨中(세우중)[16]에 프르도다

칼로 물아낸가[17] 붓으로 그려낸가

造化(조화) 神功(신공)[18]이 物物(물물)[19]마다 헌ᄉ롭다[20]

수풀에 우는 새는 春氣(춘기)[21]를 몿내 계워[22] 소ᄅ마다 嬌態(교태)[23]로다

物我(물아) 一體(일체)[24]어니 興(흥)이ᄋ[25] 다를소냐

柴扉(시비)[26]에 거러 보고 亭子(정자)[27]애 안자 보니

逍遙(소요) 吟詠(음영)[28]ᄒ야 山日(산일)이 寂寂(적적)ᄒᆫᄃᆡ[29]

---

13 도화행화(桃花杏花) : 복숭아꽃과 살구꽃.

14 석양리(夕陽裏) : 석양 속. '석양'은 저녁 때의 저무는 해. 또는 해가 질 무렵.

15 녹양방초(綠楊芳草) : 푸른 버들과 향기로운 풀.

16 세우중(細雨中) : 가랑비 속.

17 물아낸가 : 재단(裁斷)했는가? 마름질했는가? '재단'과 '마름질'은 옷감이나 재목 등을 치수에 맞도록 재거나 자름.

18 조화신공(造化神功) : 조물주(造物主)의 신묘(神妙)한 솜씨. '조물주'는 우주의 만물을 만들고 다스리는 신. 여기서는 자연을 가리킴.

19 물물(物物) : 물건과 물건. 또는 여러 가지 물건.

20 헌ᄉ롭다 : 야단스럽다. 보기에 매우 떠들썩하게 일을 벌이거나 부산하게 법석거리는 데가 있다.

21 춘기(春氣) : 봄기운. 봄 흥취.

22 몿내 계워 : 못내 겨워. '못내'는 이루 다 말할 수 없이. '겨워'는 이기지 못하여.

23 교태(嬌態) : 아양을 부리는 모습이나 태도.

24 물아일체(物我一體) : 일체 대상과 그것을 마주한 주체 사이에 어떠한 구별도 없는 것.

25 흥(興)이ᄋ : 흥이야. '흥'은 재미나 즐거움을 일어나게 하는 감정.

26 시비(柴扉) : 사립문. 잡목의 가지를 엮어서 만든 문짝을 단 문.

27 정자(亭子) : 경치가 좋은 곳에 놀거나 쉬기 위해 지은 집. 벽이 없이 기둥과 지붕만 있음.

28 소요음영(逍遙吟詠) : 이리저리 천천히 거닐며 시를 읊음.

29 산일(山日)이 적적(寂寂)ᄒᆫᄃᆡ : 산속에서 지내는 나날이 조용하고 쓸쓸한데. 산속의 하루가

閒中(한중) 眞味(진미)[30]를 알 니 업시 호재로다[31]

이바 니웃드라[32] 山水(산수) 구경 가쟈스라[33]

踏靑(답청)[34]으란 오늘 ᄒᆞ고 浴沂(욕기)[35]란 來日(내일) ᄒᆞ새

아ᄎᆞᆷ에 採山(채산)ᄒᆞ고[36] 나조ᄒᆡ 釣水(조수)ᄒᆞ새[37]

ᄀᆞᆺ 괴여[38] 닉은 술을 葛巾(갈건)[39]으로 밧타 노코[40]

곳나모 가지 것거 수 노코[41] 먹으리라

和風(화풍)[42]이 건ᄃᆞᆺ[43] 부러 綠水(녹수)[44]를 건너오니

하는 일 없이 심심한데.

30 한중진미(閒中眞味) : 한가함 속의 참된 맛. 한가한 가운데 느끼는 진정한 즐거움.

31 알 니 업시 호재로다 : 알아줄 이 없이 혼자로다. 아는 사람 없이 혼자구나.

32 이바 니웃드라 : 이봐, 이웃들아. '이봐'는 감탄사로, 듣는 이를 부를 때 쓰는 말.

33 가쟈스라 : 가자꾸나. '-자꾸나'는 어떤 행동을 함께하자는 뜻을 나타내는 종결어미. '-자'를 조금 더 친밀하게 이르는 말.

34 답청(踏靑) : 봄에 파랗게 난 풀을 밟으며 산책함. 삼짇날, 곧 음력 3월 3일에 들에 나가 파랗게 난 풀을 밟는 풍습이 있었음. 삼짇날을 답청절(踏靑節)이라고도 함.

35 욕기(浴沂) : 기수(沂水)에서 목욕함. 명예와 이익을 버리고 자연 속에서 자유롭고 편안하게 살아가는 것을 말함. 그러나 여기서는 냇물에서 목욕한다는 뜻으로, 봄날의 흥취를 표현한 것임. '욕기'는 공자(孔子)가 제자들에게 각자의 뜻을 말해보라고 하자, 증점(曾點)이 기수에서 목욕하고, 무우대(舞雩臺)에서 바람을 쐬고 노래하며 돌아오겠다고 대답한 고사(故事)에서 나온 말.

36 아ᄎᆞᆷ에 채산(採山)ᄒᆞ고 : 아침에 산나물을 뜯고. '채산'은 '채산채(採山菜)'의 준말.

37 나조ᄒᆡ 조수(釣水)ᄒᆞ새 : 저녁에 낚시하세. '조수'는 물고기를 낚음. '조수어(釣水魚)'의 준말.

38 ᄀᆞᆺ 괴여 : 이제 막 발효가 되어.

39 갈건(葛巾) : 은사(隱士)들이 쓰는, 갈포(葛布)로 만든 두건. '갈포'는 칡의 껍질로 만든 직물.

40 밧타 노코 : 걸러 놓고.

41 수 노코 : 수 놓고. (술잔의) 수를 세어 놓고.

42 화풍(和風) : 맑고 따뜻한 바람.

43 건ᄃᆞᆺ : 건듯. 바람이 가볍게 살짝 부는 모양.

44 녹수(綠水) : 맑고 깊어서 녹색을 띠는 물.

淸香(청향)은 잔에 지고[45] 落紅(낙홍)은 옷새 진다[46]

樽中(준중)[47]이 뷔엿거든 날드려 알외여라[48]

小童(소동)[49] 아히드려 酒家(주가)[50]에 술을 믈어[51]

얼운[52]은 막대 집고 아히는 술을 메고

微吟(미음) 緩步(완보)[53]ᄒᆞ야 시냇ᄀᆞ의 호자 안자

明沙(명사) 조ᄒᆞᆫ 믈[54]에 잔 시어 부어 들고[55]

淸流(청류)[56]를 굽어보니 써오ᄂᆞ니[57] 桃花(도화) ㅣ로다

武陵(무릉)[58]이 갓갑도다 져 ᄆᆡ이 긘거인고[59]

松間(송간) 細路(세로)[60]에 杜鵑花(두견화)[61]를 부치 들고[62]

---

45 청향(淸香)은 잔에 지고 : 맑은 향기는 술잔에 떨어지고.

46 낙홍(落紅)은 옷새 진다 : 붉은 꽃잎은 옷에 떨어진다. '낙홍'은 떨어지는 붉은 꽃잎.

47 준중(樽中) : 술통 안.

48 날드려 알외여라 : 나한테 알리어라. 나에게 알려라.

49 소동(小童) : 남의 집에서 심부름을 하는 아이.

50 주가(酒家) : 술을 파는 집. 술집.

51 믈어 : 물어. 받아오라고 하여.

52 얼운 : 어른.

53 미음완보(微吟緩步) : 나직이 시를 읊조리며 천천히 걸음.

54 명사(明沙) 조ᄒᆞᆫ 믈 : 곱고 깨끗한 모래와 깨끗한 물.

55 잔 시어 부어 들고 : 잔 씻어 부어 들고. 술잔을 씻은 뒤, 술을 부어서 들고.

56 청류(淸流) : 맑게 흐르는 물.

57 써오ᄂᆞ니 : (물에) 떠서 오는 것이.

58 무릉(武陵) : 무릉도원(武陵桃源)의 준말. 중국 동진(東晉) 때의 문인인 도연명(陶淵明, 365~427)의 <도화원기(桃花源記)>에 나오는 말. 중국 진(晋)나라 때의 한 어부(漁父)가 계곡 물에 떠내려오는 복숭아꽃잎을 따라 올라갔다가 발견했다는 선경(仙境). 낙원 또는 이상향의 뜻으로 쓰임.

59 져 ᄆᆡ이 긘거인고 : 저 들[野]이 그것인가? 저 들이 그곳인가?

60 송간세로(松間細路) : 소나무 사이의 좁은 길.

61 두견화(杜鵑花) : 진달래꽃.

峯頭(봉두)[63]에 급피 올나 구름 소긔 안자 보니

千村(천촌) 萬落(만락)[64]이 곳곳이 버러 잇ᄂᆡ[65]

煙霞(연하) 日輝(일휘)[66]ᄂᆞᆫ 錦繡(금수)ᄅᆞᆯ 재폇ᄂᆞᆫ ᄃᆞᆺ[67]

엇그제 검은 들이 봄빗도 有餘(유여)ᄒᆞᆯ샤[68]

功名(공명)[69]도 날 ᄭᅴ우고[70] 富貴(부귀)도 날 ᄭᅴ우니

淸風(청풍) 明月(명월)[71] 外(외)에 엇던 벗이 잇ᄉᆞ올고

簞瓢(단표) 陋巷(누항)[72]에 흣튼 혜음[81] 아니 ᄒᆞᄂᆡ

아모타[74] 百年行樂(백년행락)[75]어[76] 이만ᄒᆞᆫᄃᆞᆯ[77] 엇지ᄒᆞ리

〈『不憂軒集』 卷2〉

---

62 부치들고 : 바람에 나부끼게 들고. '나부끼다'는 가벼운 물체가 바람을 받아서 가볍게 흔들리다.

63 봉두(峯頭) : 산봉우리의 맨 꼭대기.

64 천촌만락(千村萬落) : 수없이 많은 마을.

65 곳곳이 버러 잇ᄂᆡ : 곳곳마다 벌여 있네. 곳곳에 펼쳐 있네.

66 연하일휘(煙霞日輝): 이내와 빛나는 햇살. '이내'는 해질 무렵 멀리 보이는 푸르고 흐릿한 기운.

67 금수(錦繡)ᄅᆞᆯ 재폇ᄂᆞᆫ ᄃᆞᆺ : 수를 놓은 비단을 펼쳐 놓은 듯.

68 유여(有餘)ᄒᆞᆯ샤 : 넘치는구나. 남아 있구나.

69 공명(功名) : 공을 세워 자기의 이름을 널리 드러냄. 또는 그 이름.

70 ᄭᅴ우고 : 꺼리고. 피하거나 싫어하고.

71 청풍명월(淸風明月) : 맑은 바람과 밝은 달.

72 단표누항(簞瓢陋巷) : 누추한 곳에서 도시락에 담긴 밥과 표주박에 든 물을 먹음. 안빈낙도(安貧樂道), 곧 가난하면서도 편안한 마음으로 도를 즐긴다는 뜻으로 쓰임. 『논어(論語)』「옹야(雍也)」에 나오는 말.

73 흣튼 혜음 : 허튼 헤아림. 헛된 생각.

74 아모타 : 아무튼.

75 백년행락(百年行樂) : 오랜 세월을 즐겁게 지내는 것. 한평생의 즐거움.

76 어 : '이'의 오기(誤記)인 듯.

77 이만ᄒᆞᆫᄃᆞᆯ : 이만한들. 이만해도. 이만하면. '이만하다'는 상태·모양·성질 등의 정도가 이러하다.

면앙정가俛仰亭歌

송순(宋純, 1493~1582)

无等山(무등산)[1] 훈 활기[2] 뫼희 동다히로 버더이셔[3]
멀리 쪠쳐 와[4] 霽月峯(제월봉)[5]의 되여거늘
無邊(무변) 大野(대야)[6]의 므슴 짐쟉 ᄒᆞ노라[7]
일곱 구비[8] 홀머 움쳐[9] 므득므득 버려는 둧[10]
가온대 구비는 굼긔 든 늘근 뇽이[11]
선좀을 굿 씨야[12] 머리룰 안쳐시니[13]

---

1 무등산(无等山) : 광주광역시와 전라남도 화순군·담양군에 있는 산. 호남정맥(湖南正脈)의 중심 산줄기로 일컬어짐. '정맥'은 산맥을 크기에 따라 나눌 때 가장 작은 단위.

2 활기 : 활개. 사람의 어깨에서 팔까지 또는 궁둥이에서 다리까지의 양쪽 부분. 여기서는 '산줄기'를 가리킴.

3 뫼희 동다히로 버더이셔 : 산(山)이 동쪽으로 뻗어있어. 산이 동쪽으로 뻗어서.

4 쪠쳐 와 : 떨어져 나와.

5 제월봉(霽月峯) : 전라남도 담양에 있는 산 이름.

6 무변대야(無邊大野) : 끝없이 넓은 들판.

7 므슴 짐쟉 ᄒᆞ노라 : 무슨 짐작(斟酌) 하느라. 무슨 생각 하느라고.

8 구비 : 굽이. 강물이나 길이 휘어서 굽은 곳. 또는 굽은 곳을 세는 단위.

9 홀머 움쳐 : 한데 움츠리어. 한곳에 움츠려.

10 므득므득 버려는 둧 : 무더기무더기 벌여 놓은 듯. 무더기무더기 늘어놓은 듯. '무더기'는 한데 수북이 쌓였거나 뭉쳐 있는 무리.

11 굼긔 든 늘근 뇽이 : 구멍에 든 늙은 용(龍)이. '용'은 상상의 동물. 몸은 거대한 뱀과 비슷한데 비늘과 네 개의 발을 가지며 뿔은 사슴에, 귀는 소에 가깝다고 함.

12 선좀을 굿 씨야 : 선잠을 갓 깨어. 선잠에서 이제 막 깨어나. '선잠'은 깊이 들지 못하거나 흡족하게 이루지 못한 잠.

너ᄅᆞ바회[14] 우ᄒᆡ 松竹(송죽)을 헤혀고[15] 亭子(정자)[16]를 안쳐시니
구름 탄 청학이 千里(천리)를 가리라 두 나ᄅᆡ 버렷ᄂᆞᆫ ᄃᆞᆺ[17]
玉泉山(옥천산) 龍泉山(용천산)[18] ᄂᆞ린 ᄆᆞᆯ히
亭子(정자) 압 너븐 들ᄒᆡ 兀兀(올올)히 펴진 드시[19]
넙거든 기노라[20] 프료거든 희지 마나[21]
雙龍(쌍룡)이 뒤트ᄂᆞᆫ ᄃᆞᆺ[22] 긴 깁을 ᄎᆡ폇ᄂᆞᆫ ᄃᆞᆺ[23]
어드러로 가노라 ᄆᆞᄉᆞᆷ 일 ᄇᆡ얏바[24]
ᄃᆞᆺᄂᆞᆫ ᄃᆞᆺ ᄯᆞ로ᄂᆞᆫ ᄃᆞᆺ[25] 밤ᄂᆞᆽ즈로 흐르ᄂᆞᆫ ᄃᆞᆺ
ᄆᆞ 소친[26] 沙汀(사정)[27]은 눈ᄀᆞᆺ치 펴졋거든[28]
이즈러온[29] 기럭기ᄂᆞᆫ ᄆᆞ스거슬 어로노라[30]

---

13 안쳐시니 : 얹었으니. 앉혔으니.

14 너ᄅᆞ바회 : 너럭바위. 넓고 평평한 큰 돌.

15 송죽(松竹)을 헤혀고 : 소나무와 대나무를 헤치고.

16 정자(亭子) : 경치가 좋은 곳에 놀거나 쉬기 위해 지은 집. 벽이 없이 기둥과 지붕만 있음. 여기서는 면앙정(俛仰亭)을 가리킴. 작자인 송순이 1533년(중종 28)에 전라남도 담양군 봉산면에 지은 정자. '면앙정'은 송순의 호(號)이기도 함.

17 두 나ᄅᆡ 버렷ᄂᆞᆫ ᄃᆞᆺ : 두 날개 벌리는 듯.

18 옥천산(玉泉山) 용천산(龍泉山) : 모두 담양 동쪽에 있는 산 이름들.

19 올올(兀兀)히 펴진 드시 : 올올이 펴진 듯이. 올마다 펴진 것처럼. '올'은 실이나 줄의 가닥.

20 넙거든 기노라 : 넓으면 길지 말거나.

21 프료거든 희지 마나 : 푸르면 희지 말거나.

22 쌍룡(雙龍)이 뒤트ᄂᆞᆫ ᄃᆞᆺ : 한 쌍의 용이 뒤트는 듯. '뒤틀다'는 꼬는 것처럼 몹시 비틀다.

23 긴 깁을 ᄎᆡ폇ᄂᆞᆫ ᄃᆞᆺ : 긴 비단을 쭉 펼쳐 놓은 듯. '깁'은 명주실로 바탕을 조금 거칠게 짠 비단.

24 ᄆᆞᄉᆞᆷ 일 ᄇᆡ얏바 : 무슨 일 바빠서.

25 ᄃᆞᆺᄂᆞᆫ ᄃᆞᆺ ᄯᆞ로ᄂᆞᆫ ᄃᆞᆺ : 내닫는 듯 따르는 듯. '내닫다'는 앞쪽으로 힘차게 뛰어나가다.

26 ᄆᆞ 소친 : 'ᄆᆞ 조친'인 듯. 물 좇는. 물에 딸린.

27 사정(沙汀) : 물가의 모래밭.

28 눈ᄀᆞᆺ치 펴졋거든 : 흰 눈처럼 펼쳐져 있는데.

안즈락 ᄂᆞ리락[31] 모드락 흐트락[32]
蘆花(노화)[33]을 ᄉᆞ이 두고 우러곰 좃니ᄂᆞᆫ고[34]
너브 길 밧기요[35] 긴 하ᄂᆞᆯ 아ᄅᆡ 두르고 ᄭᅩᄌᆞᆫ 거ᄉᆞᆫ
모힌가[36] 屛風(병풍)[37]인가 그림가 아닌가[38]
노픈 ᄃᆞᆺ ᄂᆞ즌 ᄃᆞᆺ 긋ᄂᆞᆫ ᄃᆞᆺ 닛ᄂᆞᆫ ᄃᆞᆺ[39]
숨거니 뵈거니 가거니 머물거니
이츠러온[40] 가온듸 일홈ᄂᆞᆫ 양ᄒᆞ야[41]
하ᄂᆞᆯ도 젓치 아녀[42] 웃독이[43] 셧ᄂᆞᆫ 거시
秋月山(추월산) 머리 짓고[44] 龍歸山(용귀산) 鳳旋山(봉선산) 佛臺山(불대산) 漁燈山(어등산)
湧珍山(용진산) 錦城山(금성산)이 虛空(허공)의 버러거든[45]

---

29 이즈러온 : '어즈러온'인 듯. 어지러운. 어지러이 날아다니는.

30 므스거슬 어로노라 : 무엇을 어르느라. '어르다'는 달래거나 기쁘게 해주다.

31 안즈락 ᄂᆞ리락 : 앉으락 내리락. 앉았다가 날았다가.

32 모드락 흐트락 : 모일락 흩어질락. 모였다가 흩어졌다가.

33 노화(蘆花) : 갈대꽃. 솜과 같은 흰 털이 많고 부드러우며, 습지나 물가에서 자람.

34 우러곰 좃니ᄂᆞᆫ고 : 울면서 따르는가?

35 너브 길 밧기요 : 넓은 길의 밖이요. 넓은 길의 바깥에.

36 모힌가 : 뫼인가? 산(山)인가?

37 병풍(屛風) : 바람을 막거나 무엇을 가리거나, 또는 장식용으로 방 안에 치는 물건.

38 그림가 아닌가 : 그림인가? 그림이 아닌가?

39 긋ᄂᆞᆫ ᄃᆞᆺ 닛ᄂᆞᆫ ᄃᆞᆺ : 끊어진 듯 이어진 듯.

40 이츠러온 : '어즈러온'인 듯. 어지러운.

41 일홈ᄂᆞᆫ 양ᄒᆞ야 : 이름난 것처럼. 이름난 듯 뽐내어.

42 젓치 아녀 : 두려워 않고.

43 웃독이 : 우뚝이. 두드러지게 높이 솟아 있는 모양.

44 머리 짓고 : 머리 삼고. 우두머리 삼고.

遠近(원근) 蒼崖(창애)[46]의 머믄 것도 하도 할샤[47]

흰구름 브흰 煙霞(연하)[48] 프르니ᄂᆞᆫ 山嵐(산람)[49]이라

千巖(천암) 萬壑(만학)[50]을 제 집으로 사마 두고

나명성 들명셩[51] 일히도 구ᄂᆞᆫ지고[52]

오르거니 ᄂᆞ리거니 長空(장공)의 ᄯᅥ나거니[53] 廣野(광야)로 거너거니[54]

프르락 불그락 여트락 지트락[55]

斜陽(사양)[56]과 서거지어[57] 細雨(세우)조ᄎᆞ ᄲᅮ리ᄂᆞᆫ다[58]

藍輿(남여)[59]를 ᄇᆡ야 ᄐᆞ고[60] 솔 아릐 구븐 길로 오며 가며 ᄒᆞᄂᆞᆫ 적의

綠楊(녹양)[61]의 우ᄂᆞᆫ 黃鶯(황앵)[62] 嬌態(교태) 겨워 ᄒᆞᄂᆞᆫ괴야[63]

---

45 버러거든 : 벌여 있는데. 늘어서 있는데.

46 원근창애(遠近蒼崖) : 멀고 가까운 푸른 절벽. 멀리 있는 푸른 절벽과 가까이 있는 푸른 절벽.

47 머믄 것도 하도 할샤 : 머물러 있는 것도 많기도 많구나. 머물러 있는 산들이 많고 많다.

48 브흰 연하(煙霞) : 뿌연 이내. '이내'는 해질 무렵 멀리 보이는 푸르고 흐릿한 기운.

49 프르니ᄂᆞᆫ 산람(山嵐) : 푸른 것은 산 아지랑이. '아지랑이'는 주로 봄날 햇빛이 강하게 쬘 때 공기가 공중에서 아른아른 움직이는 현상.

50 천암만학(千巖萬壑) : 수많은 바위와 골짜기.

51 나명성 들명셩 : 나면서 들면서.

52 일히도 구ᄂᆞᆫ지고 : 아양도 구는구나. 응석도 떠는구나.

53 장공(長空)의 ᄯᅥ나거니 : 장공으로 떠나거니. 장공으로 떠나니. '장공'은 높고 먼 하늘.

54 광야(廣野)로 거너거니 : 광야를 건너거니. 광야를 건너니. '광야'는 텅 비고 아득히 넓은 들.

55 여트락 지트락 : 옅으락 짙으락. 옅었다가 짙었다가.

56 사양(斜陽) : 저녁 때의 햇빛. 또는 저녁 때의 저무는 해. 석양(夕陽).

57 서거지어 : 섞이어서. 섞어져서.

58 세우(細雨)조ᄎᆞ ᄲᅮ리ᄂᆞᆫ다 : 가랑비까지 뿌리는가?

59 남여(藍輿) : 의자와 비슷하고 뚜껑이 없는 작은 가마.

60 ᄇᆡ야 ᄐᆞ고 : 급히 타고.

61 녹양(綠楊) : 잎이 푸르게 우거진 버드나무.

나모 새 ᄌᆞᄌᆞ지여[64] 樹陰(수음)이 얼린 적의[65]
百尺(백척)[66] 欄干(난간)의 긴 조으름 내여 펴니[67]
水面(수면) 凉風(양풍)[68]이야 긋칠 줄 모로는가
즌서리 빠진 후의[69] 산 빗치 금슈[70]로다
黃雲(황운)[71]은 또 엇지 萬頃(만경)[72]의 편거긔요[73]
漁笛(어적)[74]도 흥을 계워 ᄃᆞᆯ롤 ᄯᆞ라 브니는다[75]
草木(초목) 다 진 후의 江山(강산)이 ᄆᆡ몰[76]커늘
造物(조물)리[77] 헌ᄉᆞᄒᆞ야[78] 氷雪(빙설)노 ᄭᆞ며내니

---

62 황앵(黃鶯) : 꾀꼬리. 여름 철새로, 눈에서 뒷머리에 걸쳐 검은 띠가 있으며, 꽁지와 날개 끝은 검은색임. 5~7월에 알을 낳고 울음소리가 매우 아름다움.

63 교태(嬌態) 겨워 ᄒᆞ논괴야 : 교태 겨워 하는구나. '교태'는 아양을 부리는 모습이나 태도. '겨워'는 이기지 못하여. 참거나 견뎌내기 어려워.

64 나모 새 ᄌᆞᄌᆞ지여 : 나무와 새 자자지어. 나무와 새가 우거져서. '새'는 띠나 억새 등의 볏과 식물을 통틀어 이르는 말.

65 수음(樹陰)이 얼린 적의 : 나무 그늘이 엉긴 때에. 나무 그늘이 짙어진 때에.

66 백척(百尺) : '척'은 길이의 단위. 1척은 약 30.3cm에 해당함.

67 긴 조으름 내여 펴니 : 긴 졸음 내어 펴니. 긴 시간 졸고 있으니.

68 수면양풍(水面凉風) : 물 위의 서늘한 바람.

69 즌서리 빠진 후의 : 진서리 내린 후의. 된서리가 내린 후에. '된서리'는 늦가을에 내리는 물기가 적은 서리.

70 금슈 : 금수(錦繡). 수를 놓은 비단. 또는 아름답고 화려한 옷이나 직물.

71 황운(黃雲) : 누런 빛깔의 구름. 여기서는 가을 들판에 누렇게 익은 곡식을 가리킴.

72 만경(萬頃) : 아주 많은 이랑이라는 뜻으로, 여기서는 매우 넓은 들판을 의미함. '이랑'은 밭이나 논을 세는 단위.

73 편거긔요 : 펼쳐졌는가? 펴졌는가?

74 어적(漁笛) : 어부가 부는 피리.

75 ᄃᆞᆯ롤 ᄯᆞ라 브니는다 : 달을 따라 부는 것인가?

76 ᄆᆡ몰 : 매몰(埋沒). 보이지 않게 파묻거나 파묻힘.

77 조물(造物)리 : 조물이. 조물주(造物主)가. '조물주'는 우주의 만물을 만들고 다스리는 신. 여기서는 자연을 가리킴.

瓊宮瑤臺(경궁요대)[79]와 玉海銀山(옥해은산)[80]이 眼底(안저)에 버러셰라[81]

乾坤(건곤)도 가ᄋᆞᆷ열샤[82] 간 대마다 경[83]이로다

人間(인간)[84]을 떠나와도 내 몸이 겨를[85] 업다

니것도 보려 ᄒᆞ고 져것도 드르려코

ᄇᆞ롬도 혀려 ᄒᆞ고 ᄃᆞᆯ도 마즈려코[86]

ᄇᆞᆷ으란[87] 언제 줍고 고기란 언제 낙고[88]

柴扉(시비)란 뉘 다드며[89] 딘 곳츠란 뉘 쓸려뇨[90]

아ᄎᆞᆷ이 낫브거니[91] 나조ᄒᆡ라 슬흘소냐[92]

오ᄂᆞᆯ리 不足(부족)커니 來日(내일)리라 有餘(유여)ᄒᆞ랴[93]

---

78 헌ᄉᆞᄒᆞ야 : 야단스럽게. '야단스럽다'는 보기에 매우 떠들썩하게 일을 벌이거나 부산하게 법석거리는 데가 있다.

79 경궁요대(瓊宮瑤臺) : 아름다운 구슬로 꾸민 집과 누각. 눈이 내린 겨울 풍경을 표현한 것.

80 옥해은산(玉海銀山) : 옥같이 맑은 바다와 은빛의 산. 눈 덮인 산천을 표현한 것.

81 안저(眼底)에 버러셰라 : 눈 아래 벌여 있어라. 눈 밑에 펼쳐 있어라.

82 건곤(乾坤)도 가ᄋᆞᆷ열샤 : 하늘과 땅도 풍성하여. 천지(天地)도 풍요로워.

83 경(景) : 승경(勝景). 뛰어나게 좋은 경치.

84 인간(人間) : 사람들이 사는 세상. 인간세상.

85 겨를 : 어떤 일을 하다가 생각을 다른 데로 돌릴 수 있는 시간적인 여유.

86 ᄇᆞ롬도 혀려 ᄒᆞ고 ᄃᆞᆯ도 마즈려코 : 바람도 쐬려 하고 달도 맞이하려 하고.

87 ᄇᆞᆷ으란 : 밤은.

88 고기란 언제 낙고 : 물고기는 언제 낚고. '낚다'는 낚시로 물고기를 잡다.

89 시비(柴扉)란 뉘 다드며 : 사립문은 누가 닫으며. '사립문'은 잡목의 가지를 엮어 만든 문짝을 단 문.

90 딘 곳츠란 뉘 쓸려뇨 : 지는 꽃은 누가 쓸겠느냐? 떨어지는 꽃잎은 누가 쓸까?

91 낫브거니 : 모자라니.

92 나조ᄒᆡ라 슬흘소냐 : 저녁이라고 싫을쏘냐? '-ㄹ쏘냐'는 '어찌 그럴 리가 있겠느냐'의 뜻으로, 강한 부정을 나타내는 종결어미.

이 뫼히 안ᄌᆞ 보고 져 뫼히 거러 보니
煩勞(번로)[94]ᄒᆞᆫ ᄆᆞ움의 ᄇᆞ릴 일리 아조 업다
쉴 ᄉᆞ이 업거든 길히나 젼ᄒᆞ리야[95]
다만 ᄒᆞᆫ 靑藜杖(청려장)[96]이 다 뫼 되어[97] 가노믜라
술리 닉어거니[98] 벗지라[99] 업슬소냐
블니며 ᄐᆞ이며[100] 혀이며 이야며[101]
온가지 소리로 醉興(취흥)을 ᄇᆡ야거니[102]
근심이라 이시며 시롬이라 브터시라[103]
누으락 안즈락 구부락 져츠락[104]
을프락 ᄑᆞ람ᄒᆞ락 노혜로 노거니[105]
天地(천지)도 넙고 넙고 日月(일월)[106]도 ᄒᆞᆫ가ᄒᆞ다

---

93 유여(有餘)ᄒᆞ랴 : 넉넉하랴?

94 번로(煩勞) : 일이 번거로워 괴롭고 고됨.

95 길히나 젼ᄒᆞ리야 : 길이나 전하랴? 오는 길을 알리랴?

96 청려장(靑藜杖) : 명아주 줄기로 만든 지팡이. '명아주'는 명아줏과의 한해살이풀. 녹색 줄이 있고, 들이나 길가에서 저절로 나고 자람.

97 다 뫼 되어 : 다 못 쓰게 되어. 다 닳아져.

98 술리 닉어거니 : 술이 익었으니.

99 벗지라 : 벗이야.

100 블니며 ᄐᆞ이며 : (노래를) 부르게 하며, (악기를) 타게 하며.

101 혀이며 이야며 : (악기를) 켜게 하며, (몸을) 흔들며.

102 취흥(醉興)을 ᄇᆡ야거니 : 취흥을 재촉하니. '취흥'은 술에 취하여 일어나는 흥취.

103 시롬이라 브터시라 : 시름이라고 붙었으랴? 시름이 붙겠느냐? '시름'은 마음에 걸려 풀리지 않고 항상 남아 있는 근심과 걱정.

104 누으락 안즈락 구부락 져츠락 : 누웠다가 앉았다가, 굽혔다가 젖혔다가.

105 을프락 ᄑᆞ람ᄒᆞ락 노혜로 노거니 : (시를) 읊었다가 휘파람을 불었다가 마음 놓고 노니.

106 일월(日月) : 날과 달의 뜻으로, '세월'을 이르는 말.

羲皇(희황)[107]을 모을너니[108] 니젹이야 긔로괴야[109]

神仙(신선)이 엇더턴지[110] 이 몸이야 긔로고야

江山風月(강산풍월)[111] 거늘리고[112] 내 百年(백년)을 다 누리면

岳陽樓上(악양루상)[113]의 李太白(이태백)[114]이 사라오다[115]

浩蕩(호탕)[116] 情懷(정회)[117]야 이예서[118] 더홀소냐

이 몸이 이렁굼도[119] 亦君恩(역군은)이샷다[120]

〈『雜歌』〉

---

107 희황(羲皇) : 중국 고대 삼황오제(三皇五帝)의 하나인 복희씨(伏羲氏). 그가 임금에 있는 동안 백성들은 태평성대(太平聖代)를 누렸다고 함. 여기서는 '태평성대'의 비유로 쓰임.

108 모을너니 : 모르더니. 몰랐는데.

109 니젹이야 긔로괴야 : 이때야말로 그로구나. 이때가 그때로구나.

110 엇더턴지 : 어떠한가?

111 강산풍월(江山風月) : 강과 산과 바람과 달. 자연의 아름다운 풍경.

112 거늘리고 : 거느리고.

113 악양루상(岳陽樓上) : 악양루 위. '악양루'는 중국 호남성(湖南省) 동정호(洞庭湖)에 있는 누각. 당(唐)나라의 시인인 이태백(李太白)이 이곳에서 시를 지으며 풍류를 즐겼다고 함.

114 이태백(李太白) : 이백(李白, 701~762). 태백(太白)은 그의 자(字). 중국 당(唐)나라의 시인으로, 호방한 기질을 지녀 항상 산수를 찾아다니며 자유로운 삶을 추구하였음. 그의 시풍(詩風)은 자유분방하고 상상력이 풍부하였는데, 특히 민요와 신화에서 많은 소재를 구하였음.

115 사라오다 : 살아온들. 살아오더라도.

116 호탕(浩蕩) : 넓어서 끝이 없음.

117 정회(情懷) : 생각하는 마음. 또는 정과 회포를 아울러 이르는 말.

118 이예서 : 여기서. 이보다.

119 이렁굼도 : 이렇게 사는 것도. 이렇게 지내는 것도.

120 역군은(亦君恩)이샷다 : 또한 임금님의 은혜로다. 이 역시 임금님 덕분이다. '-샷다'는 존귀(尊貴)한 대상에 대한 감탄형 종결어미.

사미인곡思美人曲

정철(鄭澈, 1536~1593)

이 몸 삼기실 제[1] 님을 조차[2] 삼기시니
ᄒᆞᆫ싱[3] 緣연分분[4]이며 ᄒᆞ놀 모롤 일이런가[5]
나 ᄒᆞ나 졈어 잇고[6] 님 ᄒᆞ나 날 괴시니[7]
이 ᄆᆞ음 이 ᄉᆞ랑 견졸 ᄃᆡ 노여 업다[8]
平평生싱애 願원ᄒᆞ요ᄃᆡ ᄒᆞᆫᄃᆡ 네쟈[9] ᄒᆞ얏더니
늙거야 므ᄉᆞ 일로[10] 외오 두고 그리ᄂᆞᆫ고[11]
엇그제 님을 뫼셔 廣광寒한殿뎐[12]의 올낫더니
그더ᄃᆡ[13] 엇디ᄒᆞ야 下하界계에 ᄂᆞ려오니[14]

---

1 삼기실 제 : 생겨날 때. 태어날 때.

2 조차 : 좇아. 따라.

3 ᄒᆞᆫ싱 : 한생(生). 세상에 태어나서 죽을 때까지. 평생(平生).

4 연분(緣分) : 서로 관계를 맺게 된 인연.

5 ᄒᆞ놀 모롤 일이런가 : 하늘 모르는 일이던가? 하늘이 모르는 일이겠는가?

6 졈어 잇고 : 젊어 있고. 젊었고.

7 괴시니 : 사랑하시니.

8 견졸 ᄃᆡ 노여 업다 : 견줄 데가 다시 없다. 비교할 데가 전혀 없다.

9 ᄒᆞᆫᄃᆡ 네쟈 : 함께 살자. 한곳에서 지내자.

10 늙거야 므ᄉᆞ 일로 : 늙어서 무슨 일로.

11 외오 두고 그리ᄂᆞᆫ고 : 홀로 두고 그리워하는가?

12 광한전(廣寒殿) : 달 속에 있다는 상상의 궁전. 월궁(月宮)이라고도 함. 여기서는 임금이 계신 궁궐을 가리킴.

13 그더ᄃᆡ : 그덧에. 잠시 그동안에. 그 사이에.

올 저긔 비슨 머리 헛틀언디 삼년일쇠[15]

臙연脂지粉분[16] 잇ᄂᆡ마ᄂᆞᆫ[17] 눌 위ᄒᆞ야 고이 ᄒᆞᆯ고[18]

ᄆᆞ음의 ᄆᆡ친 실음[19] 疊텹疊텹이 빠혀 이셔[20]

짓ᄂᆞ니 한숨이오 디ᄂᆞ니[21] 눈믈이라

人인生싱은 有유限ᄒᆞᆫ ᄒᆞᆫᄃᆡ[22] 시롬도 그지업다

無무心심ᄒᆞᆫ 歲셰月월은 믈 흐르ᄃᆞᆺ ᄒᆞᄂᆞᆫ고야[23]

炎염凉냥[24]이 때를 아라 가ᄂᆞᆫ ᄃᆞᆺ 고텨 오니[25]

듯거니 보거니[26] 늣길 일도 하도 할샤[27]

東동風풍[28]이 건듯[29] 부러 積젹雪셜을 헤텨 내니[30]

---

14 하계(下界)에 ᄂᆞ려오니 : 하계에 내려왔나? '하계'는 천상계(天上界)에 상대하여 사람이 사는 이 세상을 이르는 말. 여기서는 작자가 당시 살고 있던 전라남도 담양군 창평(昌平)을 가리킴.

15 헛틀언디 삼년일쇠 : 흐트러진 지 삼년일세. 헝클어진 지 삼년이네. 'ㄹ세'는 추측이나 의도를 나타내는 종결어미.

16 연지분(臙脂粉) : 연지와 분. '연지'는 여자가 화장할 때, 입술이나 뺨에 바르거나 찍는 붉은 빛깔의 염료. '분'은 얼굴빛을 곱게 하기 위해 얼굴에 바르는 화장품의 하나.

17 잇ᄂᆡ마ᄂᆞᆫ : 있지마는. 있지만.

18 고이 ᄒᆞᆯ고 : 곱게 할까?

19 ᄆᆞ음의 ᄆᆡ친 실음 : 마음에 맺힌 시름. '시름'은 마음에 걸려 풀리지 않고 항상 남아 있는 근심과 걱정.

20 첩첩(疊疊)이 빠혀이셔 : 겹겹이 쌓여 있어. '첩첩'은 여러 겹으로 포개져 있는 모양. 겹겹.

21 디ᄂᆞ니 : 떨어지나니. 떨어지는 것이.

22 유한(有限)ᄒᆞᆫᄃᆡ : 유한한데. '유한'은 수·양·공간·시간 등에 일정한 한도나 한계가 있음.

23 ᄒᆞᄂᆞᆫ고야 : 하는구나. 가는구나.

24 염량(炎凉) : 무덥고 서늘함. 더위와 추위.

25 고텨 오니 : 고쳐 오니. 다시 오니.

26 듯거니 보거니 : 듣고 보고 하는 중에.

27 늣길 일도 하도 할샤 : 느낄 일도 많기도 많구나. 느끼는 일도 많고 많다.

28 동풍(東風) : 동쪽에서 불어오는 바람. 또는 봄철에 부는 따뜻한 바람. 여기서는 '봄바람'을 뜻함.

29 건듯 : 바람이 가볍게 살짝 부는 모양.

窓창밧긔 심근 梅미花화 두세 가지 픠여세라
굿득 冷닝淡담훈딕[31] 暗암香향[32]은 므스 일고[33]
黃황昏혼의 돌이 조차[34] 벼마틱 빗최니[35]
늣기눈 돗 반기눈 돗 님이신가 아니신가
뎌 梅미花화 것거내여 님 겨신 딕 보내오져[36]
님이 너롤 보고 엇더타 너기실고[37]
꼿 디고 새닙 나니 綠녹陰음이 설렷눈딕[38]
羅나幃위 寂적寞막후고[39] 繡슈幕막이 뷔여 잇다[40]
芙부蓉용[41]을 거더 노코 孔공雀작[42]을 둘러 두니
굿득 시름 한딕[43] 날은 엇디 기돗던고[44]

---

30 적설(積雪)을 헤텨 내니 : 쌓인 눈을 헤쳐 내니. 쌓인 눈을 흩어지게 하니.

31 굿득 냉담(冷淡)훈딕 : 가뜩이나 차가운데.

32 암향(暗香) : 그윽하게 풍겨 오는 향기. 흔히 매화의 향기를 가리킴.

33 므스 일고 : 무슨 일인가? (향기는) 왜 나는가?

34 돌이 조차 : 달이 좇아서. 달이 따라서.

35 벼마틱 빗최니 : 베갯맡에 비추니. 베갯머리에 비추니. '베갯머리'는 베개를 베고 누워 있는 사람의 머리 부근.

36 보내오져 : 보내고자. 보내고 싶구나.

37 엇더타 너기실고 : 어떻게 여기실까?

38 녹음(綠陰)이 설렷눈딕 : 녹음이 깔렸는데. '녹음'은 잎이 푸르게 우거진 숲. 또는 나무의 그늘.

39 나위(羅幃) 적막(寂寞)후고 : 얇은 비단으로 만든 휘장(揮帳)이 적막하고. '휘장'은 천을 여러 폭으로 이어서 빙 둘러치는 장막. '적막'은 고요하고 쓸쓸함.

40 수막(繡幕)이 뷔여 잇다 : 수를 놓은 장막이 비어 있다. '장막'은 햇빛 또는 비바람을 피할 수 있도록 둘러치는 막.

41 부용(芙蓉) : 부용장(芙蓉帳). 연꽃을 그리거나 수놓은 휘장.

42 공작(孔雀) : 공작병(孔雀屛). 공작을 그리거나 수놓은 병풍. '공작'은 꿩과의 새. 꿩과 비슷하나 깃이 매우 화려하고 몸이 큼. '병풍'은 바람을 막거나 무엇을 가리거나, 또는 장식용으로 방 안에 치는 물건.

43 굿득 시름 한딕 : 가뜩이나 시름이 많은데.

鴛원鴦앙錦금 버혀 노코[45] 五오色식線션 플텨내여[46]
금자히 견화이셔[47] 님의 옷 지어내니
手슈品품은 ᄏᆞ니와[48] 制졔度도도 ᄀᆞᄌᆞᆯ시고[49]
珊산瑚호樹슈 지게 우희[50] 白빅玉옥函함의 다마 두고[51]
님의게 보내오려 님 겨신 ᄃᆡ ᄇᆞ라보니
山산인가 구름인가 머ᄒᆞ도 머흘시고[52]
千쳔里리 萬만里리[53] 길히 뉘라셔[54] ᄎᆞ자갈고
니거든 여러 두고[55] 날인가[56] 반기실가
ᄒᆞᄅᆞ밤 서리김의[57] 기러기 우러 녤 제[58]

---

44 기돗던고 : 길고 지루하던가?

45 원앙금(鴛鴦錦) 버혀 노코 : 원앙새를 수놓은 비단을 베어 놓고. '원앙새'는 오릿과의 물새. 부리는 짧고 끝에는 손톱 같은 돌기가 있음.

46 오색선(五色線) 플텨내여 : 다섯 빛깔의 실을 풀어내어.

47 금(金)자히 견화이셔 : 쇠로 된 자로 재어서.

48 수품(手品)은 ᄏᆞ니와 : 솜씨는 물론이거니와. 솜씨는 더 말할 것도 없고. 'ᄏᆞ니와'는 물론이거니와.

49 제도(制度)도 ᄀᆞᄌᆞᆯ시고 : 제도도 갖추었구나. '제도'는 규격과 모양. 마련된 법도. 여기서는 옷을 만드는 격식을 가리킴. '-을시고'는 감탄의 뜻을 나타내는 종결어미.

50 산호수(珊瑚樹) 지게 우희 : 산호수로 만든 지게 위의. '산호수'는 자금우과의 상록 소관목. 잎은 돌려나고 타원형임. 6월에 흰색 꽃이 피고 9월에 붉은 열매가 익는데, 낮은 지대의 숲이나 골짜기에서 자람. '지게'는 짐을 얹어 사람이 지고 다니게 만든 기구.

51 백옥함(白玉函)의 다마 두고 : 백옥으로 만든 상자에 담아 두고.

52 머ᄒᆞ도 머흘시고 : 험하기도 험하구나. 험하고 험하다.

53 천리만리(千里萬里) : 멀기가 천 리 또는 만 리나 된다는 뜻으로, 아주 먼 거리를 이르는 말. '리'는 거리의 단위로, 1리는 약 393m에 해당함.

54 뉘라셔 : 누가 있어. 누가.

55 니거든 여러 두고 : 가거든 열어 두고. 여기서는 '백옥함이 도착하거든 이 함을 열어 두고'의 뜻임.

56 날인가 : 나인 것처럼. 나를 본 듯이.

57 서리김의 : 서리가 내린 기운에. '서리'는 대기 중의 수증기가 지상의 물체 표면에 얼어붙은 것.

危위樓루[59]에 혼자 올나 水슈晶졍簾념을 거든마리[60]

東동山산의 ᄃᆞᆯ이 나고 北븍極극의 별이 뵈니

님이신가 반기니 눈믈이 절로 난다

淸쳥光광을 믜워내여[61] 鳳봉凰황樓누의 븟티고져[62]

樓누 우ᄒᆡ 거러 두고 八팔荒황[63]의 다 비최여

深심山산 窮궁谷곡[64] 졈낫ᄀᆞ티 ᄆᆡᆼ그쇼셔[65]

乾건坤곤[66]이 閉폐塞ᄉᆡᆨ[67]ᄒᆞ야 白ᄇᆡᆨ雪셜이 ᄒᆞᆫ 비친 제[68]

사ᄅᆞᆷ은 ᄀᆞ니와 ᄂᆞᆯ 새도 긋처 잇다[69]

瀟쇼湘샹 南남畔반[70]도 치오미[71] 이러커든

玉옥樓누 高고處쳐[72]야 더옥 닐러 므슴 ᄒᆞ리[73]

---

58 우러 녈 제 : 울면서 갈 때.

59 위루(危樓) : 위험스러울 만큼 매우 높은 누각. '누각'은 사방을 바라볼 수 있도록 문과 벽이 없이 다락처럼 높이 지은 집.

60 수정렴(水晶簾)을 거든마리 : 수정 구슬을 꿰어 만든 발을 걷으니. '발'은 가늘고 긴 대를 줄로 엮거나, 줄을 여러 개 나란히 늘어뜨려 만든 물건. 주로 무엇을 가리는 데 씀.

61 청광(淸光)을 믜워내여 : 맑은 달빛을 움직여서. 맑은 달빛을 옮겨서.

62 봉황루(鳳凰樓)의 븟티고져 : 봉황이 새겨진 누각에 보내고자. '봉황루'는 임이나 임금이 계신 곳을 아름답게 이르는 말. 여기서는 임금이 계신 궁궐을 가리킴.

63 팔황(八荒) : 여덟 방위의 멀고 너른 범위라는 뜻으로, 온 세상을 이르는 말.

64 심산궁곡(深山窮谷) : 깊은 산속의 험한 골짜기.

65 졈낫ᄀᆞ티 ᄆᆡᆼ그쇼셔 : 한낮같이 만드소서. 대낮같이 만드십시오.

66 건곤(乾坤) : 하늘과 땅. 천지(天地).

67 폐색(閉塞) : 꽉 닫히고 막힘. 여기서는 겨울의 추위에 모든 것이 얼어붙어 생기가 없는 것을 말함.

68 백설(白雪)이 ᄒᆞᆫ 비친 제 : 흰 눈이 한 가지 빛인 때. 흰 눈으로 온 세상이 덮여 있을 때.

69 ᄂᆞᆯ 새도 긋처 잇다 : 나는 새도 (날개짓을) 그쳤다. 나는 새도 사라졌다.

70 소상남반(瀟湘南畔) : 중국 호남성(湖南省)에 있는 소수(瀟水)와 상수(湘水)가 합쳐지는 곳의 남쪽 언덕. 여기서는 작자가 있는 전라남도 담양군 창평을 가리킴.

71 치오미 : 춥기가.

陽양春춘을 부쳐내여[74] 님 겨신 ᄃᆡ 쏘이고져[75]

茅모簷쳠 비쵠 ᄒᆡ[76]를 玉옥樓누의 올리고져

紅홍裳샹을 니믜 ᄎᆞ고[77] 翠취袖슈[78]를 半반만 거더

日일暮모 脩슈竹듁[79]의 혬가림[80]도 하도 할샤

댜론 ᄒᆡ 수이 디여[81] 긴 밤을 고초안자[82]

靑쳥燈등 거론 겻ᄐᆡ[83] 鈿뎐箜공篌후[84] 노하두고

ᄭᅮᆷ의나 님을 보려 ᄐᆞᆨ 밧고 비겨시니[85]

鴦앙衾금[86]도 ᄎᆞ도 ᄎᆞᆯ샤[87] 이 밤은 언제 샐고

---

72 옥루고처(玉樓高處) : 옥으로 만든 높은 누각. 임금이 계신 곳을 가리킴.

73 더옥 닐러 므슴 ᄒᆞ리 : 더욱 말해 무엇 하리?

74 양춘(陽春)을 부쳐내여 : 봄날의 햇볕을 보내어.

75 쏘이고져 : 쏘이게 하고자. 쐬게 하고자. '쏘이다'는 얼굴이나 몸에 바람·연기·햇빛 등을 직접 받다.

76 모첨(茅簷) 비쵠 ᄒᆡ : 모첨을 비추는 해. '모첨'은 띠로 지은 집의 처마. 또는 띠로 지은 집. '띠'는 볏과의 여러해살이풀. 원뿔형으로 똑바로 서 있는데, 척박한 땅이나 비옥한 땅을 가리지 않고 군락을 이루며 자람.

77 홍상(紅裳)을 니믜 ᄎᆞ고 : 붉은 치마를 여미어 입고. '여미다'는 벌어진 옷깃이나 장막을 바로 합쳐 단정하게 하다.

78 취수(翠袖) : 비취색 소매. 푸른 소매.

79 일모수죽(日暮脩竹) : 해질녘 긴 대나무에 기대어 있음. 중국 당(唐)나라의 시인인 두보(杜甫, 712~770)가 지은 〈가인(佳人)〉의 "날씨는 찬데 여름옷 입고(天寒翠袖薄), 해질녘 긴 대나무에 기대어 있네.(日暮倚脩竹)"에서 인용한 것.

80 혬가림 : 여러 가지 생각. 이런 생각 저런 생각.

81 댜룬 ᄒᆡ 수이 디여 : 짧은 해 쉽게 져서. 짧은 해가 금방 져서.

82 고초안자 : 곧추앉아. 허리를 펴고 똑바로 앉아.

83 청등(靑燈) 거론 겻ᄐᆡ : 푸른 등이 걸린 곁에.

84 전공후(鈿箜篌) : 자개로 장식한 공후. '자개'는 금조개 껍데기를 썰어 낸 조각. 빛깔이 아름다워 여러 가지 모양으로 잘게 썰어 가구를 장식하는 데 쓰임. '공후'는 하프와 비슷한 동양의 옛 현악기. 21줄로 된 것과 13줄로 된 것이 있음.

85 ᄐᆞᆨ 밧고 비겨시니 : 턱 받치고 기대어 있으니.

ᄒᆞᄅᆞ도 열두 째 ᄒᆞᆫ ᄃᆞᆯ도 셜흔 날
져근덧 ᄉᆡᆼ각 마라[88] 이 시ᄅᆞᆷ 닛쟈 ᄒᆞ니
ᄆᆞᄋᆞᆷ의 ᄆᆡ쳐 이셔 骨골髓슈[89]의 쎄텨시니[90]
扁편鵲쟉[91]이 열히 오다[92] 이 병을 엇디ᄒᆞ리
어와[93] 내 병이야 이 님의 타시로다
ᄎᆞᆯ하리 싀어디여[94] 범나븨[95] 되오리라
곳나모 가지마다 간 ᄃᆡ 죡죡 안니다가[96]
향 므틴 ᄂᆞᆯ애[97]로 님의 오ᄉᆡ 올므리라[98]
님이야 날인 줄 모ᄅᆞ셔도 내 님 조ᄎᆞ려[99] ᄒᆞ노라

〈『松江歌辭』〉

---

86 앙금(鴦衾) : 원앙새를 수놓은 이불.

87 ᄎᆞ도 ᄎᆞᆯ샤 : 차갑기도 차갑구나. 차갑고 차갑다.

88 져근덧 ᄉᆡᆼ각 마라 : 잠깐 사이도 생각 말고. 잠시라도 생각 않고.

89 골수(骨髓) : 뼈의 중심부인 골수공간(骨髓空間)에 가득 차 있는 결체질(結締質)의 물질. 여기서는 마음속 깊은 곳을 뜻함.

90 쎄텨시니 : 사무치니. 꿰뚫으니. '사무치다'는 깊이 스며들거나 멀리까지 미치다.

91 편작(扁鵲) : 중국 전국(戰國)시대의 유명한 의사. 성은 진(秦), 이름은 월인(越人). 임상 경험을 바탕으로 치료하였는데, 환자의 오장(五臟)을 투시하는 경지에까지 이르렀다고 전함.

92 열히 오다 : 열이 와도. 열 명이 오더라도.

93 어와 : 감탄사.

94 ᄎᆞᆯ하리 싀어디여 : 차라리 죽어져서. 차라리 죽어서.

95 범나븨 : 호랑나비.

96 간 ᄃᆡ 죡죡 안니다가 : 간 데 족족 앉았다가. 간 데마다 앉았다가. '족족'은 하나도 빠짐없이 모두.

97 향 므틴 ᄂᆞᆯ애 : 향 묻힌 날개.

98 올므리라 : 옮기리라. 옮길 것이다.

99 조ᄎᆞ려 : 좇으려고. 따르려고.

ᄉᆞᆨ미인곡續美人曲

정철(鄭澈, 1536~1593)

뎨[1] 가ᄂᆞᆫ 뎌 각시[2] 본 듯도 ᄒᆞᆫ뎌이고[3]

天텬上샹 白ᄇᆡᆨ玉옥京경[4]을 엇디ᄒᆞ야 離니別별ᄒᆞ고

ᄒᆡ 다 뎌 져믄 날의[5] 눌을 보라 가시ᄂᆞᆫ고[6]

어와[7] 네여이고[8] 이내 ᄉᆞ셜[9] 드러 보오

내 얼굴 이 거동[10]이 님 괴얌즉[11] ᄒᆞᆫ가마ᄂᆞᆫ

엇딘디[12] 날 보시고 네로다 녀기실ᄉᆡ[13]

나도 님을 미더 군ᄠᅳ디[14] 젼혀 업서

---

1 뎨 : 저기.

2 각시 : 젊은 여인. 또는 아내.

3 ᄒᆞᆫ뎌이고 : 하구나.

4 백옥경(白玉京) : 중국 도교(道教)에서 말하는, 옥황상제(玉皇上帝)가 사는 곳. 여기서는 임금이 계신 궁궐을 가리킴.

5 ᄒᆡ 다 뎌 져믄 날의 : 해가 다 진 저문 날에.

6 눌을 보라 가시ᄂᆞᆫ고 : 누구를 보러 가시는가?

7 어와 : 감탄사.

8 네여이고 : 너로구나. 너구나.

9 이내 ᄉᆞ셜 : 이내 사설(辭說). 나의 이야기. '이내'는 '나의'를 강조하는 말. '사설'은 늘어놓는 말이나 이야기.

10 거동(擧動) : 몸을 움직임. 또는 그런 짓이나 태도.

11 괴얌즉 : 사랑받음직. '괴얌'은 '괴이다'의 명사형.

12 엇딘디 : 어찌 된 일인지. 어쩐지.

13 네로다 녀기실ᄉᆡ : "너로구나" 하고 (특별하게) 여기시므로.

이ᄅᆡ야 교ᄐᆡ야[15] 어ᄌᆞ러이 ᄒᆞ돗쩐디[16]
반기시ᄂᆞᆫ ᄂᆞᆺ비치 녜와[17] 엇디 다ᄅᆞ신고
누어 ᄉᆡᆼ각ᄒᆞ고 니러 안자 혜여ᄒᆞ니[18]
내 몸의 지은 죄 뫼ᄀᆞ티 빠혀시니[19]
하ᄂᆞᆯ히라 원망ᄒᆞ며 사ᄅᆞᆷ이라 허믈ᄒᆞ랴[20]
셜워 플텨 혜니[21] 造조物믈의 타시로다[22]
글란 ᄉᆡᆼ각 마오[23] ᄆᆡ친 일이 이셔이다[24]
님을 뫼셔 이셔[25] 님의 일을 내 알거니
믈 ᄀᆞ튼[26] 얼굴이 편ᄒᆞ실 적 몃 날일고
春츈寒한 苦고熱열[27]은 엇디ᄒᆞ야 디내시며
秋츄日일 冬동天텬[28]은 뉘라셔 뫼셧ᄂᆞᆫ고[29]

---

14 군ᄠᅳ디 : 군뜻이. 다른 뜻이. '군뜻'은 잡념(雜念). 또는 사념(邪念).

15 이ᄅᆡ야 교ᄐᆡ야 : 응석과 교태(嬌態)를. '응석'은 어른에게 어리광을 부리거나 귀여워해 주는 것을 믿고 버릇없이 구는 일. '교태'는 아양을 부리는 태도. 또는 아리따운 자태.

16 어ᄌᆞ러이 ᄒᆞ돗쩐디 : 어지러이 하였던지. 어지럽게 하였는데.

17 ᄂᆞᆺ비치 녜와 : 낯빛이 예전과. 얼굴의 빛깔이나 기색이 옛날과.

18 니러 안자 혜여ᄒᆞ니 : 일어나 앉아 헤아리니. '헤아리다'는 짐작하여 가늠하거나 미루어 생각하다.

19 뫼ᄀᆞ티 빠혀시니 : 산(山)같이 쌓였으니.

20 사ᄅᆞᆷ이라 허믈ᄒᆞ랴 : 다른 사람 탓을 하랴? 다른 사람의 잘못이랴? '허물'은 잘못 저지른 실수.

21 셜워 플텨 혜니 : 서러워 풀어내어 헤아리니. 서러워 생각하니.

22 조물(造物)의 타시로다 : 조물주(造物主)의 탓이로다. '조물주'는 우주의 만물을 만들고 다스리는 신.

23 글란 ᄉᆡᆼ각 마오 : 그렇게 생각하지 마오.

24 ᄆᆡ친 일이 이셔이다 : 맺힌 일이 있습니다.

25 뫼셔 이셔 : 모시고 있어. 모셔 봐서.

26 믈 ᄀᆞ튼 : 물 같은. 연약한.

27 춘한고열(春寒苦熱) : 봄의 꽃샘추위와 여름의 괴로운 더위.

粥쥭早조飯반[30] 朝죠夕셕뫼[31] 녜와 ᄀᆞᆺ티 셰시ᄂᆞᆫ가[32]
기나긴 밤의 ᄌᆞᆷ은 엇디 자시ᄂᆞᆫ고[33]
님다히[34] 消쇼息식을 아므려나 아쟈 ᄒᆞ니[35]
오ᄂᆞᆯ도 거의로다[36] ᄂᆡ일이나 사ᄅᆞᆷ 올가[37]
내 ᄆᆞᄋᆞᆷ 둘 ᄃᆡ 업다 어드러로 가쟛 말고[38]
잡거니 밀거니 놉픈 뫼ᄒᆡ[39] 올라가니
구롬은 ᄏᆞ니와[40] 안개ᄂᆞᆫ 므ᄉᆞ 일고[41]
山산川쳔[42]이 어둡거니 日일月월을 엇디 보며
咫지尺쳑[43]을 모ᄅᆞ거든 千쳔里리[44]ᄅᆞᆯ ᄇᆞ라보랴
ᄎᆞᆯ하리[45] 믈ᄀᆞ의 가 ᄇᆡ길히나[46] 보랴 ᄒᆞ니

---

28 추일동천(秋日冬天) : 가을날과 겨울날.

29 뉘랴셔 뫼셨ᄂᆞᆫ고 : 누가 있어 모셨는가? 누가 모시는가?

30 죽조반(粥早飯) : 아침식사 전에 조금 먹는 죽.

31 조석(朝夕)뫼 : 아침밥과 저녁밥.

32 녜와 ᄀᆞᆺ티 셰시ᄂᆞᆫ가 : 예전과 같이 잡수시는가? 예전처럼 드시는가?

33 자시ᄂᆞᆫ고 : 주무시는가?

34 님다히 : 임의 쪽. 임이 계신 곳.

35 아므려나 아쟈 ᄒᆞ니 : 아무려나 알자고 하니. 어떻게 해서라도 알려고 하니.

36 오ᄂᆞᆯ도 거의로다 : 오늘도 거의 지나갔다. 오늘도 거의 날이 저물었구나.

37 ᄂᆡ일이나 사ᄅᆞᆷ 올가 : 내일이나 사람이 올까? 내일은 (임의 소식을 전해 줄) 사람이 올까?

38 어드러로 가쟛 말고 : 어느 곳으로 가자는 말인가? 어디로 가야 하는가?

39 놉픈 뫼ᄒᆡ : 높은 산에.

40 ᄏᆞ니와 : 물론이거니와. 더 말할 것도 없고.

41 안개ᄂᆞᆫ 무ᄉᆞ 일고 : 안개는 무슨 일인가? 안개는 왜 있는가?

42 산천(山川) : 산과 냇물. 또는 자연.

43 지척(咫尺) : 아주 가까운 거리. 1지는 24cm, 1척은 30cm에 해당함.

44 리(里) : 거리의 단위로, 1리는 약 393m에 해당함.

45 ᄎᆞᆯ하리 : 차라리.

ᄇᆞ람이야 믈결이야 어둥정 된뎌이고[47]
샤공[48]은 어ᄃᆡ 가고 빈 ᄇᆡ만 걸렷ᄂᆞ니[49]
江강天텬[50]의 혼자 서셔 디ᄂᆞᆫ ᄒᆡ를 구버보니
님다히 消쇼息식이 더옥 아득ᄒᆞᆫ뎌이고[51]
茅모簷쳠[52] ᄎᆞᆫ 자리의 밤듕만[53] 도라오니
半반壁벽 靑쳥燈등[54]은 눌 위ᄒᆞ야 불갓ᄂᆞᆫ고[55]
오ᄅᆞ며 ᄂᆞ리며[56] 헤ᄯᅳ며[57] 바자니니[58]
져근덧 力녁盡진ᄒᆞ야[59] 픗ᄌᆞᆷ[60]을 잠간 드니
情졍誠셩이 지극ᄒᆞ야 ᄭᅮᆷ의 님을 보니
玉옥 ᄀᆞᄐᆞᆫ 얼구리 半반이 나마[61] 늘거셰라

---

46 ᄇᆡ길히나 : 뱃길이나.

47 어둥정 된뎌이고 : 어리둥절하게 되었구나. 어수선하게 되었구나. '어수선하다'는 마음이나 분위기가 안정되지 못하다. 또는 사물이 얽히고 뒤섞여 가지런하지 않고 헝클어져 있다.

48 샤공 : 사공(沙工). 노를 저어 나아가는 배를 부리는 일을 직업으로 하는 사람.

49 걸렷ᄂᆞ니 : 걸렸는가?

50 강천(江天) : 넓은 강가.

51 아득ᄒᆞᆫ뎌이고 : 아득하구나. '아득하다'는 보이는 것이나 들리는 것이 희미하고 매우 멀다.

52 모첨(茅簷) : 띠로 지은 집의 처마. 또는 띠로 지은 집. '띠'는 볏과의 여러해살이풀. 원뿔형으로 똑바로 서 있는데, 척박한 땅이나 비옥한 땅을 가리지 않고 군락을 이루며 자람.

53 밤듕만 : 밤중쯤. 밤중에.

54 반벽청등(半壁靑燈) : 벽 가운데 걸린 푸른 등불.

55 눌 위ᄒᆞ야 불갓ᄂᆞᆫ고 : 누구를 위해 밝혔는가?

56 오ᄅᆞ며 ᄂᆞ리며 : (산을) 오르내리며.

57 헤ᄯᅳ며 : 헤매고 떠돌며. 방황하며.

58 바자니니 : 바장이니. 서성대니. '바장이다'는 부질없이 짧은 거리를 오락가락 거닐다.

59 져근덧 역진(力盡)ᄒᆞ야 : 잠깐 사이 힘이 다해. 잠깐 동안 지쳐서.

60 픗ᄌᆞᆷ : 풋잠. 잠든 지 얼마 안 되어 깊이 들지 못한 잠.

61 반(半)이 나마 : 반이 넘게.

ᄆᆞ음의 머근 말솜 슬ᄏᆞ장 ᄉᆞᆲ쟈 ᄒᆞ니[62]

눈믈이 바라 나니[63] 말솜인들 어이ᄒᆞ며

情정을 못다 ᄒᆞ야[64] 목이 조차 몌여ᄒᆞ니[65]

오뎐된 鷄계聲성의[66] 좀은 엇디 ᄭᆡ돗던고[67]

어와 虛허事ᄉᆞ[68]로다 이 님이 어ᄃᆡ 간고

결[69]의 니러 안자 窓창을 열고 ᄇᆞ라보니

어엿븐 그림재[70] 날 조출 ᄲᅮᆫ이로다

ᄎᆞᆯ하리 싀여디여[71] 落낙月월이나 되야 이셔[72]

님 겨신 窓창 안ᄒᆡ 번드시 비최리라[73]

각시님 ᄃᆞᆯ이야 ᄏᆞ니와[74] 구ᄌᆞᆫ비[75]나 되쇼셔

〈『松江歌辭』〉

62 슬ᄏᆞ장 ᄉᆞᆲ쟈 ᄒᆞ니 : 실컷 사뢰고자 하니. 마음껏 여쭙고자 하니.

63 바라 나니 : 바로 나오니.

64 정(情)을 못다 ᄒᆞ야 : 정을 다 말하지 못하여. '제1부 현대어역'에서는 "맺힌 마음 못다 풀어"로 의역했음.

65 목이 조차 몌여ᄒᆞ니 : 목조차 메이니. '메이다'는 어떤 감정이 북받쳐 목소리가 잘 나오지 않다.

66 오뎐된 계성(鷄聲)의 : 방정맞은 닭의 울음소리에. 경망스러운 닭소리에.

67 ᄭᆡ돗던고 : 깨었던가?

68 허사(虛事) : 보람을 얻지 못하고 쓸데없이 한 노력.

69 결 : 잠결. 의식이 흐릿할 정도로 잠이 어렴풋이 들거나 깬 상태.

70 어엿븐 그림재 : 불쌍한 그림자가. 가엾은 그림자가.

71 싀여디여 : 죽어져서. 없어져서.

72 낙월(落月)이나 되야 이셔 : 지는 달이나 되어서.

73 번드시 비최리라 : 환하게 비추리라.

74 ᄃᆞᆯ이야 ᄏᆞ니와 : 달은 물론이고. 달은 말할 것도 없고. 그러나 여기에서는 '달도 좋지만'의 의미로 쓰인 듯.

75 구ᄌᆞᆫ비 : 궂은비. 날이 흐리고 침침하게 오랫동안 내리는 비. 장마.

규원가閨怨歌

허난설헌(許蘭雪軒, 1563~1589)

엇그제[1] 저멋더니[2] ᄒᆞ마[3] 어이 다 늘거니[4]
少年行樂(소년행락)[5] 생각ᄒᆞ니 일러도 속절업다[6]
늘거야 서른 말숨[7] ᄒᆞ자니 목이 멘다
父生母育(부생모육)[8] 辛苦(신고)[9]ᄒᆞ야 이내 몸 길러낼 제[10]
公侯配匹(공후배필)[11]은 못 바라도 君子好逑(군자호구)[12] 願(원)ᄒᆞ더니
三生(삼생)[13]의 怨業(원업)[14]이오 月下(월하)의 緣分(연분)[15]ᄋᆞ로

1 엇그제 : 엊그제. 바로 며칠 전.

2 저멋더니 : 젊었더니.

3 ᄒᆞ마 : 이미. 벌써.

4 어이 다 늘거니 : 어찌 다 늙었나?

5 소년행락(少年行樂) : 어릴 적의 즐거운 시절. 어릴 적 즐겁게 지내던 일.

6 일러도 속절업다 : 말해도 속절없다. '속절없다'는 아무리 해도 어찌할 도리가 없다. 소용없다.

7 늘거야 서른 말숨 : 늙어서 서러운 말씀.

8 부생모육(父生母育) : 어버이가 낳고 기름.

9 신고(辛苦) : 몹시 고생함. 곤란한 일을 겪어 몹시 애를 씀.

10 이내 몸 길러낼 제 : 나의 몸 길러낼 때. 나를 기르실 때. '이내'는 '나의'를 강조하여 이르는 말.

11 공후배필(公侯配匹) : 신분과 지위가 높은 사람의 배필. '배필'은 부부로서의 짝. '공후'는 다섯 등급으로 나눈 귀족 계급 가운데서 공작(公爵)과 후작(侯爵)을 아울러 이르는 말.

12 군자호구(君子好逑) : 군자의 좋은 배필. 『시경(詩經)』「주남(周南) 관저(關雎)」 편에 "요조숙녀는 군자의 좋은 배필이네.(窈窕淑女 君子好逑)"라는 구절이 있음. '군자'는 성품이 어질고 학식이 높은 지성인. 유가(儒家)의 이상적인 인간형.

13 삼생(三生) : 과거·현재·미래를 뜻하는 전생(前生)·현생(現生)·내생(來生).

長安遊俠(장안유협)[16] 경박자[17]를 쑴굳치 만나 잇서

當時(당시)의 用心(용심)[18]ᄒᆞ기 살어름 디듸는 듯[19]

三五二八(삼오이팔)[20] 겨오 지나 天然麗質(천연여질)[21] 절로 이니[22]

이 얼골 이 態度(태도)로 百年期約(백년기약)[23] ᄒᆞ얏더니

年光(연광)[24]이 훌훌ᄒᆞ고[25] 造物(조물)[26]이 多猜(다시)ᄒᆞ야[27]

봄바람 가을 믈이 뵈오리[28] 북[29] 지나듯

---

14 원업(怨業) : 원망스러운 업보(業報). '업'은 산스크리트어 karma의 번역으로, 몸과 입과 뜻으로 짓는 모든 행위를 말함. '업보'는 행위의 결과로서 받는 것.

15 월하(月下)의 연분(緣分) : 부부의 인연. '월하'는 월하노인(月下老人)의 준말로, 부부의 인연을 맺어 준다는 전설상의 노인. 중국 당(唐)나라의 위고(韋固)가 달밤에 어떤 노인을 만나 장래의 아내에 대한 예언을 들었다는 고사(故事)에서 유래함. '연분'은 서로 관계를 맺게 되는 인연.

16 장안유협(長安遊俠) : 서울 유흥가의 호방(豪放)한 남자. '장안'은 중국 전한(前漢)과 당나라의 수도였던 서안(西安)의 옛 이름인데, 수도 또는 번화한 도시라는 뜻으로 널리 쓰임. 여기서는 서울의 유흥가를 가리킴. '유협'은 호방하고 의협심이 있는 사람. 협객(俠客).

17 경박자(輕薄者) : 경박한 사람. '경박'은 생각이 깊지 않고 조심성이 없어 말과 행동이 가벼움.

18 용심(用心) : 어떤 일에 마음을 씀. 마음으로 걱정함.

19 살어름 디듸는 듯 : 살얼음 디디는 듯. '살얼음'은 얇게 살짝 언 얼음.

20 삼오이팔(三五二八) : '삼오'는 15세, '이팔'은 16세.

21 천연여질(天然麗質) : 타고난 아름다운 모습. '천연'은 자연 그대로의 모습. '여질'은 타고난 아름다운 성품. 또는 뛰어난 소질.

22 절로 이니 : 저절로 나타나니.

23 백년기약(百年期約) : 평생을 약속함. '기약'은 때를 정하여 약속함. 또는 그런 약속.

24 연광(年光) : 흘러가는 시간. 세월.

25 훌훌ᄒᆞ고 : 빨리 지나가고. '훌훌'은 가볍게 날듯이 뛰거나 움직이는 모양.

26 조물(造物) : 조물주(造物主). 우주의 만물을 만들고 다스리는 신.

27 다시(多猜)ᄒᆞ야 : 시샘을 많이 하여. '시샘'은 자기보다 잘되거나 나은 사람을 공연히 미워하고 싫어함.

28 뵈오리 : 베올이. 베의 실 가닥이. '베'는 삼실·무명실·명주실 등으로 짠 천.

29 북 : 베틀에서, 날실의 틈으로 왔다 갔다 하면서 씨실을 푸는 기구. 베를 짜는 데 중요한 역할을 하며, 배 모양으로 생겼음.

雪鬢花顔(설빈화안)[30] 어듸 두고 面目可憎(면목가증)[31] 되거고나[32]
내 얼골 내 보거니[33] 어느 님이 날 괼소냐[34]
스스로 慚愧(참괴)[35]ᄒᆞ니 누구를 怨望(원망)ᄒᆞ리
三三五五(삼삼오오)[36] 冶遊園(야유원)[37]의 새사람이 나단 말가[38]
곳 피고 날 저물 제 定處(정처)[39] 업시 나가 잇어
白馬(백마) 金鞭(금편)[40]으로 어듸 어듸 머무는고
遠近(원근)[41]을 모르거니 消息(소식)이야 더욱 알랴
因緣(인연)을 긋쳐신들[42] ᄉᆡᆼ각이야 업슬소냐
얼골을 못 보거든 그립기나 마르려믄[43]
열두 ᄣᅢ 김도 길샤[44] 설흔 날 支離(지리)ᄒᆞ다[45]

---

30 설빈화안(雪鬢花顔) : 길게 늘어뜨린 고운 머리털과 젊고 아름다운 얼굴.

31 면목가증(面目可憎) : 얼굴이 남에게 미움을 살 만한 데가 있음. '면목'은 얼굴의 생김새.

32 되거고나 : 되었구나.

33 내 보거니 : 내가 보니.

34 괼소냐 : 사랑할쏘냐? 사랑하겠는가? '-ㄹ쏘냐'는 '어찌 그럴 리가 있겠느냐'의 뜻으로, 강한 부정을 나타내는 종결어미.

35 참괴(慚愧) : 매우 부끄러워함.

36 삼삼오오(三三五五) : 서너 사람 또는 대여섯 사람이 떼를 지어 다니거나 무슨 일을 함. 또는 그런 모양.

37 야유원(冶遊園) : 옷을 잘 차려입고 놀러가는 곳이란 뜻으로, 기생이 있는 술집을 가리킴.

38 나단 말가 : 생겼단 말인가? 생겼는가? 왔는가?

39 정처(定處) : 정한 곳. 또는 일정한 장소.

40 백마금편(白馬金鞭) : 흰 말과 황금 채찍. 외출할 때의 화려한 차림새를 뜻함.

41 원근(遠近) : (임이) 멀리 있는지 가까이 있는지.

42 긋쳐신들 : 끊어진들. 끊어졌더라도.

43 마르려믄 : 말 것이지.

44 김도 길샤 : 길기도 길구나. 길고 길다.

45 지리(支離)ᄒᆞ다 : 지루하다.

玉窓(옥창)에 심근[46] 梅花(매화) 몃 번이나 픠여 진고[47]
겨울 밤 차고 찬 제[48] 자최눈 섯거 치고[49]
여름날 길고 길 제 구즌비는 므스 일고[50]
三春花柳(삼춘화류)[51] 好時節(호시절)[52]의 景物(경물)이 시름업다[53]
가을 돌 방에 들고 蟋蟀(실솔)이 床(상)[54]에 울 제
긴 한숨 디는[55] 눈물 속절업시 헴만 만타[56]
아마도 모진 목숨 죽기도 어려울사[57]
도로혀 풀쳐 혜니[58] 이리ᄒᆞ여[59] 어이ᄒᆞ리
靑燈(청등)[60]을 돌라노코 綠綺琴(녹기금)[61] 빗기 안아[62]

---

46 옥창(玉窓)에 심근 : 옥으로 만든 창에 심은. '옥창'은 여자가 거처하는 방에 있는 창문을 뜻함.

47 픠여 진고 : 피고 졌는가?

48 차고 찬 제 : 차고 찬 때. 춥고 추울 때에.

49 자최눈 섯거 치고 : 자취눈 섞여 내리고. '자취눈'은 겨우 발자국이 날 만큼 적게 내린 눈. 자국눈.

50 구즌비는 므스 일고 : 궂은비는 무슨 일인가? 장마는 왜 오는가? '궂은비'는 날이 흐리고 침침하게 오랫동안 내리는 비. 장마.

51 삼춘화류(三春花柳) : 봄날의 꽃과 버들. '삼춘'은 봄의 석 달.

52 호시절(好時節) : 좋은 시절. 좋은 때.

53 경물(景物)이 시름업다 : 경치는 걱정이 없다. '경물'은 계절에 따라 달라지는 경치. '시름'은 마음에 걸려 풀리지 않고 항상 남아 있는 근심과 걱정.

54 실솔(蟋蟀)이 상(床)에 울 제 : 귀뚜라미가 상에서 울 때. '상'은 음식을 차려 내거나, 걸터앉거나, 책을 올려놓고 볼 수 있게 만든 가구.

55 디는 : 지는. 떨어지는.

56 헴만 만타 : 생각만 많다.

57 어려울사 : 어렵구나. '-ㄹ사'는 감탄의 뜻을 나타내는 종결어미.

58 도로혀 풀쳐 혜니 : 돌이켜 풀어서 헤아리니. 돌이켜 생각하니.

59 이리ᄒᆞ여 : 이리하여. 이렇게 지내서.

60 청등(靑燈) : 푸른빛을 내는 등.

61 녹기금(綠綺琴) : 중국 한(漢)나라의 사마상여(司馬相如)가 쓰던 거문고. 사마상여는 녹기금

碧蓮花(벽련화)[63] 한 곡조를 시름조ᄎᆞ 섯거 타니[64]
瀟湘(소상) 夜雨(야우)[65]의 댓소리 섯도ᄂᆞᆫ ᄃᆞᆺ[66]
華表(화표) 千年(천년)의 別鶴(별학)[67]이 우니ᄂᆞᆫ ᄃᆞᆺ[68]
玉手(옥수)[69]의 타는 手段(수단)[70] 녯 소래 잇다마ᄂᆞᆫ[71]
芙蓉帳(부용장)[72] 寂寞(적막)[73]ᄒᆞ니 뉘 귀에 들리소니[74]
肝腸(간장)[75]이 九曲(구곡)[76] 되야 구븨구븨 ᄭᅳᆫ쳐서라[77]

으로 〈봉구황곡(鳳求凰曲)〉을 연주하여 과부였던 탁문군(卓文君)을 유혹하였다고 함.

62 빗기 안아 : 비껴 안아. 비스듬히 안고.

63 벽련화(碧蓮花) : 푸른 연꽃. 여기서는 거문고로 연주하는 악곡의 이름.

64 시름조ᄎᆞ 섯거 타니 : 시름까지 섞어서 연주하니. '타다'는 악기의 줄을 퉁기거나 건반을 눌러 소리를 내다.

65 소상야우(瀟湘夜雨) : 소상강의 밤비. 밤비 내리는 소상강. 중국 고대의 순(舜) 임금이 남쪽 지방을 순시하러 갔다가 돌아오지 않자, 두 왕비인 아황(娥皇)과 여영(女英)이 순임금을 찾으러 소상강 유역까지 갔는데, 그곳에서 순임금이 창오산(蒼梧山)에서 죽었다는 소식을 듣고, 피눈물을 흘리며 강물에 빠져 자결하였다는 고사(故事)가 있음. 그 사건 이후 소상강 유역의 대나무에는 얼룩무늬가 생겼는데, 두 왕비가 자결하면서 흘린 피눈물의 흔적이라고 함.

66 댓소리 섯도ᄂᆞᆫ ᄃᆞᆺ : 대나무 소리 섞이어 도는 듯. 댓잎 소리 섞이는 듯.

67 화표(華表) 천년(千年)의 별학(別鶴) : 중국 한(漢)나라 때 요동 사람 정영위(丁令威)가 영허산(靈虛山)에서 도를 닦아 신선이 되었는데, 그 뒤 천년 만에 학이 되어 고향에 돌아와 화표주(華表柱)에 앉아 시를 지었다고 함. 인간세상의 변천(變遷)을 뜻하는 고사. 여기서는 남편의 사랑이 세월이 흘러 변했음을 의미함. '화표주'는 무덤 앞의 양쪽에 세우는, 여덟 모로 깎은 한 쌍의 돌기둥.

68 우니ᄂᆞᆫ ᄃᆞᆺ : 우니는 듯. '우니다'는 시끄럽게 울다. 또는 울고 다니다.

69 옥수(玉手) : 여성의 아름답고 고운 손.

70 수단(手段) : 어떤 목적을 이루기 위한 방법. 또는 일을 처리하여 나가는 솜씨.

71 녯 소래 잇다마ᄂᆞᆫ : 옛 소리 있다마는. 옛 소리와 같은 흥취가 있지만.

72 부용장(芙蓉帳): 연꽃을 그리거나 수놓은 휘장. '휘장'은 천을 여러 폭으로 이어서 빙 둘러치는 장막.

73 적막(寂寞) : 고요하고 쓸쓸함.

74 들리소니 : 들릴쏘냐? 들릴까?

75 간장(肝腸) : 간과 창자. 또는 '마음'을 비유적으로 이르는 말.

출하리 잠을 드러 꿈의나 보려ᄒᆞ니

바람의 디ᄂᆞᆫ 닢과 풀 속에 우는 즘생

므스 일 원수로서[78] 잠조차 ᄭᆡ오ᄂᆞᆫ다[79]

天上(천상)의 牽牛織女(견우직녀)[80] 銀河水(은하수)[81] 막혀서도

七月七夕(칠월칠석)[82] 一年一度(일년일도) 失期(실기)치 아니거든[83]

우리 님 가신 후는 무슨 弱水(약수)[84] 가렷관듸[85]

오거나 가거나 消息(소식)조차 ᄭᅳ쳣는고[86]

欄干(난간)의 비겨 서서[87] 님 가신 ᄃᆡ 바라보니

草露(초로)[88]ᄂᆞᆫ 맷쳐 잇고 暮雲(모운)[89]이 디나갈 제

---

76 구곡(九曲) : 아홉 굽이. '굽이'는 휘어서 구부러진 곳. 또는 굽어진 곳을 세는 단위.

77 구뷔구뷔 ᄭᅳ쳐서라 : 굽이굽이 끊어졌어라. '굽이굽이'는 똑바르지 않고 여러 번 구부러지는 모양.

78 므스 일 원수로서 : 무슨 일의 원수(怨讐)로서. 무슨 원수로서. '원수'는 원한이 맺힐 정도로 자기에게 해를 끼친 사람이나 집단.

79 ᄭᆡ오ᄂᆞᆫ다 : 깨우는가?

80 견우직녀(牽牛織女) : 견우성(牽牛星)과 직녀성(織女星)을 아울러 이르는 말. 은하(銀河)를 사이에 두고 동서(東西)로 자리 잡고 있는 두 별로서, 칠석(七夕)에 얽힌 설화로 잘 알려져 있음.

81 은하수(銀河水) : '은하'를 강(江)에 비유한 말. '은하'는 구름 띠 모양으로 길게 분포되어 있는 수많은 별의 무리.

82 칠석(七夕) : 음력 7월 7일. 이날 밤에 은하수 서쪽에 있는 직녀와 동쪽에 있는 견우가 오작교(烏鵲橋)에서 일 년에 한번 만난다는 설화가 있음.

83 일년일도(一年一度) 실기(失期)치 아니거든 : 일 년에 한 번 시기를 놓치지 않는데. 일 년에 한 번 약속을 지키는데.

84 약수(弱水) : 전설로 내려오는 중국의 강 이름. 신선(神仙)의 세계로 들어가기 위해서는 이 강을 건너야 한다고 함. 아무리 가벼운 물건이라도 다 가라앉고 강폭은 삼천 리나 됨. 도저히 건널 수 없는 강이라고 하여 '장애물'의 뜻으로 쓰임.

85 가렷관듸 : 가렸관데. 가렸기에. '-관데'는 원인이나 근거를 나타내는 연결어미.

86 ᄭᅳ쳣는고 : 끊어졌는가? 끊겼는가?

87 비겨 셔서 : 비겨 서서. 기대어 서서. '비기다'는 비스듬하게 기대다.

88 초로(草露) : 풀잎에 맺힌 이슬. 쉽게 사라지는 것을 비유하는 말로 쓰임.

竹林(죽림)[90] 푸른 고ᄃᆡ 새 소리 더욱 설다[91]
세상의 서룬 사람 수업다[92] ᄒᆞ려니와
薄命(박명)[93]ᄒᆞᆫ 紅顔(홍안)[94]이야 날 가ᄐᆞ니[95] ᄯᅩ 이실가
아마도 이 님의 지위로 살동말동[96] ᄒᆞ여라.

〈『古今歌曲』〉

---

89 모운(暮雲) : 날이 저물 무렵의 구름.

90 죽림(竹林) : 대나무로 이루어진 숲. 대숲.

91 설다 : 서럽다.

92 수업다 : 수(數)없다. 헤아릴 수 없을 만큼 그 수가 많다.

93 박명(薄命) : 복이 없고 팔자가 사나움. 박복(薄福). 또는 수명이 짧음.

94 홍안(紅顔) : 붉은 얼굴. 젊고 아름다운 여인을 가리킴.

95 날 가ᄐᆞ니 : 날 같은 이. 나와 같은 사람.

96 이 님의 지위로 살동말동 : 이 임의 탓으로 살 듯 말 듯.

누항사陋巷詞

박인로(朴仁老, 1561~1642)

어리고[1] 迂闊(우활)홀산[2] 이ᄂᆡ 우ᄒᆡ 더니 업다[3]
吉凶(길흉) 禍福(화복)[4]을 하날긔 부쳐 두고[5]
陋巷(누항)[6] 깁픈 곳의 草幕(초막)[7]을 지어 두고
風朝(풍조) 雨夕(우석)[8]에 석은 딥히[9] 섭히 되야[10]
서홉 밥 닷홉 粥(죽)[11]에 烟氣(연기)도 하도 할샤[12]
언매 만히[13] 바든 밥의 懸鶉(현순) 稚子(치자)[14]들은

---

1 어리고 : 어리석고.

2 우활(迂闊)홀산 : 우활한 것은. '우활'은 세상 물정에 어두움.

3 이ᄂᆡ 우ᄒᆡ 더니 업다 : 내 위에 더한 사람이 없다. '이내'는 '나의'를 강조하여 이르는 말.

4 길흉화복(吉凶禍福) : 좋은 일과 나쁜 일, 행복한 일과 불행한 일을 아울러 이르는 말

5 하날긔 부쳐 두고 : 하늘에 맡겨 두고.

6 누항(陋巷) : 누추한 곳. 자기가 사는 곳을 낮추어 부르는 말. 『논어(論語)』「옹야(雍也)」에 공자(孔子)의 다음과 같은 말이 있음. "어질다! 안회(顔回)는. 한 도시락의 밥과 한 표주박의 물로 누추한 곳에 있으면 사람들은 그 근심스러움을 견디지 못하는데, 안회는 즐거움을 고치지 않으니, 어질다! 안회는.(子曰 賢哉 回也 一簞食 一瓢飮 在陋巷 人不堪其憂 回也不改其樂 賢哉 回也)"

7 초막(草幕) : 풀로 지붕을 만들어 조그맣게 지은 집.

8 풍조우석(風朝雨夕) : 아침 바람과 저녁 비. 고르지 못한 날씨를 뜻함.

9 석은 딥히 : 썩은 짚이. '짚'은 벼의 낟알을 떨어낸 줄기.

10 섭히 되야 : 섶[薪]이 되어. 땔감이 되어. '땔감'은 불을 때는 데 쓰는 재료.

11 서홉 밥 닷홉 죽(粥) : 세 홉의 밥과 다섯 홉의 죽. '홉'은 부피의 단위로, 곡식·가루·액체 등의 부피를 잴 때 쓰임. 한 홉은 약 180ml에 해당함.

12 하도 할샤 : 많기도 많구나. 많고 많다.

13 언매 만히 : 얼마 안 되게. 얼마 만에.

쟝긔 버려[15] 졸 미덧[16] 나아오니
人情(인정) 天理(천리)[17]예 츰아 혼자 먹을넌가[18]
설데인 熟冷(숙냉)[19]애 뷘 빈 쇡일 쑨이로다[20]
生涯(생애) 이러ᄒᆞ다[21] 丈夫(장부)[22] 뜻을 옴길넌가[23]
安貧(안빈) 一念(일념)[24]을 젹을망정 품고 이셔[25]
隨宜(수의)[26]로 살려 ᄒᆞ니 날로 조차[27] 齟齬(저어)[28]ᄒᆞ다
ᄀᆞ올히 不足(부족)거든[29] 봄이라 有餘(유여)ᄒᆞ며[30]

---

14 현순치자(懸鶉稚子) : 누더기 옷을 걸친 어린 자식. '현순'은 메추리를 매달았다는 뜻으로, 메추리의 닳아 없어진 꽁지깃처럼 너덜너덜해진 옷을 말함. '치자'는 어린 아이 또는 어린 자식을 뜻함.

15 쟝긔 버려 : 장기판을 벌여 놓고. '장기(將棋)'는 나무로 만든 32짝의 말을 붉은 글자와 푸른 글자의 두 종류로 나누어 판 위에 벌여 놓고, 서로 번갈아 가며 공격과 수비를 교대로 하여 승부를 가리는 놀이.

16 졸 미덧 : (장기의) 졸(卒)을 밀어 올리듯.

17 인정천리(人情天理) : '인정'은 사람이 본래 가지고 있는 감정이나 심정. '천리'는 천지만물이 생성되고 움직이는 이치. 또는 하늘의 바른 도리.

18 먹을넌가 : 먹겠는가?

19 설데인 숙냉(熟冷) : 덜 데운 숭늉. '숭늉'은 밥을 푸고 난 솥에 물을 부어 끓인 것. 흔히 식사를 한 뒤에 마심.

20 뷘 빈 쇡일 쑨이로다 : 빈 배를 속일 뿐이로다.

21 이러ᄒᆞ다 : 이러하다고. 이렇다고.

22 장부(丈夫) : 건장하고 씩씩한 남자.

23 옴길넌가 : 옮기겠는가? 바꾸겠는가?

24 안빈일념(安貧一念) : 가난한 살림살이에도 마음이 평안하여 근심하지 않는 한결같은 마음.

25 젹을망정 품고 이셔 : 적을망정 품고 있어. 적게나마 품고서.

26 수의(隨宜) : 옳은 일을 따름.

27 날로 조차 : 날을 따라. 날이 갈수록.

28 저어(齟齬) : 서로 맞지 않고 어긋나 뜻대로 되지 않음.

29 ᄀᆞ올히 부족(不足)거든 : 가을이 부족하거든. 가을에 양식이 부족한데.

30 유여(有餘)ᄒᆞ며 : 넉넉하며.

주머니 뷔엿거든 甁(병)이라 담겨시랴[31]

다만 ᄒᆞ나 뷘 독 우희[32] 어론 털 도ᄃᆞᆫ[33] 늘근 쥐ᄂᆞᆫ

貪多務得(탐다무득)[34]ᄒᆞ야 恣意揚揚(자의양양)[35]ᄒᆞ니 白日(백일)[36] 아래 强盜(강도)로다

아야러[37] 어든 거ᄉᆞᆯ 다 狡穴(교혈)에 앗겨주고[38]

碩鼠(석서) 三章(삼장)[39]을 時時(시시)로 吟詠(음영)ᄒᆞ며[40]

歎息(탄식) 無言(무언)ᄒᆞ야[41] 搔白首(소백수)[42] ᄲᅮᆫ니로다

이 中(중)에 탐살[43]은 다 내 집의 뫼홧ᄂᆞ다[44]

貧困(빈곤)[45]ᄒᆞᆫ 人生(인생)이 天地間(천지간)[46]의 나ᄲᅮᆫ이랴

---

31 병(甁)이라 담겨시랴 : 병이라고 (술이) 담겼으랴? 여기에서 '병'은 술병을 가리킴.

32 독 우희 : 독 위에. '독'은 간장·술·김치 등을 담가두는 데에 쓰는 큰 오지그릇이나 질그릇.

33 어론 털 도ᄃᆞᆫ : 어른 털 돋은. '어른 털'은 수염. '돋다'는 속에 생긴 것이 겉으로 나오거나 나타나다.

34 탐다무득(貪多務得) : 탐욕이 많아 어떤 것이건 얻으려 힘씀.

35 자의양양(恣意揚揚) : 제멋대로 방자한 생각을 가지고 기세를 올림.

36 백일(白日) : 대낮. 또는 구름이 끼지 않아 밝게 빛나는 해.

37 아야러 : 겨우. 오로지.

38 교혈(狡穴)에 앗겨주고 : 간교한 구멍에 빼앗기고. '간교한 구멍'은 쥐구멍을 가리킴.

39 석서삼장(碩鼠三章) : 『시경(詩經)』「위풍(衛風)」의 편명(篇名). 군주가 과중하게 세금을 거두어 백성들을 착취함을 큰 쥐에 비유하여 풍자한 시. 여기서는 쥐들을 물리치기 위해 이 시를 외운다는 뜻으로 쓰임.

40 시시(時時)로 음영(吟詠)ᄒᆞ며 : 때때로 소리 내어 읊으며. '시시'는 경우에 따라서 가끔.

41 탄식무언(歎息無言)ᄒᆞ야 : 말없이 탄식하여.

42 소백수(搔白首) : 흰머리를 긁음.

43 탐살(貪煞) : 탐심(貪心)이 많은 악귀(惡鬼). 탐욕스러운 악귀. '악귀'는 사람에게 몹쓸 짓을 하는 나쁜 귀신. 또는 악독한 행동을 하는 사람.

44 뫼홧ᄂᆞ다 : 모였다. 모였구나.

45 빈곤(貧困) : 가난하여 살기가 어려움.

46 천지간(天地間) : 하늘과 땅 사이라는 뜻으로, 이 세상을 이르는 말.

飢寒(기한)[47]이 切身(절신)ᄒᆞ다[48] 一丹心(일단심)을 이질ᄂᆞᆫ가[49]
奮義(분의) 忘身(망신)[50]ᄒᆞ야 죽어야 말녀 너겨[51]
于橐(우탁) 于囊(우낭)[52]의 줌줌이 모와 녀코[53]
兵戈(병과) 五載(오재)[54]예 敢死心(감사심)을 가져 이셔[55]
履尸(이시) 涉血(섭혈)[56]ᄒᆞ야 몃 百戰(백전)을 지ᄂᆡ연고[57]
一身(일신)[58]이 餘暇(여가)[59] 잇사 一家(일가)[60]를 도라보랴[61]
一奴(일노) 長鬚(장수)[62]ᄂᆞᆫ 奴主分(노주분)[63]을 이졋거든
告余(고여) 春及(춘급)[64]을 어ᄂᆡ 사이 ᄉᆡᆼ각ᄒᆞ리

---

47 기한(飢寒) : (먹을 것과 입을 것이 없어) 배고프고 추움.

48 절신(切身)ᄒᆞ다 : 절신하다고. 절신해도. '절신'은 목숨을 끊음.

49 일단심(一丹心)을 이질ᄂᆞᆫ가 : 일편단심(一片丹心)을 잊겠는가? '일편단심'은 한 조각의 붉은 마음. 오직 한 가지에 변함없는 마음.

50 분의망신(奮義忘身) : 정의를 위해 떨쳐 일어나 내 몸을 돌보지 않음.

51 죽어야 말녀 너겨 : 죽고야 말리라고 생각하여.

52 우탁우낭(于橐于囊) : 전대(纏帶)와 주머니. '전대'는 돈이나 물건을 넣어 허리에 매거나 어깨에 두르기 편하도록 만든 자루.

53 줌줌이 모와 녀코 : 한 줌 한 줌 모아 넣고. '줌줌이'는 주먹에 쥘 정도의 양으로 잇따라.

54 병과오재(兵戈五載) : 5년 동안의 전쟁. 여기서는 임진왜란(1592)을 가리킴. 이것으로 보면, 이 작품은 정유재란(1597) 이전에 지어진 듯함.

55 감사심(敢死心)을 가져 이셔 : 죽기를 두려워하지 않는 마음을 가져서.

56 이시섭혈(履尸涉血) : 시체를 밟고, 피를 건넘.

57 몃 백전(百戰)을 지ᄂᆡ연고 : 몇 백전을 지냈는가? 몇 백 싸움을 치렀는가?

58 일신(一身) : 자기 한 몸. 또는 몸 전체.

59 여가(餘暇) : 일이 없어 남는 시간.

60 일가(一家) : 한집에서 사는 가족. 한집안.

61 도라보랴 : 돌아보랴? 돌아보겠느냐? '돌아보다'는 관심을 가지고 보살피다.

62 일노장수(一奴長鬚) : 긴 수염이 있는 늙은 종. '종'은 남의 집에 딸려 천한 일을 하던 사람.

63 노주분(奴主分) : 종과 주인이 서로 지켜야 할 분수.

64 고여춘급(告余春及) : 나에게 봄이 왔다고 알려 줌.

耕當(경당) 問奴(문노) ㅣᆫᄃᆞᆯ[65] 눌ᄃᆞ려 물롤ᄂᆞᆫ고[66]

躬耕(궁경) 稼穡(가색)[67]이 ᄂᆡ 分(분)[68]인 줄 알리로다

莘野耕叟(신야경수)[69] 壟上耕翁(농상경옹)[70]을 賤(천)타 ᄒᆞ리[71] 업것마ᄂᆞᆫ

아므려 갈고젼ᄃᆞᆯ[72] 어ᄂᆡ 쇼로 갈로손고[73]

旱旣(한기) 太甚(태심)[74]ᄒᆞ야 時節(시절)[75]이 다 느즌 제[76]

西疇(서주)[77] 놉흔 논애 잠싼 긴 널 비예[78]

道上(도상) 無源水(무원수)[79]을 반만싼 ᄃᆡ혀 두고[80]

---

65 경당문노(耕當問奴) ㅣᆫᄃᆞᆯ : 밭가는 일은 마땅히 남자종에게 물어야 하는데.

66 눌ᄃᆞ려 물롤ᄂᆞᆫ고 : 누구에게 물을 것인가? 누구한테 묻겠는가?

67 궁경가색(躬耕稼穡) : 몸소 밭을 갈고 씨를 뿌려 곡식을 거둠.

68 분(分) : 분수(分數). 자기의 신분이나 처지에 알맞은 한도.

69 신야경수(莘野耕叟) : 신야에서 밭 갈던 늙은이. 이윤(伊尹, ?~?)을 가리킴. 노비 출신으로, 은(殷)나라의 탕왕(湯王)에게 불려 가서 재상이 되어 하(夏)나라의 걸왕(桀王)을 토벌함으로써 은나라가 천하를 평정하는 데 공헌했음.

70 농상경옹(壟上耕翁) : 밭둑 위에서 밭 갈던 노인. 제갈량(諸葛亮, 181~234)을 가리킴. 중국 삼국시대 촉한(蜀漢)의 정치가. 자(字)는 공명(孔明). 뛰어난 군사 전략가로, 유비(劉備)를 도와 오(吳)나라와 연합하여 조조(曹操)의 위(魏)나라 군사를 대파하고 파촉(巴蜀)을 얻어 촉한을 세웠음.

71 천(賤)타 ᄒᆞ리 : 천하다고 말할 사람.

72 아므려 갈고젼ᄃᆞᆯ : 아무리 갈고자 한들. 아무리 갈고자 해도. '갈다'는 농기구나 농기계로 땅을 파서 뒤집다. 또는 밭작물의 씨앗을 심어 가꾸다.

73 어ᄂᆡ 쇼로 갈로손고 : 어떤 소로 갈겠는가?

74 한기태심(旱旣太甚) : 가뭄이 이미 크게 들었음.

75 시절(時節) : 규칙적으로 되풀이되는 자연 현상에 따라서 1년을 구분한 것. 계절.

76 느즌 제 : 늦은 때.

77 서주(西疇) : 서쪽 밭두둑. 중국 동진(東晉) 때의 시인인 도연명(陶淵明, 365~427)의 <귀거래사(歸去來辭)>에 "농부가 내게 봄이 왔다고 말하면(農人告余以春及), 장차 서쪽 밭두둑에서 일을 하리.(將有事於西疇)"라고 한 데서 유래한 말. 농장(農場)이란 뜻으로 많이 쓰임.

78 잠싼 긴 널 비에 : 잠깐 갠 뒤 내리는 비에.

쇼 ᄒᆞᆫ젹[81] 듀마 ᄒᆞ고[82] 엄섬이[83] ᄒᆞᄂᆞᆫ 말삼 親切(친절)호라 너긴[84] 집의

달 업슨 黃昏(황혼)[85]의 허위허위[86] 다라가셔[87]

구디 다ᄃᆞᆫ[88] 門(문) 밧긔 어득히[89] 혼자 서셔

큰 기ᄎᆞᆷ 아함이[90]를 良久(양구)토록[91] ᄒᆞ온 後(후)에

어화[92] 긔 뉘신고[93] 廉恥(염치)업산 ᄂᆡ옵노라[94]

初更(초경)[95]도 거읜ᄃᆡ[96] 긔 엇지 와 겨신고

年年(연년)[97]에 이러ᄒᆞ기 苟且(구차)ᄒᆞᆫ 줄[98] 알건만ᄂᆞᆫ

---

79 도상(道上) 무원수(無源水) : 길 위에 흐르는 근원 없는 물. 여기서는 조금 온 빗물을 가리킴.

80 반만싼 ᄃᆡ혀 두고 : 반쯤만 대어 두고. '대다'는 어떤 곳에 물을 끌어 들이다.

81 ᄒᆞᆫ젹 : 한 번.

82 듀마 ᄒᆞ고 : "(너에게) 주마" 하고. "빌려 주마" 하고.

83 엄섬이 : 탐탁지 않게. 건성으로. 진지한 자세나 성의 없이 대충하는 태도로.

84 친절(親切)호라 너긴 : 친절하다고 여긴.

85 황혼(黃昏) : 해가 지고 어스름해질 때.

86 허위허위 : 팔과 다리를 이리저리 내두르는 모양.

87 다라가셔 : 달려가서.

88 구디 다ᄃᆞᆫ : 굳게 닫은.

89 어득히 : 우두커니. 가만히 한자리에 서 있거나 앉아 있는 모양.

90 큰 기ᄎᆞᆷ 아함이 : 큰 기침과 헛기침. '아함이'는 인기척을 내거나 목청을 가다듬기 위해 일부러 하는 기침.

91 양구(良久)토록 : 오래도록. '양구'는 꽤 오랜 시간.

92 어화 : 감탄사.

93 긔 뉘신고 : 거기 누구신가?

94 염치(廉恥)업산 ᄂᆡ옵노라 : 염치없는 나입니다. '염치'는 체면을 차릴 줄 알고 부끄러움을 아는 마음.

95 초경(初更) : 하룻밤을 다섯으로 나눈 첫째의 시각. 저녁 7시부터 밤 9시까지.

96 거읜ᄃᆡ : 거의 지났는데.

97 연년(年年) : 해마다.

쇼 업순 窮家(궁가)[99]애 혜염 만하 왓삽노라[100]

공ᄒᆞ니나 갑시나[101] 주엄즉도 ᄒᆞ다마는[102]

다만 어제 밤의 거넨집 져 사람이

목 불근 수기雉(치)[103]을 玉脂泣(옥지읍)게 ᄭᅮ어ᄂᆡ고[104]

간 이근[105] 三亥酒(삼해주)[106]을 醉(취)토록 勸(권)ᄒᆞ거든

이러ᄒᆞᆫ 恩惠(은혜)을 어이 아니 갑흘넌고[107]

來日(내일)로 주마 ᄒᆞ고 큰 言約(언약)[108] ᄒᆞ야거든

失約(실약)이 未便(미편)ᄒᆞ니[109] 사셜이 어려왜라[110]

實爲(실위) 그러ᄒᆞ면[111] 혈마[112] 어이ᄒᆞᆯ고

헌 먼덕 수기 스고[113] 측 업슨 집신[114]에 설피설피[115] 물너오니

---

98 구차(苟且)ᄒᆞᆫ 줄 : 구차한 줄. 당당하거나 떳떳하지 못한 줄.

99 궁가(窮家) : 가난한 집. 궁색(窮塞)한 집.

100 혜염 만하 왓삽노라 : 걱정이 많아 왔소이다. 근심이 많아 왔습니다.

101 공ᄒᆞ니나 갑시나 : 공짜로나 값을 받거나.

102 주엄즉도 ᄒᆞ다마는 : 빌려줌직도 하다마는. 빌려줄 수도 있지마는.

103 수기치(雉) : 꿩의 수컷. 수꿩.

104 옥지읍(玉脂泣)게 ᄭᅮ어ᄂᆡ고 : 구슬 같이 끓어오르는 맑은 기름에 구워내고.

105 간 이근 : 갓 익은. 이제 막 익은.

106 삼해주(三亥酒) : 음력 1월 첫 해일(亥日)에 시작하여 해일마다 세 번에 걸쳐 빚는 술. '해일'은 지지(地支)가 해(亥)로 된 날. 돼지날.

107 갑흘넌고 : 갚겠는가?

108 언약(言約) : 말로 약속함. 또는 말로 한 약속.

109 실약(失約)이 미편(未便)ᄒᆞ니 : 약속을 지키지 않음이 편안하지 않으니. 약속을 깨는 것이 불편하니.

110 사셜이 어려왜라 : 사설(辭說)이 어려워라. 말하기가 어려워라.

111 실위(實爲) 그러ᄒᆞ면 : 사실이 그러하고.

112 혈마 : 설마 아니라도.

113 헌 먼덕 수기 스고 : 헌 멍덕 숙여 쓰고. '멍덕'은 짚으로 만든 모자.

風采(풍채)[116] 저근 形容(형용)[117]애 ᄀᆡ 즈칠[118] 뿐이로다

蝸室(와실)[119]에 드러간들 잠이 와사 누어시랴[120]

北窓(북창)을 비겨 안자[121] ᄉᆡ벽[122]를 기다리니

無情(무정)ᄒᆞᆫ 戴勝(대승)[123]은 이ᄂᆡ 恨(한)을 도우ᄂᆞ다[124]

終朝(종조) 惆悵(추창)[125]ᄒᆞ며 먼 들흘 바라보니

즐기ᄂᆞᆫ 農歌(농가)[126]도 興(흥) 업서 들리ᄂᆞ다[127]

世情(세정)[128] 모른 한숨은 그칠 줄을 모ᄅᆞᄂᆞ다[129]

술 고기 이시면 권당[130] 벗도 하렷마ᄂᆞᆫ[131]

두 주먹 뷔게 쥐고[132] 世態(세태)[133] 업순 말숨애 양ᄌᆞ 하나 못 고오

---

114 측 업슨 집신 : 축 없는 짚신. '축'은 신발의 뒷부분에 높게 댄 것. 뒤축.

115 설피설피 : 맥없는 모습. 힘없이.

116 풍채(風采) : 겉으로 드러나 보이는 사람의 모양새.

117 형용(形容) : 사람의 생김새나 모습.

118 ᄀᆡ 즈칠 : 개가 짖을.

119 와실(蝸室) : 달팽이집. 작고 누추한 집.

120 누어시랴 : 누웠으랴? 눕겠는가?

121 북창(北窓)을 비겨 안자 : 북쪽으로 난 창에 기대어 앉아.

122 ᄉᆡ벽 : 새벽.

123 대승(戴勝) : 오디새. 한국·시베리아·몽골·만주 등지에 사는데, 깃을 일으켜 세우면 부채 모양의 우관(羽冠)이 머리에 있음.

124 도우ᄂᆞ다 : 돋운다. 돋우는구나. '돋우다'는 감정을 생겨나게 하다.

125 종조추창(終朝惆悵) : 아침이 끝날 때까지 슬퍼함.

126 농가(農歌) : 농요(農謠). 농부들이 즐겨 부르는 노동요.

127 홍(興) 업서 들리ᄂᆞ다 : 홍이 없이 들리는구나.

128 세정(世情) : 세상일이 돌아가는 실정이나 형편. 물정(物情).

129 모ᄅᆞᄂᆞ다 : 모른다. 모르는구나.

130 권당(眷黨) : 친척.

131 하렷마ᄂᆞᆫ : 많으련마는. 많겠지만.

니[134]

ᄒᆞᄅᆞ아젹 블일 쇼도[135] 못 비러 마랏거든[136]

ᄒᆞ물며 東郭墦間(동곽번간)의 醉(취)홀 뜻[137]을 가딜소냐

아ᄭᅀᆞ온[138] 져 소뷔[139]ᄂᆞᆫ 볏 보임[140]도 됴홀셰고[141]

가시 엉긘 묵은 밧[142]도 容易(용이)케[143] 갈련마ᄂᆞᆫ

虛堂(허당) 半壁(반벽)[144]에 슬듸업시 걸려고야[145]

출하리[146] 첫 봄의 ᄑᆞ라나 블일 거슬

이제야 풀녀 ᄒᆞᆫ돌 알 니 잇사[147] 사러 오랴

---

132 두 주먹 뷔게 쥐고 : 두 주먹 비어 있게 쥐고. 두 손은 비어 있고.

133 세태(世態) : 사람들의 일상이나 문화에서 보이는 세상의 상태와 형편.

134 양ᄌᆞ 하나 못 고오니 : 양자(樣子) 하나 못 고우니. 얼굴 하나 곱지 못하니. '양자'는 얼굴의 생긴 모양.

135 ᄒᆞᄅᆞ아젹 블일 쇼도 : 하루아침 부릴 소도. 짧은 시간 일을 시킬 소도.

136 못 비러 마랏거든 : 빌리지 못했거든. 빌리지 못했는데.

137 동곽번간(東郭墦間)의 취(醉)홀 뜻 : 동곽번간에서 술에 취한 뜻. 『맹자』「이루(離婁)」하(下)에 나오는, 제(齊)나라 사람이 북망산(北邙山)의 무덤에 가서 제사하고 남은 음식을 빌어먹고는 처첩(妻妾)에게 교만하게 굴었다는 고사를 말함. 구걸해서 얻은 것을 가지고 사람들에게 교만하게 구는 것을 뜻함. '동곽번간'은 동쪽 외곽의 무덤 사이.

138 아ᄭᅀᆞ온 : 아까운.

139 소뷔 : 쟁기. 논밭을 가는 데 쓰는 농기구.

140 볏 보임 : 볏과 보임. '볏'은 보습 위에 대는 쇳조각. '보임'은 볏이 움직이지 않게 끼우는 빔. 여기서는 쟁기의 날을 가리킴.

141 됴홀셰고 : 좋을시고. 좋구나. '-을시고'는 감탄의 뜻을 나타내는 종결어미.

142 묵은 밧 : 묵은 밭. 오래 내버려 두어 거칠어진 밭.

143 용이(容易)케 : 용이하게. 어렵지 않고 매우 쉽게.

144 허당반벽(虛堂半壁) : 텅 빈 집의 벽 가운데.

145 슬듸업시 걸려고야 : 쓸데없이 걸렸구나.

146 출하리 : 차라리.

147 알 니 잇사 : 아는 사람이 있어. 알아줄 이가 있어.

春耕(춘경)[148]도 거의거다[149] 후리쳐 더뎌두쟈[150]

江湖(강호)[151] ᄒᆞᆫ ᄭᅮᆷ을 ᄭᅮ언지도 오ᄅᆡ러니

口腹(구복)이 爲累(위루)ᄒᆞ야[152] 어지버[153] 이져ᄯᅧ다[154]

瞻彼(쳠피) 淇澳(기욱)[155]ᄒᆞᆫᄃᆡ 綠竹(녹죽)도 하도 할샤[156]

有斐(유비) 君子(군자)[157]들아 낙ᄃᆡ ᄒᆞ나 빌려ᄉᆞ라[158]

蘆花(노화)[159] 깁픈 곳애 明月淸風(명월청풍)[160] 벗이 되야

님ᄌᆡ 업ᄉᆞᆫ[161] 風月江山(풍월강산)[162]애 절로[163]절로 늘그리라

無心(무심)ᄒᆞᆫ 白鷗(백구)[164]야 오라 ᄒᆞ며 말라 ᄒᆞ랴[165]

---

148 춘경(春耕) : 봄갈이. 봄철에 논밭을 가는 일.

149 거의거다 : 거의 지났다.

150 후리쳐 더뎌두쟈 : 후려쳐 던져두자. 팽개쳐 던져두자.

151 강호(江湖) : 강과 호수. 자연을 가리키는 말. 구체적으로는 속세를 떠나 풍류와 흥취를 즐기고 수양에 힘쓰던 자연공간을 말함.

152 구복(口腹)이 위루(爲累)ᄒᆞ야 : 입과 배에 얽매여서. 먹고 사는 것이 방해가 되어.

153 어지버 : 어즈버. 감탄사 '아!'의 옛말.

154 이져ᄯᅧ다 : 잊었도다.

155 쳠피기욱(瞻彼淇澳) : 저 기수(淇水)의 언덕을 바라봄. 『시경』 위풍(衛風) 「기욱장(淇澳章)」에 나오는 구절을 인용하여, 농사짓는 것을 포기하고 낚시나 하며 지내겠다는 결심을 표현한 것임.

156 녹죽(綠竹)도 하도 할샤 : 푸른 대나무도 많기도 많구나.

157 유비군자(有斐君子) : 점잖은 군자. 교양 있는 선비.

158 낙ᄃᆡ ᄒᆞ나 빌려ᄉᆞ라 : 낚싯대 하나 빌리자꾸나.

159 노화(蘆花) : 갈대꽃. 솜과 같은 흰 털이 많고 부드러우며, 습지나 물가에서 자람.

160 명월청풍(明月淸風) : 밝은 달과 맑고 시원한 바람.

161 님ᄌᆡ 업ᄉᆞᆫ : 임자가 없는. '임자'는 물건을 소유한 사람.

162 풍월강산(風月江山) : 자연의 아름다운 풍경을 이르는 말.

163 절로 : 저절로. 작위적인 노력 없이 자연적으로.

164 백구(白鷗) : 갈매기.

165 오라 ᄒᆞ며 말라 ᄒᆞ랴 : 오라고 하며, 오지 말라고 하랴?

다토리 업슬손[166] 다문 인가 너기로라[167]

이제야 쇼비리[168] 盟誓(맹서)코 다시 마쟈

無狀(무상)혼[169] 이 몸애 무슨 志趣(지취) 이스리마는[170]

두세 이렁[171] 밧논를[172] 다 무겨 더뎌두고[173]

이시면 粥(죽)이오 업시면 굴물망정[174]

남의 집 남의 거슨 전혀 부러 말렷노라[175]

닉 貧賤(빈천) 슬히 너겨[176] 손을 헤다 물너가며[177]

남의 富貴(부귀) 불리 너겨[178] 손을 치다 나아오랴[179]

人間(인간)[180] 어닉 일이 命(명) 밧긔 삼겨시리[181]

가난타[182] 이제 죽으며 가ᄋ며다[183] 百年(백년) 살냐

---

166 다토리 업슬손 : 다툴 이가 없는 것은.

167 다문 인가 너기로라 : 다만 이뿐인가 여기노라. 다만 여기인가 생각하노라. '여기'는 자연을 가리킴.

168 쇼비리 : 소 빌리기.

169 무상(無狀)혼 : 아무 공(功)이 없는. 뵐 낯이 없는.

170 지취(志趣) 이스리마는 : 의지와 취향이 있겠냐마는.

171 이렁 : 이랑. 갈아 놓은 밭의 한 두둑과 한 고랑을 아울러 이르는 말. 밭이나 논을 세는 단위.

172 밧논를 : 밭논을. 밭과 논을.

173 무겨 더뎌두고 : 묵혀 던져두고.

174 굴물망정 : 굶을망정.

175 부러 말렷노라 : 부러워하지 않겠노라.

176 슬히 너겨 : 싫게 여겨.

177 손을 헤다 물너가며 : 손을 젓는다고 물러가며. '젓다'는 거절하거나 싫다는 표시로 머리나 손을 흔들다.

178 불리 너겨 : 부럽게 여겨.

179 손을 치다 나아오랴 : 손짓을 한다고 나아오랴?

180 인간(人間) : 사람들이 사는 세상. 인간세상.

181 명(命) 밧긔 삼겨시리 : 운명(運命) 밖에서 생겼으리?

原憲(원헌)[184]이ᄂᆞᆫ 몃 날 살고 石崇(석숭)[185]이ᄂᆞᆫ 몃 ᄒᆡ 산고[186]
貧而(빈이) 無怨(무원)[187]을 어렵다 ᄒᆞ건마ᄂᆞᆫ
ᄂᆡ 生涯(생애) 이러호ᄃᆡ 설온 뜻은 업노왜라[188]
簞食(단사) 瓢飮(표음)[189]을 이도 足(족)히[190] 너기로라
平生(평생) ᄒᆞᆫ 뜻이 溫飽(온포)[191]애ᄂᆞᆫ 업노왜라
太平(태평) 天下(천하)[192]애 忠孝(충효)를 일을 삼아
和兄弟(화형제)[193] 信朋友(신붕우)[194] 외다 ᄒᆞ리[195] 뉘 이시리
그 밧긔 남은 일이야 삼긴 ᄃᆡ로 살렷노라[196]

〈『蘆溪集』 卷3〉

---

182 가난타 : 가난하다고.

183 가ᄋᆞ며다 : 부유(富裕)하다고. 재물이 넉넉하다고.

184 원헌(原憲) : 공자의 제자인 자사(子思)의 본명. 몹시 가난하였으나 가난에 신경 쓰지 않고 도를 닦는 데에만 힘썼다고 함.

185 석숭(石崇) : 중국 서진(西晉)의 부호(富豪). 자는 계륜(季倫). 형주자사(荊州刺史)를 지냈고, 항해와 무역으로 거부(巨富)가 되었음.

186 몃 ᄒᆡ 산고 : 몇 해를 살았는가?

187 빈이무원(貧而無怨) : 가난해도 그 가난을 원망하지 않음.

188 설온 뜻은 업노왜라 : 서러운 뜻은 없노라.

189 단사표음(簞食瓢飮) : '일단사 일표음(一簞食 一瓢飮)'의 준말. 한 개 도시락의 밥과 한 표주박의 물. 곧 아주 가난하게 살아가는 것을 말함.

190 이도 족(足)히 : 이것도 만족하게.

191 온포(溫飽) : 따뜻이 입고, 배 불리 먹음.

192 태평천하(太平天下) : 태평스럽고 편안한 세상.

193 화형제(和兄弟) : 형제간에 화목함.

194 신붕우(信朋友) : 벗들과 신의(信義)로 사귐. '신의'는 믿음과 의리.

195 외다 ᄒᆞ리 : 그르다고 말할 이. 틀리다고 할 사람.

196 삼긴 ᄃᆡ로 살렷노라 : 생긴 대로 살겠노라.

츈면곡春眠曲

작자미상

츈면春眠[1]을 느직[2] ᄭᆡ여 쥭창竹窓을 반ᄀᆡ半開ᄒᆞ니[3]
정화庭花은 쟉쟉灼灼헌데[4] 가는 나뷔 머무ᄂᆞᆫ 듯
안류岸柳는 의의依依허여[5] 셩근 내를 씌엿셰라[6]
창젼窓前의 덜 괸 술를[7] 일이삼ᄇᆡ一二三杯[8] 먹은 후後의
호탕浩蕩[9]ᄒᆞ야 미친 흥興[10]을 부질업시 자아ᄂᆡ여[11]
ᄇᆡᆨ마금편白馬金鞭[12]으로 야류원冶遊園[13] 차쟈가니

---

1 츈면(春眠) : 봄잠. 봄철의 노곤한 졸음.

2 느직 : 늦게.

3 쥭창(竹窓)을 반개(半開)ᄒᆞ니 : 대나무 창을 반쯤 여니. '죽창'은 대나무로 창살을 만든 창문.

4 정화(庭花)은 작작(灼灼)헌데 : 뜰 안의 꽃은 화려하게 피었는데. '작작'은 꽃이 핀 모양이 몹시 화려하고 찬란함.

5 안류(岸柳)는 의의(依依)허여 : 강가의 버드나무는 무성(茂盛)하여. '의의'는 무성하여 싱싱하게 푸름.

6 셩근 내를 씌엿셰라 : 성긴 이내를 띠었어라. '성긴'은 물건 사이가 떠서 빈 공간이 많은. '이내'는 해질 무렵 멀리 보이는 푸르고 흐릿한 기운.

7 창전(窓前)의 덜 괸 술를 : 창문 앞의 덜 익은 술을.

8 일이삼배(一二三杯) : 한잔, 두잔, 세잔.

9 호탕(浩蕩) : 끝없이 넓고 넓음. 또는 기세 있고 힘참.

10 미친 흥(興) : 매우 흥겨움을 이르는 표현. '흥'은 재미나 즐거움을 일어나게 하는 감정.

11 부질업시 자아ᄂᆡ여 : 부질없이 자아내어. '부질없다'는 대수롭지 않거나 쓸모없다. '자아내다'는 어떤 감정이나 생각이 저절로 생기거나 나오도록 일으켜 내다.

12 백마금편(白馬金鞭) : 흰 말과 황금 채찍. 외출할 때의 화려한 차림새를 뜻함.

13 야유원(冶遊園) : 옷을 잘 차려입고 놀러가는 곳이란 뜻으로, 기생이 있는 술집을 가리킴.

화향花香은 습의濕衣ᄒᆞ고[14] 월ᄉᆡᆨ月色은 만정滿庭ᄒᆞᆫᄃᆡ[15]

광ᄀᆡᆨ狂客[16]인 듯 취ᄀᆡᆨ醉客[17]인 듯 흥興에 겨워 머무는 듯

ᄇᆡ회徘徊 고면顧眄[18]허여 유정有情이 셧노라니[19]

취와쥬란翠瓦朱欄[20] 놉흔 집의 녹의홍상綠衣紅裳[21] 일미인一美人이

사창紗窓[22]을 반ᄀᆡ半開ᄒᆞ고 옥안玉顔[23]을 잠간暫間 드러

웃ᄂᆞᆫ 듯 씽긔는 듯 교ᄐᆡ嬌態허고 마ᄌᆞ드려[24]

츄파秋波를 암쥬暗注허고[25] 녹ᄋᆡᆼ금綠綺琴[26] 빗기 안고

쳥가淸歌 일곡一曲[27]으로 츈흥春興[28]을 ᄌᆞ아내니

---

14 화향(花香)은 습의(濕衣)ᄒᆞ고 : 꽃향기는 옷 속에 스며들고.

15 월색(月色)은 만정(滿庭)ᄒᆞᆫᄃᆡ : 달빛은 뜰 안에 가득한데.

16 광객(狂客) : 미친 사람. 또는 말이나 행동이 미친 사람처럼 일상의 이치에서 벗어난 사람.

17 취객(醉客) : 술에 취한 사람.

18 배회고면(徘徊顧眄) : 아무 목적도 없이 거닐면서 여기저기 돌아봄.

19 유정(有情)이 셧노라니 : 마음이 있어 서 있노라니. 마음이 가는 곳에 서 있으니.

20 취와주란(翠瓦朱欄) : 푸른 기와와 붉은 난간.

21 녹의홍상(綠衣紅裳) : 연두저고리와 다홍치마. 곱게 차려입은 젊은 여자의 옷차림.

22 사창(紗窓) : 비단으로 바른 창. 또는 젊은 여인의 침실.

23 옥안(玉顔) : 옥같이 아름다운 얼굴.

24 교태(嬌態)허고 마ᄌᆞ드려 : 교태하고 맞아들여. '교태'는 아리따운 자태. 또는 아양을 부리는 태도.

25 추파(秋波)를 암주(暗注)허고 : 추파를 보내고. '추파'는 이성의 관심을 끌기 위해 은근히 보내는 눈길. '암주'는 은근히 눈길을 보냄.

26 녹ᄋᆡᆼ금 : 녹기금(綠綺琴). 한자는 '綠綺琴'으로 맞게 표기되어 있으나 한글이 '녹ᄋᆡᆼ금'으로 잘못 표기된 것임. '녹기금'은 중국 한(漢)나라의 사마상여(司馬相如)가 쓰던 거문고. 사마상여는 녹기금으로 〈봉구황곡(鳳求凰曲)〉을 연주하여 과부였던 탁문군(卓文君)을 유혹하였다고 함.

27 청가일곡(淸歌一曲) : 맑고 청아한 노래 한 곡.

28 춘흥(春興) : 봄철에 저절로 일어나는 흥과 운치.

운우雲雨양ᄃᆡ상襄臺上에 쵸몽楚夢[29]이 다정多情허다
사랑도 긔지업고 연분緣分[30]도 깁흘시고
두 손목 마조잡고 평싱을 연약ᄒᆞ미[31]
너은 죽어 ᄭᅩᆺ이 되고 나는 죽어 나뷔 되여
ᄉᆞᆷ츈三春이 다 진盡토록[32] ᄯᅥ나 사지 마ᄌᆞ터니
인간人間[33]에 말이 만코 죠물조ᄎᆞ[34] ᄉᆡ암ᄒᆞ야[35]
신정新情 미흡未洽ᄒᆞ야[36] ᄋᆡ달를손[37] 리별離別이라
청강淸江의 노든 원앙鴛鴦[38] 울어에고[39] ᄯᅥ나는 듯
광풍狂風에 놀난 봉접蜂蝶[40] 가다가 돌치는 듯[41]

---

29 운우양대상(雲雨襄臺上)에 초몽(楚夢) : '襄'은 '陽'의 잘못. 구름과 비가 있는 양대에서의 초나라 회왕(懷王)의 꿈. 중국 초나라의 회왕이 낮잠이 들어 꿈속에서 무산(巫山)의 선녀(仙女)와 잤는데, 그 선녀가 떠나면서 "저는 무산의 남쪽 높은 산 골짜기에 있는데, 아침에는 구름이 되고 저녁에는 비가 되어 아침저녁으로 양대(陽臺)의 아래에서 지냅니다."라고 말하였다는 고사(故事)를 가리킴. 남녀 간의 사랑 행위를 뜻함. 운우지락(雲雨之樂).

30 연분(緣分) : 서로 관계를 맺게 되는 인연. 또는 하늘이 베푼 인연.

31 연약ᄒᆞ미 : 언약(言約)함이. '언약'은 말로 약속함. 또는 말로 한 약속.

32 삼춘(三春)이 다 진(盡)토록 : 봄의 석 달이 다 끝나도록.

33 인간(人間) : 사람들이 사는 세상. 인간세상.

34 죠물조ᄎᆞ : 조물(造物)까지. '조물'은 조물주(造物主). 우주의 만물을 만들고 다스리는 신.

35 ᄉᆡ암ᄒᆞ야 : 시샘하여. '시샘하다'는 자기보다 잘되거나 나은 사람을 공연히 미워하고 싫어하다.

36 신정미흡(新情未洽)ᄒᆞ야 : 새로 맺은 정을 다 펴지 못하여.

37 ᄋᆡ달를손 : 애달픈 것은. '-ㄹ손'은 '-ㄹ 것은'의 뜻. '애달프다'는 마음이 안타깝거나 쓰라리다. 또는 애처롭고 쓸쓸하다.

38 청강(淸江)의 노든 원앙(鴛鴦) : 맑은 강에서 놀던 원앙새. '원앙'은 오릿과의 물새. 부리는 짧고 끝에는 손톱 같은 돌기가 있음.

39 울어에고 : 울면서.

40 광풍(狂風)에 놀난 봉접(蜂蝶) : 거센 바람에 놀란 벌과 나비. '광풍'은 미친 듯이 사납게 휘몰아치는 거센 바람.

41 돌치는 듯 : 돌아오는 듯.

석양夕陽은 다 져가고 정마馬ᄂᆞᆫ 자로 울 제[42]

라ᄉᆞᆷ羅衫[43]을 뷔여잡고[44] 암연이[45] 여흰 후後의

슬푼 노ᄅᆡ 긴 한숨을 벗을 ᄉᆞᆷ아 도라오니

이졔 임任이야 ᄉᆡᆼ각허니 원슈怨讐로다

간장肝臟이 다 셕그니[46] 목숨인들 보젼保全[47]허랴

일신一身에 병病이 되니 만사萬事의 무심허여

ᄉᆞ창을 구지 닷고[48] 셤셔이[49] 누엇스니

화용월ᄐᆡ花容月態[50]ᄂᆞᆫ 안즁眼中에 ᄉᆞᆷ연森然허고[51]

분벽ᄉᆞ창粉壁紗窓[52]은 침변枕邊[53]이 여귀로다[54]

화엽花葉애 로젹露滴허니[55] 별루別淚[56]을 ᄲᅳ리는 듯

유막柳幕에 연롱烟籠허니[57] 유한[58]을 먹음은 듯

---

42 정마(馬)ᄂᆞᆫ 자로 울 제 : 정마(征馬)는 자주 울 때. '정마'는 먼 길을 갈 때에 타는 말.

43 나삼(羅衫) : 얇고 가벼운 비단으로 만든 적삼. '적삼'은 윗도리에 입는 홑옷. 모양은 저고리와 같음.

44 뷔여잡고 : 부여잡고. 두 손으로 힘껏 붙들어 잡고.

45 암연이 : 암연(黯然)히. 슬프고 침울하게.

46 간장(肝腸)이 다 셕그니 : 간장이 다 썩으니. '간장'은 간과 창자. 또는 '마음'을 이르는 말.

47 보전(保全) : 온전하게 보호하여 유지함.

48 구지 닷고 : 굳게 닫고.

49 셤셔이 : '섬섬(纖纖)히'인 듯. 가냘프고 여리게. 힘없이.

50 화용월태(花容月態) : 꽃다운 얼굴과 달 같은 자태. 아름다운 여인의 얼굴과 맵시.

51 안중(眼中)에 삼연(森然)허고 : 눈앞에 삼삼하고. 눈앞에 보이는 것처럼 또렷하고.

52 분벽사창(粉壁紗窓) : 하얗게 꾸민 벽과 비단으로 바른 창. 젊은 여자가 거처하는 방.

53 침변(枕邊) : 베개를 베고 누웠을 때에 머리가 향한 위쪽의 가까운 곳. 베갯머리.

54 여귀로다 : 여기로다. '분벽사창', 곧 임의 방이 화자의 베갯머리에 있다는 뜻. 그만큼 화자가 임을 그리워하고 있음을 표현한 것임.

55 화엽(花葉)애 노적(露滴)허니 : 꽃잎에 이슬이 방울방울 맺히니.

56 별루(別淚) : 이별할 때 슬퍼서 흘리는 눈물.

공산야월空山夜月[59]에 두견杜鵑[60]이 슬피울 졔

슯푸다 져 ᄉᆡ소릐 ᄂᆡ 말 갓치[61] 불여귀不如歸[62]라

ᄉᆞᆷ경三更[63]에 못 든 잠을 ᄉᆞ경말四更[64]末레 비러 드니[65]

샹ᄉᆞᄒᆞ든[66] 우리 님任을 ᄭᅮᆷ 가온ᄃᆡ 잠간 보고

쳔슈만한[67] 못다 일너 일장호졉一場蝴蝶[68] 흣터지니

아릿ᄯᅡ온[69] 옥빈홍안玉鬢紅顔[70] 겻ᄒᆡ 얼풋 안젼는 듯[71]

어화[72] 황홀恍惚허다 ᄭᅮᆷ을 샹시生時 ᄉᆞᆷ고지고[73]

---

57 유막(柳幕)에 연롱(烟籠)허니 : 버들장막에 안개가 짙게 끼었으니. '버들장막'은 버들가지가 장막을 두른 것처럼 무성하게 늘어져 있는 것을 뜻함.

58 유한 : '유한(遺恨)'인 듯. 살아서 뜻을 이루지 못하고 남긴 한.

59 공산야월(空山夜月) : 밝은 달만 있는 텅 빈 산. 사람이 없는 텅 빈 산에 밝은 달만이 떠있음.

60 두견(杜鵑) : 두견새. 국내에서 흔한 여름 철새로, 5월 중순에 도래해 번식하고, 9월 중순까지 관찰됨. 나뭇가지 사이에 앉는 습성이 있어 눈에 잘 띄지 않음.

61 ᄂᆡ 말 갓치 : 네 말과 같이.

62 불여귀(不如歸) : 돌아가는 것보다 못함. 돌아가고 싶다는 뜻으로, 두견의 다른 이름. 두견의 울음소리가 '불여귀'의 중국어음처럼 들린다고 함.

63 삼경(三更) : 하룻밤을 다섯으로 나눈 셋째의 시각. 밤 11시부터 새벽 1시까지.

64 사경(四更) : 새벽 1시부터 3시까지.

65 비러 드니 : 비로소 드니.

66 샹ᄉᆞᄒᆞ든 : 상사(相思)하던. '상사'는 서로 생각하고 그리워함.

67 쳔슈만한 : 천수만한(千愁萬恨). 이것저것 슬퍼하고 원망함. 또는 그런 슬픔과 한.

68 일장호접(一場蝴蝶) : 한바탕의 호랑나비. 호접지몽(蝴蝶之夢)을 가리키는 듯. '호접지몽'은 나비에 관한 꿈이라는 뜻으로, 인생의 덧없음을 이르는 말. 중국의 장자(莊子)가 꿈에 호랑나비가 되어 훨훨 날아다니다가 깨서는, 자기가 꿈에 호랑나비가 되었던 것인지 호랑나비가 꿈에 장자가 되었던 것인지 모르겠다고 한 고사(故事)에서 유래함.

69 아릿ᄯᅡ온 : 아리따운. 마음이나 몸가짐이 맵시 있고 고운.

70 옥빈홍안(玉鬢紅顔) : 고운 귀밑머리와 붉은 얼굴이라는 뜻으로, 미인의 모습을 표현한 말.

71 얼풋 안젼는 듯 : 얼핏 앉아 있는 듯. '얼핏'은 지나는 결에 잠깐 나타나는 모양. 언뜻.

72 어화 : 감탄사.

73 생시(生時) ᄉᆞᆷ고지고 : 생시로 삼고 싶구나. '생시'는 자거나 취하지 않고 깨어 있을 때. '-지고'

무침 허희[74]ᄒᆞ야 밧비 이러[75] 바라보니
운산은 쳡쳡疊疊ᄒᆞ야[76] 쳔리안千里眼을 가리왓고[77]
호월皓月른 창창허여[78] 양향심[79]의 비쵸엿다[80]
어화 ᄂᆡ 일이야 나도 모를 일이로다
이리져리 그리면서 어허[81] 그리 못 보는가
약슈[82] 삼쳘 리 머단 말를[83] 이런 데를 일너도다[84]
가약佳約[85]은 묘연渺然[86]허고 세월른 여류허여[87]
엇그제 이월 쏫치[88] 녹안변[89] 붉엇더니

는 앞말이 나타내는 동작을 소망함을 이르는 말.

74 무침허희(無寢噓唏) : 잠을 자지 못하고 한숨 쉬며 흐느낌.

75 밧비 이러 : 바삐 일어나.

76 운산(雲山)은 쳡쳡(疊疊)ᄒᆞ야 : 구름이 낀 산이 겹겹으로 있어. '쳡쳡'은 여러 겹으로 겹쳐 있는 모양.

77 쳔리안(千里眼)을 가리왓고 : 천리안을 가리었고. '천리안'은 천 리 밖의 것도 볼 수 있을 만한 시력. 사물을 꿰뚫어 볼 수 있는 뛰어난 관찰력.

78 호월(皓月)른 창창(蒼蒼)허여 : 밝은 달은 푸르고 푸르러. '호월'은 매우 맑고 밝게 비치는 달. '창창'은 매우 푸름. 또는 앞길이 멀어서 아득함.

79 양향심(兩鄕心) : 고향을 그리워하는 마음. 여기서는 임을 그리워하는 마음을 가리키는 듯.

80 비쵸엿다 : 비추었다.

81 어허 : '어이'의 잘못인 듯. 어찌.

82 약슈 : 약수(弱水). 전설로 내려오는 중국의 강 이름. 신선(神仙)의 세계로 들어가기 위해서는 이 강을 건너야 한다고 함. 아무리 가벼운 물건이라도 다 가라앉고 강폭은 삼천 리나 됨. 도저히 건널 수 없는 강이라고 하여 '장애물'의 뜻으로 쓰임.

83 머단 말를 : 멀단 말을. 멀다는 말을.

84 이런 데를 일너도다 : 이런 데를 말하는 것이로다. 이럴 때 말하는 것이구나.

85 가약(佳約) : 아름다운 약속. 또는 사랑하는 사람과 만날 약속.

86 묘연(渺然) : 넓고 멀어서 아득함.

87 여류허여 : 여류(如流)하여. 흐르는 물과 같아서.

88 이월 쏫치 : 이월(二月) 꽃이. 이월에 피는 꽃이.

그덧ᄉᆡ[90] 훌훌허여[91] 낙엽이 츄셩일다[92]

ᄉᆡ벽달 지실 젹에[93] 외기러기 울어 열 졔[94]

반가온 임任의 소식 힝혀[95] 올가 바라보니

창망[96]ᄒᆞᆫ 구름 밧게 비소ᄅᆡ[97] 쑨이로다

지리ᄒᆞ다[98] 이 리별을 언제 만나 다시볼가

산두의 편월[99] 되여 님의 낫헤 비최고져[100]

셕상에 오동 되여[101] 님의 무릅 베혀보랴[102]

옥상 죠량[103]에 졔비 되여 날고지고[104]

---

89 녹안변(綠岸邊) : 푸른 강기슭.

90 그덧ᄉᆡ : 그덧에. 잠시 그동안에. 그 사이에.

91 훌훌허여 : 훌훌하여. 시간이나 세월이 빨리 지나가서. '훌훌'은 가볍게 날듯이 뛰거나 움직이는 모양.

92 낙엽(落葉)이 추성(秋聲)일다 : 가을바람에 낙엽 떨어지는 소리가 들리는구나. '추성'은 가을철의 바람 소리.

93 지실 적에 : 지샐 적에. '지새다'는 달이 사라지면서 밤이 새다.

94 외기러기 울어 열 제 : 외기러기 울며 갈 때. '외기러기'는 짝이 없는 한 마리의 기러기.

95 힝혀 : 행여. 어쩌다가 혹시.

96 창망(滄茫) : 넓고 멀어서 아득함.

97 비소ᄅᆡ : 빗소리.

98 지리ᄒᆞ다 : 지루하다.

99 산두(山頭)의 편월(片月) : 산꼭대기의 조각달. '조각달'은 음력 5일 무렵과 25일 무렵에 뜨는, 반달보다 더 이지러진 달.

100 낫헤 비최고져 : 낯에 비추고자. 얼굴에 비추고 싶구나.

101 셕상에 오동 되여 : 석상(席上)의 오동(梧桐)이 되어. 여기서 '오동'은 오동나무로 만든 악기를 가리키는데, 오동나무로 만드는 대표적인 악기인 '가야금(伽倻琴)'과 '거문고' 중 가야금을 가리키는 듯. 남자인 화자가 자신이 사랑하는 '임'의 무릎을 베고 싶다고 되어 있으므로, 주로 여성들이 연주하던 '가야금'일 가능성이 큼.

102 베혀보랴 : 베어보랴? 베어볼까?

103 옥상죠량 : 옥상조량(屋上雕梁). 집 위의, 조각을 하여 꾸민 대들보. '대들보'는 작은 들보의 하중을 받기 위하여 기둥과 기둥 사이에 건너지른 큰 들보. '들보'는 칸과 칸 사이의 두 기둥

옥창[105] 잉도화[106]에 나뷔 되여 날고지고
태산[107]이 평디 되도[108] 금강[109]이 다 마르나[110]
평ᄉᆡᆼ 슯흔 회포[111] 어ᄃᆡ를 가을ᄒᆞ리[112]
서즁 뉴옥안[113]은 나도 잠간 들엇더니
마음를 고쳐먹고 강ᄀᆡ[114]를 다시 ᄂᆡ여
장부[115]의 공명[116]을 일노좃ᄎᆞ 알이로다[117]

〈『樂府』〉

을 건너질러 도리와는 'ㄴ'자 모양, 마룻대와는 '十'자 모양을 이루는 나무.

104 날고지고 : 날고 싶구나. 날아가고 싶어라.

105 옥창(玉窓) : 옥으로 만든 창. 흔히 여자가 거처하는 방에 있는 창문을 뜻함.

106 잉도화 : 앵도화(櫻桃花). 앵두꽃.

107 태산(泰山) : 중국의 오악(五嶽) 가운데 하나로, 산동성(山東省) 태안(泰安) 북쪽에 있고, 높이는 1,524m. 근대 이전 동아시아 지식인들 사이에서 가장 높은 산의 대명사로 쓰임.

108 평디 되도 : 평지(平地)가 되고. '되도'는 '되고'의 오기(誤記). '평지'는 바닥이 펀펀한 땅.

109 금강(錦江) : 충청남도와 전라북도의 경계를 이루는 강. 전라북도 장수군에서 시작하여, 군산만으로 흘러 들어감.

110 다 마르나 : 다 말라도.

111 슯흔 회포(懷抱) : 슬픈 회포. '회포'는 마음속에 품은 생각이나 정(情).

112 어ᄃᆡ를 가을ᄒᆞ리 : 어디에 비교하리.

113 서즁 뉴옥안 : 서중유옥안(書中有玉顔). 책 속에 미인이 있음. 글을 많이 읽고 공부를 잘하여 출세하면 아름다운 아내를 얻을 수 있다는 뜻. 중국 송(宋)나라 진종황제(眞宗皇帝)가 지은 「권학문(勸學文)」에서 나온 말.

114 강ᄀᆡ : 강개(慷慨). 의롭지 못한 것을 보고 의기가 북받쳐 원통하고 슬픔.

115 장부(丈夫) : 건장하고 씩씩한 남자.

116 공명(功名) : 공을 세워 자기의 이름을 널리 드러냄. 또는 그 이름.

117 일노좃ᄎᆞ 알이로다 : 이로부터 알리로다. 이 때문에 알겠도다.

노처녀가老處女歌

작자미상

人間世上(인간세상) 사ᄅᆞᆷ들아 이ᄂᆡ[1] 말ᄉᆞᆷ 드러 보쇼

天下萬物(천하만물)[2] ᄉᆞᆷ긴[3] 後(후)에 草木禽獸(초목금수)[4]라도 ᄶᅡᆨ이 잇다

人間(인간)에 ᄉᆞᆷ긴 男女(남녀) 夫婦子孫(부부자손) 갓것마ᄂᆞᆫ[5]

이ᄂᆡ 八字(팔자)[6] 險(험)ᄉᆞ즐손[7] 날 갓ᄒᆞᆫ ᄂᆡ[8] ᄯᅩ 잇난가

百年(백년)을 다 살아야 三萬六千(삼만육천) 日(일)이로다

혼ᄌᆞ살이 千年(천년) 살면[9] 貞女(정녀)[10] 되야 萬年(만년) 살ᄭᆞ

沓沓(답답)[11]ᄒᆞᆫ 우리 父母(부모) 가난ᄒᆞᆫ 좀양반[12]이

---

1 이ᄂᆡ : 이내. '나의'를 강조하여 이르는 말.

2 천하만물(天下萬物) : '천하'는 하늘 아래 온 세상. '만물'은 세상에 있는 모든 것.

3 ᄉᆞᆷ긴 : 생긴.

4 초목금수(草木禽獸) : 풀과 나무와 날짐승과 길짐승. 온갖 생물.

5 갓것마ᄂᆞᆫ : 갖췄건만. 가졌지만.

6 팔자(八字) : 사람의 한평생 운수. '사주팔자(四柱八字)'에서 유래한 말로, 사람이 태어난 해와 달과 날과 시간을 간지(干支)로 나타내면 여덟 글자가 되는데, 이 속에 일생의 운명이 정해져 있다고 봄.

7 험(險)ᄉᆞ즐손 : 험궂을손. 험하고 거친 것은. '-ㄹ손'은 '-ㄹ것은'의 뜻.

8 날 갓ᄒᆞᆫ ᄂᆡ : 날 같은 이. 나와 같은 사람.

9 살면 : '살며'의 오기(誤記)인 듯.

10 정녀(貞女) : 남자와 성적 관계가 한 번도 없는 여자. 숫처녀.

11 답답(沓沓) : 우리말 '답답'은 융통성이 없이 고지식함. 또는 숨이 막힐 듯이 갑갑함. 한자어 '沓沓'은 게으른 모양. 또는 말이 많은 모양. 여기서는 한자로 표기되어 있지만, 전자의 뜻으

兩班(양반)인 체[13] 된 체ᄒᆞ고[14] 處事(처사)[15]가 不敏(불민)[16]ᄒᆞ야
怪妄(괴망)[17]을 일솜으니[18] 다만 ᄒᆞᆫ 쌀 늙어간다
寂寞(적막)[19]한 빈房(방) 안에 寂寂廖廖(적적료료)[20] 혼ᄌᆞ 안ᄌᆞ
輾轉不寐(전전불매)[21] 잠 못 드러 혼ᄌᆞ 辭說(사설)[22] 드러 보쇼
老妄(노망)[23]ᄒᆞᆫ 우리 父母(부모) 날 길너 무엇 ᄒᆞ리
쥭도록 날 길너셔 잡아 쓸ᄭᆞ 구어 쓸ᄭᆞ[24]
人皇氏(인황씨) 젹[25] 숨긴 男女(남녀) 伏義氏(복희씨)[26] 젹 지은 嫁

로 쓰인 것임.

12 좀양반(兩班) : 좀스러운 양반. '좀스럽다'는 마음이 너그럽지 못하고 생각이 좁다. 또는 보잘 것 없이 작다.

13 양반(兩班)인 체 : 양반인 체. 양반인 척. '양반'은 고려·조선시대에 지배층을 이루던 신분. 원래 관료 체제를 이루는 동반(東班)과 서반(西班)을 가리켰으나, 점차 그 가족이나 후손까지 포괄하게 되었음. '체'는 그럴듯하게 꾸미는 거짓 태도나 모양.

14 된 체ᄒᆞ고 : 된 체하고. 된 척을 하고. '있는 척하고'의 뜻인 듯. 다른 이본에는 '도를 차려'로 되어 있음. 도리를 갖추어.

15 처사(處事) : 일을 처리함. 또는 그런 처리.

16 불민(不敏) : 어리석고 둔하여 재빠르지 못함.

17 괴망(怪妄) : 말이나 행동이 괴상하고 망측함.

18 일솜으니 : 일삼으니. '일삼다'는 일로 생각하고 하다. 또는 주로 좋지 않은 일을 계속하여 하다.

19 적막(寂寞) : 쓸쓸하고 고요함. 또는 의지할 데 없이 외로움.

20 적적료료(寂寂廖廖) : 매우 조용하고 쓸쓸함.

21 전전불매(輾轉不寐) : 누워서 몸을 이리저리 뒤척이며 잠을 이루지 못함.

22 사설(辭說) : 늘어놓는 말이나 이야기.

23 노망(老妄) : 늙어서 정신이 흐려지고 말이나 행동이 비정상적으로 됨.

24 잡아 쓸ᄭᆞ 구어 쓸ᄭᆞ : 잡아 쓸까? 구워 쓸까? '잡아먹을까? 구워 먹을까?'의 의미로 쓰인 듯.

25 인황씨(人皇氏) 젹 : 인황씨 때. '인황씨'는 고대 중국의 전설상의 세 임금인 천황씨(天皇氏)·지황씨(地皇氏)·인황씨의 삼황(三皇) 중의 하나. 여기서는 아주 오랜 옛날을 뜻함.

26 복희씨(伏義氏) 젹 : 복희씨 때. '복희씨'는 고대 중국의 전설상의 임금. 팔괘(八卦)를 처음 만들었고, 그물을 만들어 물고기 잡는 방법을 가르쳤다고 함. 여기서는 '인황씨'와 함께 아주 오랜 옛날을 뜻함.

娶(가취)[27]

人間配合(인간배합)[28] 婚娶(혼취)[29]함은 예로[30] 잇것마는

엇던 處女(처녀)[31] 八字(팔자) 됴와[32] 二十前(이십전)[33] 싀집간다

男女子孫(남녀자손) 싀집 장가 썻썻훈 일이건만

이닉 八字(팔자) 崎險(기험)[34]ᄒᆞ야 四十(사십)ᄭᆞ지 處女(처녀)로다

이런 쥴 알앗스면 쳐음 아니 나올 거슬

月明紗窓(월명사창)[35] 긴긴 밤에 寢不安席(침불안석)[36] 잠 못 드러

寂寞(적막)ᄒᆞᆫ 빈 방 안에 오락가락[37] 단니면서

將來事(장래사)[38]를 싱각ᄒᆞ니 더욱 沓沓(답답) 憫惘(민망)[39]ᄒᆞ다

父親(부친) ᄒᆞ나 半便(반편)[40]이오 母親(모친) ᄒᆞ나 菽麥不辨(숙맥불변)[41]

---

27 가취(嫁娶) : 시집가고 장가듦. 결혼(結婚). 혼인(婚姻).

28 배합(配合) : 부부의 인연을 맺음. 다른 이본에는 '배필(配匹)'로 되어 있음. 부부로서의 짝.

29 혼취(婚娶) : 남자와 여자가 부부가 되는 일. 결혼. 혼인.

30 예로 : 예로부터.

31 처녀(處女) : 결혼하지 않은 성년 여자. 또는 남자와 성적 관계가 한 번도 없는 여자.

32 됴와 : 좋아.

33 이십전(二十前) : 20세가 되기 전.

34 기험(崎險) : 세상살이가 순탄하지 못하고 방해가 많음. 기구(崎嶇).

35 월명사창(月明紗窓) : 달이 밝게 비치는 사창(紗窓). '사창'은 비단으로 바른 창. 젊은 여인의 침실을 가리킴.

36 침불안석(寢不安席) : 걱정이 많아서 잠을 편히 자지 못함.

37 오락가락 : 계속해서 왔다 갔다 하는 모양.

38 장래사(將來事) : 장차 닥쳐올 일이나 해야 할 일.

39 민망(憫惘) : 보기에 답답하고 딱하여 안타까움. 또는 얼굴을 들고 대하기가 부끄러움.

40 반편(半便) : 반편(半偏). '편(便)'은 '편(偏)'의 오기인 듯. 지능이 보통 사람보다 아주 낮은 사람.

41 숙맥불변(菽麥不辨) : 콩인지 보리인지를 구별하지 못한다는 뜻으로, 사리 분별을 못하고 세상 물정을 잘 모름을 이르는 말. 숙맥.

날이 ᄉᆡ면[42] 來日(내일)이오 歲(세)가 쇠면[43] 來年(내년)이라

婚姻辭說(혼인사설) 全廢(전폐)[44]ᄒᆞ고 艱難辭說(간난사설)[45] 쁜이로다

어ᄃᆡ셔 손任(임) 오면 幸(행)혀나[46] 仲媒(중매)[47]신가

아ᄒᆡ 불너 詰問(힐문)[48]ᄒᆞᆫ則(즉) 風憲約正(풍헌약정)[49] 還上(환상)[50] ᄌᆡ촉

어ᄃᆡ셔 片紙(편지) 왓네 幸(행)혀나 請婚書(청혼서)[51]인가

兒孩(아해)다려[52] 무러보니 外三寸(외삼촌)의 訃音(부음)[53]이라

ᄋᆡ달고 서른지고[54] 이 肝腸(간장)[55]을 어이할고

압집에 아모 阿只(아지)[56] 발서[57] 子孫(자손) 낫단 말가[58]

---

42 ᄉᆡ면 : 새면. '새다'는 날이 밝아 오다.

43 세(歲)가 쇠면 : 한 해가 쇠면. 한 해를 지내면. '쇠다'는 맞이하여 지내다.

44 전폐(全廢) : 아주 그만둠. 또는 모두 없앰.

45 간난사설(艱難辭說) : 가난 이야기.

46 행(幸)혀나 : 행여나. '행여'를 강조하여 이르는 말. '행여'는 어쩌다가 혹시.

47 중매(仲媒) : 결혼이 이루어지도록 중간에서 소개하는 일. 또는 그런 사람.

48 힐문(詰問) : 트집을 잡아 따져 물음.

49 풍헌약정(風憲約正) : 풍헌과 약정. '풍헌'은 조선시대에 면(面)이나 리(里)의 일을 맡아보던 향소직(鄕所職). '약정'은 조선시대 향촌 자치조직인 향약(鄕約)의 임원. 향약의 종류에 따라 풍헌을 약정이라 하기도 하고, 풍헌 아래에서 실무를 담당하는 소임을 약정이라고도 했음.

50 환상(還上) : 환자(還子). 흉년이나 춘궁기(春窮期)에 백성에게 곡식을 빌려주고 풍년이나 추수기(秋收期)에 갚게 하던 것. 환곡(還穀).

51 청혼서(請婚書) : 혼인할 때에 신랑 집에서 예물(禮物)의 품목·수량 등을 적은 종이와 함께 신부 집에 보내는 편지.

52 아해(兒孩)다려 : 아이더러. 아이에게.

53 부음(訃音) : 사람이 죽었다는 것을 알리는 말이나 글.

54 ᄋᆡ달고 서른지고 : 애닮고 설운지고. 애달프고 서럽구나. '애달프다'는 마음이 안타깝거나 쓰라리다.

55 간장(肝腸) : 간과 창자. 또는 '마음'을 비유적으로 이르는 말.

東便(동편)[59] 집 옴핑이[60]ᄂᆞᆫ 今明間(금명간)[61]의 싀집가니
그 同務(동무)[62]에 無情歲月(무정세월)[63] 싀집가서 풀것마ᄂᆞᆫ[64]
親舊(친구) 업고 血屬(혈속) 업다 慰勞(위로)ᄒᆞ리[65] 專(전)혀 업네
우리 父母(부모) 無情(무정)[66]ᄒᆞ야 ᄂᆡ ᄉᆡᆼ각 專(전)혀 업다
富貴貧賤(부귀빈천)[67] 生覺(생각) 말고 人物風彩(인물풍채)[68] 맛당커던[69]
處女(처녀) 四十(사십) ᄂᆞ히 젹쇼 婚姻擧動(혼인거동)[70] ᄎᆞ려 쥬쇼
金童(김동)이도 喪妻(상처)[71]하고 李童(이동)이도 棄妻(기처)[72]로다

---

56 아지(阿只) : 아기.

57 발셔 : 벌써.

58 낫단 말가 : 낳았단 말인가?

59 동편(東便) : 동쪽.

60 옴핑이 : 옴팡이. '옴팡'은 초가집이나 오두막 따위의 작은 집. 또는 가운데가 조금 오목하게 들어가 있다는 뜻. 그러므로 '옴팡이'는 초가집에 사는 사람을 가리키거나, 눈 등의 신체 또는 마음이 옴팡한 사람을 가리키는 듯. 다른 이본에는 '용골녀'로 되어 있음. '용골녀(龍骨女)'는 마음이 바르지 못하고 심술궂은 여자.

61 금명간(今明間) : 오늘이나 내일 사이.

62 동무(同務) : 늘 친하게 어울리는 사람. 친구.

63 무정세월(無情歲月) : 덧없이 흘러가는 세월.

64 풀것마ᄂᆞᆫ : 풀리건마는. 풀리겠지만.

65 혈속(血屬) 업다 위로(慰勞)ᄒᆞ리 : 혈속이 없다고 (나를) 위로할 사람. '혈속'은 혈통을 이어가는 살붙이. 자식.

66 무정(無情) : 따뜻한 정이 없이 쌀쌀맞고 인정이 없음.

67 부귀빈천(富貴貧賤) : 재산이 많고 지위가 높은 것과 가난하고 천한 것을 아울러 이르는 말.

68 풍채(風彩) : '채(彩)'는 '채(采)'의 잘못인 듯. 드러나 보이는 사람의 겉모양.

69 맛당커던 : 마땅하거든. 마땅하면. '마땅하다'는 행동이나 대상이 일정한 조건에 어울리게 알맞다.

70 거동(擧動) : 몸을 움직임. 또는 그런 짓이나 태도.

71 상처(喪妻) : 아내의 죽음을 당함.

72 기처(棄妻): 조선시대에 인정된 이혼 제도. 칠거지악(七去之惡)의 조건 아래에서 허용된 법

仲媒(중매) 홀미[73] 專(전)혀 업네 놀 차지리 뉘시든고[74]
감정 암쇼[75] 살져 잇고 奉祀田畓(봉사전답)[76] 갓것마는
士族家門(사족가문)[77] 가리면서[78] 이디도록[79] 늙어간다
臙脂粉(연지분)[80]도 잇것마는 成赤丹粧(성적단장)[81] 全廢(전폐)
ᄒᆞ고
감정 치마 흰 져고리[82] 花鏡(화경)[83] 거울 압ᄒᆡ 놋코
遠山(원산)[84] 갓흔 푸른 눈셥 細柳(세류)[85] 갓흔 허리
아름답다 ᄂᆞ의 姿態(자태)[86] 妙(묘)ᄒᆞ도다 ᄂᆞ의 擧動(거동)
흐르ᄂᆞᆫ 歲月(세월)에 앗가올손[87] ᄂᆞ의 擧動(거동)
거울다려 ᄒᆞᄂᆞᆫ 말이 어화[88] 畓畓(답답) ᄂᆡ 八字(팔자)여

제상 이혼.

73 홀미 : '할멈'의 낮춤말. '할멈'은 지체가 낮은 늙은 여자를 대접하여 이르는 말.

74 놀 차지리 뉘시든고 : 나를 찾을 사람 누구던가?

75 감정 암쇼 : 검정 암소. 검은 암소.

76 봉사전답(奉祀田畓) : 조상의 제사를 받들기 위해 마련된 논과 밭.

77 사족가문(士族家門) : 문벌(門閥)이 좋은 집안. 사대부(士大夫)의 가족.

78 가리면서 : 고르면서. 따지면서.

79 이디도록 : 이대로. 변함없이 이 모양으로.

80 연지분(臙脂粉) : 연지와 분. '연지'는 여자가 화장할 때, 입술이나 뺨에 바르거나 찍는 붉은 빛깔의 염료. '분'은 얼굴빛을 곱게 하기 위해 얼굴에 바르는 화장품의 하나.

81 성적단장(成赤丹粧) : 혼인날에 신부 얼굴에 분을 바르고 연지를 찍어 곱게 꾸미는 것.

82 져고리 : 저고리. 한복 윗옷의 하나. 길·소매·섶·깃·동정·고름·끝동·회장 등이 갖추어져 있음.

83 화경(花鏡) : 꽃 거울. 꽃무늬가 있는 거울. 다른 이본에는 '火鏡'으로 되어 있음. '화경(火鏡)'은 햇빛을 비추면 불을 일으키는 거울이라는 뜻으로, '볼록 렌즈'를 이르는 말.

84 원산(遠山) : 멀리 있는 산. 멀리 보이는 산.

85 세류(細柳) : 가지가 매우 가는 버드나무. 실버들.

86 자태(姿態) : 어떤 모습이나 모양. 주로 여성의 고운 맵시나 태도를 가리킴.

87 앗가올손 : 아까울손. 아깝구나.

갈 ᄯᅵ 업다[89] ᄂᆞ도 ᄂᆞ도 쓸 ᄯᅵ 업다[90] 너도 너도

우리 父親(부친) 兵曹判書(병조판서)[91] ᄒᆞᆫ아ᄇᆞ지[92] 戶曹判書(호조판서)[93]

우리 門閥(문벌)[94] 이러ᄒᆞ니 風俗(풍속)[95] 좃기 어려워라

俄然(아연)듯[96] 春節(춘절)[97] 되니 草木群生(초목군생)[98] 다 즐기네

杜鵑花(두견화) 滿發(만발)ᄒᆞ고[99] 잔듸닙 ᅀᅩᆨ닙[100] 난다

ᄡᅡᆨ은 바자 ᄶᅵᆼᄶᅵᆼᄒᆞ고[101] 종달ᄉᆡ 도두 ᄯᅳᆫ다[102]

春風夜月(춘풍야월)[102] 細雨時(세우시)[103]에 獨宿空房(독숙공방)[104]

---

88 어화 : 감탄사.

89 갈 ᄯᅵ 업다 : 갈 데가 없다. 갈 곳이 없다.

90 쓸 ᄯᅵ 업다 : 쓸 데가 없다. 쓸 곳이 없다.

91 병조판서(兵曹判書) : 병조의 으뜸 벼슬. 품계는 정(正)2품으로, 군사와 국방에 관한 일을 총괄함.

92 ᄒᆞᆫ아ᄇᆞ지 : 할아버지.

93 호조판서(戶曹判書) : 호조의 으뜸 벼슬. 품계는 정2품으로, 나라의 재정과 경제에 관한 일을 총괄함.

94 문벌(門閥) : 대대로 내려오는 그 집안의 사회적 신분이나 지위.

95 풍속(風俗) : 그 시대의 유행과 습관.

96 아연(俄然)듯 : 급작스럽게. 아연히.

97 춘절(春節) : 계절이 봄인 때. 봄철.

98 초목군생(草木群生) : 풀과 나무와 모든 사람. '군생'은 모든 사람. 또는 모든 생물.

99 두견화(杜鵑花) 만발(滿發)ᄒᆞ고 : 진달래꽃 활짝 피고. '만발'은 꽃이 활짝 다 핌.

100 ᅀᅩᆨ닙 : 속잎. 새로 돋아나는 잎.

101 ᄡᅡᆨ은 바자 ᄶᅵᆼᄶᅵᆼᄒᆞ고 : 삭은 바자 쨍쨍하고. 삭아버린 울타리에 햇빛이 내리쬐고. '바자'는 대·갈대·수수깡·싸리 등을 엮어 울타리를 만드는 물건. 또는 그 울타리. '쨍쨍'은 햇볕이 몹시 내리쬐는 모양.

102 종달ᄉᆡ 도두 ᄯᅳᆫ다 : 종달새 위로 높게 뜬다. 종달새가 높이 난다. '종달새'는 참새보다 조금 크며 붉은 갈색이고, 검은색 가로무늬가 있음. 뒷머리의 깃은 길어서 뿔처럼 보임. 봄에 공중으로 높이 날아오르면서 잘 울.

어이홀고

怨讐(원수)의 兒孩(아해)들아 그런 말 ᄒᆞ지 마라

압집에ᄂᆞᆫ 新郎(신랑) 오고 뒷집에는 新婦(신부) 가네

ᄂᆡ 귀에 듯ᄂᆞᆫ ᄇᆞᄂᆞᆫ[106] 늣길 일도 ᄒᆞ고 만타[107]

綠楊芳草(녹양방초)[108] 졈은 날에[109] ᄒᆡ는 어이 수이 가노[110]

草露(초로)[111] 갓흔 우리 人生(인생) 飄然(표연)이[112] 늙어 가니

머리치[113]ᄂᆞᆫ 엽ᄒᆡ 셰고 다만 흔슘뿐니로다

긴 밤에 짝이 업고 긴 ᄂᆞᆯ에 벗시 업다

안잣다가 누엇다가 다시금 ᄉᆡᆼ각ᄒᆞ니

아마도 모진 목숨 죽지 못ᄒᆡ 怨讐(원수)로다

〈『樂府』〉

---

103 춘풍야월(春風夜月) : 봄바람이 부는 달 밝은 밤.

104 세우시(細雨時) : 가랑비가 내리는 때.

105 독숙공방(獨宿空房) : 아내가 남편 없이 혼자 지내는 것. 독수공방(獨守空房).

106 듯ᄂᆞᆫ ᄇᆞᄂᆞᆫ : 듣는 바는. 듣는 것은.

107 늣길 일도 ᄒᆞ고 만타 : 느낄 일도 많고 많다.

108 녹양방초(綠楊芳草) : 푸른 버들과 향기로운 풀.

109 졈은 날에 : 저문 날에.

110 수이 가노 : 쉽게 가나? 쉽게 지나?

111 초로(草露) : 풀잎에 맺힌 이슬. 쉽게 사라지는 것을 비유하는 말로 쓰임.

112 표연(飄然)이 : 표연히. 바람에 나부끼는 모양이 가볍게. 또는 훌쩍 나타나거나 떠나는 모양이 거침 없이.

113 머리치 : 머리채. 길게 늘어뜨린 머리털.

제7장 잡가(雜歌)

유산가 遊山[1]歌

작자미상

화란츈셩花爛春城[2]ᄒᆞ고 만화방창萬化方暢[3]이라

ᄣᆡ 죠타[4] 벗님네[5]야 산천경ᄀᆡ山川景槪[6]를 구경 가셰

죽장망혜竹杖芒鞋[7] 단표ᄌᆞ單瓢子[8]로 쳔리강산千里江山[9]을 드러를 가니

만산홍록滿山紅緣드른[10] 일년일도一年一度[11] 다시 피여

---

1 유산(遊山) : 산으로 놀러 다님.

2 화란춘성(花爛春城) : 봄이 온 성에 꽃이 활짝 핌. '춘성(春城)'은 '춘성(春盛)'의 오기(誤記)일 수도. 꽃이 활짝 핀 한창 때의 봄.

3 만화방창(萬化方暢) : 따뜻한 봄날에 온갖 생물이 나서 자라 흐드러짐. '흐드러지다'는 매우 탐스럽거나 한창 성하다.

4 ᄣᆡ 죠타 : 때가 좋다. 좋은 때다.

5 벗님네 : 벗님들. '벗님'은 '벗'을 다정하게 이르는 말.

6 산천경개(山川景槪) : 자연의 경치.

7 죽장망혜(竹杖芒鞋) : 대나무 지팡이와 짚신. 먼 길을 떠날 때의 간편한 차림새를 뜻함. '짚신'은 볏짚으로 만든 신발.

8 단표자(單瓢子) : 한 개의 표주박. '표주박'은 조롱박이나 둥근 박을 반으로 쪼개어 만든 작은 바가지. 물이나 술을 떠 마실 때 사용함.

9 천리강산(千里江山) : 천 리나 떨어져 있는 강산. '강산'은 강과 산이라는 뜻으로, 자연의 경치를 말함. 또는 나라의 영토.

10 만산홍록(滿山紅綠)드른 : 온 산에 가득한 붉은 꽃과 푸른 초목(草木)들은.

츈ᄉᆡᆨ春色[12]을 ᄌᆞ랑노라[13] ᄉᆡᆨᄉᆡᆨ色色이 불것ᄂᆞᆫᄃᆡ[14]

창송쥐쥭蒼松翠竹[15]은 챵챵울울蒼蒼鬱鬱[16]ᄒᆞ고 긔화요초奇花瑤草[17] 란만즁爛熳[18]中에

ᄭᅩᆺ 속의 잠든 나븨 ᄌᆞ취 업시[19] 나라든다

류상잉비柳上鶯飛는 편편금片片金[20]이오 화간접무花間蝶舞는 분분셜紛紛雪[21]이라

삼츈가졀三春佳節[22]이 죠흘시고[23] 도화만발桃花滿發 졈졈홍點點紅[24]이로구나

어쥬츅슈漁舟逐水 ᄋᆡ삼츈愛三春[25]이라든 무릉도원武陵桃源[26]이

---

11 일년일도(一年一度) : 일 년에 한 번.

12 춘색(春色) : 봄철의 빛. 또는 봄철을 느끼게 하는 경치나 분위기.

13 ᄌᆞ랑노라 : 자랑하느라. 자랑하려고.

14 색색(色色)이 불것ᄂᆞᆫᄃᆡ : 가지각색의 여러 가지로 붉었는데. 여러 가지 색깔로 물들었는데.

15 창송취죽(蒼松翠竹) : 푸른 소나무와 푸른 대나무.

16 창창울울(蒼蒼鬱鬱) : 큰 나무들이 아주 빽빽하고 푸르게 우거져 있음.

17 기화요초(奇花瑤草) : '기화(奇花)'는 '기화(琪花)'의 잘못. 옥같이 고운 풀에 핀 구슬같이 아름다운 꽃.

18 난만(爛熳) : '만(熳)'은 '만(漫)'의 잘못. 꽃이 활짝 많이 피어 화려함.

19 ᄌᆞ취 업시 : 자취 없이. '자취'는 어떤 것이 남긴 표시나 자리.

20 유상앵비(柳上鶯飛)는 편편금(片片金) : 버들 위에 나는 꾀꼬리는 금 조각 같음.

21 화간접무(花間蝶舞)는 분분설(紛紛雪) : 꽃 사이에서 춤추는 나비는 어지럽게 흩날리는 눈송이와 같음.

22 삼춘가절(三春佳節) : 봄철 석 달의 아름다운 계절.

23 죠흘시고 : 좋을시고. 좋구나. '-을시고'는 감탄의 뜻을 나타내는 종결어미.

24 도화만발(桃花滿發) 점점홍(點點紅) : 복숭아꽃이 활짝 피어 점점이 붉음. '점점홍'은 여기저기 울긋불긋하게 꽃이 핀 모습.

25 어주축수(漁舟逐水) 애삼춘(愛三春) : '삼춘'은 '산춘(山春)'의 잘못. 낚싯배가 물결 따라 오르내리며 산에 물든 봄빛을 사랑하네. 중국 당(唐)나라의 시인 왕유(王維, 699~759)의 〈도원행(桃源行)〉에 나오는 구절.

예 아니냐[27]

양류세지楊柳細枝 ᄉᆞᄉᆞ록絲絲綠[28]ᄒᆞ니 황산곡리黃山谷裏 당츈절當春節[29]에 연명오류淵明五柳[30]가 예 아니냐

제비ᄂᆞᆫ 물을 차고 기럭이 무리져셔

거지중텬中天[31]에 놉히 ᄯᅥ셔 두 날ᄅᆡ 훨신 펴고[32]

펄펄[33] ᄇᆡᆨ운간白雲間[34]에 놉히 ᄯᅥ셔

쳔리강산千里江山 머남은[35] 길에 어이 갈소 슯히 운다

원산遠山은 쳡쳡疊疊[36] ᄐᆡ산泰山은 쥬춤ᄒᆞ여[37]

긔암奇岩은 층층層層[38] 장송長松은 락락落落[39] 구부러져

---

26 무릉도원(武陵桃源) : 중국 동진(東晉) 때의 문인인 도연명(陶淵明, 365~427)의 〈도화원기(桃花源記)〉에 나오는 말. 중국 동진 때의 한 어부(漁父)가 계곡 물에 떠내려 오는 복숭아꽃잎을 따라 올라갔다가 발견했다는 선경(仙境). 낙원 또는 이상향의 뜻으로 쓰임.

27 예 아니냐 : 여기 아니냐? '예'는 '여기'의 준말.

28 양류세지(楊柳細枝) 사사록(絲絲綠) : 버드나무의 가는 가지가 실처럼 늘어져 푸름.

29 황산곡리(黃山谷裏) 당춘절(當春節) : 노랗게 변한 산골짜기 속에서 봄날을 맞음.

30 연명오류(淵明五柳) : 도연명이 집 앞에 심은 다섯 그루의 버드나무. 도연명의 이름은 잠(潛), 연명은 자(字)임. 팽택현(彭澤縣)의 현령이 되었으나, 80여 일 뒤에 〈귀거래사(歸去來辭)〉를 짓고 관직에서 물러나 귀향하였음. 그는 귀향하여 자신의 집 앞에 버드나무 다섯 그루를 심었다고 함.

31 거지중천(中天) : 거지중천(居之中天). 텅 빈 공중. 허공(虛空).

32 두 날리 훨신 펴고 : 두 나래 훨씬 펴고. 두 날개 활짝 펴고. '훨씬'은 정도 이상으로 넓게 벌어지거나 열린 모양.

33 펄펄 : 크고 힘차게 날거나 뛰는 모양.

34 백운간(白雲間) : 흰 구름 사이.

35 머남은 : 머나먼.

36 원산(遠山)은 첩첩(疊疊) : 멀리 있는 산은 겹겹으로 있고. '첩첩'은 여러 겹으로 겹쳐 있는 모양.

37 태산(泰山)은 쥬춤ᄒᆞ여 : 높고 큰 산은 주춤하여. '주춤'은 망설이거나 가볍게 놀라서 갑자기 멈칫하거나 몸을 움츠리는 모양.

38 기암(奇岩)은 층층(層層) : 기이하게 생긴 바위는 층층이 쌓여있음. '층층'은 여러 층으로 겹겹이 쌓인 층. 또는 거듭된 낱낱의 층.

광풍狂風에 홍興을 겨워[40] 우즐우즐[41] 춤을 츈다

층옴層岩[42] 졀벽상絶壁上에 폭포슈瀑布水는 꽐꽐[43] 슈졍렴水晶簾 드리온 듯[44]

이 골[45] 물이 주루루룩[46] 져 골 물이 쌀쌀[47]

열에 열 골 물이 한듸 합슈合水[48]ᄒᆞ야

텬방天方져 디방地方져[49] 소쿄라지고[50] 평퍼져[51] 넌츌지고[52] 방울져

져 건너 병풍셕屛風石[53]으로 으르렁[54] 꽐꽐 흐르는 물결이 은옥銀玉

---

39 장송(長松)은 낙락(落落) : 큰 소나무의 가지는 축축 늘어짐. '낙락'은 큰 나무의 가지가 아래로 축축 늘어진 모양.

40 광풍(狂風)에 홍(興)을 겨워 : 거센 바람에 홍을 못 이겨. '광풍'은 미친 듯이 사납게 휘몰아치는 거센 바람. '겨워'는 이기지 못하여. 참거나 견뎌내기 어려워.

41 우즐우즐 : 우줄우줄. 가볍게 율동적으로 자꾸 움직이는 모양.

42 층암(層岩) : 층을 이루어 험하게 쌓인 바위.

43 꽐꽐 : 콸콸. 많은 양의 액체가 급히 쏟아져 흐르는 소리.

44 수정렴(水晶簾) 드리온 듯 : 수정을 실에 꿰어 만든 발이 드리운 듯. '발'은 가늘고 긴 대를 줄로 엮거나, 줄을 여러 개 나란히 늘어뜨려 만든 물건. 주로 무엇을 가리는 데 씀. '드리우다'는 한쪽이 위에 고정된 천·줄 등이 아래로 늘어지다.

45 골 : 골짜기. 계곡(溪谷).

46 주루루룩 : 주르륵. 굵은 물줄기가 빠르게 잠깐 흐르다가 그치는 소리.

47 쌀쌀 : 솰솰. 물이 거침없이 자꾸 번져 흐르는 소리.

48 합수(合水) : 여러 갈래의 물이 한데 모여 흐름. 또는 그렇게 흐르는 물.

49 천방(天方)져 지방(地方)져 : 너무 급하여 허둥지둥 이리저리 날뛰는 모양. 천방지방(天方地方).

50 소쿄라지고 : 소쿠라지고. '소쿠라지다'는 급히 흐르는 물이 굽이쳐 용솟음치다.

51 평퍼져 : '평퍼지다'는 옆으로 퍼진 모양이 둥그스름하게 넓적하거나 평평하게 널찍하다.

52 넌츌지고 : 넌출지고. '넌출지다'는 식물의 덩굴 등이 길게 치렁치렁 늘어지다.

53 병풍석(屛風石) : 병풍같이 생긴 절벽. '병풍'은 바람을 막거나 무엇을 가리거나, 또는 장식용으로 방안에 치는 물건.

54 으르렁 : 크고 세차게 외치거나 다투는 소리. 또는 그 모양.

갓치[55] ᄒᆞ터지니

소부巢父 허유許由[56] 문답問答ᄒᆞ든 긔산영슈箕山潁水[57]가 예 아니냐

쥬각제금住刻啼禽[58]은 쳔고졀千古節[59]이오 젹다정죠積多鼎鳥[60]는 일년풍一年豊[61]이라

일츌락죠日出落照[62]가 눈 압헤 버려나[63] 경ᄀᆡ무궁景槪無窮[64]이 됴흘시고

〈『新舊時行雜歌』〉

---

55 은옥(銀玉)갓치 : 은색(銀色)으로 옥처럼. 여기서 '은'은 물결의 색이 은처럼 흰 것을, '옥'은 물결이 흩어지는 것이 마치 옥이 부서져 흩어지는 것과 같음을 뜻함.

56 소부허유(巢父許由) : 고대 중국의 은자(隱者)인 소부와 허유. 요(堯)임금이 소부에게 왕위를 맡기려하자 그는 더러운 말을 들었다고 영천(穎川)에서 귀를 씻었고, 허유는 소에게 물을 먹이려다 그 사실을 알고 물이 더러워졌다고 하여 더 상류로 가서 먹였다고 함.

57 기산영수(箕山潁水) : 기산의 영수. 소부와 허유가 은거했던 곳. '기산'은 중국 하남성(河南省)에 있는 산. '영수'는 '영천(潁川)'이라고도 함.

58 주각제금(住刻啼禽) : '주곡제금(奏穀啼禽)'의 잘못. '주걱주걱'이라고 우는 새. 두견(杜鵑)을 가리킴.

59 천고절(千古節) : 천 년이 지나도 변함없을 절개.

60 적다정조(積多鼎鳥) : 솥이 적다고 우는 새, 소쩍새. '積多'는 우리말 '적다'를 한자의 음을 빌려 표기한 것임. '솥이 적다'는 말은 그만큼 쌀이 많다는 뜻이 됨.

61 일년풍(一年豊) : 한 해의 풍년.

62 일출낙조(日出落照) : 해가 뜨고 짐. 아침 해와 저녁놀. '낙조'는 저녁에 지는 햇빛. 또는 지는 해 주위로 퍼지는 붉은빛.

63 버려나 : 벌여 있으니. 펼쳐 있으니.

64 경개무궁(景概無窮) : 끝없이 펼쳐진 아름다운 경치. 아름다운 경치가 끝이 없음.

선유가船遊[1]歌

작자미상

1

가셰 가셰 ᄌᆞ네[2] 가셰 가셰 가셰 놀너를 가셰 ᄇᆡ를 타고 놀너를 가셰 지두덩기여라 둥게둥 덩덩시루[3] 놀너 가셰

압집이며 뒤집이라 각위各位[4] 각 집[5] 가인佳人네들[6]은 장부간장丈夫肝腸[7] 다 녹인다

동삼월冬三月[8] 계삼월季三月아[9] 회양도淮陽道[10] 봉봉峯峯[11] 도라를 오소 에남나에[12] 일손[13]이 돈 밧소

1 선유(船遊) : 배를 타고 노는 놀이. 뱃놀이.

2 ᄌᆞ네 : 자네. 듣는 이가 친구나 아랫사람인 경우, 그 사람을 대우하여 이르는 2인칭 대명사.

3 지두덩기여라 둥게둥 덩덩시루 : 여음구(餘音句)에 해당함. '여음구'는 노래에서 본 노랫말의 앞·뒤·가운데에 위치하여 의미의 표현보다는 감흥과 리듬에 영향을 미치는 구절.

4 각위(各位) : 앞앞의 여러 사람을 높여 이르는 말. 또는 각각의 자리나 직위.

5 각(各) 집 : 각각의 집.

6 가인(佳人)네들 : 가인들. '가인'은 아름다운 사람. 주로 얼굴이나 몸매가 아름다운 여자를 가리킴. 또는 이성으로서 애정을 느끼게 하는 사람.

7 장부간장(丈夫肝腸) : 장부의 간장. '장부'는 건장하고 씩씩한 남자. '간장'은 간과 창자. 또는 '마음'을 비유적으로 이르는 말.

8 동삼월(冬三月) : 겨울 석 달.

9 계삼월(季三月)아 : 계삼월에. 계절의 끝 석 달에. '계삼월'은 '동삼월(冬三月)'과 같은 뜻. 여기서 '동삼월'·'계삼월'은 기생(妓生)의 이름으로 볼 수도 있음.

10 회양도(淮陽道) : 강원도를 일컫던 옛말.

11 봉봉(峯峯) : 봉우리마다. '봉우리'는 산에서 뾰족하게 높이 솟은 부분. 산봉우리.

12 에남나에 : 여음구. 다른 이본에는 '아나'로 되어 있음. '아나'는 물건을 줄 때 쓰는 사투리로,

가든 님은 이겻ᄂᆞᆫ지 ᄭᅮᆷ에 ᄒᆞᆫ번 아니 뵌다 ᄂᆡ 아니 이겻거든 졘들[14] 셜마 이질쇼냐[15]

2

가셰 가셰 ᄌᆞ네 가셰 가셰 가셰 놀너를 가셰 ᄇᆡ를 타고 놀너를 가셰 지두덩기여라 둥덩덩시루 놀너 가셰

리별離別이야 리별離別이야 리별離別 이ᄌᆞ二字 ᄂᆡ든[16] ᄉᆞ람 날과[17] ᄇᆡᆨ년원수百年寃讐로다

동삼월冬三月 계삼월季三月아 회양도淮陽道 봉봉峯峯 도라를 오소 에남나에 일손이 돈 밧소

사라ᄉᆡᆼ젼生前[18] ᄉᆡᆼ리별生離別[19]은 ᄉᆡᆼ초목生草木[20]에 불이 나니 불 새줄 이 뉘 있슴나[21]

3

표준어의 '자!'에 해당함.

13 일손 : 일을 하는 사람. 일꾼. 다른 이본에는 '월선(月仙)'으로 되어 있음. 기생의 이름인 듯.

14 졘들 : 저인들. 저 사람인들. 여기서 '저 사람'은 화자의 '임'을 가리킴.

15 이질쇼냐 : 잊을쏘냐? 잊었을까? '-ㄹ쏘냐'는 '어찌 그럴 리가 있겠느냐'의 뜻으로, 강한 부정을 나타내는 종결어미.

16 ᄂᆡ든 : 내던. 만든.

17 날과 : 나와.

18 사라생전(生前) : 살아생전. 이 세상에 살아 있는 동안.

19 생이별(生離別) : 살아 있는 혈육이나 부부 간에 어쩔 수 없는 사정으로 헤어짐.

20 생초목(生草木) : 살아 있는 풀과 나무. "생초목에 불붙는다"라는 속담이 있는데, 이 속담은 시퍼렇게 살아 있는 나무와 풀에 불이 붙어 탄다는 뜻으로, 뜻밖의 재난을 비유적으로 이르는 말.

21 뉘 있슴나 : 누가 있습니까? 누가 있나?

가셰 가셰 ᄌᆞ네 가셰 가셰 가셰 놀너를 가셰 ᄇᆡ를 타고 놀너를 가셰 지두덩기여라 둥거둥 덩덩시루 놀너 가셰

나는 쥭네 나는 쥭네 님ᄌᆞ任子로 ᄒᆞ야[22] 나는 쥭네 나 쥭는 쥴 알 냥이면[23] 불원천리不遠千里[24] ᄒᆞ련마는

동삼월冬三月 계삼월季三月 회양도淮陽道 봉봉峯峯 도라를 오소 에남나에 일손이 돈 밧쇼

박랑ᄉᆞ즁博浪沙中[25] 쓰고 남은 텰퇴鐵椎[26] 텬하장ᄉᆞ天下壯士 항우項羽[27]를 쥬어 ᄭᆡ치리라[28] 리별離別 두 ᄌᆞ를 ᄭᆡ치리라

가셰 가셰 ᄌᆞ네 가셰 가셰 가셰 놀너를 가셰 ᄇᆡ를 타고 놀너를 가셰 지두덩기여라 둥게둥덩 덩시루 놀너를 가셰

〈『新舊時行雜歌』〉

---

22 임자(任子)로 ᄒᆞ야 : 임자로 하여. 임자로 인해. '임자'는 나이가 비슷하면서 잘 모르는 사람이나, 아랫사람을 높여 이르는 2인칭 대명사. 여기서는 화자가 사랑하는 '임'을 가리킴.

23 알 냥이면 : 알 양이면. 안다면. '양'은 어떤 모양을 하고 있거나 어떤 행동을 짐짓 취함을 나타내는 말.

24 불원천리(不遠千里) : 천릿길도 멀다고 여기지 않음.

25 박랑사중(博浪沙中) : 박랑사에서. '박랑사'는 중국 하남성(河南省) 원양현(原陽縣) 남쪽에 있는 지명. 장량(張良)이 역사(力士)들을 시켜 철퇴로 진(秦)나라 시황제(始皇帝)를 저격하려다 실패한 곳.

26 철퇴(鐵椎) : 전쟁에서 사용하던 무기로, 끝이 둥글고 울퉁불퉁한 쇠몽둥이.

27 항우(項羽) : 중국 진(秦)나라 말기의 장군(B.C.232~202). 이름은 적(籍), 우는 자(字). 숙부 항량(項梁)과 함께 군사를 일으켜 유방(劉邦)과 협력하여 진나라를 멸망시키고, 스스로 서초(西楚)의 패왕(霸王)이 되었음. 그 후 유방과 패권을 다투다가 해하(垓下)에서 포위되어 자살하였음.

28 ᄭᆡ치리라 : 깰 것이라. 깨뜨릴 것이다. '깨치다'는 '깨다'를 강조하는 말.

소춘향가小春香歌

작자미상

츈향春香[1]의 거동擧動[2] 보아라

오른손으로 일광日光을 ᄀᆞ리오고[3]

왼손 놉히 드러 뎌 건너 쥭림竹林 뵌다[4]

ᄃᆡ 심어 울하고[5] 솔 심어 정ᄌᆞ亭子라[6]

동편東便에 련당蓮堂[7]이오 셔편西便에 우물이라

로방路傍에 시ᄆᆡ오후과時買五侯瓜[8]요

문젼門前에 학죵션ᄉᆡᆼ류學種先生柳[9]

---

1 츈향(春香) : 한글소설 <춘향전>과 판소리 <춘향가>의 여주인공 이름. 성(姓)은 성(成).

2 거동(擧動) : 몸을 움직임. 또는 그런 짓이나 태도.

3 일광(日光)을 ᄀᆞ리오고 : 햇빛을 가리고.

4 쥭림(竹林) 뵌다 : 대나무로 이루어진 숲을 보인다. 대숲을 보게 한다.

5 ᄃᆡ 심어 울하고 : 대나무 심어 울타리를 삼고. '울'은 풀이나 나무를 얽거나 엮어서 담 대신에 경계를 지어 막는 물건.

6 솔 심어 정자(亭子)라 : 소나무 심어 정자를 만들었다. '정자'는 경치가 좋은 곳에 놀거나 쉬기 위해 지은 집. 벽이 없이 기둥과 지붕만 있음.

7 연당(蓮堂) : 연꽃이 피어 있는 조그마한 연못.

8 노방(路傍)에 시매오후과(時買五侯瓜) : 길가에서 때로 옛날의 제후(諸侯)처럼 오이를 팔음. '매오(買五)'는 '매고(賣故)'의 잘못. 중국 당(唐)나라의 시인 왕유(王維, 699~759)의 <노장행(老將行)>에 나오는 구절. 은퇴 후의 한가로운 생활을 표현한 것. '옛날의 제후'는 진(秦)나라의 제후였던 동릉후(東陵侯)를 가리킴. 그는 진나라가 망하자 오이를 심어 길가에서 팔았는데, 오이의 맛이 좋아 당시 사람들이 그 오이를 '동릉과(東陵瓜)'라 불렀다고 함.

9 문전(門前)에 학종선생류(學種先生柳) : 문 앞에서 선생처럼 버드나무 심기를 흉내 냄. 왕유의 <노장행>에 나오는 구절. 고향에서 한가하게 사는 것을 뜻함. '선생'은 중국 동진(東晉) 때의 시인인 도연명(陶淵明, 365~427)을 가리킴. 그의 이름은 잠(潛), 연명은 자(字). 팽택현

긴 버들 휘느러진[10] 늙은 장송長松[11]

광풍狂風[12]의 홍興을 겨워[13] 우즐우즐[14] 츔을 츄니

뎌 건너 ᄉᆞ립문門[15] 안에 숍슬기[16] 안져 먼 산山만 바라보며

꼴리 치ᄂᆞᆫ[17] 져 집이오니 황혼黃昏[18]에 정영叮嚀[19]이 도라오소

썰치고[20] 가ᄂᆞᆫ 형상形像[21] ᄉᆞ름의 썍다귀를 다 녹인다[22]

너ᄂᆞᆫ 웨인 계집이관ᄃᆡ[23] 나를 죵죵種種 쇽이ᄂᆞᆫ야[24]

너는 웨인 계집이관ᄃᆡ 장부丈夫[25]의 간장肝腸[26]을 다 녹이나

(彭澤縣)의 현령이 되었으나, 80여 일 뒤에 <귀거래사(歸去來辭)>를 짓고 관직에서 물러나 귀향하였음. 그는 귀향하여 자신의 집 앞에 버드나무 다섯 그루를 심었다고 함.

10 휘느러진 : 휘늘어진. '휘늘어지다'는 풀기가 없이 아래로 축 휘어져 늘어지다.

11 장송(長松) : 잘 자란 큰 소나무.

12 광풍(狂風) : 미친 듯이 사납게 휘몰아치는 거센 바람.

13 겨워 : 이기지 못하여. 참거나 견뎌내기 어려워.

14 우즐우즐 : 우줄우줄. 가볍게 율동적으로 자꾸 움직이는 모양.

15 ᄉᆞ립문(門) : 사립문. 잡목의 가지를 엮어서 만든 문짝을 단 문.

16 숍슬기 : 삽살개. 한국 토종개의 하나로, 털이 복슬복슬 많이 나 있음. 삽사리라고도 함. '삽살'은 '귀신이나 액운[삽]을 쫓는다[살]'는 뜻. 천연기념물 제368호.

17 꼴리 치ᄂᆞᆫ : 꼬리 치는. 꼬리를 흔드는.

18 황혼(黃昏) : 해가 지고 어스름해질 때.

19 정영(叮嚀) : '정녕(丁寧)'의 잘못. 조금도 틀림없이 꼭. 또는 더 이를 데 없이 정말로.

20 썰치고 : 떨치고. '떨치다'는 세게 흔들어서 떨어지게 하다.

21 형상(形像) : 사물의 생긴 모양이나 상태.

22 썍다귀를 다 녹인다 : 뼈다귀를 다 녹인다. '마음을 황홀하게 만들다'라는 의미. 또는 '뼈 없는 사람처럼 몸이나 마음을 가눌 수 없게 만들다'의 의미. '뼈다귀'는 '뼈'를 낮잡아 이르는 말.

23 웨인 계집이관ᄃᆡ : 어느 계집아이관데. 어떤 계집아이기에. '-관데'는 원인이나 근거를 나타내는 연결어미.

24 죵죵(種種) 쇽이ᄂᆞᆫ야 : 가끔 속이느냐? '종종'은 시간적·공간적 간격이 얼마쯤씩 있게.

25 장부(丈夫) : 건장하고 씩씩한 남자.

26 간장(肝腸) : 간과 창자. 또는 '마음'을 비유적으로 이르는 말.

록음방초綠陰芳草 승화시勝花時[27]에 히는 어이 더듸[28] 가고

오동야월梧桐夜月[29] 발근 돌에 밤은 어이 슈히 가노[30]

일월무정日月無情[31] 덧업도다[32] 옥빈홍안玉鬢紅顔[33]이 공로空老[34]로다

우는 눈물 바다닉면[35] 빅도 타고 ᄀ련마는

지쳑동방咫尺東房[36] 쳔리千里완듸[37] 어이 그리 못 보는고

〈『新舊時行雜歌』〉

27 녹음방초(綠陰芳草) 승화시(勝花時) : 푸르게 우거진 나무와 향기로운 풀이 꽃보다 나은 때. 봄보다 좋은 여름철의 자연 경관을 뜻함.

28 더듸 : 더디. 움직임이 느리고 시간이 걸리는 모양.

29 오동야월(梧桐夜月) : 오동나무 위에 달이 뜬 밤. '오동나무'는 현삼과의 낙엽 활엽 교목. 5~6월에 보라색 꽃이 피고 열매는 10월에 익음. 재목은 가볍고 고우며 휘지 않아 거문고·장롱·나막신 등을 만들고 정원수로 재배함.

30 슈히 가노 : 쉽게 가나?

31 일월무정(日月無情) : 덧없이 흘러가는 세월. 무정세월(無情歲月).

32 덧업도다 : 덧없도다. '덧없다'는 알지 못하는 가운데 지나가는 시간이 매우 빠르다.

33 옥빈홍안(玉鬢紅顔) : 옥 같이 고운 귀밑머리와 붉은 얼굴이라는 뜻으로, 아름다운 젊은이를 이르는 말.

34 공로(空老) : (아무 일도 해 놓은 것 없이) 헛되이 늙음.

35 바다닉면 : 받아내면.

36 지척동방(咫尺東房) : 아주 가까운 곳에 있는 침실. '동방(東房)'은 '동방(洞房)'의 잘못으로, 잠을 자는 방. '지척'은 아주 가까운 거리. 1지는 약 24cm, 1척은 약 30cm에 해당함.

37 천리(千里)완듸 : 천 리이기에. 천 리가 되기에. '-완듸'는 '-기에'의 옛말로, 원인이나 근거를 나타내는 연결어미. '-관데'와 같음.

바위타령

작자미상

ᄇᆡ곱파 지운[1] 밥이 뉘[2]도 만코 돌도 만타
그 밥에 엇던 돌이 드럿더야[3]
초初벌[4]로 ᄉᆡ문안[5] 거지바위 문턱바위 문바위
동구ᄌᆡ[6] 빗곱바위[7] 안바위 밧바위[8]
유각골[9]로 나려[10] 필윤ᄃᆡ[11] 삿갓[12]바위 남산 쐬고리[13]바위
ᄋᆡ오ᄀᆡ[14] 걸바위 너븐 바위[15] 쌍용정[16] ᄀᆡ좃바위[17]

---

1 ᄇᆡ곱파 지운 : 배고파서 지은.

2 뉘 : 찧지 않아서 겉껍질이 벗겨지지 않은 채, 쌀 속에 섞여 있는 벼 알갱이.

3 드럿더야 : 들었더냐? 들었는가?

4 초(初)벌 : 같은 일을 여러 차례 거듭해야 할 때에 그 첫 번째.

5 ᄉᆡ문안 : 새문안. 새문의 안쪽 지역이라는 뜻으로, 지금의 서울시 종로구 신문로 일대를 가리킴.

6 동구ᄌᆡ : 동구재. 서울시 서대문 밖 충정로에 있는 고개.

7 빗곱바위 : 배꼽바위.

8 밧바위 : 밖바위. 바깥바위.

9 유각골 : 인왕산에서 서울시 종로구 효자동 쪽으로 내려오는 부분에 있는 골짜기.

10 나려 : 내려와.

11 필윤ᄃᆡ : 필운대(弼雲臺). 조선 중기의 명신(名臣) 이항복(李恒福, 1556~1618)이 살던 곳으로, '필운'은 그의 호. 종로구 필운동의 배화여자고등학교 뒤뜰에는 큰 암벽이 있는데, 왼쪽에 '필운대(弼雲臺)'라는 글자가 크게 새겨져 있고, 가운데에 시구(詩句)가 새겨져 있으며, 오른쪽에 10명의 인명이 나열되어 있음.

12 삿갓 : 비나 햇볕을 막기 위해 대나무 조각이나 갈대로 거칠게 엮어서 만든 갓.

13 쐬고리 : 꾀꼬리.

14 ᄋᆡ오ᄀᆡ : 애오개. 지금의 서울시 마포구 아현동.

봉학뎡[18] 벼락바위 모화관[19] 션바위

호즈원[20] 치마바위 숫돌[21]바위 하마바위

남문[22]에 잠바위 무슈지[23] 두텁바위[24] 헌다리[25] 쌍바위

숨기[26] 벙바위[27] 길마지[28] 말목[29]바위 김포로 감바위

통진[30] 붉은 바위 니티원[31] 셕바위

과쳔 관악산 념불음[32] 쇠소바위[33] 안진바위 형뎨바위

---

15 너븐 바위 : 넓은 바위.

16 쌍용졍 : '쌍룡대(雙龍坮)'의 잘못인 듯. 서울시 마포구 염리동에 있는 쌍룡산 주변의 마을 이름. 쌍룡산 남쪽에 개바위가 있음.

17 기좃바위 : 개좃바위.

18 봉학뎡 : 봉학정(鳳鶴亭). 봉학산에 있는 정자. '봉학산'은 서울시 중구 만리동 만리재 북쪽의 높은 산.

19 모화관(慕華館) : 조선시대에 명(明)나라와 청(淸)나라의 사신(使臣)을 영접하던 곳. 서울시 서대문구 현저동에 있었음.

20 호즈원 : '홍제원(弘濟院)'의 잘못. 조선시대에 중국 사신들이 서울 성안에 들어오기 전에 임시로 묵었던 곳. 서울시 서대문구 홍제동에 있었음.

21 숫돌 : 숫돌. 칼·낫 등의 연장을 갈아 날을 세우는 데 쓰는 돌.

22 남문 : 남대문. 숭례문(崇禮門). 조선시대 한양 도성(都城)의 남쪽 정문 이름.

23 무슈지 : '우수(牛首)재'의 잘못. 서울시 용산구 후암동에 있는 고개.

24 두텁바위 : 둥글고 두터운 큰 바위. 후암(厚岩).

25 헌다리 : 서울시 서대문구 합동에 있던 흙다리.

26 숨기 : 삼개. 지금의 서울시 마포구.

27 벙바위 : 부엉이바위.

28 길마지 : 길마재. 서울시 서대문구에 있는 안산(鞍山)의 다른 이름.

29 말목(木) : 가늘게 다듬어 깎아서 무슨 표가 되도록 박는 나무 말뚝.

30 통진(通津) : 경기도 김포시 월곶면(月串面) 일대.

31 니티원 : 이태원(利泰院). 서울시 용산구의 동북쪽 지역.

32 념불음 : 염불암(念佛庵). 관악산에 있는 암자.

33 쇠소바위 : 세수(洗手)바위.

슈원[34] 한나루 영웅바위 광듀[35] 서셩바위 이쳔[36]은 곤지바위[37]
음쥭[38]은 안바위 녀쥬[39] 헌바위[40] 양근[41] 덕바위[42]
황히도로 나려 금쳔[43] 쉴바위[44] 연안[45] 근돌바위[46] 셔흥[47] 병풍바위
동셜령[48] 시남[49] 씩걱바위[50] 황쥬[51] 족두리[52]바위
평양 기명[53] 장경문[54] 안 쇠바위 떡바위 슌안[55] 셰바위 슉쳔[56] 허바위

---

34 슈원 : 수원(水原). 경기도 중남부에 위치한 시.

35 광듀 : 광주(廣州). 경기도 중남부에 위치한 시.

36 이쳔 : 이천(利川). 경기도 동남부에 위치한 시.

37 곤지(昆池)바위 : 경기도 광주시 실촌면에 있는 바위. 곤지암(昆池岩).

38 음쥭 : 음죽(陰竹). 충청북도 음성군과 경기도 이천군의 일부 지역에 해당하던 지명.

39 녀쥬 : 여주(驪州). 경기도 한강 중류 분지의 중심에 있는 시.

40 헌바위 : 흔(欣)바위. 기쁨바위.

41 양근 : 지금의 경기도 양평 지역.

42 덕바위 : 독바위. '독'은 간장·술·김치 등을 담가 두는 데에 쓰는 큰 질그릇.

43 금쳔 : 금천(金川). 황해도 동남쪽에 있는 지명.

44 쉴바위 : 실바위.

45 연안(延安) : 황해도 남부 지역에 있는 지명.

46 근돌바위 : 건들바위.

47 셔흥 : 서흥(瑞興). 황해도 중동부 지역에 있는 지명.

48 동셜령 : '동선령(洞仙嶺)'의 잘못. 황해도 봉산 북쪽에 있는 고개 이름.

49 시남 : 새남. '동선령'을 가리킴. 이 고개를 넘는 것이 '새로 태어남', 곧 죽을 만큼 힘들다는 의미에서 '새남고개'라고 불렀음.

50 씩걱바위 : 찌걱바위. '찌걱' 소리가 나는 바위.

51 황쥬 : 황주(黃州). 황해도 중부 지역에 있는 지명.

52 족두리 : 부녀자들이 예복을 입을 때에 머리에 얹던 모자. 위는 대개 여섯 모가 지고, 아래는 둥글음. 보통 검은 비단으로 만들고 구슬로 꾸밈.

53 기명 : '감영(監營)'의 잘못인 듯. '감영'은 조선시대에 각 도(道)의 관찰사가 거처하던 관청.

54 장경문(長慶門) : 평안남도 평양시 내성(內城)의 동북(東北)쪽에 있는 문.

55 슌안 : 순안(順安). 평양시의 북서쪽에 있는 지명.

56 슉쳔 : 숙천(肅川). 평안남도 서부에 있는 지명.

도로 올나[57] 한양[58] 경셩[59] 뎡토졀[60] 법당 안에 긔졋바위 셔강[61]에 농[62] 바위

갓튼 동멩이[63] 갓흔 밥에 쳥듸콩 둔 드시[64] 듬셩듬셩 빅엿구나[65]

그 밥을 먹고 나셔 누른밥을 훌트랴고[66] 솟둣겅[67]을 열고 보니

화틔[68] 한 상이 긔여[69] 나온다

〈『增補新舊雜歌』〉

---

57 도로 올나 : 도로 올라와. '도로'는 향하던 쪽에서 되돌아서.

58 한양(漢陽) : '서울'의 옛 이름.

59 경셩 : 경성(京城). '서울'의 전 이름. 1910년에 일본의 식민지가 되면서 이 이름을 쓴 것임.

60 뎡토졀 : 정토사(淨土寺). 서울시 서대문구 홍은동 백련산 남쪽 기슭에 있는 절.

61 셔강 : 서강(西江). 서울시 용산과 절두산 성당 사이의 한강을 가리킴.

62 농 : 장롱(欌籠). 옷을 넣어 두는 가구와 상자를 함께 이르는 말.

63 동멩이 : 돌멩이. 크기가 좀 작은 돌을 두루 이르는 말.

64 쳥듸콩 둔 드시 : 청(靑)대콩 넣은 듯이. '청대콩'은 콩의 한 품종. 열매의 껍질과 속살이 다 푸름.

65 듬셩듬셩 빅엿구나 : 듬성듬성 박혔구나. '듬성듬성'은 매우 드물고 성긴 모양.

66 누른밥을 훌트랴고 : 눌은밥을 훑으려고. '눌은밥'은 솥이나 냄비 바닥에 눌어붙은 밥에 물을 부어 불려서 긁은 밥.

67 솟둣겅 : 솥뚜껑.

68 화틔 : 해태. 한자로는 해치(獬豸)라고 함. 옳고 그름과 선악(善惡)을 판단하여 안다고 하는 상상의 동물. 사자와 비슷하나 머리에 뿔이 있다고 함. 화재나 재앙을 물리치는 신수(神獸)로 간주되어 궁궐 등의 건축물에 장식되기도 하였는데, 돌로 만든 해태상(像)이 광화문 앞에 놓여 있고, 경복궁 근정전의 처마마루에도 놓여 있음.

69 한 상이 긔여 : 한 쌍(雙)이 기어서.

아리랑

작자미상

1

아르랑 고ᄀᆡ다[1] 정거장停車場을 짓고 젼긔ᄎᆞ[2] ᄂᆞ오기를 기다린다
아르랑 아르랑 아라리오 아르랑 씌여라[3] 노다 ᄀᆞ세[4]

2

용안龍眼[5] 여지[6] 당ᄃᆡ초唐大棗[7]는 정情든 님壬 공경恭敬[8]으로 다
나간다
아르랑 아르랑 아라리오 아르랑 씌여라 노다 ᄀᆞ세

---

1 아르랑 고ᄀᆡ다 : 아리랑 고개에다. '아리랑 고개'는 서울시 돈암동에서 정릉동으로 넘어가는 고개.

2 젼긔ᄎᆞ : 전기차(電氣車). 전차(電車). 공중에 설치한 전선(電線)으로부터 전력을 공급받아 지상에 설치된 궤도 위를 다니는 차. 우리나라에서는 1898년에 처음 등장했다가 1969년에 모두 철거됨.

3 씌여라 : 띄어라. 공간적이나 시간적으로 거리를 멀거나 길게 하라는 뜻. 또는 '띄워라'의 잘못일 수도. 물 위나 공중에 있게 하거나 위쪽으로 솟아오르게 하라는 뜻.

4 노다 ᄀᆞ세 : 놀다 가세.

5 용안(龍眼) : 아열대성 과일로, 둥근 모양이고 7~8월에 익음. 표면에 털이 많고, 씨에 붙은 과육의 맛이 달콤함.

6 여지(荔枝) : 리치(litchi). 아열대성 과일로, 딸기 빛이 도는 붉은색이고, 겉에 돌기가 있으며, 껍질은 잘 부스러짐. 과육의 맛은 시고 매우 달음.

7 당대추(唐大棗) : 중국산 대추.

8 공경(恭敬) : 공손히 받들어 모심.

3

ᄂᆞᆫ 됴아[9] ᄂᆞᆫ 죠아 정든 친구ᄀᆞ ᄂᆞᆫ 조아

아르랑 아르랑 아라리오 아르랑 씌여라 노다 ᄀᆞ셰

4

전긔ᄎᆞ는 ᄀᆞ자고 왼고등[10]을 트ᄂᆞᆫᄃᆡ 정든 님 잡고서 락루落淚[11]ᄒᆞᆫ다

아르랑 아르랑 아라리오 아르랑 씌여라 노다 ᄀᆞ셰

5

정거수[12] 여보[13] 정거[14] 좀 ᄒᆡ쥬[15] 우리 집 서방님[16] 돈 ᄀᆞ질너 갓소[17]

아르랑 아르랑 아라리오 아르랑 씌여라 노다 ᄀᆞ셰

6

남산[18] 밋ᄒᆡ 쟝츙단[19]을 짓고 군악ᄃᆡ軍樂隊[20] 장단長短에 밧드러총[21]

---

9 ᄂᆞᆫ 됴아 : 나는 좋아.

10 왼고등 : '온고동'의 잘못인 듯. '온'은 꽉 찬·완전한·전부 등의 뜻을 갖는 접두사. '고동'은 신호를 위해 비교적 길게 내는 소리. 기적(汽笛). 경적(警笛).

11 낙루(落淚) : 눈물을 흘림.

12 정거수 : 정거수(停車手). 전차의 차장(車掌).

13 여보 : 어른이, 가까이 있는 자기와 비슷한 나이 또래의 사람을 부를 때 쓰는 말.

14 정거 : 정거(停車). 가던 차가 멈춰 섬. 정차.

15 ᄒᆡ쥬 : 해 주오. 해줘.

16 서방님 : 서방님. '남편'의 높임말.

17 ᄀᆞ질너 갓소 : 가지러 갔소.

18 남산(南山) : 서울시 중구와 용산구 사이에 있는 산. 북악산·낙산·인왕산과 더불어 서울 분지를 둘러싸고 있는 자연 방벽으로, 옛 성벽은 이 능선을 따라 축조되었음.

19 쟝츙단 : 장충단(奬忠壇). 명성황후(明成皇后)가 시해(弑害)된 을미사변(1895) 때 순국한 충

만 ᄒᆞᆫ다
아르랑 아르랑 아라리오 아르랑 띄여라 노다 ᄀᆞ셰

7
아이고 지고[22] 통곡을 마라라 죽엇든 랑군이 ᄉᆞ라올ᄭᆞ[23]
아르랑 아르랑 아라리오 아르랑 띄여라 노다 ᄀᆞ셰

8
ᄂᆞ는 ᄀᆞ네 ᄂᆞ는 ᄀᆞ네 덜쪄리고[24] ᄂᆞ는 ᄀᆞ네
아르랑 아르랑 아라리오 아르랑 띄여라 노다 ᄀᆞ셰

9
인졔[25] ᄀᆞ면 언졔 오ᄂᆞ 오만 ᄒᆞᆫ이ᄂᆞ 일너 쥬오[26]
아르랑 아르랑 아라리오 아르랑 띄여라 노다 ᄀᆞ셰

10

신·열사들을 제사하기 위해 1900년 9월 대한제국 고종(高宗)의 명으로 설치한 사당. 서울시 중구 장충동에 있음.

20 군악대(軍樂隊) : 군악을 연주하기 위해 조직된 부대. '군악'은 군대에서 쓰는 음악.

21 밧드러총 : 받들어총(銃). 제식 훈련에서, 부동자세에서 왼손으로 총을 수직으로 세워 든 후 총목에 오른손을 대라는 구령에 따라 행하는 동작.

22 아이고 지고 : 우는 소리. 특히 상중(喪中)에 곡하는 소리.

23 랑군이 ᄉᆞ라올ᄭᆞ : 낭군(郎君)이 살아올까? '낭군'은 젊은 여자가 자기 남편이나 연인을 부르는 말.

24 덜쪄리고 : 떨떠리고. 떨뜨리고. '떨뜨리다'는 잘난 체하여 위세를 드러내며 뽐내다.

25 인졔 : 인제. 바로 이때.

26 오만 ᄒᆞᆫ이ᄂᆞ 일너 쥬오 : 오마는 한(限)이나 일러 주오. 오겠다고 하는 기한이나 알려 주오.

만경창파萬頃蒼波[27] 거긔 둥둥 써ᄀᆞ는 ᄇᆡ야 거긔 좀 닷 쥬어라[28] 말무러보자

아르랑 아르랑 아라리오 아르랑 씌여라 노다 ᄀᆞ셰

11

세월도 더업도다[31] 도라간 봄이 다시 온다

아르랑 아르랑 아라리오 아르랑 얼시고[30] 어러리야

12

인싱 ᄒᆞᆫ 몸 도라ᄀᆞ면 움[31]이 ᄂᆞᄂᆞ 싹시[32] ᄂᆞᄂᆞ

아르랑 아르랑 아라리오 아르랑 씌여라 노다 ᄀᆞ셰

13

친구ᄀᆞ 남이엇만[33] 어이 그리 무정無情[34]ᄒᆞᆫᄀᆞ

아르랑 씌여라 노다 ᄀᆞ셰

〈『增補新舊雜歌』〉

---

27 만경창파(萬頃蒼波) : 만 이랑의 푸른 물결. 한없이 넓고 큰 바다를 뜻하는 말. '이랑'은 갈아 놓은 밭의 한 두둑과 한 고랑을 아울러 이르는 말. 밭이나 논을 세는 단위.

28 닷 쥬어라 : 닻을 내려라. '닻'은 배를 한곳에 멈추어 있게 하기 위해 줄을 매어 물 밑바닥으로 가라 앉히는, 갈고리가 달린 기구.

29 더업도다 : 덧없도다. '덧없다'는 보람이나 가치가 없이 헛되고 부질없다.

30 얼시고 : 얼씨구. 홍에 겨워서 떠들 때 가볍게 장단을 맞추며 내는 소리.

31 움 : 풀이나 나무에 새로 돋아 나오는 싹. 또는 나무를 베어 낸 뿌리에서 나는 싹.

32 싹시 : 싹이. '싹'은 씨·줄기·뿌리 등에서 처음 돋아나는 어린잎이나 줄기.

33 남이엇만 : 남이건만. 남이라도.

34 무정(無情) : 따뜻한 정이 없이 쌀쌀맞고 인정이 없음.

참고문헌

참고문헌

• 고대 한역가요 •

섬범중, 「〈공무도하가〉 전승 일고- 설화의 의미와 시가의 결구를 중심으로」, 『한국한시연구』 26, 한국한시학회, 2018.

임기중, 『옛 노래 시로 읽기』, 이회문화사, 2002.

임주탁, 「번역 유형별 사례를 통해 본 한국 고시가 번역의 문제(2): 〈황조가〉를 중심으로」, 『한국문학논총』 68, 한국문학회, 2014.

조용호, 「〈공무도하가〉의 구전가요적 성격과 주제의식」, 『한국고전연구』 50, 한국고전연구학회, 2020.

황병익, 「『삼국사기』 유리왕 조와 〈황조가〉의 의미 고찰」, 『한국학』 32-3, 한국학중앙연구원, 2009.

• 향가 •

강길운, 『향가신해독연구』, 학문사, 1995.

김완진, 『향가해독법연구』, 서울대학교출판부, 1980.

김준영, 『향가문학』, 형설출판사, 1982.

남풍현, 「〈원가〉의 해독」, 『국어학』 83, 국어학회, 2017.

______, 「〈도천수관음가〉의 새로운 해독」, 『어문연구』 45-4, 한국어문교육연구회, 2017.

______, 「〈도솔가〉와 〈제망매가〉의 새로운 해독」, 『진단학보』 130, 진단학회, 2018.

______, 「〈모죽지랑가〉의 새로운 해독」, 『구결연구』 45, 구결학회, 2020.

박재민, 「〈모죽지랑가〉의 10구체 가능성에 대하여」, 『한국시가연구』 16, 한국시가학회, 2004.

______, 「〈원가〉의 재해독과 문학적 해석」, 『민족문화』 34, 한국고전번역원, 2010.

______, 『신라 향가 변증』, 태학사, 2013.

서정목, 「〈모죽지랑가〉의 새 해독과 창작 시기」, 『언어와 정보사회』 20, 서강대 언어정보연구소, 2013.

성호경, 「〈찬기파랑가〉의 시세계」, 『국어국문학』 136, 국어국문학회, 2004.

신영명, 「〈제망매가〉, 회향의 노래」, 『국제어문』 32, 국제어문학회, 2004.

신재홍, 『향가의 해석』, 집문당, 2000.

양주동, 『조선고가연구』, 박문관, 1942.

______, 『여요전주』, 을유문화사, 1947.

양희철, 「〈도천수관음가〉 연구」, 『어문연구』 26, 어문연구학회, 1995.

______, 「〈찬기파랑가〉의 어문학적 연구」, 『한국고전연구』 2, 한국고전연구학회, 1996.

______, 「〈제망매가〉의 향찰 해독과 수사」, 『청대학술논집』 13, 청주대 학술연구소, 2019.

유창균, 『향가비해』, 형설출판사, 1994.

임기중, 『옛 노래 시로 읽기』, 이회문화사, 2002.

정렬모, 『향가연구』, 사회과학원출판사, 1965.

조용호, 「적극적 대중 포교가로서의 〈제망매가〉 연구」, 『한국고전연구』 34, 한국고전연구학회, 2016.

홍기문, 『향가해석』, 과학원, 1956.

______, 『고가요집』, 국립문학예술서적출판사, 1959.

황병익, 『삼국유사』 죽지랑조와 〈모죽지랑가〉의 의미 고찰」, 『어문연구』 35-3, 한국어문교육연구회, 2007.

______,「<도천수대비가>의 재해석」,『한국시가연구』 26, 한국시가학회, 2009.

황선엽,「<도이장가>의 해독」,『구결연구』 35, 구결학회, 2015.

• 속요 •

강헌규,『고가요의 주석적 연구 Ⅰ』, 한국문화사, 2004.

______,『고가요의 주석적 연구Ⅱ』, 한국문화사, 2010.

고혜선,「고려 '쌍화'와 '삼사(samsa)'의 관련성 연구」,『동양학』 55, 단국대 동양학연구원, 2014.

권영철,「정과정가 신연구」,『향가여요연구』, 이우출판사, 1985.

권재선,「'곰비, 님비'의 어원과 의미 고찰」,『지명학』 8, 한국지명학회, 2002.

김동욱,「시용향악보 가사의 배경적 연구」,『진단학보』 17, 진단학회, 1955.

김명준,『(신증) 고려속요집성』, 다운샘, 2017.

김완진,「정읍사의 해석에 대하여」,『국어학』 31, 국어학회, 1998.

김태환,「<쌍화점> 결구 '덦거츠니'의 재해석」,『한국학』 35, 한국학중앙연구원, 2012.

김형규,『고가주석』, 일조각, 1957.

남광우,『국어학논문집』, 일조각, 1975.

박병욱,「청산별곡의 언어유희적 해석」,『경기어문학』 8, 경기대학교 국어국문학과, 1990.

박병채,『(새로 고친) 고려가요의 어석연구』, 국학자료원, 1994.

박인희,「<만전춘별사> 4연 연구」,『어문론총』 67, 한국문학언어학회, 2016.

박일용,「고려 <처용가> 미석명(未釋明) 구절의 역사·신화적 의미」,『고전문학과 교육』 35, 한국고전문학교육학회, 2017.

박재민, 「<정석가> 주석 재고와 문학적 향방(2)- '딩아 돌하'를 중심으로」, 『고전문학연구』 41, 한국고전문학회, 2012.
______, 「<청산별곡>의 어석에 대한 재고」, 『한국시가연구』 32, 한국시가학회, 2012.
______, 「<동동>의 어석과 문학적 향방- 12월령을 중심으로」, 『반교어문연구』 36, 반교어문학회, 2014.
손종흠, 「<정석가>의 '삼동'에 대하여」, 『한국시가연구』 4, 한국시가학회, 1998.
서재극, 「여요 석주의 문제점 분석: 동동·청산별곡을 중심으로」, 『어문학』 19, 어문학회, 1968.
______, 「<서경별곡>의 '네가시럼난디' 재고」, 『어문학』 27, 한국어문학회, 1972.
성호경, 「고려시가의 '무의미해 보이지만 유의미한 후렴' 고찰」, 『고전문학연구』 56, 한국고전문학회, 2019.
______, 「<청산별곡>의 후렴 '얄리 얄리 얄라셩 얄라리 얄라'의 뜻과 특질」, 『국문학연구』 41, 국문학회, 2020.
신명숙, 「고려후기 불교사로 본 '삼장사'와 '그뎔샤쥬'의 정체」, 『국문학논집』 22, 단국대 국어국문학과, 2013.
신재홍, 「동동의 선어(仙語) 및 난해구 재해석」, 『한국고전연구』 29, 한국고전연구학회, 2014.
______, 「<정과정>의 시적 문맥과 정서」, 『한국시가연구』 50, 한국시가학회, 2020.
양주동, 『여요전주』, 을유문화사, 1947.
어강석, 「구조적 상관성으로 본 <쌍화점>」, 『고전문학연구』 38, 한국고전문학회, 2010.
여운형, 『(역주) 고려사 악지』, 월인, 2011.

유동석,「〈정읍사〉 연구」,『한국민족문화』 13, 부산대 민족문화연구소, 1999.

______,「〈서경별곡〉에 대한 새 풀이」,『한국민족문화』 14, 부산대 민족문화연구소, 1999.

______,「고려가요 〈처용가〉 연구- '마아만ᄒᆞ니여'의 어석을 중심으로」,『한민족어문학』 62, 한민족어문학회, 2012.

이등룡,『여요석주』, 한국학술정보, 2010.

이응백,「동동 구월령(九月令) 어석고(語釋攷)」,『국어국문학』 77, 국어국문학회, 1978.

이개석,『고려-대원관계 연구』, 지식산업사, 2013.

임기중,『옛 노래 시로 읽기』, 이회문화사, 2002.

임재욱,「11·12월 노래에 나타난 〈동동〉 화자의 정서적 변화」,『고전문학연구』 36, 한국고전문학회, 2009.

______,「〈청산별곡〉 제8연의 '미와'에 대하여」,『우리말글』 85, 우리말글학회, 2020.

______,「〈청산별곡〉의 '에정지'에 대한 새로운 고찰」,『한국고전연구』 54, 한국고전연구학회, 2021.

임주탁,「〈정석가〉의 문학적 성격」,『고전문학연구』 11, 한국고전문학회, 1996.

______,「〈서경별곡〉의 텍스트 독법과 생성 문맥」,『한국민족문화』 19·20, 부산대 한국민족문화연구소, 2002.

______,「〈청산별곡〉의 독법과 해석」,『한국시가연구』 13, 한국시가학회, 2003.

______,「고려 〈처용가〉의 새로운 분석과 해석」,『한국문학논총』 40, 한국문학회, 2005.

전규태,『고려가요』, 정음사, 1978.

정병욱, 「청산별곡의 분석」, 『한국고전시가론』, 신구문화사, 1977.
______, 「서경별곡」, 『한국고전시가론』, 신구문화사, 1977.
정운채, 「고려 처용가의 처용랑 망해사 조 재해석과 벽사진경의 원리」, 『고전문학연구』 13, 한국고전문학회, 1998.
조용호, 「<정읍사>의 발화 맥락과 화자의 기원에 대하여」, 『한국시가연구』 53, 한국시가학회, 2021.
최기호, 「<청산별곡>의 형성과 몽골 요소」, 『몽골학』 13, 한국몽골학회, 2002.
최정여, 「정읍사 재고」, 『계명논총』 3, 계명대출판부, 1966.
최철·박재민, 『(석주) 고려가요』, 이회문화사, 2003.
황병익, 「<만전춘별사> 5연의 어휘 재고」, 『한국시가연구』 16, 한국시가학회, 2004.
______, 「<동동> '새셔가만ᄒᆞ애라'와 <한림별곡> '뎡쇼년(鄭少年)'의 의미 재론」, 『한국학』 30-4, 한국학중앙연구원, 2007.

• 경기체가 •

김창규, 『한국 한림시 평석: 경기체가』, 국학자료원, 1996.
윤성현, 『우리 옛노래 모둠』, 보고사, 2011.
임기중 외, 『경기체가 연구』, 태학사, 1997.

• 시조 •

권순회·이상원·신경숙, 『청구영언(주해편)』, 국립한글박물관, 2017.
김대행 역주, 『한국고전문학전집1: 시조 I 』, 고려대학교 민족문화연구소, 1993.

김홍규 역주, 『한국고전문학전집2: 사설시조』, 고려대학교 민족문화연구소, 1993.

김홍규 외, 『고시조 대전』, 고려대학교 민족문화연구원, 2012.

임형택·고미숙, 『한국고전시가선』, 창비, 1997.

최철·박태상, 『고전시가강독』, 한국방송통신대학교, 1993.

• 가사 •

김명준, 『(생각하며 읽는) 한국 고전시가』, 다운샘, 2017.

윤성현, 『우리 옛노래 모둠』, 보고사, 2011.

임기중, 『조선조의 가사』, 성문각, 1982.

임기중 편, 『한국가사문학 주해연구』(1~20), 아세아문화사, 2005.

최현재, 『조선 전기 사대부가사』, 문학동네, 2012.

황병익, 『고전시가 시대를 노래하다』, 역락, 2016.

• 잡가 •

윤성현, 『우리 옛노래 모둠』, 보고사, 2011.

정재호 편저, 『한국속가전집1』, 다운샘, 2002.

정재호 편주, 『(편주) 한국속가전집Ⅲ』, 다운샘, 2014.

한국의 옛노래

지은이 김기종
펴낸이 김동원
펴낸곳 전북대학교출판문화원

초판 1쇄 인쇄 2022. 9. 1.
초판 1쇄 발행 2022. 9. 10.

전북대학교출판문화원 전라북도 전주시 완산구 어진길 32 (풍남동2가)
전화 (063) 219-5319~22
FAX (063) 219-5323
출판등록 2012년 8월 20일 제465-2012-000021호

값 20,000원

ISBN 979-11-6372-173-4 03810